읽으면 저절로 외워지는
기적의 암기공식

한자
암기
박사 **2**

시대에듀

머리말

이 책의 목적은 한자 몇 자, 한자어 몇 개 익히는 차원이 아닙니다.

〈한자암기박사 시리즈〉에 적용하여, 한·중·일 한자학습법의 정도가 된 '한자 3박자 연상 학습법'까지 저절로 익혀져, 어떤 한자나 한자어라도 자신 있게 분석하여 뜻을 생각해 낼 수 있는 능력을 기르고, 나아가 자신 있는 한자 실력을 바탕으로 우리말의 정확하고 풍부한 사용은 물론, 중국어와 일본어까지 쉽게 익혀, 당당한 세계의 주역으로 우뚝 서자는 것입니다.

한국어의 대부분(70% 이상)을 차지하고 있는 한자어.

한자는 글자의 형태 변화나, 어미나 조사의 첨가 없이 홀로 분명한 뜻을 나타내기에, 한자만 알면 한자어의 뜻은 저절로 알 수 있고, 필요한 단어도 쉽게 만들어 쓸 수 있으니, 우리말을 더 잘하기 위해서도, 세계의 중심이 되어가는 한자문화권의 주역이 되기 위해서도 한자는 꼭 알아야 하는데, 문제는 획수도 많고 복잡하여 익히기 어렵다는 것이지요.

20여 년간 끊임없이 사랑받아온 〈한자암기박사〉가 더욱 진화하여 다섯 번째 완전 개정 신판으로 태어납니다. 이번에 개정된 〈한자암기박사〉는 기존의 장점을 최대한 살리면서, 다음과 같은 부분을 보강하였습니다.

제목과 내용, 활용어휘를 연상하기 쉽게 배열하였습니다.

제목은 먼저 기준이 되는 한자를 놓고, 그 기준 한자의 ❶ 왼쪽에, ❷ 오른쪽에, ❸ 위에, ❹ 아래에 어떤 부수나 한자를 붙였을 때 만들어지는 한자 순으로 배열하고, 내용도 제목 순서에 맞추어 배열하여, "이 기준 한자의 왼쪽에, 오른쪽에, 위에, 아래에 무엇을 붙이면, 무슨 뜻을 가진한자가 될까?"를 자연스럽게 연상하면서 익히도록 하였습니다.

활용어휘도 실생활과 교과서, 한자 자격증시험에 많이 출제되는 어휘 위주로 교체하였으며, 배열순서 또한 ❶ 어원의 훈·음에 맞는 어휘, ❷ 대상 한자가 처음에 쓰인 어휘, ❸ 뒤 한자에 쓰인 어휘 순으로 배열하여, "이런 훈·음으로 쓰인 어휘는? 이 한자가 첫 글자에 쓰인 어휘는? 둘째, 셋째 글자에 쓰이는 어휘는?" 하면서 자연스럽게 연상하면서 익히도록 하였습니다.

감각을 통하여 몸에 완전히 체화(體化)되어서, 어디서 어떤 한자를 보면 그 한자와 관련된 한자들로 이루어진 제목이 떠오르고, 그 제목에서 각 한자들의 어원과 활용어휘들까지 저절로 떠올려 볼 수 있도록 하였습니다.

억지로 외는 시간에 생각하며 이해하는 구조니, 이 책으로 학습하시면서 "아하! 이 제목은 이런 관계로 되었구나. 오호! 이 한자가 바로 이렇게 만들어졌구나! 아~! 그래서 이 한자에 이런 뜻이 있구나! 어? 이 한자가 이런 말에도 쓰이네!"라는 탄성이 저절로 나오고, 짜릿한 희열마저 느끼면서, 생각의 나이테도 늘어납니다.

이해가 바탕이 되는 분명한 한자 실력으로, 정확하고 풍부한 어휘력(단어 실력)이 향상되어, 자유로운 언어생활은 물론, 한자의 어원에 담긴 진리와 번뜩이는 아이디어까지 익혀져, 언제 어디서든 생활에 100배, 1,000배 활용할 수 있습니다.

한자만 알면 중국어와 일본어도 70% 이상 익힌 셈이니, 재미있게 익힌 한자와 '한자 3박자 연상 학습법'으로 중국어와 일본어까지 쉽게 익혀, 세계의 중심이 되어가는 한자문화권의 당당한 주역으로 우뚝 서실 수 있습니다.

이 책으로 부디 큰 꿈 이루세요.

여러분을 사랑하는 저자 **박원길, 박정서** 올림

한자의 기초 이론

◎ 육서(六書)

한자는 육서(六書)라는 원리로 만들어졌어요. 그래서 이 六書만 제대로 이해하면 아무리 복잡한 글자라도 쉽게 익힐 수 있습니다.

[1] 상형(象形) 象(코끼리 상, 모양 상, 본뜰 상) + 形(모양 형)

눈에 보이는 구체적인 사물의 모양 (形)을 본떠서(象) 만든 그림과 같은 한자.

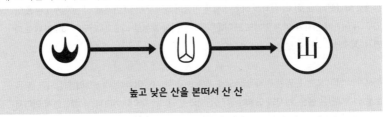

높고 낮은 산을 본떠서 산 산

[2] 지사(指事) 指(가리킬 지) + 事(일 사, 섬길 사)

눈에 안 보이는 개념이나 일(事)을 점이나 선으로 나타낸(指) 부호와 같은 한자.

일정한 기준(一)보다 위로 오르는 모양을 생각하여 위 상, 오를 상

[3] 회의(會意) 會(모일 회) + 意(뜻 의)

이미 만들어진 둘 이상의 글자가 뜻(意)으로 모여(會) 만들어진 한자, 즉 뜻만 모은 한자.

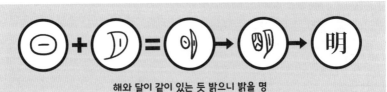

해와 달이 같이 있는 듯 밝으니 밝을 명

(4) 형성(形聲) 形(모양 형) + 聲(소리 성)

이미 만들어진 둘 이상의 글자가 일부는 뜻(形)의 역할로, 일부는 음(聲)의 역할로 결합하여 만들어진 한자, 즉 뜻과 음으로 이루어진 한자.

말(言)을 푸르게(靑), 즉 희망 있게 청하니 청할 청

言 + 靑 = 請
형부(形部)인 말씀 언(言)은 뜻을, 성부(聲部)인 푸를 청(靑)은 음을 나타내어
'청할 청(請)'이라는 한자가 나옴.

➕ 형성(形聲)에서 뜻을 담당하는 부분을 형부(形部), 음을 담당하는 부분을 성부(聲部)라고 하는데 실제 한자를 분석해 보면 성부(聲部)가 음만 담당하는 것이 아니라 뜻도 담당하고 있음을 알 수 있지요. 위에서 예로 든 청할 청(請)도 '말(言)을 푸르게(靑), 즉 희망 있게 청하니 청할 청(請)'으로 풀어지네요.

➕ 그러면 會意와 形聲은 어떻게 구분할까?
합해서 새로 만들어진 한자의 독음이 합해진 한자들의 어느 한쪽과 같으면 형성(形聲), 같지 않으면 회의(會意)로 구분하세요.

(5) 전주(轉注) 轉(구를 전) + 注(물댈 주, 쏟을 주)

이미 만들어진 한자를 관련 있는 다른 뜻으로 돌려 쓰는 것이 특징입니다.

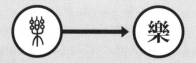

원래 '(악기의 대표인) 북(白)을 작고(幺) 작은(幺) 실로 나무(木) 받침대 위에
묶어놓고 치며 노래 부른다는 데서 노래 악'이었는데
'노래는 누구나 즐기고 좋아한다는 데서 즐길 락, 좋아할 요'로 의미가 확장됨.

한자의 기초 이론

(6) 가차(假借) 假(거짓 가, 임시 가) + 借(빌릴 차)

본래의 뜻과는 상관없이 비슷한 음의 한자를 임시로(假) 빌려(借) 외래어를 표기하는 한자. 가차에는 아시아(亞細亞), 러시아(俄羅斯)처럼 비슷한 음의 한자를 빌려다 표현하는 경우와, 미국(美國), 영국(英國)처럼 새로 이름 지어 부르는 경우가 있지요.

정리하면 육서는

상형(象形) · 지사(指事)는 맨 처음에 만들어져 더 이상 쪼갤 수 없는 기본자로, 象形은 눈에 보이는 것을 본떠서 만든 한자, 指事는 눈에 안 보이는 것을 지시하여 만든 한자고, 회의(會意) · 형성(形聲)은 이미 만들어진 한자를 둘 이상 합하여 새로운 뜻의 한자를 만든 합성자로, 會意는 뜻으로, 形聲은 뜻과 음으로 합쳐진 한자며(실제로는 형성자도 뜻으로 합쳐서 만듦), 전주(轉注) · 가차(假借)는 이미 있는 한자를 다른 용도로 사용하는 운용자로, 轉注는 한 한자를 여러 뜻으로, 假借는 음만 빌려 외래어를 표기하는 경우를 말하지요.

한자를 익힐 때는

글자를 부수나 독립되어 쓰이는 글자로 나눠서 나눠지지 않으면 상형(象形)이나 지사(指事)로 된 글자니, 무엇을 본떠서 만들었는지 생각하여 본뜬 물건이 나오면 象形이고, 본뜬 물건이 나오지 않으면 무엇을 지시하여 만든 指事로 알면 되고, 부수나 독립되어 쓰이는 글자로 나눠지면 회의(會意)와 형성(形聲)으로 된 글자니, 나눠서 그 뜻을 합쳐 보면 그 글자의 뜻을 알 수 있고, 한 글자가 여러 뜻으로 쓰이는 전주(轉注)도 아무렇게나 붙여 쓰는 것이 아니고 그런 뜻이 붙게 된 이유가 분명히 있으니 무조건 외는 시간에 '어찌 이 글자에 이런 뜻도 있을까'를 생각하면 그 이유가 생각나고 이렇게 이유를 생각하여 글자를 익히면 절대 잊히지 않지요. 그리고 뜻과는 상관없이 음만 빌려 외래어를 표시했으면 가차(假借)고요.

◉ 한자의 부수

부수는 한자를 만드는 기본 한자들로, 그 부수가 붙어서 만들어진 한자의 뜻을 짐작하게 하고, 옥편에서 모르는 한자를 찾을 때 길잡이 역할도 합니다. 부수의 명칭은 놓이는 위치에 따라 다음 8가지로 구분되니 명칭만은 알아두세요.

❶ 머리 · 두(頭) : 한자의 머리 부분에 위치한 부수. + 頭(머리 두)

> ┤ 머리 ├
>
> ㅗ(머리 부분 두) → 交(사귈 교), 亦(또 역)
> ++[풀 초(草)가 부수로 쓰일 때의 모양으로 '초 두'라 부름] → 花(꽃 화)

❷ 발 : 한자의 발 부분에 위치한 부수.

> ┤ 발 ├
>
> 儿[사람 인(人)이 발로 쓰일 때의 모양으로 '사람 인 발'이라 부름] → 元(으뜸 원)
> 灬[불 화(火)가 발로 쓰일 때의 모양으로 '불 화 발'이라 부름] → 無(없을 무)

❸ 에운담 : 한자를 에워싸고 있는 부수.

> ┤ 에운담 ├
>
> 囗(에운담) → 囚(죄인 수), 固(굳을 고)
> + 門(문 문), 行(다닐 행)도 에운담 형태이지만 이 한자는 부수로 쓰일 뿐만 아니라 홀로 독립하여 쓰이는 제부수로 봄.

❹ 변(邊) : 한자의 왼쪽 부분에 위치한 부수. + 邊(가 변)

> ┤ 변 ├
>
> 亻[사람 인(人)이 변으로 쓰일 때의 모양으로 '사람 인 변'이라 부름] → 仙(신선 선)
> 扌[손 수(手)가 변으로 쓰일 때의 모양으로 '손 수 변'이라 부름] → 打(칠 타)

❺ 방(傍) : 한자의 오른쪽 부분에 위치한 부수. + 傍(곁 방)

> ┤ 방 ├
>
> 刂[칼 도(刀)가 방으로 쓰일 때의 모양으로 '칼 도 방'이라 부름] → 刊(책 펴낼 간)
> 阝[고을 읍(邑)이 방으로 쓰일 때의 모양으로 '고을 읍 방'이라 부름] → 郡(고을 군)

❻ 엄(掩) : 한자의 위와 왼쪽을 가리고 있는 부수. + 掩(가릴 엄)

> ┤ 엄 ├
>
> 广(집 엄) → 床(평상 상), 庭(뜰 정), 座(좌석 좌)
> 厂(굴 바위 엄) → 厚(두터울 후), 原(근원 원)

❼ 받침 : 한자의 왼쪽과 밑을 받치고 있는 부수.

> ┤ 받침 ├
>
> 辶('뛸 착, 갈 착'으로 '착받 침'이라고도함) → 道(길 도, 도리 도, 말할 도)
> 廴('길게 걸을 인'으로 '민책받 침'이라고도함) → 建(세울 건), 延(끌 연)

❽ 제부수 : 부수로만 쓰이는 한자(부수자)들과 달리 '木(나무 목), 馬(말 마), 鳥(새 조)'처럼 부수로도 쓰이고 홀로 독립하여 쓰이기도 하는 한자들을 말함.

한자의 기초 이론

GUIDE

◎ 부수 익히기

부수는 214자가 있는데 본문에서 필요할 때마다 익히기로 하고, 여기서는 많이 쓰이는 부수 위주로, 한 글자가 여러 모양으로 쓰이는 경우와, 비슷하여 혼동되는 부수를 한 항목에 넣어 알기 쉽게 풀어봅니다.

1 인인인[人 亻 儿]

(1) 다리 벌리고 서있는 사람의 모습을 본떠서 사람 인(人)
(2) 사람 인(人)이 글자의 변으로 쓰일 때의 모양으로 사람 인 변(亻)
(3) 사람 인(人)이 글자의 발로 쓰일 때의 모양으로 사람 인 발, 어진사람 인(儿)

> 부수를 독음으로 옥편에서 찾을 때, 부수는 원래 한자 그대로, 또는 다른 모양으로 변하여 사용되고, 명칭도 앞에서 설명한 대로 '머리 · 변 · 발' 등을 붙여 말하니 독음으로 옥편에서 찾을 때 부수 명이 원래 한자의 독음과 다르면 원래 한자의 독음으로 찾아야 합니다.
> 위의 '사람 인 변'과 '사람 인 발'은 부수 명이므로 옥편에서 찾으려면 원래 한자인 '사람 인(人)'의 독음 '인'에서 찾아야 하기 때문에 제목을 '인인인(人 亻 儿)'으로 붙였어요. 뒤에 나오는 제목도 이러한 형식입니다.

2 심심심[心 忄 ㅆ]

(1) 마음이 가슴에 있다고 생각하여 사람의 심장을 본떠서 마음 심, 중심 심(心)
(2) 마음 심(心)이 글자의 변으로 쓰일 때의 모양으로 마음 심 변(忄)
(3) 마음 심(心)이 글자의 발로 쓰일 때의 모양으로 마음 심 발(ㅆ)
  ⋯→ 마음 심(心) 그대로 발로 쓰일 때도 있어요.

3 도도비비[刀 刂 匕 比]

(1) 옛날 칼을 본떠서 칼 도(刀)
(2) 칼 도(刀)가 글자의 방으로 쓰일 때의 모양으로 칼 도 방(刂)
(3) 비수를 본떠서 비수 비, 숟가락 비(匕)
(4) 두 사람이 나란히 앉은 모양을 본떠서 나란할 비, 견줄 비(比)

4 수빙수수빙[水 氷 氺 氵 冫]

(1) 잠겨 있는 물에 물결이 이는 모양을 본떠서 물 수(水)
(2) 한 덩어리(丶)로 물(水)이 얼어붙은 얼음이니 얼음 빙(氷)
(3) 물 수(水)가 글자의 발로 쓰일 때의 모양으로 물 수 발(氺)
(4) 물 수(水)가 글자의 변으로 쓰일 때의 모양으로, 점이 셋이니 삼 수 변(氵)
(5) 얼음 빙(氷)이 글자의 변으로 쓰일 때의 모양으로, 점이 둘이니 이 수 변(冫)
  ⋯→ 물(氵)이 얼면 한 덩어리인데 두 점으로 쓴 것은 글자의 균형을 잡기 위해서지요.

5 화화주[火 灬 ヽ]

(1) 불이 활활 타는 모양을 본떠서 불 화(火)

(2) 불 화(火)가 글자의 발로 쓰일 때의 모양으로 불 화 발(灬)

(3) 점의 모양을 본떠서 불똥 주(ヽ)

또 불이 타면서 튀는 불똥의 모양으로도 보아 불똥 주(ヽ)

6 엄엄녁[厂 广 疒]

(1) 언덕에 바위가 튀어 나와 그 밑이 굴처럼 생긴 굴 바위 모양을 본떠서 굴 바위 엄, 언덕 엄(厂)

(2) 굴 바위 엄, 언덕 엄(厂) 위에 점(ヽ)을 찍어,

언덕이나 바위를 지붕 삼아 지은 바위 집 모양을 나타내어 집 엄(广)

(3) 나무 조각(爿)에 머리 부분(亠)을 기대야 할 정도로 병드니 병들 녁(疒)

7 척인착삼[彳 廴 辶 彡]

(1) 사거리를 본떠서 만든 다닐 행(行)의 왼쪽 부분으로 조금 걸을 척(彳)

(2) 구불구불한 길을 다리를 끌며 길게 걷는다는 데서 조금 걸을 척(彳)의 내리그은 획을 더 늘여서

길게 걸을 인(廴)

(3) 길게 걸을 인(廴)에 점(ヽ)을 찍어 뛰어간다는 뜻을 나타내어 뛸 착, 갈 착(辶, = 辶)

⋯→ '책받침'이라고도 부르는데, 원래는 '쉬엄쉬엄 갈 착(辶)'이 부수로 쓰일 때의 모양이니 '착받침'을 잘못 부르는
말이지요.

⋯→ 위에 점이 둘이면 아래를 한 번 구부리고, 위에 점이 하나면 아래를 두 번 구부립니다.

(4) 머리털이 가지런히 나있는 모양을 본떠서 터럭 삼(彡)

8 철(초)초초입공[屮 艸 ⺿ 卄 廾]

(1) 풀의 싹이 돋아 나오는 모양을 본떠서 싹 날 철, 풀 초(屮)

(2) 풀은 하나만 나지 않고 여러 개가 같이 나니 싹 날 철, 풀 초(屮) 두 개를 이어서 풀 초(艸)

⋯→ 지금은 글자로는 '풀 초(草)'로, 부수로는 변형된 모양의 '초 두(⺿)'로 씁니다.

(3) 풀 초(草)가 부수로 쓰일 때의 모양으로, 주로 글자의 머리에 쓰이므로 머리 두(頭)를 붙여 초 두(⺿)

(4) 열 십(十) 둘을 합쳐서 스물 입(卄, = 廿)

⋯→ 卄은 아래를 막아 써도(廿) 같은 뜻입니다.

(5) 두 손으로 받쳐 든 모양을 본떠서 받쳐 들 공(廾)

9 곤궐별을을[ㅣ 亅 丿 乙 乚]

(1) 위에서 아래를 뚫는 모양을 본떠서 뚫을 곤(ㅣ)

(2) 구부러진 갈고리 모양을 본떠서 갈고리 궐(亅)

(3) 우측 위에서 좌측 아래로 삐친 모양을 본떠서 삐침 별(丿)

(4) 목과 가슴 사이가 굽은 새 모양을 본떠서 새 을, 굽을 을(乙)

(5) 새 을(乙)의 변형된 모양으로 새 을, 굽을 을(乚)

⋯→ 갈고리 궐(亅)과 새 을(乙)의 변형인 을(乚)은 갈고리의 구부러진 방향으로 구분하세요.

한자의 기초 이론

10 감경방혜[凵 冂 匚 匸(ㄴ)]

(1) 입을 벌리고 있는 모양, 또는 빈 그릇을 본떠서 입 벌릴 감, 그릇 감(凵)

(2) 멀리 떨어져 있는 성의 모양을 본떠서 멀 경, 성 경(冂)

(3) 네모난 상자나 모난 그릇의 모양을 본떠서 상자 방(匚)

(4) 뚜껑을 덮어 감춘다는 데서 뚜껑을 덮은 상자 모양을 본떠서 감출 혜, 덮을 혜(匸, = ㄴ)

⋯⋯› 상자 방(匚)은 모나게 쓴 글자고, 감출 혜, 덮을 혜(匸, = ㄴ)는 모나지 않은 것으로 구분하세요.

11 사요사현[厶 幺 糸 玄]

(1) 사사로이 팔로 나에게 끌어당기는 모양에서 사사로울 사, 나 사(厶)

(2) 갓 태어난 아기 모양을 본떠서 작을 요, 어릴 요(幺)

⋯⋯› 실 사(糸)의 일부분이니 작다는 데서' 작을 요(幺)'라고도 합니다.

(3) 실을 감아 놓은 실타래 모양에서 실 사, 실 사 변(糸)

(4) 머리(亠) 아래 작은(幺) 것이 검고 오묘하니 검을 현, 오묘할 현(玄)

12 부부읍읍[阜 阝 邑 阝]

(1) 흙이 쌓여 있는 언덕을 본떠서 언덕 부(阜)

(2) 언덕 부(阜)가 글자의 변으로 쓰일 때의 모양으로 언덕 부 변(阝)

(3) 일정한 경계(囗)의 땅(巴)에 사람이 사는 고을이니 고을 읍(邑)

(4) 고을 읍(邑)이 글자의 방으로 쓰일 때의 모양으로 고을 읍 방(阝)

⋯⋯› 阝는 글자의 어느 쪽에 쓰이느냐에 따라 그 뜻과 명칭이 달라집니다. 阝가 글자의 왼쪽에 쓰이면 언덕 부(阜)
가 부수로 쓰인 경우로 '언덕 부 변', 오른쪽에 쓰이면 고을 읍(邑)이 부수로 쓰인 경우로 '고을 읍 방'이라 부름.

13 촌수견[寸 扌 犭]

(1) 손목에서 맥박이 뛰는 곳까지를 가리켜서 마디 촌, 법도 촌(寸)

(2) 손 수, 재주 수, 재주 있는 사람 수(手)가 글자의 변으로 쓰일 때의 모양으로 손 수 변(扌)

(3) 개 견(犬)이 부수로 쓰일 때의 모양으로 큰 개 견, 개 사슴 록 변(犭)

14 패견(현)혈수[貝 見 頁 首]

(1) 아가미가 나온 조개를 본떠서 조개 패, 재물 패, 돈 패(貝)

(2) 눈(目)으로 사람(儿)이 보거나 뵈니 볼 견, 뵐 현(見)

(3) 머리(一)에서 이마(丶)와 눈(目)이 있는 얼굴 아래 목(八)까지의 모양을 본떠서 머리 혈(頁)

(4) 머리털(丷) 아래 이마(丶)와 눈(目)이 있는 머리니 머리 수, 우두머리 수(首)

15 시시의의[示 礻 衣 衤]

(1) 하늘 땅(二)에 작은(小) 기미가 보이니 보일 시, 신 시(示)

⋯⋯› 부수로 쓰이면 신, 제사 등과 신이 내려주는 인간의 길흉화복 등을 의미합니다.

(2) 보일 시, 신 시(示)가 글자의 변으로 쓰일 때의 모양으로 보일 시, 신 시 변(礻)

(3) 동정과 옷고름이 있는 저고리를 본떠서 옷 의(衣)

(4) 옷 의(衣)가 글자의 변으로 쓰일 때의 모양으로 옷 의 변(衤)

　⋯→ 보일 시 변(礻)과 옷 의 변(衤)은 비슷하지만 전혀 다른 뜻이니 잘 구분하세요.

16 시호호로[尸 戶 虍 耂]

(1) 사람이 누워 있는 모양을 본떠서 주검 시, 몸 시(尸)

(2) 한 짝으로 된 문을 본떠서 문 호, 집 호(戶)

(3) 입을 크게 벌리고 서 있는 범을 본떠서 범 호 엄(虍)

(4) 늙을 로(老)가 부수로 쓰일 때의 모양으로, 흙(土)에 지팡이(丿)를 짚으며 걷는 늙은이니 늙을 로 엄(耂)

　⋯→ 老: 흙(土)에 지팡이(丿)를 비수(匕)처럼 꽂으며 걸어야 할 정도로 늙으니 '늙을 로'

17 두면멱혈[亠 宀 冖 穴]

(1) 옛날 갓을 쓸 때 상투를 튼 머리 부분을 본떠서 머리 부분 두(亠)

(2) 지붕으로 덮여 있는 집을 본떠서 집 면(宀)

(3) 보자기로 덮은 모양을 본떠서 덮을 멱(冖)

(4) 오래된 집(宀)에 나누어진(八) 구멍이니 구멍 혈, 굴 혈(穴)

18 장편알(사)[爿 片 歹(歺)]

(1) 나무를 세로로 나눈 왼쪽 조각을 본떠서 나무 조각 장(爿)

(2) 나무를 세로로 나눈 오른쪽 조각을 본떠서 조각 편(片)

(3) 하루(一) 저녁(夕) 사이에 뼈 앙상하게 말라 죽으니 뼈 앙상할 알, 죽을 사 변(歹, = 歺)

　⋯→ 歺: 점(卜)치듯 예상한 날 저녁(夕)에 뼈 앙상하게 말라 죽으니 '뼈 앙상할 알, 죽을 사 변'

19 궤수[几 殳]

(1) 안석이나 책상의 모양을 본떠서 안석 궤, 책상 궤(几)

(2) 안석(几) 같은 것을 손(又)에 들고 치니 칠 수, 창 수, 몽둥이 수(殳)

20 지복쇠(치)[支 攴(攵) 夂]

(1) 많은(十) 것을 손(又)으로 잡아 다루고 가르니 다룰 지, 가를 지, 지탱할 지(支)

(2) 점(卜)칠 때 오른손(又)에 회초리를 들고 툭툭 치니 칠 복(攴, 攵)

　⋯→ 이리(丿) 저리(一) 엇갈리게(乂) 친다는 데서 '칠 복(攵)'과 같이 쓰입니다.

(3) 두 정강이(ク)를 뒤에서 밀며 천천히 걷는 모양을 본떠서 천천히 걸을 쇠, 뒤져 올 치(夂)

　⋯→ 칠 복(攴, = 攵)은 4획, 천천히 걸을 쇠, 뒤져 올 치(夂)는 3획입니다.

21 예부효발[乂 父 爻 癶]

(1) 이리저리 베어 다스리는 모양이 어지니 벨 예, 다스릴 예, 어질 예(乂)

(2) 사람이 알아야 할 것을 조목조목 나누어(八) 어질게(乂) 가르치는 아비니 아비 부(父)

한자의 기초 이론

(3) 서로 교차하여 사귐을 뜻하여 사귈 효, 본받을 효(爻)

(4) 등지고 걸어가는 모양을 본떠서 등질 발, 걸을 발(癶)

22 목망명혈[目 网(罔, 罒) 皿 血]

(1) 둥글고 눈동자 있는 눈을 본떠서 눈 목(目)

(2) 양쪽 기둥에 그물을 얽어 맨 모양을 본떠서 그물 망(网, = 罔, 罒)

(3) 받침 있는 그릇을 본떠서 그릇 명(皿)

(4) 고사 지낼 때 희생된 짐승의 피(丿)를 그릇(皿)에 담아 놓은 모양에서 피 혈(血)

23 익과[弋 戈]

(1) 주살을 본떠서 주살 익(弋)

(2) 몸체가 구부러지고 손잡이 있는 창을 본떠서 창 과(戈)

24 자구[自 臼]

(1) (얼굴이 자기를 대표하니) 얼굴에서 잘 드러나는 이마(丶)와 눈(目)을 본떠서 자기 자, 스스로 재(自)

(2) 곡물을 찧을 때 사용하는 절구를 본떠서 절구 구(臼)

25 천천[川 巛]

(1) 물이 굽이굽이 흐르는 내를 본떠서 내 천(川)

(2) 내 천(川)이 부수로 쓰일 때의 모양으로 개미허리 같다하여 개미허리 천(巛)

26 시치[豕 豸]

(1) 일(一)은 등이고 나머지는 머리와 다리와 꼬리로, 서 있는 돼지 모양을 본떠서 돼지 시(豕)

(2) 사나운 짐승이 먹이를 잡기 위해 몸을 웅크리고 있는 모양을 본떠서 사나운 짐승 치(豸), 벌레 치(豸)

27 유아력(격)[内 襾 鬲]

(1) 성(冂)처럼 사사로이(厶) 남긴 발자국을 본떠서 발자국 유(内)

(2) 뚜껑(覀)을 덮으니(冂) 덮을 아(襾)

(3) 하나(一)의 구멍(口)이 성(冂)처럼 패이고(八) 아래를 막은(丅) 솥의 모양에서 솥 력, 막을 격(鬲)

◎ 한자의 필순

(1) 기본 순서

❶ 왼쪽부터 오른쪽으로 쓴다.

　　예 川(丿 丿 川), 外(丿 夕 夕 夘 外)

❷ 위에서 아래로 쓴다.

　　예 三(一 二 三), 言(丶 宀 宀 글 글 言 言)

(2) 응용 순서

❶ 가로획과 세로획이 교차될 때는 가로획을 먼저 쓴다.

　　예 十(一 十), 土(一 十 土)

❷ 좌 · 우 대칭을 이루는 글자는 가운데를 먼저 쓰고 좌 · 우의 순서로 쓴다.

　　예 小(丿 小 小), 水(丿 가 가 水)

❸ 에운담과 안으로 된 글자는 에운담부터 쓴다.

　　예 同(丨 冂 冂 同 同 同), 用(丿 刀 月 月 用), 固(丨 冂 冃 冏 固 固 固 固)

❹ 가운데를 꿰뚫는 획은 맨 나중에 쓴다.

　　예 中(丨 口 口 中), 平(一 厂 厂 平 平), 事(一 一 冂 冂 亘 亘 亘 事)

❺ 허리를 끊는 획은 맨 나중에 쓴다.

　　예 子(了 了 子), 女(人 女 女)

❻ 삐침과 파임이 만날 때는 삐침을 먼저 쓴다.

　　예 人(丿 人), 文(丶 宀 ㄅ 文), 交(丶 宀 ㄅ 六 交 交)

❼ 오른쪽 위의 점은 맨 나중에 찍는다.

　　예 犬(一 ナ 大 犬), 代(丿 亻 仁 代 代), 成(丿 厂 厂 厅 成 成 成)

❽ 뒤에서 아래로 에워싼 획은 먼저 쓴다.

　　예 刀(丁 刀), 力(丁 力)

❾ 받침으로 쓰이는 글자는 다음 두 가지로 구분한다.

　　▪ 달릴 주(走)나 면할 면(免)은 먼저 쓴다.

　　　예 起(一 十 土 キ キ 走 走 起 起 起), 勉(丿 ㄅ 亇 角 免 免 免 勉 勉)

　　▪ 뛸 착, 갈 착(辶)이나 길게 걸을 인(廴)은 맨 나중에 쓴다.

　　　예 近(一 厂 斤 斤 斤 沂 近 近), 廷(一 二 千 壬 任 廷 廷)

한자 3박자 연상 학습법

◎ 한자 3박자 연상 학습법이란?

한자암기박사 시리즈에 적용한 학습법은 '한자 3박자 연상 학습법'입니다. 한자 3박자 연상 학습법(LAM; Learning for Associative Memories)은 어렵고 복잡한 글자를 무조건 통째로 익히지 않고 부수나 독립된 글자로 나누어 ❶ 머리에 쏙쏙 들어오는 생생한 어원으로, ❷ 동시에 관련된 글자들도 익히면서, ❸ 그 글자가 쓰인 단어들까지 생각해 보는 방법입니다.

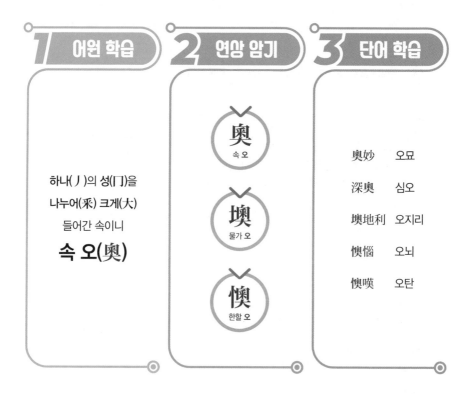

1 어원 학습

하나(J)의 성(冂)을
나누어(釆) 크게(大)
들어간 속이니
속 오(奧)

2 연상 암기

奧
속 오

壧
물가 오

懊
한할 오

3 단어 학습

奧妙	오묘
深奧	심오
壧地利	오지리
懊惱	오뇌
懊嘆	오탄

이런 방법으로 된 책의 내용을 좀 더 체계적으로 익히기 위해서 ❶ 제목을 중심 삼아 외고, ❷ 그 제목을 보면서 각 한자들은 어떤 공통점과 차이점으로 이루어진 한자들인지 구조와 어원으로 떠올려 보고, ❸ 각 한자들이 쓰인 단어들은 무엇인지 생각해 보세요. 그래서 어떤 한자를 보면 그 한자와 관련된 한자들로 이루어진 제목이 떠오르고, 그 제목에서 각 한자들의 어원과 단어들까지 떠올릴 수 있다면 이미 그 한자는 완전히 익히신 것입니다.
그럼, 한자 3박자 연상 학습법의 바탕이 된 7가지 학습법을 살펴봅시다.

◎ 학습법의 바탕이 된 7가지 학습법

(1) 어원(語源)으로 풀어 보기

한자에는 비교적 분명한 어원이 있는데, 어원을 모른 채 한자와 뜻만을 억지로 익히니 잘 익혀지지 않고 어렵기만 하지요. 한자의 어원을 생각하는 방법은 아주 간단합니다. 글자를 딱 보아서 부수나 독립된 글자로 나눠지지 않으면 그 글자만으로 왜 이런 모양에 이런 뜻의 글자가 나왔는지 생각해 보고, 부수나 독립된 글자로 나눠지면 나눠서 나눠진 글자들의 뜻을 합쳐 보면 되거든요. 그래도 어원이 생각나지 않을 때는 상상력을 동원하여 나눠진 글자의 앞뒤나 가운데에 말을 넣어 보면 되고요.

4고(古姑枯苦) ➡ 오랠 고, 옛 고(古)로 된 한자
많은(十) 사람의 입(口)에 오르내린 이야기는 이미 오래된 옛날 이야기니 오랠 고, 옛 고(古)
여자(女)가 오래(古)되면 시어머니 할미니 시어미 고, 할미 고(姑)
나무(木)가 오래(古)되면 마르고 죽으니 마를 고, 죽을 고(枯)
풀(艹) 같은 나물도 오래(古)되면 쇠어서 쓰니 쓸 고(苦)
또 맛이 쓰면 먹기에 괴로우니 괴로울 고(苦)

(2) 공통부분으로 익히기

한자에는 여러 글자가 합쳐져 만들어진 글자가 많고, 부수 말고도 많은 글자에 공통부분이 있으니 이 공통부분에 여러 부수를 붙여 보는 방법도 유익합니다.

5망맹(亡忘忙妄芒盲) ➡ 망할 망(亡)으로 된 한자
머리(亠)를 감추어야(乚) 할 정도로 망하여 달아나니 망할 망, 달아날 망(亡)
또 망하여 죽으니 죽을 망(亡)
망한(亡) 마음(心)처럼 잊으니 잊을 망(忘)
마음(忄)이 망할(亡) 정도로 바쁘니 바쁠 망(忙)
(그릇된 생각이나 행동으로) 정신이 망한(亡) 여자(女)처럼 망령되니 망령될 망(妄)
풀(艹)이 망가진(亡) 티끌이니 티끌 망(芒)
망한(亡) 눈(目)이면 장님이니 장님 맹(盲)

이 글자들을 옥편에서 찾으려면 망할 망(亡)은 머리 부분 두(亠)에서, 잊을 망(忘)과 바쁠 망(忙)은 마음 심(心)부에서, 망령될 망(妄)은 여자 녀(女)부에서, 티끌 망(芒)은 초두(艹)부에서, 장님 맹(盲)은 눈 목(目)부에서 찾아야 하고, 서로 연관 없이 따로따로 익혀야 하니 어렵고 비효율적이지요. 그러나 부수가 아니더라도 여러 글자의 공통인 망할 망(亡)을 고정해 놓고, 망한 마음(心)처럼 잊으니 잊을 망(忘), 마음(忄)이 망할 정도로 바쁘니 바쁠 망(忙), (그릇된 생각이나 행동으로) 정신이 망한 여자(女)처럼 망령되니 망령될 망(妄), 풀(艹)이 망가진 티끌이니 티끌 망(芒), 망한 눈(目)이면 장님이니 장님 맹(盲)의 방식으로 이해하면 한 번에 여러 글자를 쉽고도 재미있게 익힐 수 있지요.

한자 3박자 연상 학습법

GUIDE

(3) 연결 고리로 익히기

한자에는 앞 글자에 조금씩만 붙이면 새로운 뜻의 글자가 계속 만들어져 여러 글자를
연결 고리로 익힐 수 있는 경우도 많습니다.

도인인인(刀刃忍認)

옛날 칼을 본떠서 칼 도(刀)

칼 도(刀)의 날(丿) 부분에 점(丶)을 찍어서 칼날 인(刃)

칼날(刃)로 심장(心)을 위협하는 것 같은 상황도 참으니 참을 인(忍)

남의 말(言)을 참고(忍) 들어 알고 인정하니 알 인, 인정할 인(認)

칼 모양을 본떠서 칼 도(刀), 칼 도(刀)에 점 주(丶)면 칼날 인(刃), 칼날 인(刃)에 마음
심(心)이면 참을 인(忍), 참을 인(忍)에 말씀 언(言)이면 알 인, 인정할 인(認)이 되지요.

(4) 비슷한 글자 어원으로 구별하기

한자에는 비슷한 글자가 많아서 혼동되는 경우가 많은데, 이것도 어원으로 구별하면 쉽
고도 분명하게 구별되어 오래도록 잊히지 않습니다.

분분(粉紛)

쌀(米) 같은 곡식을 나눈(分) 가루니 가루 분(粉)

실(糸)을 나누면(分) 헝클어져 어지러우니 어지러울 분(紛)

여노서노(如奴恕怒)

여자(女)의 말(口)은 대부분 부모나 남편의 말과 같으니 같을 여(如)

여자(女)의 손(又)처럼 힘들게 일하는 종이니 종 노(奴)

예전과 같은(如) 마음(心)으로 용서하니 용서할 서(恕)

일이 힘든 종(奴)의 마음(心)처럼 성내니 성낼 노(怒)

(5) 그림으로 생각해 보기

글자가 부수나 독립된 글자로 나눠지지 않을 때, 이 글자는 무엇을 본떠서 만들었는지
생각해서 본뜬 물건이 나오면 상형(象形)이고, 본뜬 물건이 나오지 않으면 보이지 않는
무슨 일을 추상하여 만든 경우로 지사(指事)지요.

상형(象形)으로 된 한자

가지 달린 나무를 본떠서 나무 목(木)

높고 낮은 산봉우리를 본떠서 산 산(山)

지사(指事)로 된 한자

일정한 기준(一)보다 위로 오르는 모양을 생각하여 위 상, 오를 상(上)

일정한 기준(一)보다 아래로 내리는 모양을 생각하여 아래 하, 내릴 하(下)

(6) 한 글자에 여러 뜻이 있으면 그 이유를 생각해서 익히기

한자도 처음 만들어질 때는 한 글자에 하나의 뜻이었지만 생각이 커지고 문화가 발달할수록 더 많은 글자가 필요하게 되었어요. 그럴 때마다 새로운 글자를 만든다면 너무 복잡해지니 이미 있던 글자에 다른 뜻을 붙여 쓰게 되었지요. 그러나 아무렇게 붙여 쓰는 것이 아니고 그런 뜻이 붙게 된 이유가 분명히 있으니 무조건 외는 시간에 "이 글자는 왜 이런 뜻으로도 쓰일까?"를 생각하여 "아~하! 그래서 이 글자에 이런 뜻이 붙었구나!"를 스스로 터득하면서 익히면 훨씬 효과적입니다.

앞에 나왔던 쓸 고, 괴로울 고(苦)의 경우도 '쓸 고'면 쓸 고지 어찌 '괴로울 고'의 뜻도 될까? 조금만 생각해도 '맛이 쓰면 먹기에 괴로우니 괴로울 고(苦)'가 되었음을 금방 알게 되지요.

(7) 한자마다 반드시 예(例)까지 알아두기

한자를 익히면 반드시 그 한자가 쓰인 예(例)까지, 자주 쓰이는 낱말이나 고사성어 중에서 적절한 예(例)를 골라 익히는 습관을 들이세요. 그러면 "어? 이 한자가 이런 말에도 쓰이네!"하면서 그 한자를 더 분명히 알 수 있을 뿐더러 그 한자가 쓰인 단어들까지도 정확히 알 수 있으니, 정확하고 풍부한 어휘력(語彙力)을 기를 수 있는 지름길이죠. 단어 풀이도 무조건 의역으로 된 사전식으로 외지 마시고, 먼저 아는 한자를 이용하여 직역(直譯)해 보고 다음에 의역(意譯)해 보는 습관을 들이세요. 그래야 한자 실력도 쑥쑥 늘어나고 단어의 뜻도 분명히 알 수 있거든요.

◉ 기대되는 효과

이상 7가지 방법을 종합하여 '한자 3박자 연상 학습법'이 만들어졌습니다.

'한자 3박자 연상 학습법'으로 한자를 익히면 복잡하고 어려운 한자에 대하여 자신감을 넘어 큰 재미를 느낄 것이며, 한자 3박자 연상 학습법이 저절로 익혀져 한자 몇 자 아는 데 그치지 않고, 어떤 한자를 보아도 자신 있게 분석해 보고 뜻을 생각해 볼 수 있는 안목도 생깁니다.

또 일상생활에서 만나는 어려운 단어의 뜻을 막연히 껍데기로만 알지 않고 분명하게 아는 습관이 길러져, 정확하고 풍부한 어휘력이 길러질 것이고, 정확하고 풍부한 어휘력을 바탕으로 자신 있는 언어생활, 사회생활을 하게 될 것이며, 나아가 중국어나 일본어도 70% 이상 한 셈이 될 것입니다.

이 책의 **구성** & **학습법**

◎ 책의 구성

본 교재 2권에서는 고급 수준의 한자를 공통점이 있는 한자들끼리 묶어 총 550개의 그룹으로 나눈 뒤(001번~550번) '한자 3박자 연상 학습법'에 따라 공부할 수 있도록 구성하였습니다.

①023 오오오[奧塤懊] - 奧로 된 한자

①

奧
13획 / 부수 大

하나(丿)의 성(冂)을 나누어(釆) 크게(大) 들어간 속이니
속 **오** **②**
+ 冂(멀 경, 성 경)

활용어휘 奧妙(오묘), 奧密稠密(오밀조밀), 深奧(심오)

③

塤
16획 / 부수 土

흙(土) 속(奧)까지 물이 스민 물가니 **물가 오**
또 땅(土), 즉 육지 속(奧)에 있는 오스트리아니
오스트리아의 약칭 **오**
+ 오스트리아는 오스트레일리아(濠州)와 달리 사방이 육지로 둘러 싸여 있지요.
+ 濠(해자 호, 호주 호), 洲(물가 주, 섬 주)

활용어휘 塤地利(오지리)

懊
16획 / 부수 心(忄)

마음(忄)속(奧)으로 한하며 괴로워하니
한할 **오**, 괴로워할 **오**

활용어휘 懊惱(오뇌), 懊嘆(오탄), 懊恨(오한) **④**

❶ 제목 ▍ '공통부분으로 된 한자들, 연결 고리로 된 한자들, 비슷하여 혼동되는 한자들' 등과 같이 서로 관련된 한자들을 한데 묶은 그룹의 제목입니다.

❷ 어원 풀이 ▍ 각 한자의 어원을 철저히 분석하여 원래의 어원에 충실하면서도 가장 쉽게 이해되도록 간단명료하게 풀었습니다. 이 어원을 그대로만 외지 마시고 이를 참고하면서 더 나은 어원도 생각해 보며 한자를 익히면 보다 분명하게 익혀집니다.

❸ 기준한자와 표제자 ▍ 같은 제목으로 묶인 한자 중 제일 먼저 나오는 한자는 아래 한자들의 기준이 되는 글자입니다. 이 기준자의 왼쪽, 오른쪽, 위, 아래에 무엇이 붙어서, 무슨 뜻의 글자가 되었는지 생각하면서 익히세요.

❹ 활용어휘 ▍ 각 한자들의 활용어휘는 교과서나 한자자격증 시험에 자주 출제되거나 실생활에서 빈번히 쓰이는 어휘들을 수록하였습니다.

◉ 한자 3박자 연상 학습법에 따른 학습법

▶ 1박자 학습

첫 번째로 나온 한자는 아래에 나온 한자들의 기준이 되는 '기준 한자'이며, 1박자 학습 시엔 기준 한자부터 우측에 설명되어 있는 생생한 어원과 함께 익힙니다. (또한 난이도/총 획수/부수가 표시되어 있으니 참고하며 익히십시오.)

하나(ノ)의 성(冂)을 나누어(米) 크게(大) 들어간 속이니
속 오

+ 冂(멀 경, 성 경)

활용어휘 奧妙(오묘), 奧密稠密(오밀조밀), 深奧(심오)

▶ 2박자 학습

기준 한자를 중심으로 파생된 다른 한자들(첫 번째 한자 아래에 나온 한자들)을 우측의 생생한 어원과 함께 자연스럽게 연상하며 익히도록 합니다.

흙(土) 속(奧)까지 물이 스민 물가니 **물가 오**
또 땅(土), 즉 육지 속(奧)에 있는 오스트리아니
오스트리아의 약칭 오

+ 오스트리아는 오스트레일리아(濠州)와 달리 사방이 육지로 둘러싸여 있지요.
+ 濠(해자 호, 호주 호), 洲(물가 주, 섬 주)

활용어휘 墺地利(오지리)

마음(忄)속(奧)으로 한하며 괴로워하니
한할 오, 괴로워할 오

활용어휘 懊惱(오뇌), 懊嘆(오탄), 懊恨(오한)

▶ 3박자 학습

어원을 중심으로 한자들을 자연스럽게 연상하며 익히는 것과 함께, 각 한자들의 훈·음을 파악하고 교과서나 한자자격증 시험에 자주 출제되는 어휘, 혹은 실생활에서 빈번히 쓰이는 어휘들을 익히도록 합니다.

한자
암기
박사2

제목번호 001~550

4II **未** 5획 / 부수 木	나무(木)의 **짧은 가지**(一)니, 아직 자라지 않았다는 데서 아닐 미, 아직~않을 미, 여덟째 지지 미 + 未는 아닐 불, 아닐 부(不)'나 '없을 막, 말 막, 가장 막(莫), '없을 물, 말 물(勿)'처럼 완전 부정사로 해석해서는 안 되고, 가능성을 두어 「아직 ~ 아니다」로 해석해야 합니다. 활용어휘 未開(미개), 未歸(미귀), 前人未踏(전인미답)
1 **昧** 9획 / 부수 日	해(日)가 **아직**(未) 뜨지 않아 어두우니 **어두울 매** + 眛 眛(눈 어두울 매) + 未에 해 일, 날 일(日)이면 '어두울 매(昧)', 눈 목, 볼 목, 항목 목(目)이면 '눈 어두울 매(眛)'로 구분하세요. 활용어휘 昧冥(매명), 無知蒙昧(무지몽매), 曖昧(애매)
2 **魅** 15획 / 부수 鬼	귀신(鬼)이 **아니**(未) 된 도깨비니 **도깨비 매** 또 도깨비 같은 것이 홀리니(매혹하니) **매혹할 매** + 鬼(귀신 귀) – 제목번호 059 참고 활용어휘 魅力(매력), 魅了(매료), 魅惑(매혹)
1II **寐** 12획 / 부수 宀	집(宀)의 **나무 조각**(爿)으로 만든 침대에서 **아직**(未) 일어나지 않고 잠자니 **잠잘 매** + 宀(집 면), 爿(나무 조각 장, 장수 장 변) 활용어휘 夢寐間(몽매간), 寤寐不忘(오매불망)

■ 한자암기박사1 ■

제목번호 062 참고

味 – 입(口)에서 아니(未) 삼키고 보는 맛이니 '맛 미'

妹 – 여자(女)가 나보다 나이를 아니(未) 먹은 누이니 '누이 매'

5

末

5획 / 부수 木

나무(木)에서 긴 가지(一) 끝이니 끝 말

+ 나무 목(木) 위에 한 일(一)을 길게 그어 긴 가지 끝을 나타내면 '끝 말(末)', 짧게 그어 아직 자라지 않았음을 나타내면 '아닐 미, 아직~않을 미, 여덟째 지지 미(未)'로 구분하세요.

활용어휘 末尾(말미), 週末(주말), 年末年始(연말연시)

1

抹

8획 / 부수 手(扌)

손(扌)으로 끝(末)나게 칠하거나 없애니 칠할 말, 없앨 말

활용어휘 抹去(말거), 抹殺(말살), 抹消(말소), 一抹(일말)

1

沫

8획 / 부수 水(氵)

물(氵)의 끝(末)에서 생기는 물거품이니 물거품 말

+ 참 泡(물거품 포) – 제목번호 450 참고

활용어휘 飛沫(비말), 浮沫(부말), 泡沫(포말)

1Ⅱ

靺

14획 / 부수 革

가죽(革)으로 발끝(末)까지 치장한 말갈이니 말갈 말

활용어휘 靺鞨(말갈)

■ 도움말 ■

〈약어 풀이〉
원 : 원자(原字 – 속자나 약자가 아닌 원래의 한자로, 정자라고도 함)
속 : 속자(俗字 – 정자는 아니나 일반적으로 흔히 쓰는 한자)
약 : 약자(略字 – 글자의 획 일부를 생략하거나 전체 구성을 간단히 줄인 한자)
유 : 한자 형태가 유사한 한자
동 : 뜻이 같은 한자
반 : 뜻이 반대되는 한자
참 : '급수 외 한자'이지만 참고로 인용한 한자, 또는 실제 쓰이지 않지만 해당 한자가 들어간 한자들을 참고하여 만들어 본 한자

2

7획 / 부수 水(氵)

물(氵)을 나무(木)에 주듯이 물로 머리를 감거나
목욕하니 머리 감을 목, 목욕할 목

활용어휘 沐間(목간), 沐露(목로), 沐髮(목발), 沐浴(목욕)

1II

杜

7획 / 부수 木

나무(木)와 흙(土)으로 집을 지어 비바람을 막으니
막을 두, 성씨 두

활용어휘 杜絶(두절), 杜門不出(두문불출), 杜甫(두보)

2

5획 / 부수 木

(종이가 없던 옛날에) 나무(木)판에 몸 구부리고(乚)
글자를 새겨 만든 편지나 패나 돈이니
편지 찰, 패 찰, 돈 찰

+ 㘰 札[예도 례(禮)의 약자]

+ 乚[새 을, 둘째 천간 을, 둘째 을, 굽을 을(乙)이 부수로 쓰일 때의
모양]

활용어휘 書札(서찰), 名札(명찰), 入札(입찰), 現札(현찰)

2

8획 / 부수 木

나무(木)로 치며(攵) 세는 낱낱이니 낱 매

+ 매(枚) – 종이나 유리같이 장으로 세는 물건의 단위.

활용어휘 枚擧(매거), 枚數(매수), 枚移(매이), 枚陳(매진)

1II

宋

7획 / 부수 宀

지붕(宀)을 나무(木)로 받쳐 지었던 송나라니
송나라 송, 성씨 송

+ 원래는 어원처럼 집의 뜻이었는데 후대로 오면서 나라 이름으로
쓰이다가 지금은 성씨로만 쓰이네요.

+ 宀 – 집의 지붕을 본떠서 만든 부수자로 '집 면'

7

休

6획 / 부수 人(亻)

사람(亻)이 나무(木) 옆에서 쉬니 쉴 휴

+ 유 体[몸 체(體)의 약자]
+ 나무에서는 피톤치드 등 몸에 좋은 것이 많이 나온다지요.

활용어휘 休耕(휴경), 休息(휴식), 休戰(휴전), 連休(연휴)

1Ⅱ

烋

10획 / 부수 火(灬)

**쉬면서(休) 따뜻한 불(灬)을 쬐듯 온화하고 아름다우니
온화할 휴, 아름다울 휴**

+ 인 · 지명용 한자.
+ 온화(溫和)하다 – ㉠ 날씨가 맑고 따뜻하여 바람이 부드럽다.
　　　　　　　　 ㉡ 성격, 태도 등이 온순하고 부드럽다.
+ 灬(불 화 발), 溫(따뜻할 온, 익힐 온), 和(화목할 화, 화할 화)

6

本

5획 / 부수 木

**나무 목(木)의 아래, 즉 뿌리 부분에 일(一)을 그어
나무에서는 뿌리가 제일 중요한 근본임을 나타내어
뿌리 본, 근본 본**
또 근본을 적어 놓은 책이니 책 본

활용어휘 拔本塞源(발본색원), 根本(근본), 本論(본론)

1Ⅱ

鉢

13획 / 부수 金

쇠(金)로 바닥(本)을 다듬어 만든 바리때니 바리때 발

+ 바리때 – 절에서 쓰는 승려의 공양 그릇. 나무나 놋쇠 등으로 대
접처럼 만들어 안팎에 칠을 함. 줄여서 '바리'라고 함.

활용어휘 鉢盂(발우), 沙鉢(사발), 周鉢(주발), 托鉢(탁발)

1Ⅱ

杰

8획 / 부수 木

**나무(木)가 불(灬)타듯이 열성인 뛰어난 호걸이니
뛰어날 걸, 호걸 걸**

+ 원 傑(뛰어날 걸, 호걸 걸) – 제목번호 096 참고
+ 호걸(豪傑) – 지혜와 용기가 뛰어나고 기개와 풍모가 있는 사람.
+ 灬(불 화 발), 豪(호걸 호)

■ 도움말 ■

〈인 · 지명용 한자〉
일반 용어에는 잘 쓰이지 않고 주로 인명(人名 – 사람 이름)이나 지명(地名 – 땅 이름)에 쓰이는 한
자에 붙인 말입니다. 일반 용어에도 쓰이고 人名이나 地名에도 쓰이는 한자에는 '인 · 지명용 한자'
라는 표시를 하지 않았습니다.

呆

7획 / 부수 口

입(口)만 나무(木)에 올려놓은 듯 말만 잘하고 어리석으니
어리석을 매

+ 말보다 행동이 중요함을 생각하고 만든 한자.

활용어휘 癡呆(치매)

保

9획 / 부수 人(亻)

(말로 화를 입는 경우가 많아) 사람(亻)은 입(口)을 말 없는
나무(木)처럼 지키고 보호하니 지킬 보, 보호할 보

활용어휘 保證保險(보증보험), 明哲保身(명철보신)

堡

12획 / 부수 土

보호하기(保) 위하여 흙(土)을 쌓아 만든 작은 성이니
작은 성 보

활용어휘 堡壘(보루), 堡障(보장), 橋頭堡(교두보)

褒

15획 / 부수 衣

옷(衣)으로 감싸듯 보호하고(保) 기리니 기릴 포

+ 기리다 - 뛰어난 업적이나 바람직한 정신, 위대한 사람 등을 추어서
말하다.

활용어휘 褒賞(포상), 褒賞金(포상금), 褒獎(포장), 褒章(포장)

■ 도움말 ■

〈한자와 한자의 훈음과 단어 선정〉
한자에는 같은 뜻으로 여러 형태의 한자가 있는 경우도 있고, 하나의 한자에 여러 훈(뜻)과 음이 있
는 경우도 있습니다.
이런 경우에는 일상생활에서 많이 쓰이는 한자와 훈과 음을 선택하였고, 활용어휘도 활용빈도가 높
은 것 위주로 선정하여 수록하였습니다.

5II

相

9획 / 부수 目

나무(木)처럼 마주 서서 서로의 모습을 **보니**(目)
서로 **상**, 모습 **상**, 볼 **상**

또 임금과 서로 자주 소통했던 재상이니 **재상 상**

+ 재상(宰相) – 옛날 조정에서 임금을 보필하던 최고 책임자의 총칭.
+ 目(눈 목, 볼 목, 항목 목), 宰(주관할 재, 재상 재)

활용어휘 相扶相助(상부상조), 眞相(진상), 觀相(관상)

2

箱

15획 / 부수 竹(⺮)

대(⺮)를 서로(相) 걸어 짠 상자니 **상자 상**

+ 자재가 귀하던 옛날에는 상자도 대로 만들었지요.
+ ⺮(대 죽)

활용어휘 箱子(상자), 書箱(서상), 箱子褶曲(상자습곡)

3II

霜

17획 / 부수 雨

비(雨) 같은 습기가 서로(相) 얼어붙은 서리니 **서리 상**

활용어휘 霜雪(상설), 傲霜孤節(오상고절), 秋霜(추상)

1

孀

20획 / 부수 女

여자(女) 중 남편이 죽어 서리(霜) 맞은 모양의 과부니
과부 상

활용어휘 孀老(상로), 孀婦(상부), 靑孀寡婦(청상과부)

 **朱** 6획 / 부수 木	**작아(/) 아직 자라지 않은(未) 어린 싹은 붉으니** 붉을 **주**, 성씨 **주** + '떨어지는(/) 시(十)월의 나뭇(木)잎은 대부분 붉으니 붉을 주'라 고도 합니다. + 돋아나는 어린 싹은 대부분 붉지요. + / ('삐침 별'이지만 여기서는 작은 모양) **활용어휘** 朱記(주기), 印朱(인주), 近朱者赤(근주자적)

말(言)로 명하여 붉은(朱) 피가 나도록 베고 꾸짖으니
벨 **주**, 꾸짖을 **주**

誅
13획 / 부수 言

활용어휘 誅殺(주살), 苛斂誅求(가렴주구), 誅責(주책)

물(氵)로 패인 붉은(朱) 물가니 물가 **수**

+ 인 · 지명용 한자.
+ 물이 흐르면 땅이 패여 붉은 진흙이 나타나지요.

洙
9획 / 부수 水(氵)

쇠(金) 저울에 붉게(朱) 표시한 저울눈의 무게 단위니
저울눈 **수**, 무게 단위 **수**

또 저울눈을 많이 사용하여 눈금이 무디니 무딜 **수**

銖
14획 / 부수 金

+ 수(銖) – 1냥의 24분의 1. 또는 적은 양의 뜻으로 쓰임.

활용어휘 銖兩(수량), 銖積寸累(수적촌루)

■ 한자암기박사1 ■

제목번호 063 참고
株 – 나무(木)의 붉은(朱) 뿌리 부분만 남은 그루터기니 '그루터기 주'
　　또 그루터기 같은 뿌리로 나무를 세는 그루니 '그루 주'
　　또 나무 세듯이 자본을 세는 주식이니 '주식 주'
珠 – 구슬(王) 중 붉게(朱) 빛나는 진주니 '구슬 주, 진주 주'
殊 – 뼈 앙상하고(歹) 붉은(朱) 피까지 흘림은 보통과 다르니 '다를 수'

7 **林** 8획 / 부수 木	나무(木)와 **나무**(木)가 우거진 수풀이니 수풀 **림(임)**, 성씨 임 **활용어휘** 林野(임야), 林産物(임산물), 密林(밀림)
1 **淋** 11획 / 부수 水(氵)	물(氵)을 **수풀**(林)에 뿌리니 물 뿌릴 **림(임)** 또 물 뿌린 듯 고름이 나오는 임질이니 임질 **림(임)** **활용어휘** 淋漓(임리), 淋疾(임질)
1II **彬** 11획 / 부수 彡	수풀(林)처럼 **머릿결**(彡)이 빛나니 빛날 **빈** + 彡(터럭 삼, 긴머리 삼) **활용어휘** 彬彬(빈빈), 彬蔚(빈울)
1 **焚** 12획 / 부수 火	수풀(林)처럼 쌓아 놓고 **불**(火)사르니 불사를 **분** **활용어휘** 焚書坑儒(분서갱유), 焚燒(분소), 焚身(분신)

■ 한자암기박사1 ■

제목번호 061 참고

森 – 나무(木)가 수풀(林)처럼 빽빽하니 '빽빽할 삼'
　　　또 나무(木)가 수풀(林)처럼 엄숙하게 늘어선 모양에서 '엄숙한 모양 삼'

4II

禁

13획 / 부수 示

수풀(林)은 보기(示)만 할 뿐 함부로 베지 못하도록 금하니 **금할 금**

+ 示(보일 시, 신 시)

활용어휘 禁煙(금연), 監禁(감금), 禁物(금물), 禁斷(금단)

1

襟

18획 / 부수 衣(衤)

옷(衤)에서 다른 것을 금하도록(禁) 두껍고 깨끗이 만든 옷깃이니 **옷깃 금**

또 옷깃이 여겨지는 부분은 가슴이니 **가슴 금**

+ 옷깃 – 저고리나 두루마기의 목에 둘러대어 앞에서 여밀 수 있도록 된 부분.
+ 衤(옷 의 변)

활용어휘 襟帶(금대), 襟章(금장), 胸襟(흉금)

1II

楚

13획 / 부수 木

수풀(林)의 발(疋), 즉 밑부분에서 자란 나무는 고우니 **고울 초**

또 곱게 자란 가지로 만든 회초리라도 치면 아프니 **회초리 초, 아플 초, 초나라 초**

+ 초(楚)나라 – 중국 춘추 전국 시대에 양자강 중류에 있었던 나라.
+ 疋(필 필, 발 소) – 제목번호 465 참고

활용어휘 淸楚(청초), 撻楚(달초), 四面楚歌(사면초가)

3II

礎

18획 / 부수 石

돌(石)을 곱게(楚) 다듬어 받친 주춧돌이나 기초니 **주춧돌 초, 기초 초**

+ 주춧돌 – 건물의 기둥을 받쳐주는 돌.
+ 주춧돌도 곱고 아름답게 깎아서 받치지요.

활용어휘 礎石(초석), 基礎(기초), 礎稿(초고)

杏

7획 / 부수 木

1Ⅱ

나무(木) 열매 중 **입**(口)으로 먹을 수 있는 살구나 은행이니
살구 **행**, 은행 **행**

활용어휘 杏仁(행인), 杏花(행화), 銀杏(은행), 杏木(행목)

杳

8획 / 부수 木

1

나무(木) 밑으로 **해**(日)가 지면 어두워 아득하니
아득할 **묘**

활용어휘 杳冥(묘명), 杳然(묘연)

■ 한자암기박사1 ■

제목번호 008 참고
査 – 나무(木)까지 또(且) 조사하니 '조사할 사'

제목번호 073 참고
香 – 벼(禾)가 햇(日)볕에 익어가며 나는 향기니 '향기 향'

麻

3Ⅱ

11획 / 제부수

집(广) 주위에 **수풀(林)**처럼 빽빽이 기르는 삼이니 삼 **마**

또 삼에는 마약 성분도 있으니 마약 **마**

+ 广(집 엄), 林[수풀 림(林)의 변형]

활용어휘 麻中之蓬(마중지봉), 快刀亂麻(쾌도난마)

摩

2

15획 / 부수 手

삼(麻)을 **손(手)**질하듯 문지르고 어루만지니

문지를 **마**, 어루만질 **마**

활용어휘 摩擦(마찰), 摩天樓(마천루), 撫摩(무마)

魔

2

21획 / 부수 鬼

마약(麻) 먹은 **귀신(鬼)**처럼 행동하는 마귀니 마귀 **마**

+ 마귀(魔鬼) - 요사스러운 못된 잡귀의 통칭.

활용어휘 魔術(마술), 惡魔(악마), 好事多魔(호사다마)

靡

1

19획 / 부수 非

마약(麻) 먹은 듯 제정신이 **아니게(非)** 쓰러지니

쓰러질 **미**

+ 非(어긋날 비, 아닐 비, 나무랄 비)

활용어휘 靡費(미비), 風靡(풍미), 從風而靡(종풍이미)

麾

1

15획 / 부수 麻

삼(麻)베에 **깃털(毛)**을 장식하여 만든 대장기를 휘두르며

지휘하니 대장기 **휘**, 지휘할 **휘**

+ 베가 귀하던 옛날에는 삼베가 여러 용도로 쓰였지요.

활용어휘 麾旗(휘기), 麾動(휘동), 麾兵(휘병), 麾下(휘하)

痲

2

13획 / 부수 疒

병(疒)으로 몸이 **수풀(林)**처럼 뻣뻣해지며 저리니

저릴 **마**

+ 저리다 - 여러 뜻이 있지만 여기서는 '뼈마디나 몸의 일부가 오래 눌려서 피가 잘 통하지 못하여 감각이 둔하고 아리다'라 는 뜻.

활용어휘 痲痺·痲痹(마비), 痲藥(마약), 痲醉(마취)

8

東

8획 / 부수 木

나무(木) 사이로 해(日)가 떠오르는 동쪽이니 동쪽 **동**

또 옛날에 동쪽에 앉았던 주인이니 주인 **동**

＋ 柬(가릴 간, 편지 간) – 제목번호 361 참고, 束(묶을 속)

활용어휘 東問西答(동문서답), 東奔西走(동분서주)

2

棟

12획 / 부수 木

나무(木) 중 집에서 **주인(東)**처럼 큰 역할을 하는 대들보나 마룻대니 대들보 **동**, 마룻대 **동**

＋ 대들보 – 지붕을 떠받치기 위해 기둥과 기둥 사이에 건너지른 보.
＋ 마룻대 – 용마루 밑에 서까래가 걸리게 된 도리.

활용어휘 棟梁之材(동량지재), 汗牛充棟(한우충동)

참

束

6획 / 부수 木

나무(木)에 덮인(宀) 듯 붙어 있는 가시니 가시 **자**

＋ 束(묶을 속)
＋ 가시 – 여러 뜻이 있지만 여기서는 '바늘처럼 뾰족하게 돋친 것' 이라는 뜻.

1

棘

12획 / 부수 木

가시(束) 달린 가지가 옆으로 늘어지는 가시나무니 가시나무 **극**

활용어휘 棘毛(극모), 棘針(극침), 加棘(가극), 荊棘(형극)

1

棗

12획 / 부수 木

(나무가 곧아서) 가시(束)가 위아래로 나 있는 대추나무의 대추니 대추나무 **조**, 대추 **조**

＋ 가시나무는 대부분 약하여 가지가 옆으로 늘어지는데 대추나무는 곧게 자람을 생각하고 만든 한자.

활용어휘 棗木(조목), 棗栗梨柿(조율이시)

■ 한자암기박사1 ■

제목번호 065 참고
凍 – 얼음(冫)은 동쪽(東)에 더 많이 어니 '얼 동'
陳 – 언덕(阝)의 동쪽(東)에 햇살이 퍼지듯 늘어놓고 묵으니 '늘어놓을 진, 묵을 진'

제목번호 064 참고
策 – 대(竹)로 만든, 가시(束)처럼 아픈 채찍이니 '채찍 책'
　　　또 채찍질할 때 다치지 않게 신경써야 하는 꾀니 '꾀 책'

5II **束** 7획 / 부수 木	나무(木)를 묶으니(口) 묶을 속 + 圖 朿(가시 자) + 口('입 구, 말할 구, 구멍 구'지만 여기서는 묶은 모양) 활용어휘 束手無策(속수무책), 束縛(속박)
1 **疎** 12획 / 부수 疋	발(疋)을 묶어(束) 놓은 듯 왕래가 드물고 성기니 드물 소, 성길 소 또 왕래가 드물면 도로는 잘 트이니 트일 소 + 圖 疏(트일 소, 드물 소, 성길 소) + 疋[발 소, 필 필(疋)의 변형] 활용어휘 疎外(소외), 疎脫(소탈), 疎遠(소원), 疎忽(소홀)
1 **悚** 10획 / 부수 心(忄)	마음(忄)이 무엇에 묶인(束) 듯 두려우니 두려울 송 활용어휘 悚懼(송구), 悚汗(송한), 罪悚(죄송), 惶悚(황송)
1 **辣** 14획 / 부수 辛	매운(辛) 것으로 묶어(束) 놓은 듯 매우니 매울 랄(날) + 辛(고생할 신, 매울 신, 여덟째 천간 신, 성씨 신) 활용어휘 辛辣(신랄), 惡辣(악랄)
1 **剌** 9획 / 부수 刀(刂)	묶어(束) 놓은 것을 칼(刂)로 베어 버리면 어그러지니 어그러질 랄(날) 또 물고기 뛰는 소리나 임금께 올리는 수라도 나타내어 물고기 뛰는 소리 랄(날), 수라 라(나) + 어그러지다 – 여러 뜻이 있지만 여기서는 '잘 맞물려 있는 물체가 틀어져서 맞지 아니하다'를 뜻함. + 수라(水剌) – 궁중에서 임금에게 올리는 밥을 높여 이르던 말. 활용어휘 跋剌(발랄), 潑剌(발랄)

3II

賴

16획 / 부수 貝

**묶어(束) 놓은 칼(刀)과 재물(貝)에 힘입어 의지하니
힘입을 뢰(뇌), 의지할 뢰(뇌)**

+ 웹 頼 – 묶어(束) 놓은 듯 머리(頁)에 쌓인 실력에 힘입어 의지하니
  '힘입을 뢰(뇌), 의지할 뢰(뇌)'

+ 칼 같은 무기나 돈이 있으면, 또 머리에 쌓인 실력이 있으면 어려
  움을 당할 때 의지할 수 있지요.

+ 束(묶을 속), 刀(칼 도), 貝(조개 패, 재물 패, 돈 패), 頁(머리 혈)

활용어휘 信賴(신뢰), 依賴(의뢰), 無賴漢(무뢰한)

1

懶

19획 / 부수 心(忄)

**마음(忄)에 의지할(賴) 무엇이 있으면 게으르니
게으를 라(나)**

+ 꼭 해야 한다는 간절함이 없이 이것 아니면 다른 것도 있다고
  안일하게 생각하면 게을러지지요.

활용어휘 懶慢(나만), 懶性(나성), 懶惰(나타), 懶怠(나태)

1

癩

21획 / 부수 疒

**병(疒) 중 걸리면 격리되어 한곳에만 의지하고(賴)
살아야 했던 문둥병이니 문둥병 라(나)**

+ 문둥병 – 눈썹이 빠지고 살이 썩어 손발이나 얼굴이 변형되며 눈
  이 잘 보이지 않게 되는 전염병. 지금은 '한센병'이라 함.

+ 옛날에 문둥병은 잘 낫지 않고 전염이 잘 된다고 오해하여 한곳에
  격리시켜 치료했지요.

활용어휘 癩病(나병), 癩菌(나균), 癩患者(나환자)

■ 한자암기박사1 ■

제목번호 064 참고
刺 – 가시(束)나 칼(刂)로 찌르니 '찌를 자, 찌를 척'
速 – (신발끈을) 묶고(束) 뛰면(辶) 빠르니 '빠를 속'

7II

7획 / 제부수

수레 모양을 본떠서 수레 **거**, 차 **차**, 성씨 **차**

+ 日은 수레의 몸통, ㅣ은 바퀴의 축, 一과 一은 양쪽 바퀴.
+ 車의 독음(讀音)은 수레와 차로 구분하지 않고 단어에 따라 습관적으로 사용됩니다.

활용어휘 自轉車(자전거), 停車(정차), 駐車(주차)

1

8획 / 부수 車

수레(車)의 어느 부분이 굽어(ㄴ) 삐걱거리니
삐걱거릴 알

+ ㄴ[새 을, 둘째 천간 을, 둘째 을, 굽을 을(乙)이 부수로 쓰일 때의 모양]

활용어휘 軋弓(알궁), 軋轢(알력), 軋齒(알치)

8

9획 / 부수 車

덮어서(冖) 차(車)까지 위장한 군사니 **군사 군**

+ 군사들은 적에게 들키지 않으려고 주위 환경에 어울리게 무엇으로 덮어 위장하지요.
+ 冖(덮을 멱)

활용어휘 軍歌(군가), 軍紀(군기), 孤軍奮鬪(고군분투)

1

12획 / 부수 水(氵)

물(氵)에서 군사(軍)들이 싸운 듯 온통 흐리니
온 혼, 흐릴 혼

+ 온 - 전부의. 모두의.

활용어휘 渾家(혼가), 渾身(혼신), 渾然(혼연), 渾沌(혼돈)

■ 한자암기박사1 ■

제목번호 277 참고
揮 - 손(扌) 휘둘러 군사(軍)를 지휘하니 '휘두를 휘, 지휘할 휘'
輝 - 빛(光)에 군사(軍)의 계급장이 빛나니 '빛날 휘'
運 - 군사(軍)들이 갈(辶) 때는 차도 운전하여 옮기니 '운전할 운, 옮길 운'
　　　또 삶을 옮기는 운수니 '운수 운'

4II

連

11획 / 부수 辵(辶)

수레(車)가 지나간(辶) 바퀴 자국처럼 이으니 이을 **련(연)**

+ 辶(뛸 착, 갈 착, = 辶)

[활용어휘] 連結(연결), 連絡(연락), 連戰連勝(연전연승)

1II

漣

14획 / 부수 水(氵)

물(氵)에 계속 이어지는(連) 잔물결이니 잔물결 **련(연)**

또 잔물결처럼 계속 눈물 흘리는 모양이니
눈물 흘리는 모양 **련(연)**

[활용어휘] 漣痕(연흔), 漣然(연연)

■ 한자암기박사1 ■

제목번호 276 참고
蓮 – 풀(艹) 뿌리가 이어지듯(連) 뻗어가며 자라는 연이니 '연 련(연)'

6II

利

7획 / 부수 刀(刂)

벼(禾)를 낫(刂)으로 베어 수확하면 이로우니 **이로울 리(이)**

또 이로움에는 모두 날카로우니 **날카로울 리(이)**

+ 禾 - 익어서 고개 숙인 벼를 본떠서 '벼 화'
+ 刂 ('칼 도 방'이지만 여기서는 '낫'으로 봄)

활용어휘 **見利思義**(견리사의), **漁父之利**(어부지리)

1

悧

10획 / 부수 心(忄)

마음(忄)을 이롭게(利) 쓰며 영리하니 **영리할 리(이)**

+ 圖 俐 - 사람(亻)이 이롭게(利) 행동하며 영리하니 '영리할 리(이)'

활용어휘 **怜悧**(영리)

1

痢

12획 / 부수 疒

병(疒) 중 먹는 것에 **날카롭게(利)** 반응하는 이질이니
이질 리(이)

+ 이질에 걸리면 먹는 것에 조심해야 하지요.
+ 疒 (병들 녁)

활용어휘 **痢疾**(이질), **滯痢**(체리)

3

梨

11획 / 부수 木

이로운(利) 나무(木) 열매는 배니 **배 리(이)**

+ 배는 식용, 약용으로 쓰이니 이로운 나무 열매지요.

활용어휘 **梨花**(이화), **棗栗梨柹**(조율이시)

1

禿

7획 / 부수 禾

벼(禾)가 사람(儿)처럼 꼿꼿이만 서게 열매 없이 모지라지니
모지라질 독

또 모지라져 앞머리가 없는 대머리니 **대머리 독**

+ 모지라지다 - 물건의 끝이 닳아서 없어지다.
+ 벼가 익으면 고개를 숙여야 하는데 사람처럼 꼿꼿이 서 있음은
병에 걸려 열매가 익지 않았거나 모지라진 것이지요.
+ 儿(사람 인 발, 어진사람 인)

활용어휘 **禿山**(독산), **禿木**(독목), **禿頭**(독두)

| 7 **秋** 9획 / 부수 禾 | 벼(禾)가 불(火)처럼 붉게 익어 가는 가을이니 **가을 추, 성씨 추** 활용어휘 仲秋(중추), 秋波(추파), 秋史(추사) |

| 1Ⅱ **楸** 13획 / 부수 木 | 나무(木) 중 가을(秋)에 먼저 열매가 익는 호두나무니 **호두나무 추** 또 나무(木)가 단단할 때인 가을(秋)에 베어 튼튼한 곳에 쓰는 가래나무니 **가래나무 추** ✚ 같은 나무라도 물이 빠지고 크기를 그친 가을에 베어야 튼튼하답니다. 활용어휘 楸木(추목), 楸子(추자) |

| 1 **鰍** 20획 / 부수 魚 | 물고기(魚) 중 가을(秋)에 제맛이 나는 미꾸라지니 **미꾸라지 추** ✚ 魚(물고기 어) 활용어휘 鰍魚(추어), 鰍魚湯(추어탕), 鰍湯(추탕) |

| 1Ⅱ **稷** 15획 / 부수 禾 | 벼(禾)의 일종으로 밭(田)에 사람(儿)이 뒤늦게(夊) 심는 기장이니 **기장 직** 또 기장은 오곡의 제일로 여겨 곡식의 신으로 섬겼으니 **곡식 신 직** ✚ 기장 - 볏과의 일년초로 오곡의 하나. 식용 작물의 한가지로 열매는 좁쌀보다 낟알이 굵음. ✚ 夊(천천히 걸을 쇠, 뒤져 올 치) 활용어휘 稷壇(직단), 稷神(직신), 黍稷(서직), 社稷(사직) |

4

季
8획 / 부수 子

벼(禾)의 **아들**(子) 같은 열매가 맺는 줄기 끝이니 끝 **계**

또 (달력이 없었던 옛날에) **벼**(禾) **열매**(子)가 익어감을 보고 짐작했던 계절이니 계절 **계**

+ '끝 계'로는 형제 중 막내의 뜻으로 쓰이고, 보통 말하는 끝은 '끝 종(終)'이나 '끝 말(末)'로 많이 씁니다.

활용어휘 季父(계부), 季節(계절), 伯仲叔季(백중숙계)

1

悸
11획 / 부수 心(忄)

마음(忄)이 **끝**(季)날 것처럼 두근거리니 두근거릴 **계**

활용어휘 悸病(계병), 悸心痛(계심통), 悸慄(계율)

1

黍
12획 / 제부수

벼(禾)처럼 **사람**(人)이 **물**(氺)에 담가 먹는 기장이니 기장 **서**

+ 기장 – 볏과의 일년초로 오곡의 하나. 식용 작물의 한 가지로 열매는 좁쌀보다 낟알이 굵음.
+ 氺(물 수 발)

활용어휘 黍穀(서곡), 黍麪(서면), 黍粟(서속), 黍稷(서직)

1

黎
15획 / 부수 黍

기장(黍)을 **싸**(勹) 두고 **퍼**(丿) 쓰는 통 속은 검고 낟알이 많으니 검을 **려(여)**, 많을 **려(여)**

+ 기장을 싸 두는 자루나 통 속은 어두워 검고 낟알이 많다는 데서 만든 한자.
+ 勹(쌀 포)

활용어휘 黎明(여명), 黎民(여민)

■ 한자암기박사1 ■

제목번호 075 참고
李 – 나무(木)에 아들(子)처럼 귀하게 열린 오얏이니 '오얏 리(이)'
　　또 오얏처럼 귀한 성씨니 '성씨 리(이)'

4

委
8획 / 부수 女

벼(禾) 같은 곡식을 **여자(女)**에게 맡기고 의지하니
맡길 위, 의지할 위

+ 곡식이나 월급을 여자에게 맡기고 의지함을 생각하고 만든 한자.
+ 禾('벼 화'로 곡식의 대표)

활용어휘 委員會(위원회), 委任(위임), 委囑(위촉)

1Ⅱ

倭
10획 / 부수 人(亻)

사람(亻)이 살림을 여자에게 **맡기고(委)** 싸움만 하던
왜국이니 **왜국 왜**

+ 왜(倭) - [일부 명사 앞에 붙어] '일본식, 일본의'의 뜻을 나타내는 말.
+ 왜국(倭國) - 일본을 낮잡아 이르는 말.

활용어휘 倭寇(왜구), 倭敵(왜적), 壬辰倭亂(임진왜란)

1

矮
13획 / 부수 矢

화살(矢)에도 **의지할(委)** 정도로 키가 작으니
키 작을 왜

+ 矢(화살 시) - 제목번호 389 참고

활용어휘 矮軀(왜구), 矮小(왜소), 矮松(왜송), 矮人(왜인)

1

萎
12획 / 부수 草(艹)

풀(艹)이 똑바로 서지 못하고 몸을 **의지하듯(委)** 기울어
시드니 **시들 위**

활용어휘 萎落(위락), 萎凋(위조), 萎縮(위축)

1Ⅱ

魏
18획 / 부수 鬼

의지하는(委) 것이 **귀신(鬼)**처럼 높으니
높을 위, 성씨 위, 위나라 위

+ 위(魏)나라 - 춘추 전국 시대의 나라(기원전 403~225).
+ 鬼(귀신 귀)

활용어휘 魏闕(위궐), 魏志(위지)

1

巍
21획 / 부수 山

산(山)처럼 **높고(魏)** 크니 **높고 클 외**

활용어휘 巍巍(외외), 巍然(외연), 巍勳(외훈)

5Ⅱ

歷

16획 / 부수 止

굴 바위(厂) 밑에 **벼들**(禾禾)을 쌓아 놓고 일을 **멈추고**(止) 겨울을 지내며 보는 책력이니 지낼 **력(역)**, 책력 **력(역)**

또 지내며 겪으니 **겪을 력(역)**

+ 동 歴 – 언덕(厂) 아래 수풀(林) 속에 머물러(止) 지내며 보는 책력이니 '지낼 력(역), 책력 력(역)' 또 지내면서 겪으니 '겪을 력(역)'

+ 책력(冊曆) – 일 년 동안의 월일, 해와 달의 운행, 월식과 일식, 절기, 특별한 기상 변동 등을 날의 순서에 따라 적은 책.

+ 厂(굴 바위 엄, 언덕 엄), 止(그칠 지), 冊(책 책)

활용어휘 履歷(이력), 歷歷可知(역력가지)

- -

1

瀝

19획 / 부수 水(氵)

물(氵)처럼 무엇을 **지나**(歷) 스미거나 물방울져 떨어지니 스밀 **력(역)**, 물방울 떨어질 **력(역)**

활용어휘 瀝血(역혈), 瀝滴(역적)

제목번호 075 참고
曆 – 굴 바위(厂) 아래 벼들(禾禾)을 쌓아 놓고 날(日)을 보는 책력이니 '책력 력(역)'

특

7획 / 제부수

분별하여(丿) 품질대로 쌀(米)을 나누니
분별할 변, 나눌 변

+ 한자의 어원은 한자가 만들어지던 시대를 생각해 보면 쉽게 이해
됩니다. 한자가 만들어지던 시대에는 대부분 농사를 지었기 때
문에 농사나 곡식과 관련된 한자가 많고, 이웃 종족과 싸움도 많
이 했기 때문에 칼과 활 같은 무기나 전쟁과 관련된 한자도 많답
니다.
+ 쌀은 물물 거래의 기준이 되었기 때문에 품질에 따라 분별하고
나눴지요.
+ 丿('삐침 별'이지만 여기서는 분별하는 모양)

1

11획 / 부수 心

나누어져도(釆) 마음(心)만은 같은 모두니 모두 실

+ 心(마음 심, 중심 심)

활용어휘 悉皆(실개), 悉心(실심), 知悉(지실)

3

22획 / 부수 穴

구멍(穴)처럼 나누어진(釆) 틈으로 귀중품이 있을 것이라
점(卜)친 안(內)에 성(冂) 같은 금고도 열고
사사로이(厶) 훔치니 훔칠 절

+ 徹 竊 – 구멍(穴)으로 모두(切) 훔치니 '훔칠 절'
+ 穴(구멍 혈, 굴 혈), 卜(점 복, 성씨 복), 內[안 내, 나인 나(內)의
속자], 冂(멀 경, 성 경), 厶(사사로울 사, 나 사), 切(모두 체,
끊을 절, 간절할 절)

활용어휘 竊盜(절도), 竊發之患(절발지환)

23

奧
13획 / 부수 大

하나(丿)의 성(冂)을 나누어(釆) 크게(大) 들어간 속이니
속 **오**

+ 冂(멀 경, 성 경)

활용어휘 奧妙(오묘), 奧密稠密(오밀조밀), 深奧(심오)

塿
16획 / 부수 土

흙(土) 속(奧)까지 물이 스민 물가니 물가 **오**
또 땅(土), 즉 육지 속(奧)에 있는 오스트리아니
오스트리아의 약칭 **오**

+ 오스트리아는 오스트레일리아(濠州)와 달리 사방이 육지로 둘러
싸여 있지요.
+ 濠(해자 호, 호주 호), 洲(물가 주, 섬 주)

활용어휘 塿地利(오지리)

懊
16획 / 부수 心(忄)

마음(忄)속(奧)으로 한하며 괴로워하니
한할 **오**, 괴로워할 **오**

활용어휘 懊惱(오뇌), 懊嘆(오탄), 懊恨(오한)

6

番

12획 / 부수 田

나눈(釆) 밭(田)에 차례로 붙인 번지니
차례 번, 번지 번

활용어휘 順番(순번), 番地(번지), 電話番號(전화번호)

1Ⅱ

磻

17획 / 부수 石

돌(石)이 차례(番)로 드러난 반계니 **반계 반**

+ 반계(磻溪) – 중국 섬서성의 동남쪽으로 흘러 위수(渭水)로 흘러
드는 냇물로, 강태공(姜太公)이 여기서 낚시질을 하였음.
+ 溪(시내 계)

활용어휘 磻溪伊尹(반계이윤)

1

蟠

18획 / 부수 虫

벌레(虫)가 차례(番)로 둥글게 서리니 **서릴 반**

+ 서리다 – 여러 뜻이 있지만 여기서는 '뱀 등이 몸을 따리처럼 감
다'라는 뜻.

활용어휘 蟠踞(반거), 蟠龍(반룡), 蟠蜿(반완)

1

蕃

16획 / 부수 草(艹)

풀(艹)을 차례(番)로 무성하게 꽂고 싸우는 오랑캐니
무성할 번, 오랑캐 번

+ 전쟁할 때는 적게 들키지 않으려고 옷에 주위 환경과 어울리게
풀을 꽂아 위장하는데, 이렇게 꽂고 싸움만 일삼으니 오랑캐라는
말이지요.

활용어휘 蕃盛(번성), 蕃國(번국)

1Ⅱ

潘

15획 / 부수 水(氵)

물(氵)에 곡식을 차례(番)로 씻을 때 생기는 뜨물이니
뜨물 반, 뜨물 번, 성씨 반

+ 뜨물 – 곡식을 씻어 내 부옇게 된 물.
+ 처음 뜨물은 흐리고 탁하지만 씻을수록 깨끗해져 이것으로 국을
끓이지요.

활용어휘 潘南(반남)

1

藩

19획 / 부수 草(艹)

풀(艹)이나 물(氵)을 차례(番)로 둘러친 울타리니
울타리 번

+ 옛날에는 풀이나 나무로 몇 겹을 빙 두르거나 내를 파 물을 흐르게
하여 울타리를 만들었지요.

활용어휘 藩籬(번리)

3II

審

15획 / 부수 宀

집(宀)에 번지(番)를 정하기 위하여 살피니 **살필 심**

+ 宀(집 면)

활용어휘 博學審問(박학심문), 不審檢問(불심검문)

1II

瀋

18획 / 부수 水(氵)

물(氵) 같은 즙이 나오도록 **살펴(審)** 짜 즙내니
즙낼 심, 강 이름 심

활용어휘 瀋陽(심양)

■한자암기박사1 ■

제목번호 072 참고
播 - 손(扌)으로 차례(番)차례 씨 뿌리니 '씨 뿌릴 파'
      또 씨 뿌려 널리 퍼뜨리니 '퍼뜨릴 파'

3급II

14획 / 제부수

벼이삭이 패서 가지런한 모양을 본떠서 **가지런할 제**

+ 얜 斉 - 무늬(文)가 세로(丨丨)로 가로(二)로 가지런하니 '가지런할 제'

활용어휘 齊均(제균), 齊唱(제창), 修身齊家(수신제가)

4급II

17획 / 부수 水(氵)

물(氵)결이 **가지런할**(齊) 때 건너거나 빠진 사람을 구제하니
건널 제, 구제할 제

+ 얜 済
+ 물결이 가라앉아 가지런할 때 건너거나 구제해야 하지요.

활용어휘 濟度(제도), 救濟(구제), 救世濟民(구세제민)

3급II

16획 / 부수 刀(刂)

약초를 **가지런히**(齊) 칼(刂)로 썰어 지은 약제니
약제 제

+ 얜 剤
+ 약제(藥劑) - 여러 가지 약재를 섞어 조제한 약.

활용어휘 洗劑(세제), 調劑(조제)

1급

17획 / 부수 齊

몸과 마음을 **가지런히**(齊) 하며 **작은**(小) 일에도
조심하며 재계하니 **재계할 재**
또 재계하는 재실이나 재계할 때 입는 상복이니
재실 재, 상복 재

+ 재계(齋戒) - 부정(不淨)한 일을 멀리하고 심신을 깨끗이 하는 일.
+ 재실(齋室) - 무덤이나 사당 옆에 제사를 지내기 위해 지은 집.
+ 상복(喪服) - 사람이 죽었을 때 상주가 입는 옷.
+ 戒(경계할 계), 淨(깨끗할 정), 室(집 실, 방 실, 아내 실), 喪(초상
  날 상, 잃을 상), 服(옷 복, 먹을 복, 복종할 복)

활용어휘 書齋(서재), 齋衰(재최)

1

狄

7획 / 부수 犭(犬)

개(犭)가 불(火)이 붙어 날뛰듯 성질이 급한 북쪽 오랑캐니
북쪽 오랑캐 적

+ 사이(四夷) – '네 오랑캐'로, 중국은 자기 나라를 천하의 중심이라는 데서 중국(中國)이라 칭하고, 나머지는 모두 오랑캐로 보아 방향에 따라 남쪽 오랑캐는 만(蠻), 북쪽 오랑캐는 적(狄), 동쪽 오랑캐는 이(夷), 서쪽 오랑캐는 융(戎), 즉 南蠻北狄東夷西戎이라 불렀는데 이들을 함께 이르는 말.
+ 犭(큰 개 견, 개 사슴 록 변), 夷(동쪽 민족 이, 오랑캐 이), 蠻(오랑캐 만), 戎(오랑캐 융, 전쟁 융)

활용어휘 南蠻北狄(남만북적), 夷蠻戎狄(이만융적)

1Ⅱ

爕

17획 / 부수 火

불(火)과 불(火)이 말(言)하려는 듯 또(又) 솟아오르는 불꽃이니 불꽃 섭

또 불꽃처럼 따뜻하게 화해하니 화해할 섭

활용어휘 爕理(섭리), 爕伐(섭벌), 爕和(섭화)

3Ⅱ

炎

8획 / 부수 火

불(火)과 불(火)이 겹쳐 더우니 더울 염

또 덥게 열나면서 아픈 염증이니 염증 염

+ 염증(炎症) – 붉게 붓고 아픈 증세.
+ 症(병세 증)

활용어휘 炎凉(염량), 炎天(염천), 暴炎(폭염)

1

痰

13획 / 부수 疒

아플(疒) 때 덥게(炎) 열나면서 목에 생기는 가래니
가래 담

+ 疒(병들 녁)

활용어휘 痰氣(담기), 痰聲(담성), 祛痰劑(거담제), 血痰(혈담)

■ 한자암기박사1 ■

제목번호 284 참고
火 – 타오르는 불을 본떠서 '불 화'
談 – 말(言)로 따뜻하게(炎) 하는 말씀이니 '말씀 담'
淡 – 물(氵)을 덥게(炎) 끓여 소독하면 맑고 깨끗하니 '맑을 담, 깨끗할 담'

5||
勞
12획 / 부수 力

불(火)과 불(火)로 덮인(冖) 곳에서도 힘(力)써 수고하며 일하니 **수고할 로(노), 일할 로(노)**

+ 앱 労 – 불꽃(丷)으로 덮인(冖) 곳에서도 힘(力)써 수고하며 일하니 '수고할 로(노), 일할 로(노)'

활용어휘 勞苦(노고), 過勞(과로), 徒勞無功(도로무공)

1
撈
15획 / 부수 手(扌)

(물에서) 손(扌)으로 힘써(勞) 잡아 건져내니 **잡을 로(노), 건져낼 로(노)**

활용어휘 撈採(노채), 漁撈(어로)

1||
瑩
15획 / 부수 玉(王)

불(火)과 불(火)에 덮인(冖) 듯 옥(玉)처럼 밝고 맑으니 **밝을 형, 맑을 영**

활용어휘 瑩澈(형철), 未瑩(미형), 瑩鏡(영경)

1||
澄
18획 / 부수 水(氵)

물(氵)이 불(火)과 불(火)에 덮인(冖) 듯 빛나는 옥(玉)빛처럼 맑으니 **물 맑을 형**

+ 인·지명용 한자.

활용어휘 澄澈(형철) – 물이 맑고 깨끗함.

1
鶯
21획 / 부수 鳥

불(火)과 불(火)에 덮인(冖) 듯 노랗게 빛나는 새(鳥)는 꾀꼬리니 **꾀꼬리 앵**

+ 꾀꼬리는 깃 전체가 노란데, 색의 구분이 불분명했던 옛날에는 노란색도 불과 같은 색으로 보았네요.

활용어휘 鶯歌(앵가), 鶯聲(앵성), 鶯遷(앵천)

■ 한자암기박사1 ■

제목번호 285 참고
螢 – 불(火) 불(火)이 덮인(冖) 듯 반짝이는 벌레(虫)는 반딧불이니 '반딧불 형'
榮 – 불(火)과 불(火)에 덮인(冖) 듯 나무(木)에 꽃이 피어 성하니 '성할 영'
　　또 성하게 누리는 영화니 '영화 영'
瑩 – 불(火)과 불(火)에 덮인(冖) 듯 열성으로 음률(呂)을 다스리니 '다스릴 영'

3II
6획 / 부수 亠

머리(亠)가 불(小)타도록 또 고민하니 또 역

+ 亠(머리 부분 두), 小[불 화(火)의 변형]

활용어휘 亦是(역시), 此亦(차역)

3II
13획 / 부수 足(𧾷)

발(𧾷)로 밟으면 또(亦) 생기는 발자국이나 자취니 발자국 적, 자취 적

+ 图 迹(자취 적)
+ 𧾷[발 족, 넉넉할 족(足)의 변형]

활용어휘 人跡(인적), 遺跡(유적), 痕跡(흔적)

迹

1
10획 / 부수 辵(辶)

또(亦) 가면서(辶) 남기는 자취니 자취 적

+ 图 跡(발자국 적, 자취 적)
  蹟 – 발(𧾷)로 책임(責)을 다하면서 남긴 자취니 '자취 적'
+ 辶(뛸 착, 갈 착, = 辶), 責(꾸짖을 책, 책임 책)

활용어휘 人迹(인적), 足迹(족적), 表迹(표적)

赤

5

7획 / 제부수

흙(土)이 불(小)타듯 붉으니 **붉을 적**

또 붉게 보이도록 벌거벗으니 **벌거벗을 적**

+ 색 구분이 분명하지 않았던 옛날에는 벌거벗은 모양도 붉다고 보았네요.

활용어휘 赤色(적색), 赤字(적자), 赤裸裸(적나라)

赦

2

11획 / 부수 赤

(용서는 하지만 두고 보기 위하여) **붉게**(赤) 칠하고 **쳐서**(攵) 놓아 주며 용서하니 **용서할 사**

+ 눈에 잘 띄도록 붉게 표시했겠지요.

+ 攵(칠 복, = 攴)

활용어휘 赦過(사과), 赦免(사면), 赦罪(사죄), 特赦(특사)

赫

1Ⅱ

14획 / 부수 赤

붉고(赤) **붉게**(赤) 빛나며 붉으니 **빛날 혁, 붉을 혁**

활용어휘 赫赫(혁혁), 赫業(혁업), 赫怒(혁노)

爀

1Ⅱ

18획 / 부수 火

불(火)에서 **붉게**(赫) 빛나는 불빛이니 **불빛 혁**

+ 인·지명용 한자.

활용어휘 爀爀(혁혁)

5

無

12획 / 부수 火(灬)

장작더미를 **쌓아서**(𣫰) 그 밑에 **불**(灬)을 지핀 모양으로
불타면 없으니 **없을 무**

+ 옙 无, 无
+ 灬(불 화 발)

활용어휘 無窮無盡(무궁무진), 前無後無(전무후무)

1

憮

15획 / 부수 心(忄)

마음(忄)에 불만이 **없도록**(無) 어루만지니
어루만질 무

또 **마음**(忄)에 아무 생각 **없이**(無) 멍하니 **멍할 무**

+ 동 撫(어루만질 무)

활용어휘 懷憮(회무), 憮然(무연)

1

撫

15획 / 부수 手(扌)

손(扌)으로 불만이 **없도록**(無) 어루만지니
어루만질 무

+ 동 憮(어루만질 무)

활용어휘 撫摩(무마), 撫養(무양), 宣撫(선무), 愛撫(애무)

1

蕪

16획 / 부수 草(艹)

풀(艹)만 질서 **없이**(無) 우거져 거치니 **거칠 무**

+ 艹(초 두)

활용어휘 蕪繁(무번), 荒蕪地(황무지), 靑蕪(청무)

특Ⅱ

无

4획 / 제부수

(태초에는) 하늘과 땅(二) 사이에 **사람**(儿)도 없었으니
없을 무

+ 없을 무(無)의 고자(古字)지만 현재는 약자로 쓰임.
+ 동 旡 - 하나(一)도 숨은(乚) 사람(儿)이 없으니 '없을 무'
+ 二('둘 이'지만 여기서는 하늘과 땅으로 봄), 儿(사람 인 발, 어진
사람 인), 古(오랠 고, 옛 고), 字(글자 자), 乚[감출 혜, 덮을 혜
(匸)의 변형]

3

既

11획 / 부수 无

날이 **하얀**(白) **비수**(匕)로 이미 **없애니**(旡) 이미 기

+ 앱 既 - 그쳐(艮) 이미 없애니(旡) '이미 기'
+ 白(흰 백, 밝을 백, 깨끗할 백, 아뢸 백), 匕(비수 비, 숟가락 비),
  旡(없을 무, = 无), 艮[멈출 간, 어긋날 간(艮)의 변형]

활용어휘 既得權(기득권), 既往之事(기왕지사), 既婚(기혼)

1

漑

14획 / 부수 水(氵)

물(氵)을 **이미**(既) 댔으니 물댈 개

+ 氵(삼 수 변), 既[이미 기(既)의 변형]

활용어휘 漑灌(개관), 灌漑(관개), 灌漑水(관개수)

1

廐

14획 / 부수 广

집(广)에서 **하얀**(白) **비수**(匕) 같은 코뚜레에 고삐를 달아
몽둥이(殳)에 매놓고 말이나 소를 기르는 마구간이니
마구간 구

+ 앱 廐 - 집(广)에 이미(既) 마련해 놓고 말이나 소를 기르는 마구
  간이니 '마구간 구'
+ 코뚜레 - 소의 코청을 꿰뚫어 끼는 나무 고리.
+ 소나 말을 한두 마리씩 기르던 옛날에는 코를 뚫어 끼운 코뚜레에
  고삐를 달아 나무에 묶어 놓고 길렀지요.
+ 广(집 엄)

활용어휘 廐舍(구사), 廐肥(구비)

■ 한자암기박사1 ■

제목번호 303 참고
慨 - 마음(忄)속으로 이미(既) 때가 늦었음을 슬퍼하니 '슬퍼할 개'
槪 - 나무(木)가 이미(既) 다 자라면 대개 대강 살피니 '대개 개, 대강 개'

14획 / 부수 人(亻)

사람(亻)이 버릇없이(旡) 지각없이(旡) 함부로 말하며(曰) 참람하니 **참람할 참**

+ 참람(僭濫)하다 - 분수에 넘쳐 너무 지나치다.
+ 曰(가로 왈), 濫(넘칠 람)

활용어휘 僭禮(참례), 僭稱(참칭)

潛

15획 / 부수 水(氵)

물(氵)에 자취 없이(旡) 소리 없이(旡) 말하지도(曰) 못하고 잠기니 **잠길 잠**

또 잠기도록 감추고 숨기니 **감출 잠, 숨길 잠**

+ 뙨 潜 - 물(氵)로 바꿔(替) 놓은 듯 잠기니 '잠길 잠'
+ 替(바꿀 체)

활용어휘 潛水(잠수), 潛跡(잠적), 潛伏(잠복), 潛入(잠입)

18획 / 부수 竹(⺮)

대(⺮)로 만들어 자취 없이(旡) 소리 없이(旡) 가로 왈(曰) 자 모양으로 꽂는 비녀니 **비녀 잠**

+ 비녀 - 여자의 쪽 찐 머리가 풀어지지 않도록 꽂는 장신구. 또는 옛날에 벼슬아치들이 갓을 쓸 때 갓이 벗겨지지 않도록 갓끈을 매어 머리에 꽂던 물건.
+ 가로다 - '말하다'를 예스럽게 이르는 말.
+ 눈에 잘 보이지 않게 꽂으니 자취 없이 소리 없이라고 한 것이죠.

활용어휘 簪纓(잠영), 簪花(잠화), 玉簪(옥잠)

24획 / 부수 虫

자취 없이(旡) 소리 없이(旡) 말하듯(曰) 입으로 실을 토해 내는 벌레(虫)와 벌레(虫)들은 누에니 **누에 잠**

+ 뙨 蚕 - 하늘(天)이 준 벌레(虫)는 누에니 '누에 잠'
+ 누에 실은 잘 보이지 않으니 없을 무(无, = 旡)와, 누에는 여러 마리가 모여 사니 虫(벌레 충)을 겹쳐 만든 것이죠.
+ 누에고치를 이용하여 당시 최고의 옷감인 비단을 짰으니, 하늘이 준 벌레라고 생각했겠지요.

활용어휘 蠶箔(잠박), 蠶食(잠식), 養蠶(양잠)

1Ⅱ

圭

6획 / 부수 土

('홀'은 천자가 제후를 봉할 때 주는 신표로)
영토를 뜻하는 **흙 토(土)**를 두 번 반복하여
홀 규, 영토 규

또 홀을 만들던 품질 좋은 서옥이니 **서옥 규**

+ 제후(諸侯) – 천자의 영토 일부를 맡아 다스리는 일종의 지방 관리.
+ 규(圭) – 옥으로 만든 홀(笏). 위 끝은 뾰족하고 아래는 세모나 네모졌으며 예전에 중국에서 천자가 제후를 봉하거나 신을 모실 때에 썼음.
+ 홀(笏) – 조선 시대에 벼슬아치가 임금을 만날 때에 손에 쥐던 물건. 일품부터 사품까지는 상아홀, 오품 이하는 목홀(木笏)을 사용했음.

1Ⅱ

珪

10획 / 부수 玉(王)

옥(玉)으로 만든 홀(圭)이니 **홀 규**

+ 인·지명용 한자.
+ 圭의 고자(古字).

활용어휘 珪璋(규장)

1

硅

11획 / 부수 石

돌(石)에서 서옥(圭)처럼 빛나는 규소니 **규소 규**

+ 규소(硅素) – 비금속인 탄소족 원소의 하나.
+ 石(돌 석), 素(흴 소, 바탕 소, 요소 소, 소박할 소)

활용어휘 硅砂(규사), 硅酸(규산), 硅石(규석)

1Ⅱ

奎

9획 / 부수 大

큰(大) 서옥(圭)처럼 빛나는 별 이름이나 글이니
별 이름 규, 글 규

활용어휘 奎星(규성), 奎章(규장), 奎章閣(규장각)

2

閨

14획 / 부수 門

문(門)까지 서옥(圭)으로 꾸민 안방이니 **안방 규**

활용어휘 閨房(규방), 閨範(규범), 閨秀(규수)

3II

9획 / 부수 寸

영토(圭)를 마디마디(寸) 나누어 봉하니 봉할 봉

+ 봉(封)하다 – ㉠ 문·봉투·그릇 등을 열지 못하게 꼭 붙이거나 싸서 막다.
   ㉡ 임금이 신하에게 영지를 주어 제후로 삼다.
+ 寸(마디 촌, 법도 촌)

활용어휘 封建(봉건), 封鎖(봉쇄), 封印(봉인), 開封(개봉)

1

12획 / 부수 巾

봉하여(封) 수건(巾)으로 덮으며 도우니 도울 방

+ 도울 방(幫)의 약자로, 원자보다 약자로 많이 씁니다.
+ 흔히 나쁜 일의 뒤에 돕는 경우에 씁니다.
+ 巾(수건 건)

활용어휘 幇助(방조), 幇助罪(방조죄)

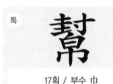

특

17획 / 부수 巾

봉하여(封) 비단(帛)으로 덮으며 도우니 도울 방

+ 약 幇
+ 帛(비단 백, 폐백 백)

1

卦

8획 / 부수 卜

서옥(圭)처럼 점(卜)치면 반짝이며 나오는 점괘니 점괘 **괘**

+ 揭 掛 - 손(扌)으로 점괘(卦)를 기록하여 거니 '걸 괘'
+ 점괘(占卦) - 점을 쳐서 나온 괘.
+ 卜(점 복, 성씨 복), 占(점칠 점, 점령할 점)

활용어휘 卦辭(괘사), 卦爻(괘효), 八卦(팔괘)

1

罫

13획 / 부수 网(罒)

그물(罒)처럼 점괘(卦)에 맞춰 그은 줄이니 줄 **괘**

+ 罒(그물 망, = 网, 冈)

활용어휘 罫線(괘선), 罫紙(괘지), 罫版(괘판)

특II

厓

8획 / 부수 厂

굴 바위(厂) 아래 땅(圭)의 언덕이니 언덕 **애**

+ 厂(굴 바위 엄, 언덕 엄)

활용어휘 層厓(층애)

3

涯

11획 / 부수 水(氵)

물(氵)과 맞닿은 언덕(厓) 같은 물가니 물가 **애**

또 물가는 땅의 끝이니 끝 **애**

활용어휘 涯岸(애안), 涯際(애제), 生涯(생애), 天涯(천애)

1

崖

11획 / 부수 山

산(山) 언덕(厓)에 있는 낭떠러지니 낭떠러지 **애**

+ 낭떠러지 - 깎아지른 듯한 언덕.

활용어휘 斷崖(단애), 千仞斷崖(천인단애), 陰崖(음애)

■ 한자암기박사1 ■

제목번호 094 참고

桂 - 나무(木) 중 서옥(圭)처럼 아름다운 계수나무니 '계수나무 계'
　　　또 계수나무처럼 아름다운 사람들의 성씨니 '성씨 계'
佳 - 사람(亻)이 서옥(圭)처럼 아름다우니 '아름다울 가'
街 - 다니도록(行) 흙을 돋워(圭) 만든 거리니 '거리 가'

庄

1Ⅱ

6획 / 부수 广

집(广)에 딸린 시골 땅이 **전장**(土)이니 전장 **장**

+ 👹 厭[누를 압(壓)의 속자], 庄[누를 압(壓)의 약자]
+ 전장(田庄) – 개인이 소유하는 논밭.
+ 广(집 엄), 土(흙 토), 田(밭 전)

활용어휘 庄土(장토), 村庄(촌장), 廢庄(폐장)

粧

3Ⅱ

12획 / 부수 米

쌀(米)가루를 바르듯 집(广)에 흰 **흙**(土)을 발라 단장하니 단장할 **장**

+ 단장(丹粧) – ㉠ 얼굴·머리·옷차림 등을 곱게 꾸밈.
　　　　　　 ㉡ 건물·거리 등을 손질하여 꾸밈.
+ 요즈음은 페인트를 칠하지만 옛날에는 횟가루를 발랐답니다.
+ 米(쌀 미), 丹(붉을 단, 모란 란)

활용어휘 素服丹粧(소복단장), 七寶丹粧(칠보단장)

捏

1

10획 / 부수 手(扌)

손(扌)으로 **햇**(日)살이 흙(土)에 비치듯이 두루 반죽하여 꿰어 맞추니 **반죽할 날, 꿰어 맞출 날**

+ 扌(손 수 변)

활용어휘 捏和(날화), 捏造(날조)

涅

1

10획 / 부수 水(氵)

물(氵)로 **햇**(日)살이 흙(土)에 비치듯이 두루 반죽된 개흙이니 **개흙 열(녈), 개흙 날**

+ 개흙 – 갯가나 늪 바닥 등에 있는 거무스름하고 미끈미끈한 흙.

활용어휘 涅槃(열반)

참

8획 / 부수 土

흙(土)에 사람(儿)이 또 흙(土)을 쌓아 만든 언덕이니
언덕 **륙(육)**

+ 土(흙 토), 儿(사람 인 발, 어진사람 인)

5Ⅱ

陸

11획 / 부수 阜(阝)

언덕(阝)과 언덕(坴)이 이어진 육지니 육지 **륙(육)**

+ 阝(언덕 부 변)

활용어휘 陸地行船(육지행선), 水陸萬里(수륙만리)

3Ⅱ

睦

13획 / 부수 目

눈(目)을 언덕(坴)처럼 높이 뜨고 대하며 화목하니
화목할 **목**

+ 기쁘거나 좋으면 눈을 빛내며 크게 뜨고 높이 우러러보지요.
+ 目(눈 목, 볼 목, 항목 목)

활용어휘 和睦(화목), 不睦(불목), 親睦(친목)

1

逵

12획 / 부수 辶(辶)

언덕(坴)도 쉽게 지나가게(辶) 만든 큰길이니 큰길 **규**

+ 辶(뛸 착, 갈 착, = 辶)

활용어휘 逵路(규로), 九逵(구규)

■ 한자암기박사1 ■

제목번호 096 참고
埶 - 흙(土)을 파고 사람(儿)이 흙(土)에다 둥근(丸) 씨앗을 심으니 '심을 예'
藝 - 초목(艹)을 심고(埶) 이용하는 방법을 말하는(云) 재주와 기술이니 '재주 예, 기술 예'
熱 - 심어(埶) 놓은 불(灬)이라도 있는 듯 더우니 '더울 열'
勢 - 심어(埶) 놓은 초목이 힘(力)차게 자라나는 기세니 '기세 세'

1II **堯** 12획 / 부수 土	많은 **흙**(土)을 **우뚝하게**(兀) 쌓아 높으니 높을 **요** 또 높이 추앙하는 요임금이니 요임금 **요** + 요(堯)임금 – 아주 옛날 하늘을 대신하여 천하를 다스리던 중국의 　'요'를 임금으로서 강조하여 이르는 말. + 土(흙 토), 兀(우뚝할 올) 　활용어휘 桀犬吠堯 (걸견폐요)
1 **僥** 14획 / 부수 人(亻)	사람(亻)이 높은(堯) 것을 바라니 바랄 **요** 　활용어휘 僥倖 (요행), 僥倖數 (요행수)
1 **撓** 15획 / 부수 手(扌)	손(扌)으로 높이(堯) 올리면 어지럽고 잘 휘니 어지러울 **뇨(요)**, 휠 **뇨(요)** 　활용어휘 紊撓 (문뇨), 不撓不屈 (불요불굴)
1 **饒** 21획 / 부수 食(飠)	먹을(飠) 것이 높이(堯) 쌓여 넉넉하니 넉넉할 **요** + 飠(밥 식, 먹을 식 변) 　활용어휘 饒富 (요부), 饒足 (요족), 豐饒 (풍요)

■ 한자암기박사1 ■

제목번호 093 참고
曉 – 해(日)가 높이(堯) 떠오르는 새벽이니 '새벽 효'
　　　또 밝아오는 새벽처럼 밝게 깨달으니 '깨달을 효'
燒 – 불(火)로 높이(堯) 타오르게 불사르니 '불사를 소'

참 **夌** 8획 / 부수 夂	흙(土)이 쌓여 **사람**(儿)이 **천천히 걸어야**(夂) 할 높은 언덕이니 높을 **릉(능)**, 언덕 **릉(능)** ＋ 儿(사람 인 발, 어진사람 인), 夂(천천히 걸을 쇠, 뒤져 올 치)

| **淩**
1
10획 / 부수 氷(氵) | 차갑게(氵) 높은(夌) 데서 내려다보듯 능가하거나 업신여기니 능가할 **릉(능)**, 업신여길 **릉(능)**
＋ 능가(淩駕) – 능력이나 수준 등이 비교 대상을 훨씬 넘어섬.
＋ 氵(이 수 변), 駕(멍에 가, 수레 가, 능가할 가)
활용어휘 淩蔑(능멸), 淩辱(능욕) |

| **陵**
3II
11획 / 부수 阜(阝) | 언덕(阝)처럼 높이(夌) 만든 임금 무덤이나 큰 언덕이니 **임금 무덤 릉(능)**, **큰 언덕 릉(능)**
＋ 阝(언덕 부 변)
활용어휘 王陵(왕릉), 丘陵(구릉), 武陵桃源(무릉도원) |

| **稜**
1
13획 / 부수 禾 | 벼(禾)를 높이(夌) 쌓을 때 생기는 모니 모 **릉(능)**
＋ 모 – 선이나 면이 만나는 구석이나 모퉁이.
＋ 禾(벼 화)
활용어휘 稜線(능선), 側稜(측릉) |

| **綾**
1
14획 / 부수 糸 | 실(糸)로 품위 높게(夌) 짠 비단이니 비단 **릉(능)**
활용어휘 綾羅(능라), 綾羅綢緞(능라주단), 文綾(문릉) |

| **菱**
1
12획 / 부수 草(艹) | 풀(艹) 중 물에 높이(夌) 떠서 사는 마름이니 **마름 릉(능)**
＋ 圖 蔆 – 풀(艹) 중 물(氵) 위에 높이(夌) 떠서 사는 마름이니 '마름 릉(능)'
＋ 마름 – 진흙 속에 뿌리를 박고, 줄기는 물속에서 가늘고 길게 자라 물 위로 나오며 깃털 모양의 물뿌리가 있음. |

41

苗

9획 / 부수 草(艹)

풀(艹)처럼 씨앗을 심은 **밭**(田)에서 나는 싹이니 **싹 묘**

+ 艹(초 두), 田(밭 전)

활용어휘 苗木(묘목), 育苗(육묘), 拔苗助長(발묘조장)

描

12획 / 부수 手(扌)

손(扌)으로 풀싹(苗)을 그리니 **그릴 묘**

활용어휘 描寫(묘사), 描出(묘출), 描破(묘파), 素描(소묘)

猫

12획 / 부수 犬(犭)

짐승(犭) 중 콧수염이 풀싹(苗)처럼 긴 고양이니 **고양이 묘**

+ 고양이의 콧수염은 풀처럼 길지요.
+ 犭(큰 개 견, 개 사슴 록 변)

활용어휘 猫頭懸鈴(묘두현령), 猫鼠同處(묘서동처)

1II

7획 / 부수 田

서울을 둘러**싸고**(勹) **밭**(田)처럼 펼쳐진 땅이 경기니
경기 **전**

+ 경기(京畿) - 서울을 중심으로 한 가까운 주위의 지방.
+ 勹(쌀 포), 京(서울 경), 畿(경기 기)

활용어휘 畿甸(기전)

3

9획 / 부수 田

(농부는) **밭**(田)의 농작물이 갑자기 **변함**(仄)을 두려워하니
두려워할 **외**

+ 仄[변화할 화, 될 화(化)의 변형]

활용어휘 畏驚(외경), 敬畏(경외), 後生可畏(후생가외)

猥

1

12획 / 부수 犬(犭)

개(犭)처럼 **두려워하지**(畏) 않고 분에 넘쳐 추잡하니
분에 넘칠 **외**, 추잡할 **외**

+ 추잡(醜雜)하다 - 말이나 행동 등이 지저분하고 잡스럽다.
+ 醜(추할 추), 雜(섞일 잡)

활용어휘 猥濫(외람), 猥書(외서), 猥褻(외설), 猥褻物(외설물)

思 9획 / 부수 心	밭(田)을 갈듯이 **마음**(心)으로 요모조모 생각하니 생각할 **사** **활용어휘** 思考(사고), 思慕(사모), 思想(사상)
媤 12획 / 부수 女	(실제는 아닌데) **여자**(女)가 실제처럼 **생각하고**(思) 대하는 시집이니 시집 **시** + 여자가 결혼하면 친부모 형제나 본집이 아닌데도 친부모 형제나 본집처럼 대함을 생각하고 만든 한자. **활용어휘** 媤家(시가), 媤宅(시댁), 媤父母(시부모)
慮 15획 / 부수 心	범(虍)처럼 무서운 것을 자꾸 **생각하고**(思) 염려하니 생각할 **려(여)**, 염려할 **려(여)** + 虍(범 호 엄) **활용어휘** 憂慮(우려), 念慮(염려), 千慮一失(천려일실)
濾 18획 / 부수 水(氵)	물(氵)로 **염려되는**(慮) 것을 거르니 거를 **려(여)** **활용어휘** 濾過(여과), 濾過器(여과기), 壓濾器(압려기)
攄 18획 / 부수 手(扌)	손(扌)으로 **생각한**(慮) 바를 다스려 펴니 **펼 터** **활용어휘** 攄得(터득), 攄破(터파)

16획 / 부수 皿

범(虍)처럼 입이 크고 밭(田)처럼 가운데가 넓은
밥그릇(皿)이니 **밥그릇 로(노), 성씨 노**

+ 盧가 들어간 한자를 약자로 쓸 때는 '盧' 부분을 '문 호, 집 호(戶)'
로 씁니다.
+ 虍(범 호 엄), 田(밭 전), 皿(그릇 명)

활용어휘 毘盧峯(비로봉), 盧生之夢(노생지몽)

蘆

20획 / 부수 草(艹)

풀(艹) 중 밥그릇(盧)도 만들 수 있는 갈대니
갈대 로(노)

+ 역 芦 – 풀(艹) 중 베어다 엮어 문(戶) 앞에 치는 갈대니
'갈대 로(노)'

활용어휘 蘆笛(노적), 蘆花(노화)

廬

19획 / 부수 广

(세간이 없고) 집(广)에 **밥그릇(盧)**만 있는 오두막집이니
오두막집 려(여)

또 오두막집처럼 허름한 여인숙이니 **여인숙 려(여)**

+ 역 庐 – 집(广) 중 문(戶)만 있는 것 같은 오두막집이니
'오두막집 려(여)'

활용어휘 草廬(초려), 三顧草廬(삼고초려), 廬舍(여사)

13획 / 부수 虍

범(虍)을 꿰뚫어(冊) 힘(力)으로 사로잡으니
사로잡을 로(노)

+ 冊(꿰뚫을 관), 力(힘 력)

활용어휘 虜獲(노획), 捕虜(포로)

擄

15획 / 부수 手(扌)

손(扌)으로 **사로잡으며(虜)** 노략질하니 **노략질할 로(노)**

활용어휘 擄掠(노략)

■ 한자암기박사1 ■

제목번호 383 참고
爐 – 불(火)을 담는 밥그릇(盧) 같은 화로니 '화로 로(노)'

참

畐

9획 / 부수 田

한(一) 사람의 **입**(口)은 **밭**(田)에서 난 곡식만으로도 가득 차니 찰 복

1

輻

16획 / 부수 車

수레(車) 바퀴 안에 **찬**(畐) 바퀴살이니 바퀴살 복

또 바퀴살처럼 한 곳으로 모여드니 모여들 폭

+ 車(수레 거, 차 차)

활용어휘 輻射(복사), 輻射熱(복사열), 輻輳(폭주)

1

匐

11획 / 부수 勹

싸(勹) 가득 **차게**(畐) 무엇을 가진 듯 엎드려 기니 길 복

+ 가득 차게 무엇을 가지면 걷지 못하고 기어가지요.
+ 勹(쌀 포)

활용어휘 匐步(복보), 匐枝(복지), 匍匐(포복)

1

逼

13획 / 부수 辵(辶)

주어진 기한이 다 **차**(畐) **가고**(辶) 정한 날이 닥치니 닥칠 핍

활용어휘 逼近(핍근), 逼迫(핍박), 逼眞(핍진), 逼逐(핍축)

■ 한자암기박사1 ■

제목번호 054 참고
福 - 신(示)이 채워(畐) 준다는 복이니 '복 복'
幅 - 수건(巾) 같은 천의 가로로 찬(畐) 넓이니 '넓이 폭'
副 - 차(畐) 있는 재산을 칼(刂)로 잘라내어 버금(다음)을 예비하니 '버금 부, 예비 부'
富 - 집(宀)에 재물이 차(畐) 넉넉한 부자니 '넉넉할 부, 부자 부'

甲

4

5획 / 부수 田

밭(田)에 씨앗을 뿌리면 뿌리(丨)가 먼저 나듯 처음 나온
첫째니 **첫째 갑, 첫째 천간 갑**
또 밭(田)에 씨앗의 뿌리(丨)가 날 때 뒤집어쓴 껍질 같은
갑옷이니 **갑옷 갑**

+ 田(밭 전), 丨('뚫을 곤'이지만 여기서는 뿌리의 모양)

활용어휘 甲富(갑부), 甲種(갑종), 回甲(회갑), 鐵甲(철갑)

岬

1II

8획 / 부수 山

산(山)에서 갑옷(甲)처럼 단단한 산허리나 곶이니
산허리 갑, 곶 갑

+ 곶(串) - 바다 쪽으로, 부리의 모양으로 뾰족하게 뻗은 육지.

활용어휘 岬寺(갑사), 岬城(갑성), 岬角(갑각)

鉀

1II

13획 / 부수 金

쇠(金)로 만든 갑옷(甲)이니 **갑옷 갑**

+ 甲에도 '갑옷'의 뜻이 있지만 대부분의 갑옷은 쇠로 만든다는 데서
쇠 금, 금 금, 돈 금, 성씨 김(金)을 붙여 만든 한자입니다.

押

3

8획 / 부수 手(扌)

손(扌)으로 제일(甲) 힘주어 누르거나 압수하니
누를 압, 압수할 압

+ 점 壓(누를 압) - 제목번호 445 참고
+ 압수(押收) - 물건을 가져가는 강제 처분. 압류·영치·제출 명
령이 있음. 물건 등을 강제로 빼앗음.
+ 收(거둘 수)

활용어휘 押釘(압정), 押留(압류), 假押留(가압류)

鴨

1II

16획 / 부수 鳥

건강에 으뜸(甲)가는 새(鳥)는 오리니 **오리 압**

+ 오리는 닭이나 다른 짐승과 달리 성인병에도 좋답니다.
+ 鳥(새 조)

활용어휘 鴨綠江(압록강), 鴨蒸(압증), 鴨炒(압초)

1

13획 / 부수 門

문(門) 중 **첫째**(甲)로 큰일을 하는 갑문이니 <mark>갑문 **갑**</mark>

+ 갑문(閘門) – 운하나 방수로 등에서 물 높이가 일정하도록 물의 양을 조절하는 데 쓰는 문.
+ 저수지에서 수량을 조절하는 갑문이 여러 문 중에서 제일 큰일을 한다고 생각하고 만든 한자.

활용어휘 排水閘門(배수갑문), 閘夫(갑부)

1

7획 / 부수 匸

상자(匸) 중 **갑옷**(甲)처럼 튼튼하게 만든 갑이나 상자니 <mark>갑 **갑**, 상자 **갑**</mark>

+ 匸(상자 방)

활용어휘 文匣(문갑), 手匣(수갑), 紙匣(지갑)

■ 도움말 ■

〈文字(문자)〉

글자를 문자라고도 부르는데 여기서 문(文)은 맨 처음 만들어져 더 이상 쪼갤 수 없는 기본 글자이고 [한자가 만들어진 원리인 육서 중 상형(象形), 지사(指事) 문자가 여기에 해당함], 자(字)는 집(宀)에 자식(子)들이 불어나듯이 문(文)이 합쳐서서 만들어진 운용 글자[육서 중 회의(會意), 형성(形聲)문자가 여기에 해당]들을 말합니다.

그러니 한자를 공부할 때 ㉠ 기본자인 상형(象形)·지사(指事) 문자에서 상형(象形) 문자는 무엇을 본떠서 만들었는지, 지사(指事) 문자는 무슨 일을 추상하여 만들었는지를 생각해 보면 그 한자를 알 수 있고, ㉡ 합성자인 회의(會意)·형성(形聲) 문자는 합쳐진 한자들을 쪼개서 그 뜻을 합쳐보면 그 한자를 알 수 있으며, ㉢ 이미 있는 한자를 다른 용도로 운용하는 운용자인 전주(轉注)·가차(假借) 문자는 왜 이 한자가 이런 뜻으로도 쓰일까를 생각해 보면 그 한자를 확실하게 알 수 있습니다.

卑 8획 / 부수 十	찢어진(丿) 갑옷(甶)을 입은 **많은**(十) 병사들은 계급이 낮고 천하니 **낮을 비, 천할 비** + 丿('삐침 별'이지만 여기서는 찢어진 모양), 甶[첫째 갑, 첫째 천간 갑, 갑옷 갑(甲)의 변형], 十(열 십, 많을 십) 활용어휘 男尊女卑(남존여비), 登高自卑(등고자비)
脾 12획 / 부수 肉(月)	**몸**(月) 속에 **낮게**(卑) 붙어 있는 지라니 **지라 비** + 지라 - 척추동물의 위 왼쪽이나 뒤쪽에 있는 림프계 기관. + 月(달 월, 육 달 월), 臟(오장 장) 활용어휘 脾熱(비열), 脾炎(비염), 脾胃(비위), 脾臟(비장)
裨 13획 / 부수 衣(衤)	**옷**(衤)을 **낮은**(卑) 사람에게 더하여 주며 도우니 **더할 비, 도울 비** + 衤(옷 의 변) 활용어휘 裨補(비보), 裨益(비익), 裨將(비장), 裨助(비조)
婢 11획 / 부수 女	**여자**(女) 중 신분이 **낮은**(卑) 여자 종이니 **여자 종 비** + 남자 종은 '종 노, 남을 흉하게 부르는 접미사 노(奴)' 활용어휘 婢女(비녀), 婢僕(비복), 紅顔婢子(홍안비자)
碑 13획 / 부수 石	**돌**(石)을 깎아 **낮게**(卑) 세운 비석이니 **비석 비** + 비석(碑石) - 돌로 만든 비. 빗돌. + 石(돌 석) 활용어휘 碑文(비문), 墓碑(묘비), 詩碑(시비)

牌

1

12획 / 부수 片

조각(片)을 낮고(卑) 작게 깎아 만든 패니 패 **패**

✚ 패(牌) – 이름·특징 등을 알릴 목적으로 글씨를 쓰거나 어떤 표시를 한 작은 나무나 종이.

✚ 片(조각 편)

활용어휘 門牌(문패), 紙牌(지패), 號牌(호패)

稗

1

13획 / 부수 禾

벼(禾)처럼 생겼으나 열매는 천할(卑) 정도로 작은 피니 피 **패**, 작을 패

✚ 피 – 볏과의 한해살이풀. 벼처럼 생겼으나 열매는 아주 작음.

활용어휘 稗飯(패반), 稗官(패관), 稗說(패설)

痺

1

13획 / 부수 疒

병(疒)든 것처럼 낮게(卑) 주저앉도록 저리니 저릴 **비**

✚ 图 痹 – 병(疒) 중 밭(田)을 대(丌) 위에 올려놓은 것처럼 늘어지며 저리니 '저릴 비'

✚ 疒(병들 녁), 丌(책상 기, 대 기)

활용어휘 痲痺·痲痹(마비), 腦性痲痺(뇌성마비), 痛痺(통비)

4II

申

5획 / 부수 田

속마음을 **아뢰어**(曰) **펴듯**(｜) 소리 내는 원숭이니
아뢸 **신**, 펼 **신**, 원숭이 **신**

또 원숭이는 아홉째 지지니 아홉째 지지 **신**, 성씨 **신**

+ 曰(가로 왈), ｜ ('뚫을 곤'이지만 여기서는 펴는 모양)

활용어휘 申告(신고), 申請(신청), 申申當付(신신당부)

2

紳

11획 / 부수 糸

실(糸)처럼 **펴**(申) 두르는 큰 띠니 큰 띠 **신**

또 큰 띠로 모양을 낸 신사니 신사 **신**

+ 신(紳) – 중국에서 예복을 입을 때 허리에 매고 그 나머지를 드리워
장식물로 한, 폭이 넓은 띠.
+ 신사(紳士) – ㉠ 사람됨이나 몸가짐이 점잖고 교양이 있으며 예의
바른 남자. ㉡ 보통 남자를 대접하여 이르는 말.

활용어휘 紳士的(신사적), 紳商(신상)

1

呻

8획 / 부수 口

입(口)으로 소리를 **펴**(申) 내며 끙끙거리니
끙끙거릴 **신**

활용어휘 呻吟(신음), 無病呻吟(무병신음), 嚬呻(빈신)

■ 한자암기박사1 ■

제목번호 051 참고
伸 – 사람(亻)이 펴(申) 늘이니 '늘일 신'
神 – 신(示) 중 모습을 펴(申) 나타난다는 귀신이니 '귀신 신'
　　　또 귀신처럼 신비하니 '신비할 신'
坤 – 흙(土)이 펴진(申) 땅이니 '땅 곤'

8획 / 부수 大

문득 크게(大) 펴서(屯) 덮고 가리니
문득 엄, 덮을 엄, 가릴 엄

+ 문득 – 생각이나 느낌 등이 갑자기 떠오르는 모양.
+ 屯[펼 신, 아뢸 신, 원숭이 신, 아홉째 지지 신(申)의 변형]

활용어휘 奄成老人(엄성노인), 奄奄(엄엄), 奄忽(엄홀)

특II

10획 / 부수 人(亻)

사람(亻)이 자신의 단점을 **가리려고만**(奄) 하면
어리석으니 **어리석을 엄**

또 이런 사람이 바로 나라는 데서 **나 엄**

+ 인·지명용 한자.
+ 단점이 있으면 드러내놓고 보강해야 언젠가는 그 단점이 장점으로 바뀔 수도 있는데, 단점을 숨기려고만 하다 보면 보강할 기회를 잃어버려 영영 단점으로 남게 됨을 생각하고 만든 한자.

11획 / 부수 手(扌)

손(扌)으로 덮어(奄) 가리니 **가릴 엄**

활용어휘 掩襲(엄습), 掩蔽物(엄폐물), 掩護(엄호)

11획 / 부수 广

집(广)처럼 덮어(奄) 만든 암자니 **암자 암**

+ 圖 菴 – 풀(艹)로 덮어(奄) 만든 암자니 '암자 암'
+ 암자(庵子) – 큰 절에 딸린 작은 절. 도를 닦기 위하여 만든 자그마한 집.

활용어휘 庵堂(암당), 庵主(암주), 草庵(초암)

7

里

7획 / 제부수

먹을거리를 생산하는 **전(田)**답이 있는 **땅(土)**에 형성되었던 마을이니 **마을 리(이)**

또 거리를 재는 단위로도 쓰여 **거리 리(이)**

+ 숫자 개념이 없었던 옛날에는 어느 마을에서 어느 마을까지의 몇 배 정도로 거리를 셈하다가 후대로 오면서 1리는 400m, 10리는 4km로 정하여 쓰게 되었지요.

활용어휘 里長(이장), 洞里(동리), 里程標(이정표)

1

俚

9획 / 부수 人(亻)

사람(亻)이 **마을(里)** 사람과 어울려 속되고 상스러우니 **속될 리(이), 상스러울 리(이)**

+ 속(俗)되다 - ㉠ 고상하지 못하고 천하다. ㉡ 평범하고 세속적이다.

활용어휘 俚言(이언), 俚諺(이언), 詞俚不載(사리부재)

1

12획 / 부수 衣(衤)

마치 **옷(衤)** 속에 **마을(里)**처럼 무엇으로 둘러싸인 속이니 **속 리(이)**

+ 동 裏(속 리)
+ 衤(옷 의 변)

3ll

裏

13획 / 부수 衣

마치 **옷(衣)**으로 둘러싸인 **마을(里)**처럼 무엇으로 싸인 속이니 **속 리(이)**

+ 동 裡(속 리)
+ 衣(옷 의)

활용어휘 腦裏(뇌리), 笑裏藏刀(소리장도)

■ 한자암기박사1 ■

제목번호 056 참고

理 – 왕(王)이 마을(里)을 이치에 맞게 다스리니 '이치 리(이), 다스릴 리(이)'

埋 – 흙(土)으로 마을(里) 부근에 묻으니 '묻을 매'

量 – 아침(旦)마다 그날 가야 할 거리(里)를 헤아리니 '헤아릴 량(양)'
　　　 또 헤아려 담는 용량이니 '용량 량(양)'

糧 – 쌀(米) 같은 곡식을 먹을 만큼 헤아려(量) 들여놓는 양식이니 '양식 량(양)'

釐

18획 / 부수 里

아니(未) 친(攵), 즉 미개발된 **언덕**(厂) 아래 **마을**(里)을 개발하여 다스리니 **다스릴 리(이)**

또 수·척도·무게·돈의 단위로도 쓰여 **리 리(이)**

+ 뜀 厘 - 언덕(厂) 아래 마을(里)을 다스리니 '다스릴 리(이)'
+ 未(아닐 미, 아직 ~ 않을 미, 여덟째 지지 미), 攵(칠 복, = 攴), 厂(굴 바위 엄, 언덕 엄)

활용어휘 釐正(이정), 毫釐(호리), 毫釐之差(호리지차)

廛

15획 / 부수 广

집(广) 중 **마을**(里) **사람**(儿)들에게 물건을 팔 만한 **땅**(土)에 있는 가게니 **가게 전**

또 가게가 있을 만한 터니 **터 전**

+ 广(집 엄), 儿(사람 인 발, 어진사람 인)

활용어휘 廛房(전방), 魚物廛(어물전)

纏

21획 / 부수 糸

실(糸)로 **가게**(廛)의 물건을 사 얽으니 **얽을 전**

+ 糸(실 사, 실 사 변)

활용어휘 纏結(전결), 纏帶(전대), 纏縛(전박), 纏着(전착)

6Ⅱ

童

12획 / 부수 立

(어른은 일터에 나가고) 서서(立) 마을(里)에서 노는 사람은 주로 아이니 **아이 동**

✚ 어른들은 일터에 나가고 노는 사람은 주로 아이들임을 생각하고 만든 한자.

활용어휘 三尺童子(삼척동자), 樵童汲婦(초동급부)

1

憧

15획 / 부수 心(忄)

마음(忄)은 항상 **어린**(童) 시절을 그리워하니 **그리워할 동**

활용어휘 憧憬(동경), 憧憬心(동경심)

1

瞳

17획 / 부수 目

눈(目)에서 **아이**(童)처럼 작은 눈동자니 **눈동자 동**

✚ 目(눈 목, 볼 목, 항목 목)

활용어휘 瞳孔(동공), 瞳子(동자)

1

撞

15획 / 부수 手(扌)

손(扌)으로 **아이**(童)처럼 무엇을 치니 **칠 당**

✚ 아이들은 손을 가만 놓아두지 않고 무엇을 하거나 침을 생각하고 만든 한자.

활용어휘 撞球(당구), 撞棒(당봉), 自家撞着(자가당착)

특Ⅱ

鐘

20획 / 부수 金

쇳(金)소리가 **아이**(童) 소리처럼 맑은 쇠북이니 **쇠북 종**
또 쇠북처럼 종치는 시계니 **종치는 시계 종**

활용어휘 鐘樓(종루), 警鐘(경종), 自鳴鐘(자명종)

■ 한자암기박사1 ■

제목번호 057 참고
鍾 - 쇠(金)로 만들어 거듭(重) 치는 쇠북 종이니 '쇠북 종'
또 쇠(金)로 만들어 거듭(重) 사용하는 술잔이니 '술잔 종'

1

腫

13획 / 부수 肉(月)

몸(月)에서 **중요하게(重)** 다뤄야 할 부스럼이니
부스럼 종

+ 아프면 그곳을 중요하게 다루어 잘 치료해야 하지요.

활용어휘 腫氣(종기), 腫瘍(종양), 筋腫(근종), 浮腫(부종)

1

踵

16획 / 부수 足(⻊)

발(⻊)에서 **중요한(重)** 발꿈치니 발꿈치 종

+ 발꿈치 - 발의 뒤쪽 발바닥과 발목 사이의 불룩한 부분.
+ ⻊[발 족, 넉넉할 족(足)의 변형]

활용어휘 踵接(종접), 踵至(종지)

1II

董

13획 / 부수 草(⺿)

풀(⺿)을 거듭(重) 쌓아 바르게 감추니
바를 동, 감출 동

또 풀(⺿)을 거듭(重) 쌓는데 감독하니 감독할 동

활용어휘 骨董品(골동품), 董督(동독), 董率(동솔)

7II

動

11획 / 부수 力

무거운(重) 것도 힘(力)쓰면 움직이니 움직일 동

활용어휘 動力(동력), 動産(동산), 生動感(생동감)

1

慟

14획 / 부수 心(忄)

마음(忄)이 움직일(動) 정도로 애통하니 애통할 통

활용어휘 慟哭(통곡), 慟泣(통읍)

■ 한자암기박사1 ■

제목번호 057 참고
種 - 벼(禾) 같은 곡식에서 귀중한(重) 것은 씨앗이니 '씨앗 종'
　　또 씨앗처럼 나누어 두는 종류니 '종류 종'

6II

果

8획 / 부수 木

과실(田)이 나무(木) 위에 열린 모양에서 과실 과

또 과실은 그 나무를 알 수 있는 결과니 결과 과

+ 좋은 과실이 열리면 좋은 나무이듯이, 과실을 보면 그 나무의 좋고 나쁨을 알 수 있지요.
+ 田('밭 전'이지만 여기서는 과실로 봄)

활용어휘 惡因惡果(악인악과), 因果應報(인과응보)

5II

課

15획 / 부수 言

말(言)을 들은 결과(果)로 세금을 부과하니 부과할 과

또 말(言)로 연구한 결과(果)를 적으며 공부하는 과정이니
공부할 과, 과정 과

+ 부과(賦課) - 세금이나 부담금 등을 매기어 부담하게 함.
+ 言(말씀 언), 賦(세금 거둘 부, 줄 부, 문체 이름 부)

활용어휘 賦課課稅(부과과세), 考課(고과), 日課(일과)

2

裸

13획 / 부수 衣(衤)

옷(衤)을 과실(果)의 껍질처럼 벗은 벌거숭이니
벗을 라(나), 벌거숭이 라(나)

+ 衤(옷 의 변)

활용어휘 裸木(나목), 裸體(나체), 半裸(반라)

1

顆

17획 / 부수 頁

과실(果)은 대부분 머리(頁)처럼 둥근 낟알이니
낟알 과

+ 頁(머리 혈)

활용어휘 顆粒(과립), 顆粒機(과립기)

2

12획 / 부수 草(++)

나물(++)이나 **과실**(果)을 넣어 만든 과자니 과자 과

+ ++('초 두'지만 여기서는 나물로 봄)

활용어휘 菓子(과자), 茶菓(다과), 氷菓(빙과), 製菓(제과)

1II

11획 / 부수 巛

풀을 **개미허리**(巛)처럼 구부려 **과실**(田) 모양으로
나무(木) 위에 얽어 만든 새집이니 새집 소

+ 巛[내 천(川)이 부수로 쓰일 때의 모양으로 개미허리 같다 하여
'개미허리 천'이라 부름], 田('밭 전'이지만 여기서는 과실로 봄)

활용어휘 巢窟(소굴), 巢卵(소란), 歸巢(귀소)

1

13획 / 부수 彐

엇갈리게(彑) **하나**(一)씩 **묶어**(冖) **과실**(果)을 무리지어
모으니 무리 휘, 모을 휘

+ '고슴도치 머리(彑)처럼 생긴 꼭지 부분을 묶어(冖) 과실(果)을
무리지어 모으니 무리 휘, 모을 휘'라고도 합니다.

+ 彑(고슴도치 머리 계, 오른손 우, = 彐), 冖(덮을 멱)

활용어휘 彙報(휘보), 萬彙群像(만휘군상), 語彙(어휘)

4II

單

12획 / 부수 口

식구의 **입들**(口口)을 먹여 살리기 위해 **밭**(田)에
많이(十) 나가 일하는 혼자니 **홑 단, 오랑캐 임금 선**
+ 옙 単 - 반짝이는 불꽃(⺌)처럼 밭(田)에 많이(十) 나가 일하는
　　혼자니 '홑 단'
+ 홑 - 낱. 하나.
+ 田(밭 전), 十(열 십, 많을 십)

활용어휘 **單刀直入**(단도직입), **簡單明瞭**(간단명료)

1

憚

15획 / 부수 心(忄)

마음(忄)에 **하나**(單)만 생각하고 다른 것은 꺼리니
꺼릴 탄

활용어휘 **憚改**(탄개), **憚服**(탄복), **憚避**(탄피), **忌憚**(기탄)

1

簞

18획 / 부수 竹(⺮)

대(⺮) **하나**(單)로 만든 소쿠리나 밥그릇이니
소쿠리 단, 밥그릇 단
+ 소쿠리 - 대나 싸리로 엮어 테가 있게 만든 그릇.
+ 그릇이 귀하던 옛날에는 대로 소쿠리나 밥그릇 등 여러 생활도구를
　만들어 썼다지요.
+ ⺮(대 죽)

활용어휘 **簞食瓢飮**(단사표음), **簞瓢陋巷**(단표누항)

1

闡

20획 / 부수 門

문(門)을 **하나**(單)씩 열고 밝히니 **열 천, 밝힐 천**

활용어휘 **闡明**(천명), **闡揚**(천양), **闡幽**(천유)

■ 한자암기박사1 ■

제목번호 021 참고
禪 - 보는(示) 것이 하나(單)뿐이면 마음도 고요하니 '고요할 선'
彈 - 활(弓)의 화살처럼 총에서 하나(單)씩 튕겨 나가는 탄알이니 '튕길 탄, 탄알 탄'
戰 - 홀로(單) 창(戈) 들고 싸우니 '싸울 전'
　　　또 싸우면 무서워 떠니 '무서워 떨 전'

특II

13획 / 부수 田

밭(田)과 밭(田) 사이의 세(三) 둑들처럼 이루어진 경계니
경계 **강**

+ 후대로 오면서 경계는 주로 '경계 강, 한계 강(疆)'으로 쓰게 되지요.
+ 一('한 일'이지만 여기서는 경계를 이루는 둑으로 봄)

1II

16획 / 부수 弓

활(弓)로 경계(畕)를 지킴이 굳세니 **굳셀 강**

+ 동 強 – 큰(弘) 벌레(虫)처럼 강하니 '강할 강'
　　　　또 강하게 밀어붙이는 억지니 '억지 강' – 6급
+ 弓(활 궁), 弘(넓을 홍, 클 홍), 虫(벌레 충)

활용어휘 疆求(강구), 自疆(자강), 自疆不息(자강불식)

1II

19획 / 부수 田

(침략을 막기 위해) 굳세게(疆) 지켜야 할 땅(土)의 경계니
경계 **강**

또 경계처럼 더 이상 갈 수 없는 한계니 **한계 강**

+ '지경 강'이라고도 하는데 '지경(地境)'은 땅의 경계, 어떠한 처지
　나 형편의 뜻이지요.
+ 地(땅 지, 처지 지), 境(경계 경, 형편 경)

활용어휘 疆界(강계), 疆土(강토), 萬壽無疆(만수무강)

1

薑

17획 / 부수 草(艹)

풀(艹) 중 경계(畕)에 심는 생강이니 **생강 강**

+ 생강(生薑) – 향긋한 냄새와 매운 맛이 있는 황색의 육질인 식물.
+ 지금은 생강을 논밭에 심지만 옛날에는 밭두둑의 경계에 심었던
　가 봐요. 주식이 아닌 반찬이나 한약 재료로 쓰였으니까요.

활용어휘 薑粉(강분), 片薑(편강)

儡

17획 / 부수 人(亻)

사람(亻)이 밭 사이(畾)에서 서성거릴 정도로 실패하니
실패할 뢰(뇌)
또 실패한 듯 남에게 조종당하는 꼭두각시니
꼭두각시 뢰(뇌)

+ 꼭두각시 - ㉠ 꼭두각시놀음에 나오는 여러 가지 인형.
               ㉡ 남이 시키는 대로 하는 사람이나 조직을 말함.
+ 畾(밭 사이 땅 뢰)

활용어휘 儡身(뇌신), 傀儡(괴뢰)

壘

18획 / 부수 土

밭들(畾)을 쌓아 놓은 것처럼 튼튼히 흙(土)을 쌓아 만든
보루나 진이니 **보루 루(누), 진 루(누)**

+ **역** 壘 - 밭(田) 양쪽(〉〈)에 흙(土)으로 쌓아 만든 보루나 진이니
           '보루 루(누), 진 루(누)'
+ 보루(堡壘) - ㉠ 적의 침입을 막기 위하여 돌이나 콘크리트 같은
                 것으로 튼튼하게 쌓은 구축물.
                 ㉡ 지켜야 할 대상을 비유적으로 이르는 말.

활용어휘 本壘(본루), 殘壘(잔루), 進壘(진루), 陣壘(진루)

疊

22획 / 부수 田

이어진 밭들(畾)처럼 흙으로 덮고(冖) 또(且) 겹쳐 쌓으니
겹칠 첩, 쌓을 첩

+ 冖(덮을 멱), 且(또 차, 구차할 차)

활용어휘 疊疊(첩첩), 疊疊山中(첩첩산중), 重疊(중첩)

61

1Ⅱ

12획 / 부수 日

해가 셋(日日日)이나 빛나듯 반짝이는 수정이니 수정 **정**

또 수정처럼 맑으니 맑을 **정**

+ 수정(水晶) – 석영이 육각기둥 꼴로 결정된 것.
+ 육면체인 수정에 해가 비치면 각 면에서 반짝이지요.

> **활용어휘** 晶光(정광), 結晶(결정), 液晶(액정)

1

21획 / 부수 車

수레 세 대(車車車)가 지나가는 것처럼 소리가

우렁우렁하니 우렁우렁할 **굉**

+ 옛날에는 차가 없었으니 수레로 보았어요. 요즘 수레는 기술이
  좋아 소음도 별로 없지만 옛날에는 소음이 컸겠지요.

> **활용어휘** 轟轟(굉굉), 轟笑(굉소), 轟音(굉음), 轟醉(굉취)

1

磊

15획 / 부수 石

돌(石)이 많이 쌓인 돌무더기니 돌무더기 **뢰(뇌)**

또 돌무더기도 거뜬히 넘으며 대범하니 대범할 **뢰(뇌)**

+ 대범(大汎 · 大泛)하다 – 성격이나 태도가 사소한 것에 얽매이지
  않으며 너그럽다.
+ 汎(뜰 범, 넓을 범, 넘칠 범), 泛(뜰 범)

> **활용어휘** 磊磊(뇌뢰), 磊落(뇌락)

3II

鬼
10획 / 제부수

귀신 형상을 생각하고 만들어서 **귀신 귀**

활용어휘 鬼神(귀신), 鬼才(귀재), 魔鬼(마귀), 惡鬼(악귀)

2

傀
12획 / 부수 人(亻)

사람(亻)이 **귀신(鬼)**에 홀린 것처럼 남에게 조종당하는 허수아비나 꼭두각시니 **허수아비 괴, 꼭두각시 괴**

+ 꼭두각시 – ㉠ 꼭두각시놀음에 나오는 여러 가지 인형.
　　　　　 ㉡ 남이 시키는 대로 하는 사람이나 조직을 말함.

활용어휘 傀奇(괴기), 鬼傀(귀괴)

1II

槐
14획 / 부수 木

나무(木) 중 **귀신(鬼)**처럼 영험이 있다는 회화나무니 **회화나무 괴**

+ 회화나무에 지성으로 빌면 병이 낫거나 집안이 화평해지거나 전염병이 피해 간다는 등의 전설이 있어 많이 심었지요. 중국의 수도 북경은 시를 상징하는 나무로 지정하여 가로수가 모두 회화나무랍니다.

활용어휘 槐木(괴목), 槐夢(괴몽), 槐山(괴산)

1

魄
15획 / 부수 鬼

(몸 속에 살아서) 말한다는(白) **귀신(鬼)**이 넋이니 **넋 백**

+ 넋 – ㉠ 사람의 몸에 있으면서 몸을 거느리고 정신을 다스리는 비물질적인 것. 몸은 죽어도 영원히 남아 있다고 생각하는 초자연적인 것.
　　　 ㉡ 정신이나 마음.

활용어휘 氣魄(기백), 魂魄(혼백), 魂飛魄散(혼비백산)

1

魁

14획 / 부수 鬼

재주가 **귀신(鬼)**처럼 뛰어나고 **말(斗)**처럼 솟은 우두머리니

우두머리 괴

+ 斗(국자 두, 말 두)

활용어휘 魁傑(괴걸), 魁首(괴수), 功首罪魁(공수죄괴)

1

蒐

14획 / 부수 草(艹)

풀(艹)을 **귀신(鬼)** 형상으로 쌓으며 모으니 모을 수

활용어휘 蒐錄(수록), 蒐補(수보), 蒐集(수집), 蒐輯(수집)

■ 한자암기박사1 ■

제목번호 220 참고
愧 – 마음(忄)에 귀신(鬼)에게 벌 받을 것을 걱정할 정도로 부끄러워하니 '부끄러워할 괴'
塊 – 흙(土)이 귀신(鬼)처럼 이상한 모양으로 뭉쳐진 덩어리니 '덩어리 괴'
魂 – (몸 속에 살아서) 말한다는(云) 귀신(鬼) 같은 넋이니 '넋 혼'
　　　 또 넋처럼 깊은 마음이니 '마음 혼'

1

柚

9획 / 부수 木

나무(木)에 유(由)자 모양으로 열린 유자니 유자 **유**

+ 유자(柚子) - 노란색이고 향기가 좋으며 껍질이 울퉁불퉁하고 신맛이 강함.

활용어휘 柚子酒(유자주), 柚子花(유자화)

1

袖

10획 / 부수 衣(衤)

옷옷(衤)에서 유(由) 자 모양의 소매니 소매 **수**

+ '衣(옷 의)'는 주로 옷옷이나 옷을 대표하는 뜻으로 쓰고, 아랫도리는 '치마 상(裳)', '바지 고(袴)'로 쓰지요.
+ 衤(옷 의 변)

활용어휘 領袖(영수), 袖手(수수), 袖手傍觀(수수방관)

2

軸

12획 / 부수 車

수레(車)에 유(由) 자 모양으로 끼워 받치는 굴대니
굴대 **축**

+ 굴대 - 바퀴의 가운데에 뚫린 구멍에 끼우는 긴 쇠나 나무.

활용어휘 主軸(주축), 地軸(지축), 車軸(차축), 樞軸(추축)

1

紬

11획 / 부수 糸

실(糸)을 누에고치에서 유(由) 자 모양으로 뽑아서 짠 명주니
명주 **주**

+ 명주(明紬) - 누에고치에서 뽑아낸 실로 무늬 없이 짠 천.

활용어휘 紬緞(주단), 紬屬(주속)

특II

冑

9획 / 부수 冂

말미암아(由) 몸(月)의 대를 이어주는 맏아들이나 자손이니
맏아들 **주**, 자손 **주**

또 말미암아(由) 몸(月)을 보호해 주는 투구니 투구 **주**

+ 투구 - 예전에 군인이 전투할 때에 적의 화살이나 칼날로부터 머리를 보호하기 위하여 쓰던 쇠로 만든 모자.

활용어휘 冑孫(주손), 冑裔(주예)

■ 한자암기박사1 ■

제목번호 059 참고

油 – 물(氵)처럼 열매를 짬으로 말미암아(由) 나오는 기름이니 '기름 유'
抽 – 손(扌)으로 말미암아(由) 뽑으니 '뽑을 추'
笛 – 대(竹)로 말미암아(由) 소리 나게 만든 피리니 '피리 적'
寅 – 집(宀)에서 하나(一)의 일로 말미암아(由) 마음이 나눠짐(八)은 삼가니 '삼갈 인'

7II

農

13획 / 부수 辰

허리 **구부리고**(曲) **별**(辰) 있는 새벽부터 짓는 농사니
농사 농

+ 농사는 힘든 육체노동이지요.

활용어휘 農夫(농부), 農繁期(농번기), 都農(도농)

2

濃

16획 / 부수 水(氵)

물(氵)이 넉넉하여 **농사**(農)가 잘되면 곡식의 색도 짙으니
짙을 농

활용어휘 濃淡(농담), 濃度(농도), 濃霧(농무), 濃厚(농후)

1

膿

17획 / 부수 肉(月)

몸(月)에서 **농사**(農)짓다 다친 상처에서 나오는 고름이니
고름 농

+ 힘든 농사일을 하다 보면 잘 다치지요.

활용어휘 膿尿(농뇨), 燭膿(촉농), 蓄膿症(축농증), 血膿(혈농)

3Ⅱ

胃

9획 / 부수 肉(月)

밭(田)처럼 넓어 **몸(月)**에서 음식물을 담아 소화시키는 밥통이니 **밥통 위**

+ 囲 囙(무릅쓸 모) – 제목번호 104 참고

활용어휘 胃臟(위장), 胃痛(위통), 胃酸過多(위산과다)

3Ⅱ

謂

16획 / 부수 言

말(言)을 **위(胃)**가 음식을 소화시키듯이 이해되게 이르니 **이를 위**

+ 이르다 – ㉠ (어떤 장소나 시간에) 닿다. 미치다 – 至(이를 지, 지극할지)
　　　　　㉡ 말하다. 알아듣거나 깨닫게 하다 – 謂
　　　　　㉢ (정해진 시간보다) 빠르다 – 早(일찍 조)

활용어휘 所謂(소위), 云謂(운위), 或謂(혹위)

1Ⅱ

渭

12획 / 부수 水(氵)

물(氵)이 **밥통(胃)**처럼 고이며 흐르는 물 이름이니 **물 이름 위**

활용어휘 涇渭(경위), 無涇渭(무경위), 渭水(위수)

2

膚

15획 / 부수 肉(月)

범(虍) 무늬와 **위(胃)**의 주름처럼 생긴 살갗이니 **살갗 부**

+ 虍(범 호 엄)

활용어휘 膚見(부견), 皮膚(피부), 雪膚花容(설부화용)

■ 도움말 ■

〈사람의 몸을 나타내는 한자에 어찌 月이 붙을까?〉

인간은 우주의 일부로 태어나 소우주(小宇宙)라고도 부릅니다. 지구에서 가장 가까운 천체(天體)인 달(月)이 인간에게 지구 다음으로 큰 영향을 준다고 하지요. 여성이 매달 월경(月經)을 하고, 그런 생리(生理)과정을 거쳐 수태(受胎)를 하고 출산(出産)을 하게 되는 것도 달의 영향이랍니다.

그래서 한자가 만들어질 때부터 육체(肉體)에 관계되는 한자에는 꼭 月을 붙였고, 이때의 月을 실제의 달 월(月)과 구분하기 위하여 '육 달 월'이라 부르지요.

다른 설로는 고기 육(肉)의 변형이 육 달 월(月)이라고도 합니다. 月이 한자의 왼쪽 변에 붙으면 대부분 '육 달 월'이고, 오른쪽 변에 붙으면 대부분 '달 월'입니다.

+ 宇(집 우, 우주 우), 宙(집 주, 하늘 주), 天(하늘 천), 體(몸 체), 經(날실 경, 지날 경, 경서 경), 受(받을 수), 胎(아이 밸 태), 産(낳을 산)

1II

曺

10획 / 부수 日

시조 한(一) 분으로 말미암아(由) 말해지는(曰) 성씨니
성씨 조

+ 성씨는 유명한 한 분으로부터 유래되어 불리지요.
+ 由(까닭 유, 말미암을 유), 曰(가로 왈)

1

曹

11획 / 부수 日

하나(一)같이 구부리고(曲) 말하며(曰) 무리지어
일하는 관청이니 **무리 조, 관청 조, 조나라 조**

+ 조(曹)나라 – 무왕(武王)의 아우 숙진탁(叔振鐸)에게 봉한 나라.

활용어휘 六曹(육조), 吏曹(이조), 法曹(법조)

1

槽

15획 / 부수 木

나무(木)로 무리(曹)도 함께 먹을 수 있도록 만든
구유나 통이니 **구유 조, 통 조**

+ 구유 – 소나 말 등의 가축들에게 먹이를 담아 주는 그릇.

활용어휘 浴槽(욕조), 油槽(유조), 淨化槽(정화조)

1

漕

14획 / 부수 水(氵)

물(氵)에서 무리(曹)지어 배를 저어 배로 나르니
배 저을 조, 배로 나를 조

+ 빨리 가려면 무리지어 여럿이 노를 저어야 하지요.

활용어휘 漕艇(조정), 漕船(조선), 漕運(조운)

1

糟

17획 / 부수 米

(술을 거르고 난) 쌀(米)의 무리(曹) 같은 지게미니
지게미 조

+ 지게미 – 술을 거르고 남은 찌꺼기.

활용어휘 糟糠之妻(조강지처), 糟粕(조박), 糟甕(조옹)

1

遭

15획 / 부수 辵(辶)

무리(曹)를 가다가(辶) 만나니 **만날 조**
또 만나듯이 무슨 일을 당하니 **당할 조**

활용어휘 遭逢(조봉), 遭遇(조우), 遭難(조난)

3Ⅱ

辰

7획 / 제부수

전갈자리 별 모양을 본떠서
별 진, 날 신, 다섯째 지지 진

활용어휘 日月星辰(일월성신), 壬辰倭亂(임진왜란)

1

娠

10획 / 부수 女

여자(女)에게 별(辰)처럼 작은 생명이 잉태되어 아이 배니
아이 밸 신

+ 잉태(孕胎)되다 – 아이나 새끼가 배 속에 생기다.
+ 孕(아이 밸 잉), 胎(아이 밸 태, 처음 태)

활용어휘 姙娠(임신), 姙娠婦(임신부)

1

宸

10획 / 부수 宀

집(宀) 중 별(辰)처럼 빛나는 분이 사는 대궐이니
대궐 신

+ 나중에 뜻이 바뀌어 임금에 관한 접두사로 쓰임.
+ 宀(집 면)

활용어휘 宸襟(신금), 宸念(신념), 宸慮(신려), 宸筆(신필)

1

蜃

13획 / 부수 虫

별(辰)처럼 반짝이는 벌레(虫)는 무명조개니
무명조개 신

+ 命 脣(놀랄 진)
+ 무명조개 – 백합(白蛤).
+ 虫(벌레 충), 白(흰 백, 밝을 백, 깨끗할 백, 아뢸 백), 蛤(조개 합)

활용어휘 蜃氣樓(신기루), 蜃樓(신루)

■ 한자암기박사1 ■

제목번호 344 참고
振 – 손(扌)으로 별(辰)처럼 빛난 물건을 떨쳐 흔드니 '떨칠 진, 흔들 진'
晨 – 해(日)는 뜨는데 아직 별(辰)도 있는 새벽이니 '새벽 신'
震 – 비(雨)올 때 별(辰)처럼 번쩍이며 치는 벼락이니 '벼락 진'
　　또 벼락치면 천지가 진동하니 '진동할 진'
辱 – 별(辰)처럼 빛나는 사람을 시기하여 한마디(寸)씩 욕되게 하는 욕이니 '욕될 욕, 욕 욕'
脣 – 별(辰)처럼 몸(月)에서 붉게 빛나는 입술이니 '입술 순'

6

永

5획 / 부수 水

높은 산 한 **방울**(丶)의 **물**(水)이 길게 오래 흘러 강과 바다를 이루니 길 **영**, 오랠 **영**

+ 물 수(水)에 점 주, 불똥 주(丶)를 처음 쓰는 왼쪽에 붙여 한 덩어리로 얼어붙음을 나타내면 '얼음 빙(氷)', 위에 붙여 물이 흐르기 시작하는 높은 산을 나타내면 '길 영, 오랠 영(永)'으로 구분하세요.

> 활용어휘 永遠不滅(영원불멸), 永久(영구)

3

泳

8획 / 부수 水(氵)

물(氵)에서 **오래**(永) 있으려고 헤엄치니 헤엄칠 **영**

> 활용어휘 背泳(배영), 水泳(수영), 蝶泳(접영)

3

詠

12획 / 부수 言

말(言)을 길게(永) 빼서 읊으니 읊을 **영**

+ 동 咏 - 입(口)을 오래(永) 벌리고 읊으니 '읊을 영'
+ 言(말씀 언), 口(입 구, 말할 구, 구멍 구)

> 활용어휘 詠歌(영가), 詠嘆(영탄)

1II

昶

9획 / 부수 日

오래(永) **해**(日)가 비추어 해 길고 밝으니 해 길 **창**, 밝을 **창**

+ 인·지명용 한자.
+ 뜻이 좋아서 사람 이름자에 많이 쓰입니다.

■한자암기박사1 ■

제목번호 004 참고
氷 - 한 덩어리(丶) 물(水)이 얼어붙은 얼음이니 '얼음 빙'

1

函

8획 / 부수 凵

한(一) 방울의 **흘러내리는**(丿) **물**(水)이라도 받게 만든 **그릇**(凵) 같은 함이니 **함 함**

또 함처럼 몸을 둘러싸게 만든 갑옷이니 **갑옷 함**

+ 함(函) – ㉠ 혼례를 앞두고 신랑집에서 신부집으로 채단과 혼서지를 담아 보내는 상자.
　　　　　 ㉡ 옷이나 물건을 넣어 두는 상자.
+ 水(물 수 발), 凵(입 벌릴 감, 그릇 감)

활용어휘 函籠(함롱), 函褓(함보), 書函(서함)

1

涵

11획 / 부수 水(氵)

물(氵)에 **함**(函)이 젖으니 **젖을 함**

활용어휘 涵養(함양), 涵泳(함영), 涵育(함육)

3II

漆

14획 / 부수 水(氵)

물(氵) 같은 진액이 나오도록 **나무**(木)를 **상처**(人)내어 뽑아 쓰는 **액**(水)이 옻이니 **옻 칠**

또 옻은 검으니 **검을 칠**

+ 옙桼 – 물(氵)처럼 많이(七) 나무(木)에서 뽑아 쓰는 옻이니 '옻 칠'
+ 옻은 약용, 공업용 등 여러 용도로 쓰입니다.
+ 人('사람 인'이지만 여기서는 액을 뽑기 위해 낸 상처로 봄), 七('일곱 칠'에는 많다는 뜻도 있음)

활용어휘 漆器(칠기), 漆板(칠판), 漆黑(칠흑)

1

膝

15획 / 부수 肉(月)

몸(月)에서 **나무**(木)가 **상처**(人)의 **액**(水)을 막기 위한 껍질처럼 불룩한 무릎이니 **무릎 슬**

+ 나무에 상처가 나면 진액이 흐르고 나무는 그것을 막기 위하여 껍질을 불룩하게 만드는데 몸에서 그렇게 불룩한 부분이 무릎이란 말이지요.

활용어휘 膝甲(슬갑), 膝下(슬하), 偏母膝下(편모슬하)

釧

11획 / 부수 金

1II

쇠(金)로 만들어 팔에 내(川)처럼 둘러차는 팔찌니
팔찌 천

+ 金(쇠 금, 금 금, 돈 금, 성씨 김), 川(내 천)

활용어휘 寶釧(보천)

馴

13획 / 부수 馬

1

말(馬)을 내(川) 흐르듯 순하게 따르도록 길들이니
길들일 순

+ 馬(말 마)

활용어휘 馴育(순육), 馴致(순치), 馴化(순화)

荒

10획 / 부수 草(艹)

3II

풀(艹)까지 망가지게(亡) 냇(巛)물이 휩쓸어 거치니
거칠 황

+ 亡(망할 망, 달아날 망, 죽을 망), 巛[내 천(川)의 변형]

활용어휘 荒唐(황당), 荒蕪地(황무지), 荒唐無稽(황당무계)

慌

13획 / 부수 心(忄)

1

마음(忄)이 거칠어질(荒) 정도로 다급하니
다급할 황

+ 동 遑(급할 황) - 제목번호 301 참고
+ 다급(多急)하다 - 일이 바싹 닥쳐서 매우 급하다.

활용어휘 慌忙(황망), 恐慌(공황), 唐慌(당황)

■ 한자암기박사1 ■

제목번호 279 참고
川 - 물 흐르는 내를 본떠서 '내 천'
訓 - 말(言)을 내(川)처럼 길게 하며 가르치니 '가르칠 훈'
州 - 내(川) 사이에 점들(丶)처럼 집들이 있는 고을이니 '고을 주'
洲 - 물(氵)로 둘러싸인 고을(州)이면 물가나 섬이니 '물가 주, 섬 주'

流
5II
10획 / 부수 水(氵)

물(氵)이 **소리 내며**(厶) **내**(ル)를 이루어 흐르고
번져나가니 **흐를 류(유)**, **번져나갈 류(유)**

활용어휘 流浪(유랑), 流失(유실), 流言蜚語(유언비어)

硫
2
12획 / 부수 石

돌(石) 중 화산에서 **소리 내며**(厶) **내**(ル)처럼 흘러
굳어진 유황이니 유황 **류(유)**

+ 유황(硫黃) - 비금속 원소로서 황색·무취의 파삭파삭한 결정체.
화약·성냥 등의 원료로 쓰임.

활용어휘 脫硫(탈류)

琉
1
11획 / 부수 玉(王)

옥(王) 같은 석영이 **소리 내며**(厶) **내**(ル)처럼 흘러
굳어진 유리니 유리 **류(유)**

+ 瑠 - 구슬(王) 성분이 머물러(留) 된 유리니 '유리 류(유)'

활용어휘 琉璃(유리)

梳
1
11획 / 부수 木

나무(木)로 **소리 내며**(厶) **내**(ル)처럼 쓸어내리도록
만든 빗이니 빗 **소**

또 빗으로 빗으니 **빗을 소**

+ 빗으면 스치는 소리가 나지요.

활용어휘 梳沐(소목), 梳洗(소세), 梳櫛(소즐)

醯
1
19획 / 부수 酉

술(酉)을 **소리 내며**(厶) 흐르는 **내**(ル)처럼 **그릇**(皿)에서
소리 나게 발효시켜 만든 초니 초 **혜**

또 초처럼 삭힌 식혜니 **식혜 혜**

+ 발효시켜 만든 술은 더 발효되면 초가 되는데, 발효될 때 소리가
남을 생각하고 만든 한자.
+ 酉(술 그릇 유, 술 유, 닭 유, 열째 지지 유), 皿(그릇 명)

활용어휘 脯醯(포혜), 左脯右醯(좌포우혜)

■ 한자암기박사1 ■

제목번호 280 참고
疏 - 발(疋)로 차며 소리치면(厶) 막힘이 내(ル)처럼 트이니 '트일 소'
또 트인 듯 관계가 드물고 성기니 '드물 소, 성길 소'

참

坙

7획 / 부수 巛

하나(一)의 **냇물**(巛)처럼 **만들어지는**(工) 물줄기니
물줄기 경

+ 역 조 – 하나(一)의 냇물(人)처럼 만들어지는(工) 물줄기니
　　　　'물줄기 경'
+ 巛 – 내 천(川)이 부수로 쓰일 때의 모양으로, 개미허리 모양 같다
　　하여 '개미허리 천'
+ 人('사람 인'이지만 여기서는 냇물의 모양), 工 (장인 공, 만들 공,
　연장 공)

1

脛

11획 / 부수 肉(月)

몸(月)에서 **물줄기**(坙)처럼 길게 뻗은 정강이니
정강이 경

+ 중 胫(정강이 경)
+ 정강이 – 무릎 아래에서 앞 뼈가 있는 부분.

활용어휘 脛骨(경골), 脛衣(경의), 脛節(경절)

1

頸

16획 / 부수 頁

물줄기(坙)처럼 길쭉한 **머리**(頁) 아래 목이니 **목 경**

+ 역 頚

활용어휘 頸椎(경추), 延頸(연경), 刎頸之交(문경지교)

1

勁

9획 / 부수 力

물줄기(坙)처럼 **힘**(力)있고 굳세니 **굳셀 경**

+ 중 劲

활용어휘 勁健(경건), 勁兵(경병), 勁松(경송)

莖

11획 / 부수 草(艹)

1

풀(艹)에서 **물줄기**(巠)처럼 뻗어 가는 줄기니 줄기 경

+ 얣 茎

활용어휘 球莖(구경), 根莖(근경), 陰莖(음경), 包莖(포경)

痙

12획 / 부수 疒

1

병(疒)으로 몸이 **물줄기**(巠)처럼 한쪽으로만 굽어 펴지지 않게 경련이 일어나니 경련 일어날 경

+ 옒 痉(경련 경)
+ 경련(痙攣) - 근육이 별다른 이유 없이 갑자기 수축하거나 떨게 되는 현상.
+ 攣(손발 굽을 련)

활용어휘 痙攣症(경련증), 胃痙攣(위경련)

■ 한자암기박사1 ■

제목번호 282 참고

輕 – 수레(車)가 물줄기(巠)처럼 저절로 달리도록 가벼우니 '가벼울 경'

經 – 실(糸)이 물줄기(巠)같이 길게 지나는 날실이니 '지날 경, 날실 경'
　　　또 베를 짤 때 날줄이 기본이듯이 사람 사는 기본을 적어 놓은 경서니 '경서 경'

徑 – 걸을(彳) 때 물줄기(巠)처럼 빨리 가는 지름길이니 '지름길 경, 길 경'

俓 – 사람(亻)이 물줄기(巠)처럼 빨리 가는 지름길이니 '지름길 경, 길 경'

兪

9획 / 부수 入

산에 **들어가**(入) **한**(一) **달**(月)에 걸쳐 **냇**(巛)물로 씻으며 치료하면 대답하듯 병이 나으니

대답할 유, 병 나을 유, 성씨 유

+ 密 俞 – 사람(人)이 한(一) 달(月)에 걸쳐 칼(刂)로 수술도 하며 치료하면 대답하듯 병이 나으니 '대답할 유, 병 나을 유, 성씨 유'

+ 巛[개미허리 천(巛)이 줄어든 모양]

활용어휘 兪音(유음)

喩

12획 / 부수 口

입(口)으로 **대답하며**(兪) 비유하고 깨우치니

비유할 유, 깨우칠 유

+ 图 喻(깨우칠 유)

+ 비유(比喩) – 어떤 현상이나 사물을 직접 설명하지 아니하고 다른 비슷한 현상이나 사물에 빗대어서 설명하는 일.

+ 比(나란할 비, 견줄 비)

활용어휘 隱喩(은유), 直喩(직유), 訓喩(훈유)

諭

16획 / 부수 言

말(言)로 **대답하며**(兪) 깨우치니 깨우칠 유

활용어휘 敎諭(교유), 諭示(유시), 誨諭(회유)

愉

12획 / 부수 心(忄)

마음(忄)이 **병 나은**(兪) 것처럼 즐거우니 즐거울 유

활용어휘 愉愉(유유), 愉樂(유락), 愉色(유색), 愉快(유쾌)

揄

12획 / 부수 手(扌)

손(扌)으로 **대답하듯**(兪) 건드리며 야유하니 야유할 유

활용어휘 揶揄(야유)

榆

1II
13획 / 부수 木

나무(木) 중 병을 낫게(兪)하는 성분이 있는 느릅나무니
느릅나무 유

+ 囹 楡(느릅나무 유)
+ 느릅나무 – 봄에 어린잎은 식용하거나 사료로 쓰고 나무는 기구 재나 땔감으로 쓰며 나무껍질은 약용 또는 식용함.

활용어휘 楡皮(유피)

踰

1II
16획 / 부수 足(⻊)

발(⻊)로 대답하듯(兪) 걸어 넘으니 **넘을 유**

+ ⻊[발 족, 넉넉할 족(足)의 변형]

활용어휘 踰年(유년), 踰嶺(유령), 踰越(유월), 踰限(유한)

鍮

1
17획 / 부수 金

쇠(金)와 대답하듯(兪) 통하게 구리에 아연을 섞어 만든 놋쇠니 **놋쇠 유**

+ 놋쇠 – 구리에 아연을 10~45% 넣어 만든 합금. 가공하기 쉽고 녹슬지 않아 공업 재료로 널리 씀.

활용어휘 鍮器(유기), 鍮刀(유도), 鍮盤(유반)

愈

3
13획 / 부수 心

병이 낫는다(兪)는 마음(心)이 들면 더욱 좋아 병이 더 잘 나으니 **더욱 유, 좋을 유, 병 나을 유**

+ 囹 癒(병 나을 유)

활용어휘 愈往愈甚(유왕유심)

癒

1
18획 / 부수 疒

병(疒)이 좋게(愈) 나으니 **병 나을 유**

+ 囹 愈(더울 유, 좋을 유, 병 나을 유)
+ 疒(병들 녁)

활용어휘 快癒(쾌유), 治癒(치유)

■ 한자암기박사1 ■

제목번호 283 참고
輸 – 차(車)로 대답하듯(兪) 짐을 실어 보내고 나르니 '보낼 수, 나를 수'

臘

19획 / 부수 肉(月)

몸(月)에 털 난 **짐승**(巤)을 잡아 놓고 섣달에 지내는
납향이니 섣달 **랍(납)**, 납향 **랍(납)**

+ 섣달 - 음력으로 한 해의 마지막 달.
+ 납향(臘享) - 납일에 그 해의 농사를 비롯한 여러 가지 일을 아뢰
기 위하여 지내는 제사.
+ 납일(臘日) - 민간이나 조정에서 조상이나 종묘 또는 사직에 제
사 지내던 날. 동지로부터 세 번째 미일을 가리키는 세시풍속.

활용어휘 臘日(납일), 臘月(납월), 舊臘(구랍)

蠟

21획 / 부수 虫

벌레(虫)가 털 난 **짐승**(巤) 모양으로 만들어 놓은 밀이니
밀 **랍(납)**

또 밀로 만든 밀초니 밀초 **랍(납)**

+ 밀초 - 밀랍으로 만든 초.
+ 밀랍 - 벌집을 만들기 위하여 꿀벌이 분비하는 물질. 누런 빛깔로
상온에서 단단하게 굳어지는 성질이 있음.
+ 虫(벌레 충)

활용어휘 樧蠟(접랍)

獵

18획 / 부수 犬(犭)

개(犭)가 짐승의 **목 갈기**(巤)를 물며 사냥하니
사냥할 **렵(엽)**

+ 웹 猟 - 개(犭)가 점들(丶)처럼 묻은 냄새를 이용하여(用) 사냥하니
'사냥할 렵(엽)'
+ 개가 짐승을 잡을 때는 짐승의 목을 물지요.
+ 巤 - 내(巛)처럼 흘러내린 목(囟)에 털이 난(巤) 목 갈기니
'목 갈기 렵(엽), 털 난 짐승 렵(엽)'
+ 犭(큰 개 견, 개 사슴 록 변), 巛(개미허리 천), 囟(목의 모양),
巤(털 난 모양), 用(쓸 용(用)의 변형]

활용어휘 獵師(엽사), 獵銃(엽총), 狩獵(수렵)

鼠

13획 / 제부수

윗부분은 쥐의 이빨, 아랫부분은 배, 발톱, 꼬리의 모양을
본떠서 쥐 **서**

활용어휘 鼠輩(서배), 鼠生員(서생원), 首鼠兩端(수서양단)

1Ⅱ

昊

8획 / 부수 日

해(日)가 빛나는 하늘(天)이니 하늘 호

+ 참 旻(하늘 민) - 제목번호 422 참고
+ 日(해 일, 날 일), 天(하늘 천)

활용어휘 昊天(호천), 昊天罔極(호천망극)

1Ⅱ

炅

8획 / 부수 火

해(日)나 불(火)처럼 빛나니 빛날 경

+ 인·지명용 한자.

1

暈

13획 / 부수 日

해(日) 둘레에 군사(軍)처럼 둘러싼 무리니 무리 훈

+ 참 暉(빛 휘)
+ 무리 - 구름이 태양이나 달의 표면을 가릴 때, 태양이나 달의 둘레에 생기는 불그스름한 빛의 둥근 테. 대기 가운데 떠 있는 물방울에 의한 빛의 굴절이나 반사 때문에 생김.

활용어휘 暈光(훈광), 暈輪(훈륜), 暈圍(훈위)

5Ⅱ

雲

12획 / 부수 雨

비(雨)가 오리라고 말해(云) 주는 구름이니 구름 운

+ 구름이 끼면 비가 올 것을 알게 되지요.
+ 雨(비 우), 云(말할 운)

활용어휘 雲集(운집), 雲海(운해), 靑雲(청운)

1

曇

16획 / 부수 日

해(日) 아래 구름(雲)이 있으면 흐리니 흐릴 담

활용어휘 曇天(담천), 晴曇(청담)

3II

莫

11획 / 부수 草(艹)

풀(艹)에는 해(日)만큼 **큰**(大) 영향을 미치는 것이 없으니
가리지 말라는 데서 **없을 막, 말 막**
또 풀(艹)에는 해(日)가 가장 **큰**(大) 영향을 미치니
가장 막

활용어휘 莫上莫下(막상막하), 莫逆之友(막역지우)

2

膜

15획 / 부수 肉(月)

몸(月) 속의 여러 기관들이 섞이지 **않도록**(莫) 경계를
이루는 얇은 막이니 **막 막**

+ 막(膜) – ㉠ 물건의 표면을 덮고 있는 얇은 물질.
　　　　㉡ 생물체의 모든 세포나 기관을 싸고 있거나 경계를
　　　　이루는 얇은 층.

활용어휘 鼓膜(고막), 肋膜(늑막), 網膜(망막), 粘膜(점막)

3II

漠

14획 / 부수 水(氵)

물(氵)이 **없으면**(莫) 되는 사막이니 **사막 막**
또 사막처럼 아무 것도 없어 막막하니 **막막할 막**

+ 막막(漠漠)하다 – 아주 넓거나 멀어 아득하다.
+ 물이 없어져 마르고 마르면 사막이 되지요.

활용어휘 沙漠·砂漠(사막), 漠然(막연)

1

糢

17획 / 부수 米

쌀(米)로 **없어질**(莫) 것을 대비하여 본보기로 본떠 만드니
본보기 모, 본뜰 모
또 본떠 만들면 아무리 잘해도 차이가 나 모호하니
모호할 모

+ 웹 模(본보기 모, 본뜰 모, 모호할 모)

4

模

15획 / 부수 木

나무(木)로 **없어질**(莫) 것을 대비하여 본보기로 본떠 만드니
본보기 모, 본뜰 모
또 본떠 만들면 아무리 잘해도 차이가 나 모호하니
모호할 모

+ 합 糢(본보기 모, 본뜰 모, 모호할 모)
+ 모호(模糊)하다 – 일이나 태도 등이 희미하고 흐려 분명하지 아
니하다.
+ 木(나무 목), 糊(풀 호, 모호할 호)

활용어휘 聲帶模寫(성대모사), 模糊(모호)

---

1 **摸** 14획 / 부수 手(扌)	손(扌)으로 **없어진**(莫) 물건을 더듬어 찾으니 **찾을 모** 활용어휘 摸索(모색), 暗中摸索(암중모색)	

1II **謨** 18획 / 부수 言	말(言) **없이**(莫) 마음속으로 꾀를 생각하고 계획하니 **꾀 모, 계획할 모** + 言(말씀 언) 활용어휘 謨訓(모훈), 鴻謨(홍모)	

1 **寞** 14획 / 부수 宀	집(宀)에 아무도 **없어**(莫) 고요하고 쓸쓸하니 **고요할 막, 쓸쓸할 막** + 宀(집 면) 활용어휘 索寞(삭막), 寂寞(적막)	

3II **幕** 14획 / 부수 巾	**없는**(莫) 것처럼 **수건**(巾) 같은 천으로 덮어 놓은 장막이니 **장막 막** + 장막(帳幕) – 한데에서 볕 또는 비바람을 피할 수 있도록 둘러치는 막. + 巾(수건 건), 帳(장막 장, 장부 장) 활용어휘 幕後交涉(막후교섭), 酒幕(주막), 懸垂幕(현수막)	

■ 한자암기박사1 ■

제목번호 107 참고

募 – 없는(莫) 힘(力)을 보충하려고 사람을 모집하니 '모집할 모'

暮 – 없어지듯(莫) 해(日)가 넘어가며 날이 저무니 '저물 모'

慕 – 제정신이 없을(莫) 정도의 마음(忄)으로 사모하니 '사모할 모'

墓 – 없는(莫) 것처럼 흙(土)으로 덮어 놓은 무덤이니 '무덤 묘'

3II
5획 / 부수 日

해(日)가 **지평선(一)** 위로 떠오르는 아침이니 <mark>아침 **단**</mark>

+ 圄 亘(뻗칠 긍, 펼 선)
+ 아침 단(旦)은 설날 같은 아주 특별한 아침에, 아침 조(朝)는 보통의 아침에 쓰입니다.
+ 一('한 일'이지만 여기서는 지평선으로 봄)

활용어휘 元旦(원단), 坐以待旦(좌이대단)

3II
7획 / 부수 人(亻)

사람(亻)은 **아침(旦)**이면 다만 하루 일을 생각하니 <mark>다만 **단**</mark>

활용어휘 但只(단지), 但書(단서), 非但(비단)

1
8획 / 부수 土

흙(土)이 **아침(旦)** 햇살처럼 넓게 펴져 평탄하니 <mark>평탄할 **탄**</mark>

+ 평탄(平坦)하다 – ㉠ 바닥이 평평하다. ㉡ 마음이 편하고 고요하다. ㉢ 일이 순조롭게 되어 나가는 데가 있다.

활용어휘 坦坦(탄탄), 坦坦大路(탄탄대로), 坦率(탄솔)

1
10획 / 부수 疒

병(疒)으로 **아침(旦)** 햇빛처럼 살빛이 누렇게 되는 황달이니 <mark>황달 **달**</mark>

+ 圄 疽(등창 저)
+ 황달(黃疸) – 담즙이 원활하게 흐르지 못하여 온몸과 눈 등이 누렇게 되는 병.
+ 疒(병들 녁), 黃(누를 황)

활용어휘 疸氣(달기), 疸病(달병), 疸症(달증), 酒疸(주달)

4II
11획 / 부수 彳

걸어가(彳) 아침(旦)부터 **법도(寸)**에 맞게 일하면 무엇이나 얻으니 <mark>얻을 **득**</mark>

+ 彳(조금 걸을 척), 寸(마디 촌, 법도 촌)

활용어휘 得道(득도), 得點(득점), 自業自得(자업자득)

1

亘

6획 / 부수 二

하늘(一) 아래 햇(日)살이 땅(一) 위에 뻗쳐 펴지니
뻗칠 긍, 펼 선

+ 웹 旦(아침 단)
+ 一('한 일'이지만 여기서는 하늘과 땅으로 봄), 日(해 일, 날 일)

활용어휘 亘古(긍고), 亘萬古(긍만고)

1II

桓

10획 / 부수 木

나무(木)를 펴(亘) 박은 푯말처럼 굳세니
푯말 환, 굳셀 환

+ 푯말 - 무엇을 표시하기 위하여 세우는 말뚝.

활용어휘 桓雄(환웅)

4

宣

9획 / 부수 宀

온 집(宀) 안에 뻗치도록(亘) 펴서 베푸니
펼 선, 베풀 선, 성씨 선

+ 웹 宜(마땅할 의) - 제목번호 106 참고

활용어휘 宣告(선고), 宣敎(선교), 宣言(선언), 宣傳(선전)

1II

瑄

13획 / 부수 玉(王)

옥(王)이 둥글게 펴진(宣) 도리옥이니 **도리옥 선**

+ 인·지명용 한자.
+ 도리옥 - 조선 시대에 정일품과 종일품 벼슬아치의 관모에 붙이던 옥관자.
+ 옥관자(玉貫子) - 옥으로 만든 망건에 달아 당줄을 꿰는 작은 단추 모양의 고리.
+ 망건(網巾) - 머리카락을 걷어 올려 가지런히 하기 위하여 머리에 두르는 그물 모양의 물건.

1

喧

12획 / 부수 口

입(口)을 펴(宣) 떠드니 **떠들 훤**

활용어휘 喧騷(훤소), 喧擾(훤요), 喧爭(훤쟁), 喧譁(훤화)

■ 한자암기박사1 ■

제목번호 010 참고
恒 - 마음(忄)이 항상 무엇으로 뻗어가듯(亘) 항상이니 '항상 항'

3Ⅱ

昌

8획 / 부수 日

해(日)처럼 밝게 분명히 말하면(曰) 빛나니 빛날 **창**

+ 매사 긍정적이고 태도가 분명한 사람이 빛나지요.

활용어휘 昌大(창대), 昌盛(창성), 繁昌(번창)

1

倡

10획 / 부수 人(亻)

사람(亻) 중 빛나게(昌) 재주 부리는 광대니 광대 **창**

+ 광대(廣大) – 가면극·인형극·줄타기·땅재주·판소리 등을 하던 직업적 예능인을 통틀어 이르던 말.

활용어휘 倡義(창의), 倡優(창우)

1

娼

11획 / 부수 女

여자(女) 중 빛나게(昌) 몸을 꾸미는 창녀니 창녀 **창**

+ 창녀(娼女) – 돈을 받고 몸을 파는 일을 직업으로 하는 여자.

활용어휘 娼婦(창부), 娼家責禮(창가책례)

1

猖

11획 / 부수 犬(犭)

개(犭)가 눈에 불을 빛내며(昌), 즉 불을 켜고 미쳐 날뛰니 미쳐 날뛸 **창**

+ 犭(큰 개 견, 개 사슴 록 변)

활용어휘 猖狂(창광), 猖獗(창궐), 猖披(창피)

1

菖

12획 / 부수 草(艹)

풀(艹) 중 머릿결을 빛나게(昌) 하는 창포니 창포 **창**

+ 창포(菖蒲) – 뿌리는 약용하고 단옷날에 창포물을 만들어 머리를 감거나 술을 빚는 풀.
+ 蒲(부들 포, 창포 포)

활용어휘 菖蒲簪(창포잠), 菖蒲湯(창포탕)

■ 한자암기박사1 ■

제목번호 006 참고
唱 – 입(口)으로 빛나게(昌) 노래 부르니 '노래 부를 창'

4

更
7획 / 부수 日

한(一) 번 말하면(曰) 사람(乂)들은 고치거나 다시 하니 고칠 **경**, 다시 **갱**

+ 한 번 말하면 좋은 사람은 고치지만 그렇지 못한 사람은 다시 하지요.

활용어휘 更正(경정), 更迭(경질), 變更(변경), 更生(갱생)

1

梗
11획 / 부수 木

나무(木)처럼 다시(更) 뻗어 곧으니 곧을 **경**

활용어휘 梗塞(경색), 梗正(경정)

7

便
9획 / 부수 人(亻)

사람(亻)이 잘못을 고치면(更) 편하니 편할 **편**

또 누면 편한 똥오줌이니 똥오줌 **변**

+ 편할 편(便)에 어찌 '똥오줌 변'이란 뜻도 있을까요? 조금만 생각해 봐도 누면 편한 것이 똥오줌이라는 것임을 알게 되지요.

활용어휘 形便(형편), 利國便民(이국편민), 便祕(변비)

1

鞭
18획 / 부수 革

막대에 가죽(革) 끈을 달아 편하게(便) 이리저리 치는 채찍이니 채찍 **편**

+ 채찍 – 말이나 소 등을 때려 모는 데 쓰는 도구.
+ 革(가죽 혁, 고칠 혁)

활용어휘 鞭撻(편달), 教鞭(교편), 走馬加鞭(주마가편)

1

汨
7획 / 부수 水(氵)

물(氵) 흐르듯 계속 말하며(曰) 무엇에 빠지니 빠질 **골**

또 물(氵)이 말하듯(曰) 소리 내는 강 이름이니 강 이름 **멱**

활용어휘 汨沒(골몰), 汨羅水(멱라수)

■ 한자암기박사1 ■

제목번호 047 참고
硬 – 돌(石)처럼 다시(更) 굳어 단단하니 '단단할 경'

柏
9획 / 부수 木

나무(木) 껍질과 잎에 **흰(白)**색이 도는 잣나무나
측백나무니 <mark>잣나무 **백**</mark>, <mark>측백나무 **백**</mark>

+ 㑊 栢(잣나무 백, 측백나무 백)
+ 白 - 빛나는(丿) 해(日)처럼 희고 밝으니 '흰 백, 밝을 백'
　　　또 흰색처럼 깨끗하니 '깨끗할 백'
　　　또 깨끗하게 분명히 아뢰니 '아뢸 백, 성씨 백'

　활용어휘　松柏(송백), 松茂柏悅(송무백열), 側柏(측백)

珀
9획 / 부수 玉(王)

구슬(王)처럼 **밝게(白)** 빛나는 호박이니 <mark>호박 **박**</mark>

+ 호박(琥珀) - 지질 시대 나무의 진 등이 땅속에 묻혀서 탄소, 수
　소, 산소 등과 화합하여 굳어진 누런색 광물로, 장식품으로 쓰임.
+ 王(임금 왕, 으뜸 왕, 구슬 옥 변), 琥(호박 호)

　활용어휘　琥珀光(호박광), 琥珀色(호박색)

粕
11획 / 부수 米

쌀(米)로 빚은 술을 짜내고 남은 **하얀(白)** 지게미니
<mark>지게미 **박**</mark>

또 술지게미처럼 기름을 짜면 남는 깻묵이니 <mark>깻묵 **박**</mark>

+ 지게미 - 술을 거르고 남은 찌꺼기.
+ 깻묵 - 기름을 짜고 남은 깨의 찌꺼기.

　활용어휘　酒粕(주박), 糟粕(조박), 大豆粕(대두박)

舶
11획 / 부수 舟

배(舟) 중 **흰(白)** 돛을 달던 배니 <mark>배 **박**</mark>

+ 요즘 배는 작으나 크나 동력을 이용하여 다니지만, 옛날에 작은
　배는 노로, 큰 배는 돛을 달고 다녔지요.

　활용어휘　舶來(박래), 舶載(박재), 賈舶(고박), 船舶(선박)

제목번호 027 참고

伯 - 사람(亻) 머리가 흰(白) 정도로 나이든 맏이나 우두머리니 '맏 백, 우두머리 백'

拍 - 손(扌)으로 무엇을 아뢰려고(白) 치니 '칠 박'

迫 - 하얗게(白) 질린 얼굴로 뛰어갈(辶) 정도로 무슨 일이 닥치니 '닥칠 박'

泊

3

8획 / 부수 水(氵)

물(氵)이 하얗게(白) 보이도록 배들이 항구에 대고 묵으니
배댈 박, 묵을 박

또 물(氵)에 깨끗이(白) 씻은 듯 마음도 산뜻하니
산뜻할 박

+ 옛날 배는 돛을 달았고 돛은 대부분 흰색이었으니, 물이 하얗게
  보임은 배들이 모여 묵는 것이지요.
+ 묵다 – 일정한 곳에서 나그네로 머무르다.

활용어휘 碇泊(정박), 民泊(민박), 淡泊(담박)

箔

1

14획 / 부수 竹(⺮)

대(⺮)로 만들어 문에 대고(泊) 치는 발이니 **발 박**

또 발처럼 금속을 얇게 늘인 박이니 **박 박**

+ 발 – 가늘고 긴 대를 엮거나 줄 등을 여러 개 나란히 늘어뜨려
  만든 물건.
+ 발은 주로 무엇을 가리려고 치지요.
+ 박(箔) – 금속을 두드리어 종이처럼 얇고 판판하게 편 것.

활용어휘 簾箔(염박), 金箔(금박), 蠶箔(잠박)

皐

1Ⅱ

11획 / 부수 白

하얗게(白) 물이 양쪽(= =)으로 많이(十) 쏟아지며 무엇을
부르는 소리를 내는 언덕이니 **언덕 고, 부르는 소리 고**

활용어휘 皐蘭草(고란초), 皐復(고복)

穆

1Ⅱ

16획 / 부수 禾

벼(禾)를 하얗게(白) 찧어 조금씩(小) 털(彡)만큼이라도
나눠 먹으면 화목하니 **화목할 목**

또 화목하면 모두 공경하고 보기에도 아름다우니
공경할 목, 아름다울 목

+ 图 睦(화목할 목)
+ 禾(벼 화), 小(작을 소), 彡(터럭 삼, 긴머리 삼)

활용어휘 落落穆穆(낙락목목)

兜

1

11획 / 부수 儿

투구(⿱) 쓴 사람(儿)의 형상을 본떠서
투구 두, 도솔가 도

+ 투구 – 예전에, 군인이 전투할 때에 적의 화살이나 칼날로부터
  머리를 보호하기 위하여 쓰던 쇠로 만든 모자.
+ 도솔가(兜率歌) – 신라 경덕왕 때 월명사가 지었다는 4구체 향가.
  4월 초하룻날 두 개의 해가 나타나는 괴변이 일어났는데, 이 노래
  를 지어 부르자 사라졌다고 함.

6II

樂

15획 / 부수 木

(악기의 대표인) **북(白)**을 **작고(幺) 작은(幺)** 실로 **나무(木)** 받침대 위에 묶어 놓고 치며 노래 부르고 즐기며 좋아하니
노래 **악**, 즐길 **락(낙)**, 좋아할 **요**

+ 옙樂 – (악기의 대표인) 북(白)을 나무(木) 받침대 위에 올려놓고 양손으로 두드리며(八) 노래 부르고 즐기며 좋아하니 '노래 악, 즐길 락(낙), 좋아할 요'
+ 白('흰 백, 밝을 백, 깨끗할 백, 아뢸 백'이지만 여기서는 북으로 봄), 幺(작을 요, 어릴 요)

활용어휘 樂器(악기), 安樂(안락), 智者樂水(지자요수)

1

礫

20획 / 부수 石

돌(石) 중 가지고 **즐길(樂)** 만한 조약돌이니
조약돌 **력(역)**

+ 石(돌 석)

활용어휘 礫巖(역암), 瓦礫(와력)

6II

藥

19획 / 부수 草(艹)

풀(艹) 중에 환자를 **좋게(樂)** 치료하는 약이니 약 **약**

+ 옙葯
+ 옛날에는 대부분 풀에서 약을 구하였지요.

활용어휘 賜藥(사약), 良藥苦口(양약고구)

4

泉

9획 / 부수 水

깨끗한(白) 물(水)이 나오는 샘이니 **샘 천**

+ '구멍에서 물이 솟는 모양을 본떠서 샘 천(泉)'이라고도 합니다.

활용어휘 甘泉先竭(감천선갈), 黃泉(황천)

1

腺

13획 / 부수 肉(月)

몸(月)에서 분비물이 나오는 샘(泉)이니 **샘 선**

+ 샘 – 여러 뜻이 있지만 여기서는 '생물체 몸속에서 액체 물질을 분비, 배설하는 기능을 하는 기관'의 뜻.

활용어휘 淚腺(누선), 前立腺(전립선), 脂腺(지선)

1

帛

8획 / 부수 巾

흰(白) 수건(巾) 같은 비단이니 **비단 백**

또 비단에 싸 보내는 폐백이니 **폐백 백**

+ 비단(緋緞) – 명주실로 짠 광택이 나는 천을 통틀어 이르는 말.
+ 폐백(幣帛) – 신부가 처음으로 시부모를 뵐 때 올리는 것.
+ 巾(수건 건), 緋(비단 비, 붉을 비), 緞(비단 단), 幣(돈 폐, 폐백 폐)

활용어휘 帛書(백서)

1

棉

12획 / 부수 木

나무(木)에 하얀(白) 수건(巾)처럼 열매가 익어 벌어지는 목화니 **목화 면**

+ 목화는 열매가 익으면 속에 솜 같은 것이 벌어져 나오는데 그것으로 솜을 만들고 그 솜에서 실도 뽑지요.

활용어휘 棉花(면화), 木棉(목면)

■ 한자암기박사1 ■

제목번호 029 참고
線 – 실(糸)이 샘(泉)의 물줄기처럼 길게 이어지는 줄이니 '줄 선'

제목번호 028 참고
錦 – 금(金)처럼 귀한 비단(帛)이니 '비단 금'

綿 – 실(糸)을 뽑아 흰(白) 수건(巾) 같은 천을 짜는 솜이니 '솜 면'
또 가는 실이 촘촘한 솜처럼 자세하게 이어지니 '자세할 면, 이어질 면'

7

百

6획 / 부수 白

하나(一)에서 시작하여 **아뢰듯**(白) 소리치는 단위는
일백이니 일백 **백**

또 일백이면 많으니 많을 **백**

+ 물건을 셀 때 속으로 세다가도 큰 단위에서는 소리침을 생각하고
만든 한자.
+ 일백이 많다는 뜻으로도 쓰이듯이 백을 나타내는 우리의 옛말 '온'
도 '온통, 온 누리, 온 세상' 등에 쓰이네요.

활용어휘 一當百(일당백), 百姓(백성), 百貨店(백화점)

1II

弼

12획 / 부수 弓

양쪽에 **활**(弓弓)을 들고 **많이**(百) 도우니 도울 **필**

+ 한자가 만들어지던 옛날에는 부족끼리 많이 싸웠기 때문에 무기와
관련되어 만들어진 한자도 많습니다.
+ 弓(활 궁)

활용어휘 弼導(필도), 弼善(필선), 弼成(필성), 輔弼(보필)

1II

奭

15획 / 부수 大

크고(大) **많고**(百) **많아**(百) 크게 성하니
클 **석**, 성할 **석**

+ 인·지명용 한자.

■ 한자암기박사1 ■

제목번호 028 참고
宿 – 집(宀)에 사람(亻)이 많이(百) 묵으며 자니 '잘 숙'
또 자는 것처럼 오래 머물러 있는 별자리니 '오랠 숙, 별자리 수'
縮 – 실(糸)은 잠재우듯이(宿) 눌러두면 줄어드니 '줄어들 축'

1

臼

6획 / 제부수

곡식을 찧거나 빻는 절구를 본떠서 **절구 구**

+ 舀[自(자기 자, 스스로 자, 부터 자), 白(흰 백, 밝을 백, 깨끗할 백, 아뢸 백)
+ 절구 – 곡식을 찧거나 빻는 데 쓰는 도구.

활용어휘 臼磨(구마), 臼狀(구상), 臼杵(구저), 臼齒(구치)

1

舅

13획 / 부수 臼

절구(臼)에 곡식을 넣고 조심해서 찧듯 조심히 대해야 할 **남자(男)**는 시아비나 장인이니 **시아비 구, 장인 구**

+ 男(사내 남)

활용어휘 舅家(구가), 舅姑(구고)

참

舀

10획 / 부수 臼

손(爫)으로 **절구(臼)**에서 곡식을 찧어 퍼내는 절구니 **퍼낼 요, 절구 요**

+ 爫[손톱 조(爪)가 부수로 쓰일 때의 모양으로, 여기서는 손으로 봄]

1

滔

13획 / 부수 水(氵)

물(氵)이 **퍼낸(舀)** 듯이 넘치니 **물 넘칠 도**

활용어휘 滔滔(도도), 滔天(도천), 滔蕩(도탕)

1

蹈

17획 / 부수 足(𧾷)

발(𧾷)로 **절구(舀)**에 곡식을 찧을 때처럼 밟으니 **밟을 도**

+ 옛날에는 디딜방아로 방아를 찧었는데, 절구 속에 곡식을 넣고 발로 방아를 밟아 찧었지요.
+ 𧾷[발 족, 넉넉할 족(足)의 변형]

활용어휘 蹈海(도해), 舞蹈(무도), 舞蹈會(무도회), 足蹈(족도)

1

諂

15획 / 부수 言

달콤한 **말**(言)로 **사람**(ク)을 **절구**(臼) 같은 함정에
빠뜨리며 아첨하니 <mark>아첨할 첨</mark>

+ 아첨(阿諂) – 남의 환심을 사거나 잘 보이려고 알랑거리는 것.
+ 臽 – 사람(ク)이 빠지는 절구(臼)처럼 파인 함정이니 '함정 함'
+ 臽이 공통부분이고 독립되어 쓰이는 한자지만 여기서는 나누어
  풀었어요.
+ 言(말씀 언), ク[사람 인(人)의 변형], 臼(절구 구), 阿(아첨할 아,
  언덕 아)

<mark>활용어휘</mark> 諂佞(첨녕), 諂媚(첨미), 諂笑(첨소)

3II

陷

11획 / 부수 阜(阝)

언덕(阝)에 **사람**(ク)이 짐승을 잡으려고 **절구**(臼)처럼
파 놓은 함정이니 <mark>함정 함</mark>

또 함정에 빠져 꿈이 무너지니 <mark>빠질 함, 무너질 함</mark>

+ 阝(언덕 부 변)

<mark>활용어휘</mark> 缺陷(결함), 咆虎陷浦(포호함포)

1

焰

12획 / 부수 火

불(火)의 **불꽃**(ク)이 **절구**(臼) 같은 화로에서 피어오르니
<mark>불꽃 염</mark>

+ ク[사람 인(人)의 변형이지만 여기서는 불꽃이 피어오르는 모양]

<mark>활용어휘</mark> 火焰(화염), 火焰瓶(화염병), 氣焰(기염)

1II

閻

16획 / 부수 門

문(門) 중 **사람**(ク)이 **절구**(臼) 방아 찧듯 자주 드나드는
곳에 있는 마을 문이니 <mark>마을 문 염, 마을 염</mark>

<mark>활용어휘</mark> 閻魔(염마), 閻羅大王(염라대왕), 閭閻(여염)

특II

8획 / 부수 臼

절구(臼)로 사람(人)이 곡식을 찧는 잠깐이니 **잠깐 유**

✛ 臼(절구 구)

활용어휘 須臾(수유)

1

15획 / 부수 言

말(言)로 잠깐(臾)만 듣기 좋게 아첨하니 **아첨할 유**

✛ 아첨(阿諂) - 남의 환심을 사거나 잘 보이려고 알랑거리는 것.

✛ 言(말씀 언), 阿(아첨할 아, 언덕 아), 諂(아첨할 첨)

활용어휘 諛言(유언), 諛悅(유열), 阿諛苟容(아유구용)

1II

11획 / 부수 广

곡식을 집(广)처럼 잠깐(臾) 쌓아 두는 노적가리니
노적가리 유

또 노적가리처럼 쌓아 두는 창고니 **창고 유**

✛ 노적가리 - 한데에 수북이 쌓아 둔 곡식 더미.

활용어휘 庾廩(유름), 庾積(유적), 庾倉(유창)

특

9획 / 부수 又

절구(臼)에 절굿공이(丨)를 손(又)으로 잡고
절구질하는 늙은이니 **늙은이 수**

✛ 丨('뚫을 곤'이지만 여기서는 절굿공이로 봄), 又(오른손 우, 또 우)

활용어휘 釣叟(조수), 樵叟(초수)

3

12획 / 부수 手(扌)

손(扌)으로 늙은이(叟)처럼 더듬어 찾으니 **찾을 수**

활용어휘 搜查(수사), 搜索(수색), 搜所聞(수소문)

여자(女) 중 나보다 **늙은(叟)** 형의 부인이니 형수 **수**

활용어휘 兄嫂(형수), 嫂氏(수씨), 弟嫂(제수)

병들어(疒) **늙은(叟)** 것처럼 수척하니 수척할 **수**

+ 수척(瘦瘠)하다 – 몸이 몹시 야위고 마른 듯하다.
+ 疒(병들 녁), 瘠(여월 척, 메마를 척)

활용어휘 瘦果(수과), 瘦軀(수구), 瘦肥(수비)

---

086 석 사사[潟 寫瀉] – 潟과 寫로 된 한자

물(氵)이 **절구(臼)**처럼 **싸인(勹)** 곳에 많은 생명들이
불(灬)꽃처럼 움직이는 개펄이니 개펄 **석**

+ 개펄에 가 보면 절구처럼 움푹 파여 물이 괸 곳에 많은 생명체가
　살고 있지요.
+ 勹(쌀 포), 灬(불 화 발)

활용어휘 潟湖(석호), 干潟地(간석지)

집(宀)에 **절구(臼)**와 아궁이에 **싸여(勹)** 있는 **불(灬)**을
소재로 그리니 그릴 **사**

또 그리듯이 베끼니 베낄 **사**

+ 약 写 – 덮어(冖)놓고 주어진(与) 대로만 그리고 베끼니
　　　　‘그릴 사, 베낄 사'
+ 宀(집 면), 与[줄 여, 더불 여, 참여할 여(與)의 약자]

활용어휘 描寫(묘사), 靑寫眞(청사진), 筆寫(필사)

물(氵)로 그림 **그리(寫)**듯 씻어 쏟으니 쏟을 **사**

활용어휘 泄瀉(설사), 一瀉千里(일사천리), 止瀉劑(지사제)

94

참

9획 / 부수 臼

자루(千)를 **절구**(臼)에 절굿공이처럼 꽂아 땅을 파는 가래니
가래 삽

+ 가래 - 흙을 파헤치거나 떠서 던지는 기구.
+ 千('일천 천, 많을 천'이지만 여기서는 자루로 봄)

2

12획 / 부수 手(扌)

손(扌)으로 **가래**(畓)를 땅에 꽂으니 **꽂을 삽**

+ 손 수 변(扌)에 가래 삽(畓)을 써야 원자인데, 요즘은 조금 변형시킨 속자 '꽂을 삽(挿)'으로 많이 씁니다.

활용어휘 挿木(삽목), 挿入(삽입), 挿畫(삽화), 挿話(삽화)

95

참

舁

9획 / 부수 臼

절구(臼)를 마주 드니(廾) 마주 들 여

+ 절구는 커서 혼자는 못 들고 여럿이 마주 들어야 하지요.
+ 臼(절구 구), 廾[받쳐 들 공(廾)의 변형]

4

與

14획 / 부수 臼

마주 들어(舁) 주며(丿) 더불어 참여하니
줄 여, 더불 여, 참여할 여

+ 얟 与 - 하나(一)씩 작은 그릇(与)에 나누어 주며 더불어 참여하니
  '줄 여, 더불 여, 참여할 여'
+ 舁[마주 들 여(舁)의 변형], 丿[줄 여, 더불 여, 참여할 여(与) 약자
  의 변형], 与[구기 작, 작은 그릇 작(勺)의 변형]

활용어휘 與件(여건), 與民同樂(여민동락), 與黨(여당)

1

嶼

17획 / 부수 山

산(山)처럼 솟아 바다와 더불어(與) 있는 섬이니 섬 서

+ 얟 島(섬 도, = 嶹) - 제목번호 542 참고

활용어휘 綠嶼(녹서), 島嶼(도서)

■ 한자암기박사1 ■

제목번호 090 참고
輿 - 마주 들고(舁) 가는 수레(車) 같은 가마니 '가마 여'
     또 가마를 드는 사람들의 무리니 '무리 여'
興 - 마주 들어(舁) 같이(同) 힘쓰면 흥하고 흥겨우니 '흥할 흥, 흥겨울 흥'
擧 - 더불어(與) 함께 손(手)에 들고 행하여 일으키니 '들 거, 행할 거, 일으킬 거'
譽 - 더불어(與) 말하며(言) 기리니 '기릴 예'
     또 기리는 명예니 '명예 예'

6Ⅱ

明
8획 / 부수 日

해(日)와 달(月)이 같이 뜬 것처럼 밝으니
밝을 **명**, 성씨 **명**

활용어휘 明朗(명랑), 明白(명백), 明快(명쾌), 鮮明(선명)

1

萌
12획 / 부수 草(艹)

풀(艹)씨에서 밝은(明) 쪽으로 솟아나는 싹이니 싹 **맹**

＋ 식물의 싹은 밝은 쪽으로 솟아나고 뻗어 가지요.

활용어휘 萌動(맹동), 萌芽(맹아)

3Ⅱ

盟
13획 / 부수 皿

밝게(明) 그릇(皿)에 물 떠놓고 맹세하니 맹세할 **맹**

＋ 옛날에는 그릇에 물 떠놓고 천지신명께 맹세했답니다.
＋ 皿(그릇 명)

활용어휘 盟誓(맹서 → 맹세), 盟約(맹약), 血盟(혈맹)

3

朋

8획 / 부수 肉(月)

몸(月)과 몸(月)이 비슷한 벗들의 무리니 **벗 붕, 무리 붕**

+ '벗 붕, 무리 붕(朋)'은 같은 모양의 달 월, 육 달 월(月) 둘로 되었으니 같은 또래의 벗[동기(同期)]의 벗, '벗 우(友)'는 같은 뜻의 벗[동지(同志)]의 벗으로 구분하세요.

활용어휘 朋友有信(붕우유신), 朋友責善(붕우책선)

1

棚

12획 / 부수 木

나무(木)로 똑같이 **무리(朋)**지어 만든 선반이니 **선반 붕**

+ 선반 - 물건을 얹어 두기 위하여 까치발을 받쳐서 벽에 달아 놓은 긴 널빤지.

활용어휘 大陸棚(대륙붕)

1

硼

13획 / 부수 石

돌(石)처럼 **무리(朋)**지어 있는 붕사니 **붕사 붕**

+ 붕사(硼砂) - 붕산 나트륨의 흰 결정(結晶). 특수 유리의 원료나 도자기 유약의 원료 및 방부제 등에 쓰임.
+ 石(돌 석), 砂(모래 사), 結(맺을 결), 晶(수정 정, 맑을 정)

활용어휘 硼素(붕소)

1ΙΙ

鵬

19획 / 부수 鳥

무리(朋)처럼 큰 새(鳥)는 붕새니 **붕새 붕**

+ 붕새 - 하루에 구만 리를 날아간다는 매우 큰 상상의 새.

활용어휘 鵬程(붕정), 鵬程萬里(붕정만리)

3

崩

11획 / 부수 山

산(山)처럼 무거운 것이 **무리(朋)**지어 누르면 무너지니
무너질 붕

활용어휘 崩壞(붕괴), 崩潰(붕궤), 崩城之痛(붕성지통)

1

繃

17획 / 부수 糸

실(糸)로 **무너지지(崩)** 않도록 묶으니 **묶을 붕**

활용어휘 繃帶(붕대)

1

嘲
15획 / 부수 口

입(口)으로 **아침(朝)**부터 말하며 조롱하니 조롱할 조

+ 조롱(嘲弄) - 비웃거나 깔보면서 놀림.
+ 아침에는 삼가야 할 말도 있는데 아침부터 말함은 조롱함이지요.
+ 弄(희롱할 롱, 가지고 놀 롱)

활용어휘 嘲笑(조소), 嘲謔(조학), 嘲戱(조희), 自嘲(자조)

3II

幹
13획 / 부수 干

해 돋을(𠦝) 때부터 **사람(人)**과 **방패(干)**를 관리하는 간부니 간부 간

또 나무에서 간부 같은 줄기니 줄기 간

+ 🈒 斡(돌 알, 주선할 알) - 제목번호 121 참고
+ 간부(幹部) - 기관이나 조직체에서 중심이 되는 자리에 있는 사람.
+ 部(나눌 부, 마을 부, 거느릴 부)

활용어휘 幹線(간선), 基幹産業(기간산업)

1

澣
16획 / 부수 水(氵)

물(氵)로 **간부(幹)**들이 빨래하고 씻으니 빨래할 한, 씻을 한

또 당(唐)나라 때는 관리에게 열흘에 한 번씩 목욕할 휴가를 주었으니 열흘 한

+ 唐(갑자기 당, 황당할 당, 당나라 당)

활용어휘 澣衣(한의), 澣滌(한척), 澣濯(한탁), 上澣(상한)

2

翰
16획 / 부수 羽

해 돋으면(𠦝) **사람(人)**이 새의 **깃(羽)**이나 털을 묶어 글을 쓰는 붓이니 붓 한

또 붓으로 쓰는 글이나 편지니 글 한, 편지 한

+ 羽(날개 우, 깃 우)

활용어휘 翰林(한림), 翰毛(한모), 公翰(공한), 書翰(서한)

■ 한자암기박사1 ■

제목번호 198 참고

朝 - 해 돋는데(𠦝) 아직 달(月)도 있는 아침이니 '아침 조'
　　또 (신하는) 아침마다 조정에 나가 임금을 뵈었으니 '조정 조, 뵐 조'

潮 - 바다에서 물(氵)이 아침(朝) 저녁으로 불었다 줄었다 하는 조수니 '조수 조'

廟 - 집(广) 중 아침(朝)마다 제사 지내는 사당이니 '사당 묘'

乾 - 해 돋아(𠦝) 사람(𠂉)과 새(乙) 등을 살게 하는 하늘이니 '하늘 건'
　　또 해 돋은 하늘에 물건은 마르니 '마를 건'

韓 - 해 돋는(𠦝) 동쪽의 위대한(韋) 한국이니 '한국 한'

참

肙

7획 / 부수 肉(月)

입(口)만 유난히 큰 몸(月)을 가진 장구벌레니
장구벌레 **연**

또 장구벌레 같은 작은 벌레니 작은 벌레 **연**

+ 月(달 월, 육 달 월)

1

捐

10획 / 부수 手(扌)

손(扌)으로 작은 벌레(肙)를 잡아 버리니 버릴 **연**

+ '(비린내 나는 고기가 싫어서) 손(扌)으로 입(口)에 든 고기(月)를 꺼내 버리니 버릴 연'이라고도 합니다.

활용어휘 捐金沈珠(연금침주), 義捐(의연), 出捐(출연)

특Ⅱ

娟

10획 / 부수 女

여자(女)가 작은 벌레(肙)처럼 예쁘니 예쁠 **연**

활용어휘 娟娟(연연), 娟秀(연수), 娟容(연용)

3

絹

13획 / 부수 糸

실(糸)을 누에의 입(口)을 통해 몸(月)에서 나온 것으로 짠
비단이니 비단 **견**

+ 비단은 누에에서 나온 실로 짬을 생각하고 만든 한자.

+ 糸(실 사, 실 사 변)

활용어휘 絹絲(견사), 絹織物(견직물), 人造絹(인조견)

1

鵑

18획 / 부수 鳥

입(口)으로 온몸(月)의 피를 토하듯 슬프게 우는 새(鳥)는
두견새니 두견새 **견**

+ 두견(杜鵑) - 뻐꾸기와 비슷하나 좀 작음.

+ 두견은 우는 소리가 애절하여 문학 작품에 많이 나와, 소쩍새, 접동새, 귀촉도(歸蜀道)·불여귀(不如歸)·자규(子規) 등 별명도 많지요.

+ 鳥(새 조)

활용어휘 杜鵑酒(두견주), 杜鵑花(두견화)

脊

10획 / 부수 肉(月)

양쪽으로 똑같이(ㅅㅅ) 사람(人)의 몸(月)을 나누는
등성마루니 **등성마루 척**

+ 등성마루 - 척추뼈가 있는 두둑하게 줄진 곳.

활용어휘 脊骨(척골), 脊髓(척수), 脊椎(척추)

瘠

15획 / 부수 广

병(广)으로 등성마루(脊)만 드러나게 여위고 메마르니
여윌 척, 메마를 척

+ 广(병들 녁)

활용어휘 瘠骨(척골), 瘠薄(척박), 瘠土(척토)

佾

8획 / 부수 人(亻)

사람(亻) 여덟(八) 명씩 몸(月)을 세워 춤추는 춤 줄이니
춤 줄 일

활용어휘 佾舞(일무), 八佾舞(팔일무)

朕

10획 / 부수 肉(月)

자기 몸(月)을 팔(八)방의 하늘(天)에 일컫는 말인 나니
나 짐

또 몸(月)으로 팔(八)방의 하늘(天)에서 느끼는 조짐이니
조짐 짐

+ 옛날에는 일반적으로 나를 지칭하였는데 진시황 이후부터 임금이
자기를 이르는 말로 쓰이게 되었습니다.
+ 조짐(兆朕) - 좋거나 나쁜 일이 생길 기미가 보이는 현상.
+ 兆(조짐 조, 조 조)

활용어휘 朕言不再(짐언부재)

7Ⅱ

前

9획 / 부수 刀(刂)

우두머리(亠)가 몸(月)에 칼(刂)을 차고 서는 앞이니
앞 전
+ 亠['머리 수, 우두머리 수(首)'의 획 줄임], 刂(칼 도 방)

활용어휘 前面(전면), 前進(전진), 前代未聞(전대미문)

1

箭

15획 / 부수 竹(⺮)

대(⺮)로 만들어 앞(前)으로 나아가게 쏘는 화살이니
화살 전
+ 矢(화살 시)
+ 화살은 주로 대로 만들지요.
+ ⺮(대 죽)

활용어휘 箭幹(전간), 箭竹(전죽), 箭瘡(전창), 火箭(화전)

1

剪

11획 / 부수 刀

앞(前)으로 나아가며 칼(刀)처럼 자르는 가위니
자를 전, 가위 전
+ 刀(칼 도)

활용어휘 剪毛(전모), 剪定(전정), 剪枝(전지), 剪刀(전도)

1

煎

13획 / 부수 火(灬)

앞(前)에다 불(灬)을 피우고 달이니 달일 전
+ 달이다 - ㉠ 액체 등을 끓여서 진하게 만들다.
　　　　　㉡ 약재 등에 물을 부어 우러나도록 끓이다.
　　　　　여기서는 ㉡의 뜻.

활용어휘 煎茶(전다), 煎悶(전민), 煎餅(전병), 花煎(화전)

7

3획 / 제부수

초승달(月) 일부가 구름에 가려 있는 모양을 본떠서 저녁 석

+ 咎 久(오랠 구), 夊(천천히 걸을 쇠, 뒤져 올 치)
+ 초승달을 본떠서는 '달 월(月)'을 만들었으니, 초승달의 일부가 구름에 가려져 있는 모양을 본떠서 '저녁 석(夕)'을 만든 것이지요. 초승달은 초저녁 서쪽 하늘에 잠깐 떴다가 지니까요.

활용어휘 夕刊(석간), 夕陽(석양), 朝不慮夕(조불려석)

6

6획 / 부수 夕

(세월이 빨라) 저녁(夕)과 저녁(夕)이 거듭되어 많으니 많을 다

+ 세월이 빨라 하루하루가 금방금방 감을 생각하고 만든 한자.

활용어휘 多讀(다독), 多多益善(다다익선), 多福(다복)

1

8획 / 부수 人(亻)

사람(亻)이 많이(多) 꾸미며 사치하니 사치할 치

+ 咎 奢(사치할 사) - 제목번호 177 참고
+ 사치(奢侈) - 필요 이상의 돈이나 물건을 쓰거나 분수에 지나친 생활을 함.

활용어휘 侈習(치습), 侈心(치심)

6

8획 / 부수 夕

머리(亠) 두르고 사람(亻)이 집으로 돌아가는 저녁(夕)부터 이어지는(乀) 밤이니 밤 야

+ 亠(머리 부분 두)

활용어휘 夜間(야간), 夜景(야경), 不夜城(불야성)

1

12획 / 부수 肉(月)

몸(月)에서 밤(夜)처럼 어두운 겨드랑이니 겨드랑이 액

또 겨드랑이를 끼어 부축하니 부축할 액

+ 咎 掖 - 손(扌)으로 밤(夜)길을 갈 때 겨드랑이를 끼어 부축하니 '겨드랑이 액, 부축할 액'
+ 팔을 올리는 경우는 드물기 때문에 겨드랑이는 늘 살과 닿아 있어 어둡지요.

활용어휘 腋氣(액기), 腋毛(액모), 扶腋(부액)

특II

6획 / 제부수

저녁(夕)에는 어두워 **하나(一)씩 덮어(乚) 뚫어도(丨)**
어긋나니 어긋날 **천**

+ 乚(감출 혜, 덮을 혜, = 匸), 丨(뚫을 곤)

활용어휘 舛逆(천역), 舛誤(천오), 舛訛(천와)

1II

10획 / 부수 木

어긋난(舛) 사람을 나무(木) 위에 매달아 벌줌이 사나우니
사나울 **걸**

또 사납기로 대표적인 걸 임금이니 걸 임금 **걸**

+ 걸(桀) – 중국 하(夏)나라의 마지막 왕으로서 역사적으로 유명한
폭군임.

활용어휘 奸桀(간걸), 桀紂(걸주)

4

12획 / 부수 人(亻)

사람(亻) 중 사납게(桀) 무엇에 열중하면 뛰어나니
뛰어날 **걸**

+ 图 杰 – 제목번호 004 참고
+ 마음이 약하면 뛰어나지 못하지요. 한번 결심하면 어떤 어려움도
극복하는 사나움이 있어야 뛰어나게 된다는 어원은 우리에게 큰
교훈을 주네요.

활용어휘 傑作(걸작), 傑出(걸출), 英雄豪傑(영웅호걸)

1II

12획 / 부수 舛

손톱(爫) 같은 꽃잎에 덮여(冖) 어긋나게(舛) 여기저기
꽃피는 무궁화니 무궁화 **순**

또 중국에서 성군(聖君)으로 꼽히는 순임금도 나타내어
순임금 **순**

+ 爫(손톱 조), 冖(덮을 멱)

활용어휘 堯舜(요순)

3II

17획 / 부수 目

눈(目) 깜짝할 사이에 무궁화(舜)는 피고 지니
눈 깜짝할 **순**

+ 무궁화는 다른 꽃들에 비해 비교적 빨리 지지요.

활용어휘 瞬間(순간), 瞬息間(순식간), 一瞬間(일순간)

참	粦 12획 / 부수 米	쌀(米)알처럼 작은 불이 서로 **어긋나게(舛)** 날며 반짝이는 반딧불이니 반딧불 **린(인)** + 米(쌀 미)

쌀(米)알처럼 작은 불이 서로 **어긋나게(舛)** 날며 반짝이는 반딧불이니 반딧불 **린(인)**

+ 米(쌀 미)

물고기(魚)에서 **반딧불(粦)**처럼 반짝이는 비늘이니
비늘 **린(인)**

+ 魚(물고기 어)

활용어휘 角鱗(각린), 硬鱗(경린), 片鱗(편린)

불(火)이 **반딧불(粦)**처럼 깜박이는 도깨비불이나 인이니
도깨비불 **린(인)**, 인 **린(인)**

+ 인(燐) – 질소 원소의 한가지. 동물의 뼈, 인광석 등에 많이 들어
있고 어두운 곳에서 빛을 냄. 성냥·살충제 등의 원료로 쓰임.

활용어휘 燐火(인화), 鬼燐(귀린), 赤燐(적린)

사슴(鹿)처럼 생겨 **반딧불(粦)**처럼 빛나는 무늬가 있는
기린이니 기린 **린(인)**

+ 鹿(사슴 록)

활용어휘 麒麟(기린), 麒麟兒(기린아)

■ 한자암기박사1 ■

제목번호 182 참고
隣 – 언덕(阝)에 반딧불(粦)이 어우러져 반짝이듯 서로 어우러져 사는 이웃이니 '이웃 린(인)'
憐 – 마음(忄)에 반딧불(粦) 깜빡이듯 불쌍히 여기는 마음이 드니 '불쌍히 여길 련(연)'

6II

各

6획 / 부수 口

(세상 만물의 이름이 각각 다르니)

이름 명(名)을 변형시켜 **각각 각**

+ '뒤늦게 와(夊) 각각 다르게 말하니(口) 각각 각'이라고도 합니다.
+ 夊(천천히 걸을 쇠, 뒤져 올 치), 口(입 구, 말할 구, 구멍 구)

활용어휘 各界各層(각계각층), 各人各色(각인각색)

1

恪

9획 / 부수 心(忄)

마음(忄)을 여러모로 **각각(各)** 쓰며 삼가는 정성이니

삼갈 각, 정성 각

+ 忄(마음 심 변)

활용어휘 恪謹(각근), 恪愼(각신), 恪勤(각근)

2

洛

9획 / 부수 水(氵)

물(氵) 중 **각(各)** 방향으로 흐르는 물 이름이니

물 이름 락(낙)

+ 인·지명용 한자.

활용어휘 洛山寺(낙산사), 洛陽(낙양)

1

烙

10획 / 부수 火

불(火)로 **각(各)** 부분을 지지니 **지질 락(낙)**

+ 오래 지워지지 않게 불로 지져 표시하기도 하지요.

활용어휘 烙刑(낙형), 烙印(낙인)

3II

絡

12획 / 부수 糸

실(糸)로 **각각(各)**을 이으니 **이을 락(낙)**

+ 糸(실 사, 실 사 변)

활용어휘 經絡(경락), 脈絡(맥락), 連絡網(연락망)

酪
13획 / 부수 酉

술(酉) 담그듯 소나 양의 젖을 **각각(各)** 발효시켜 만든
진한 유즙이니 <mark>진한 유즙 **락(낙)**</mark>

+ 㽀 酩(술 취할 명) - 제목번호 514 참고
+ 酉(술 그릇 유, 술 유, 닭 유, 열째 지지 유)

활용어휘 酪農(낙농), 乾酪(건락), 羊酪(양락)

駱
16획 / 부수 馬

말(馬)처럼 생겼는데 등에 혹이 **각각(各)** 두 개나 있는
낙타니 <mark>낙타 **락(낙)**</mark>

활용어휘 駱駝(낙타)

路
13획 / 부수 足(𧾷)

발(𧾷)로 **각각(各)** 걸어다니는 길이니 <mark>길 **로(노)**</mark>

+ 𧾷[발 족, 넉넉할 족(足)의 변형]

활용어휘 經路(경로), 路上(노상), 歸路(귀로), 迷路(미로)

鷺
24획 / 부수 鳥

길(路)에서 잘 보이는 새(鳥)는 해오라기니
<mark>해오라기 **로(노)**</mark>

+ 해오라기는 키가 크고 흰색이며 물가에 사는 새라 물 따라 생긴
  옛날 길에서 눈에 잘 보였지요. '해오라비'는 해오라기의 경상도
  방언입니다.
+ 鳥(새 조)

활용어휘 白鷺(백로)

■ 한자암기박사1 ■

제목번호 012 참고
格 - 나무(木)로 각각(各)의 물건을 만드는 격식이니 '격식 격'
　　또 모두 격식에 맞게 헤아리니 '헤아릴 격'
略 - 밭(田)의 경계를 각각(各)의 발걸음으로 정하여 간략하게 빼앗으니 '간략할 략(약), 빼앗을 략(약)'
閣 - 문(門)이 각(各) 방향에 있는 누각이니 '누각 각'
　　또 각(各) 부문(門) 장관급의 모임인 내각이니 '내각 각'
客 - 집(宀)에 온 각각(各) 다른 손님이니 '손님 객'
落 - 풀(艹)에 맺힌 물(氵)방울이 각각(各) 떨어지니 '떨어질 락(낙)'
　　또 떨어져 여기저기 형성된 마을이니 '마을 락(낙)'

3획 / 부수 丿

(무엇에 걸리면 잘 갈 수 없어서 시간이 오래 걸리니)
무엇(丿)에 걸린(一) 사람(人) 모양을 본떠서 오랠 **구**

+ 㿿 夕(저녁 석), 夊(천천히 걸을 쇠, 뒤져 올 치)
+ '늙어서 허리가 굽고 지팡이 짚은 노인의 모양으로 오래 살아 왔음을
   나타내어 오랠 구'라고도 합니다.

활용어휘 堅引持久(견인지구), 日久月深(일구월심)

7획 / 부수 玉(王)

옥(王) 성분이 오랫(久)동안 굳어서 된 옥돌이니
옥돌 **구**

+ 인·지명용 한자.
+ 王(임금 왕, 으뜸 왕, 구슬 옥 변)

10획 / 부수 田

머리 부분(亠)처럼 밭(田)에 오래(久) 가도록 만든
이랑이니 이랑 **무**, 이랑 **묘**, 면적 단위 **묘**

+ 이랑 – 논이나 밭을 갈아 골을 타서 두두룩하게 흙을 쌓아 만든 곳.
+ 묘(畞) – 전답의 면적 단위. 30평(坪).
+ 亠(머리 부분 두), 田(밭 전)

활용어휘 畞溝(묘구)

9획 / 부수 木

나무(木)로 덮어(匚) 오래(久) 가도록 만든 널이니
널 **구**

+ 널 – 여러 뜻이 있지만 여기서는 '시체를 넣는 관이나 곽 등을
   통틀어 이르는 말'을 나타냄.
+ 匚(감출 혜, 덮을 혜, = 匸)

활용어휘 柩車(구거), 運柩(운구), 靈柩車(영구차)

7획 / 부수 火

오랫(久)동안 불(火)로 굽거나 뜸뜨니
구울 구, 뜸뜰 구

활용어휘 蝦灸(하구), 灸師(구사), 灸治(구치), 鍼灸(침구)

8획 / 부수 火

고기(夕) 밑에 불(灬)을 피워 구우니
고기 구울 자, 구울 적
또 고기를 구워 주듯이 친히 가르침을 받으니
친히 가르침 받을 자

+ 夕[달 월, 육 달 월(月)의 변형], 火(불 화)

활용어휘 膾炙(회자), 魚炙(어적), 親炙(친자)

然

12획 / 부수 火(灬)

고기(夕)를 보면 개(犬)가 눈에 불(灬)을 켜고 달려가듯
순리에 맞게 그러하니 **그러할 연**

+ 막연(漠然 - 막막함), 환연(歡然 - 기뻐함)처럼 형용사 뒤에 붙
어서 뜻 없이 형용사의 뜻만 강조하기도 합니다.
+ 灬(불 화 발), 漠(사막 막, 막막할 막), 歡(기뻐할 환)

활용어휘 然後(연후), 當然(당연), 一目瞭然(일목요연)

燃

16획 / 부수 火

불(火)에 그렇게(然) 불타니 **불탈 연**

활용어휘 燃料(연료), 燃燒(연소), 可燃性(가연성)

撚

15획 / 부수 手(扌)

손(扌)으로 그럴(然)듯하게 비틀어 꼬니
비틀 년(연), 꼴 년(연)

활용어휘 撚斷(연단), 撚絲(연사), 撚紙(연지)

3

眉
9획 / 부수 目

눈썹(尸)이 눈(目) 위에 있음을 본떠서 눈썹 **미**

활용어휘 眉間(미간), 白眉(백미), 蛾眉(아미), 焦眉(초미)

1

媚
12획 / 부수 女

여자(女)가 눈썹(眉)을 그리고 아첨하는 모양이 예쁘니
아첨할 **미**, 예쁠 **미**

+ 아첨(阿諂) - 남의 환심을 사거나 잘 보이려고 알랑거리는 것.
+ 阿(아첨할 아, 언덕 아), 諂(아첨할 첨)

활용어휘 媚笑(미소), 明媚(명미)

1

篡
16획 / 부수 竹(竹)

대(竹)로 만든 무기를 들고 눈(目) 크게(大) 뜨고
사사로이(厶) 빼앗으니 빼앗을 **찬**

+ 图 篡(빼앗을 찬)
+ 옛날에는 대로 활이나 창 같은 무기를 만들었지요.
+ 竹(대 죽), 大(큰 대), 厶(사사로울 사, 나 사)

활용어휘 篡立(찬립), 篡位(찬위), 篡奪(찬탈)

1

纂
20획 / 부수 糸

(종이가 없던 옛날에는) 대(竹)쪽을 눈(目) 크게(大) 뜨고
모아 실(糸)로 엮어 편찬했으니 모을 **찬**, 편찬할 **찬**

+ 편찬(編纂) - 여러 가지 자료를 모아 체계적으로 정리하여 책을
만듦.
+ 編(엮을 편)

활용어휘 纂錄(찬록), 纂集(찬집), 纂修(찬수)

7II

直

8획 / 부수 目

많이(十) 눈(目)으로 덮여진(乚) 부분까지 살펴도 곧고 바르니 **곧을 직, 바를 직**

+ 十[열 십, 많을 십(十)의 변형], 乚(감출 혜, 덮을 혜, = 匸)

활용어휘 直徑(직경), 直線(직선), 剛直(강직), 正直(정직)

1II

稙

13획 / 부수 禾

벼(禾)가 일찍 익어 **바로(直)** 수확하는 올벼니 **올벼 직**

+ 인·지명용 한자.
+ 올벼 – 제철보다 일찍 여무는 벼.
+ 禾(벼 화)

2

殖

12획 / 부수 歹

죽을(歹) 힘을 다해 **바르게(直)** 키우며 불리니 **불릴 식**

+ 모든 생물은 죽을 힘을 다하여 새끼를 바르게 키우지요.
+ 歹(뼈 부서질 알, 죽을 사 변)

활용어휘 繁殖(번식), 養殖(양식), 生殖器(생식기)

1II

悳

12획 / 부수 心

바르게(直) 마음(心) 씀이 덕이니 **덕 덕**

+ 德(덕 덕, 클 덕)의 고자(古字) – 1권 제목번호 024 참고
+ 덕(德) – 공정하고 남을 넓게 이해하고 받아들이는 마음이나 행동.
+ 고자(古字) – 지금은 잘 쓰이지 않는 옛 글자.
+ 心(마음 심, 중심 심), 古(오랠 고, 옛 고), 字(글자 자)

■ 한자암기박사1 ■

제목번호 023 참고

植 – 나무(木)를 곧게(直) 세워 심으니 '심을 식'

値 – 사람(亻)이 바르게(直) 평가하여 매긴 값이니 '값 치'

5II
見
7획 / 제부수

눈(目)으로 **사람**(儿)이 보거나 뵈니 **볼 견, 뵐 현**
+ 頁(머리 혈), 貝(조개 패, 재물 패, 돈 패)
+ 뵙다 - 웃어른을 대하여 보다.
+ 目(눈 목, 볼 목, 항목 목), 儿(사람 인 발, 어진사람 인)

활용어휘 見利思義(견리사의), 見物生心(견물생심)

1II
峴
10획 / 부수 山

산(山)길이 **보이는**(見) 고개나 재니 **고개 현, 재 현**
+ 재 - 길이 나 있어서 넘어 다닐 수 있는 높은 산의 고개. 재의 이름에 붙여 쓰는 한자.
+ 길이 없다면 단지 산봉우리나 산일 뿐인데 그 사이에 길이 보이니 고개나 재이지요.

활용어휘 竹峴(죽현), 狐峴(호현)

2
硯
12획 / 부수 石

(옛날 붓으로 글씨를 쓰던 시절) **돌**(石)로 만든 물건 중 자주 **보았던**(見) 벼루니 **벼루 연**
+ 옛날에는 벼루에 먹을 갈아 붓으로 글씨를 썼으니 책상에는 항상 벼루가 있었겠지요.

활용어휘 硯水(연수), 硯滴(연적), 紙筆硯墨(지필연묵)

1II
覓
11획 / 부수 見

손톱(爫)으로 긁으며 **보려고**(見) 찾으니 **찾을 멱**
+ 爫(손톱 조)

활용어휘 覓去(멱거), 覓來(멱래)

■ 한자암기박사1 ■

제목번호 124 참고
現 – 구슬(王)을 갈고 닦으면 이제 바로 무늬가 보이게(見) 나타나니 '이제 현, 나타날 현'
規 – 사내(夫)가 눈여겨보아야(見) 할 법이니 '법 규'
視 – 보고(示) 또 보며(見) 살피니 '볼 시, 살필 시'
寬 – 집(宀)에 풀(++)까지 살펴보는(見) 점(丶)이 너그러우니 '너그러울 관'

1

3획 / 제부수

성(冂)처럼 **사람**(丨)이 몸에 두르는 수건이니 <mark>수건 **건**</mark>

+ 수건(手巾) – 얼굴이나 몸을 닦기 위하여 만든 천 조각.

+ 冂(멀 경, 성 경), 丨('뚫을 곤'이지만 여기서는 사람으로 봄)

활용어휘 頭巾(두건), 網巾(망건), 紅巾(홍건)

1

9획 / 부수 木

나무(木) 열매 중 **시장**(市)에서 인기 있는 감이니 <mark>감 **시**</mark>

+ 원 柿 – 나무(木) 열매 중 교묘하게(丂) 사람(亻)의 인기를 끄는 감이니 '감 시'

+ 市(시장 시, 시내 시), 丂(교묘할 교), 亻[사람 인(人)의 변형]

활용어휘 乾柿(건시), 半乾柿(반건시), 紅柿(홍시)

1

7획 / 부수 水(氵)

비(氵)가 **시장**(市)처럼 많이 쏟아지며 이루는 못이니
<mark>비 쏟아질 **패**, 못 **패**</mark>

+ 못 – 여러 뜻이 있지만 여기서는 '넓고 오목하게 팬 땅에 물이 괸 곳'이라는 뜻.

활용어휘 沛然(패연), 沛澤(패택)

3

9획 / 부수 冂

아무 것이나 함부로 **말하고**(曰) **바라보면**(目) 위험을 무릅쓰니 <mark>무릅쓸 **모**</mark>

+ 원 胃(밥통 위) – 제목번호 062 참고

+ 부수가 冂(멀 경, 성 경) 임이 특이하네요.

활용어휘 冒瀆(모독), 冒頭(모두), 冒險(모험)

2

12획 / 부수 巾

수건(巾) 두르듯 위험을 **무릅쓰지**(冒) 않도록 머리에 쓰는 모자니 <mark>모자 **모**</mark>

활용어휘 帽子(모자), 帽標(모표), 着帽(착모), 脫帽(탈모)

■ 한자암기박사1 ■

제목번호 162 참고
姉 – 여자(女) 중 시장(市)에 갈 정도로 큰 손위 누이니 '손위 누이 자'
肺 – 몸(月)에서 시장(市)처럼 바쁜 허파니 '허파 폐'

臭
10획 / 부수 自

자기(自) 집을 찾을 때 개(犬)처럼 맡는 냄새니 냄새 **취**
+ 自(자기 자, 스스로 자, 부터 자)
활용어휘 惡臭(악취), 體臭(체취), 脫臭劑(탈취제)

嗅
13획 / 부수 口

콧구멍(口)으로 냄새(臭)를 맡으니 냄새 맡을 **후**
활용어휘 嗅覺(후각), 嗅感(후감), 嗅官(후관), 嗅器(후기)

息
10획 / 부수 心

자기(自)를 마음(心)으로 생각하며 쉬니 쉴 **식**
또 쉬면서 가쁜 숨도 고르고 숨 쉬며 전하는 소식이니
숨 쉴 **식**, 소식 **식**
또 노후에 쉬도록 돌보아 주는 자식이니 자식 **식**
또 자식처럼 무엇이 늘어나니 늘어날 **식**
+ 바쁘면 자기를 생각할 겨를도 없지요.
활용어휘 休息(휴식), 不息(불식), 窒息(질식), 子息(자식)

熄
14획 / 부수 火

불(火)이 타는 것을 쉬듯(息) 꺼지고 그치니
꺼질 **식**, 그칠 **식**
활용어휘 熄滅(식멸), 終熄(종식)

憩
16획 / 부수 心

(입 안의) 혀(舌)처럼 들어앉아 쉬니(息) 쉴 **게**
+ 입 안에 있는 혀처럼 집에 들어앉아 쉰다는 데서 만들어진 한자.
활용어휘 憩息(게식), 憩室(게실), 休憩室(휴게실)

■ 한자암기박사1 ■

제목번호 025 참고
鼻 – 자기(自)의 밭(田)처럼 생긴 얼굴에 받쳐 든(廾) 모양으로 우뚝 솟은 코니 '코 비'
　　또 코로 숨을 쉬기 시작하면서부터 생명이 비롯하니 '비롯할 비'
邊 – (어려움에 봉착해도) 스스로(自) 구멍(穴) 뚫린 방향(方)으로 찾아 가다(辶)보면 이르는
　　끝이나 가니 '끝 변, 가 변'

3 **且** 5획 / 부수 一	그릇에 음식을 또또 쌓아 올린 모양을 본떠서 <mark>또 **차**</mark> 또 구해야 할 정도로 구차하니 <mark>구차할 **차**</mark> + 图 又(오른손 우, 또 우) _{활용어휘} 且置(차치), 重且大(중차대), 況且(황차)
1 **粗** 11획 / 부수 米	쌀(米)이 또(且) 찧어야 할 정도로 거치니 <mark>거칠 **조**</mark> + 米(쌀 미) _{활용어휘} 粗鋼(조강), 粗漏(조루), 粗雜(조잡)
1 **阻** 8획 / 부수 阜(阝)	언덕(阝)에 또(且) 막혀 험하니 <mark>막힐 **조**, 험할 **조**</mark> + 阝(언덕 부 변) _{활용어휘} 阻隔(조격), 阻礙(조애), 積阻(적조), 阻險(조험)
2 **沮** 8획 / 부수 水(氵)	물(氵)이 또(且) 앞길을 막으니 <mark>막을 **저**</mark> _{활용어휘} 沮抑(저억), 沮礙(저애), 沮止(저지), 愧沮(괴저)
1 **咀** 8획 / 부수 口	입(口)으로 또(且) 씹으니 <mark>씹을 **저**</mark> _{활용어휘} 咀嚼(저작), 咀呪(저주)
1 **狙** 8획 / 부수 犭(犭)	짐승(犭) 중 또(且) 엿보다가 빼앗아가는 원숭이니 <mark>원숭이 **저**, 엿볼 **저**</mark> + 원숭이는 사람이 든 물건을 엿보다가 순식간에 빼앗아가지요. + 犭(큰 개 견, 개 사슴 록 변) _{활용어휘} 狙公(저공), 狙擊(저격), 狙擊手(저격수)

말(言)을 하고 **또**(且) 하며 저주하니 **저주할 저**

 ✚ 같은 말을 하고 또 하는 것은 저주하는 것이지요.

 활용어휘 詛呪(저주)

12획 / 부수 言

지붕(宀)으로 덮인 곳이 **또**(且)한 살기에 마땅하니
마땅할 의

 ✚ 역 宜 – 지붕으로 덮인(宀) 곳이 또(且)한 살기에 마땅하니
   '마땅할 의'
 ✚ 윤 宣(펼 선, 베풀 선, 성씨 선) – 제목번호 075 참고
 ✚ 宀(집 면), 冖(덮을 멱)

 활용어휘 不宜出行(불의출행), 宜兄宜弟(의형의제)

8획 / 부수 宀

말(言)이라도 **마땅하게**(宜) 해 줄 때 느끼는 정이니
정 의

 활용어휘 友誼(우의), 情誼(정의), 好誼(호의)

15획 / 부수 言

■ 한자암기박사1 ■

제목번호 008 참고
組 – 실(糸)을 겹치고 또(且) 겹쳐 짜니 '짤 조'
祖 – 보면(示) 또(且) 절해야 하는 할아버지니 '할아버지 조'
   또 할아버지 위로 대대의 조상이니 '조상 조'
租 – 벼(禾)로 또(且) 세금을 내니 '세금 조, 세낼 조'
査 – 나무(木)까지 또(且) 조사하니 '조사할 사'

珥

10획 / 부수 玉(王)

옥(王)으로 만들어 귀(耳)에 거는 귀고리니 귀고리 **이**

+ 王(임금 왕, 으뜸 왕, 구슬 옥 변), 耳(귀 이)

활용어휘 玉珥(옥이), 李珥(이이)

餌

15획 / 부수 食(飠)

밥(飠)을 귀(耳)처럼 부드럽게 만든 먹이니 먹이 **이**

또 먹을(飠) 것을 귀(耳)처럼 꿰어 놓은 미끼니 미끼 **이**

+ 飠(밥 식, 먹을 식 변)

활용어휘 餌乞(이걸), 食餌(식이), 香餌(향이)

茸

10획 / 부수 草(艹)

풀(艹)처럼 귀(耳) 부근에 무성하게 돋아난 녹용이니

무성할 **용**, 녹용 **용**

+ 茸(기울 즙, 지붕 일 즙) – 제목번호 110 참고
+ 녹용(鹿茸) – 새로 돋는 사슴의 연한 뿔. 보약으로 씀.
+ 鹿(사슴 록)

활용어휘 茸茂(용무)

聳

17획 / 부수 耳

따라가(從) 귀(耳)로 직접 들으면 두려움이 솟아

두려워하니 솟을 **용**, 두려워할 **송**

+ 從(좇을 종, 따를 종) – 제목번호 463 참고

활용어휘 聳然(용연), 聳立(용립), 聳出(용출)

攝

21획 / 부수 手(扌)

손(扌)으로 소곤거리는(聶) 것을 끌어 당겨 알맞게 하니

끌어 당길 **섭**, 알맞게 할 **섭**

+ 聶 – 귀들(聶)을 대고 소곤거리니 '소곤거릴 섭'

활용어휘 干攝(간섭), 攝氏(섭씨), 攝取不捨(섭취불사)

■ 한자암기박사1 ■

제목번호 308 참고

耳 – 귀를 본떠서 '귀 이'

恥 – 잘못을 귀(耳)로 들은 듯 마음(心)에 부끄러우니 '부끄러울 치'

聯 – 바늘 귀(耳)에 실을 꿰어 작고(幺) 작게(幺) 이쪽(ㅕ)저쪽(ㅏ)을 잇닿아 이으니

　　'잇닿을 련(연), 이을 련(연)'

耶

9획 / 부수 耳

귀(耳)에 **고을**(阝)에서 들려오는 소문처럼 별 뜻 없는 어조사니 **어조사 야**

+ 어조사(語助辭) - 뜻 없이 말에 힘만 더해 주는 말.
+ 阝 (고을 읍 방), 語(말씀 어), 助(도울 조), 辭(말씀 사, 글 사, 물러날 사)

활용어휘 有耶無耶(유야무야), 耶蘇(야소), 耶蘇敎(야소교)

倻

11획 / 부수 人(亻)

사람 인 변(亻)에 **어조사 야**(耶)를 붙여서 **가야 야**

+ 우리나라에서 만든 한자.

활용어휘 伽倻(가야)

揶

12획 / 부수 手(扌)

손(扌)으로 장난치며 **어조사**(耶)처럼 놀리며 야유하니 **놀릴 야, 야유할 야**

+ 圀 揶 - 손(扌)으로 간사하게(邪) 놀리고 야유하니 '놀릴 야, 야유할 야'

활용어휘 揶揄(야유)

爺

13획 / 부수 父

아버지(父)처럼 대해야 할 분께 **어조사**(耶)를 붙여 말하니 **아비 야**

+ 남자에 대한 존칭으로 쓰임.

활용어휘 老爺(노야), 好好爺(호호야)

109 취취취 최촬[取娶聚 最撮] – 取와 最로 된 한자

4II
取
8획 / 부수 又

귀(耳)로 듣고 손(又)으로 취하여 가지니
취할 취, 가질 취

+ 원래는 '적군을 죽이고 그 전공을 알리기 위하여 귀(耳)를 잘라 손(又)으로 취하여 가져온다는 데서 취할 취, 가질 취'라고도 합니다.
+ 일본에 가면 임진왜란 때 잘라간 귀를 묻은 이총(耳塚)이 있습니다.
+ 耳(귀 이), 又(오른손 우, 또 우), 塚(무덤 총)

활용어휘 取得(취득), 取消(취소), 取捨選擇(취사선택)

1
娶
11획 / 부수 女

취하여(取) 여자(女)에게 장가드니 **장가들 취**

활용어휘 娶嫁(취가), 娶禮(취례), 娶妻(취처)

1II
聚
14획 / 부수 耳

취하려고(取) 우두머리(丿)를 따라(丨) 양쪽(አ)으로 모이니 **모일 취**

+ 丿('삐침 별'이지만 여기서는 우두머리로 봄)

활용어휘 聚落(취락), 聚散(취산), 聚合(취합)

5
最
12획 / 부수 曰

(무슨 일을 결정할 때) 여러 말(曰)을 취하여(取) 들음이 가장 최선이니 **가장 최**

+ 曰(가로 왈)

활용어휘 最適(최적), 最多(최다), 最後一刻(최후일각)

1
撮
15획 / 부수 手(扌)

손(扌)으로 가장(最) 중요한 부분만 취하여 사진 찍으니
취할 촬, 사진 찍을 촬

활용어휘 撮要(촬요), 撮影(촬영)

■ 한자암기박사1 ■

제목번호 194 참고
趣 – 달려가(走) 취할(取) 정도로 느끼는 재미와 취미니 '재미 취, 취미 취'

12획 / 부수 手(扌)

손(扌)을 맞잡아 **입**(口)과 **귀**(耳) 부근으로 올리며
허리를 구부렸다 폈다 하며 읍하니 읍할 **읍**

+ 읍(揖) - 인사하는 예(禮)의 하나. 두 손을 맞잡아 얼굴 앞으로
  들어 올리고 허리를 앞으로 공손히 구부렸다가 몸을 펴면서 손을
  내림.
+ 禮(예도 례)

활용어휘 揖禮(읍례), 揖遜(읍손), 揖讓(읍양), 揖進(읍진)

16획 / 부수 車

차(車) 타고 다니며 사람들이 **말하는**(口) 것을 **귀**(耳)로
듣고 모아 편집하니 편집할 **집**

+ 車(수레 거, 차 차)

활용어휘 輯要(집요), 輯載(집재), 編輯(편집)

13획 / 부수 草(艹)

풀(艹)로 **구멍**(口)이나 **귀**(耳)처럼 너덜거린 부분을 기우니
기울 **즙**

또 기우듯 지붕을 이니 지붕 일 **즙**

+ 茸(무성할 용, 녹용 용) - 제목번호 107 참고
+ 실이 귀하던 옛날에는 짚이나 띠 같은 풀로 무엇을 기우거나 지붕을
  이었습니다.

활용어휘 茅葺(모즙), 葺繕(즙선)

참

尤

4획 / 부수 ⼀

무엇에 **덮인(⼍)** 듯 집안에 **사람(儿)**이 머물러 머뭇거리니
머무를 유, 머뭇거릴 유

\+ ⼍(덮을 멱), 儿[사람 인 발, 어진사람 인(儿)의 변형]

3

枕

8획 / 부수 木

나무(木)로 머리가 **머물러(尤)** 베도록 만든 베개니
베개 침

\+ 지금도 나무토막으로 베개(목침)를 만들어 베고 자는 사람이 있지요.

활용어휘 枕木(침목), 木枕(목침), 高枕短命(고침단명)

3Ⅱ

沈

7획 / 부수 水(氵)

물(氵)에 **머물러(尤)** 잠기니 **잠길 침**
또 고전 심청전의 내용상 물에 빠지는 사람의 성씨니
성씨 심

활용어휘 沈降(침강), 沈沒(침몰), 沈淸傳(심청전)

1Ⅱ

耽

10획 / 부수 耳

귀(耳)를 한쪽에 **머물러(尤)** 들으며 즐기니 **즐길 탐**

\+ 耳(귀 이)

활용어휘 耽溺(탐닉), 耽讀(탐독), 耽美(탐미), 耽味(탐미)

1

眈

9획 / 부수 目

눈(目)을 한곳에만 **머물러(尤)** 노려보니 **노려볼 탐**

\+ 目(눈 목, 볼 목, 항목 목)

활용어휘 虎視眈眈(호시탐탐)

■ 도움말 ■

〈심청이는 왜 沈씨?〉
심청전에 나오는 심청이가 '박청'이나 '김청'이 아님은 작품 내용상 물에 빠지게 되기 때문으로 '잠길 침, 성씨 심(沈)'을 써서 성이 심씨이고, 효성이 지극하고 마음이 고우니 이름을 '맑을 청(淸)'이라 했으며, 또 뱃사람들이 심 봉사에게 준 돈을 다 빼먹고 뺑소니친 사람을 '뺑덕어멈'이라 했지요. 이처럼 문학 작품에 나오는 이름도 허투루 짓지 않는답니다.

敢

12획 / 부수 攴(攵)

적을 **치고**(攻) 감히 **귀**(耳)를 잘라옴이 용감하니
감히 **감**, 용감할 **감**

+ 감(敢)히 – 송구함을 무릅쓰고. 겁 없이.
+ 옛날 전쟁에서는 전쟁의 공을 알리기 위하여 잘라온 귀의 수로 그 공을 따졌답니다.
+ 攻(칠 공)

활용어휘 勇敢(용감), 果敢(과감), 敢不生心(감불생심)

瞰

17획 / 부수 目

눈(目)으로 **용감하게**(敢) 내려다보니 내려다볼 **감**

활용어휘 瞰視(감시), 鳥瞰圖(조감도)

嚴

20획 / 부수 口

소리소리(口口) 지르며 **바위**(厂)도 **용감히**(敢) 오르도록
엄하니 엄할 **엄**, 성씨 **엄**

+ 역 嚴 – 반짝이는 불꽃(ツ)처럼 바위(厂)도 용감히(敢) 오르도록
  엄하니 '엄할 엄'

활용어휘 嚴重(엄중), 嚴罰(엄벌), 嚴冬雪寒(엄동설한)

儼

22획 / 부수 人(亻)

사람(亻)이 **엄한**(嚴) 모양으로 의젓하니 의젓할 **엄**

활용어휘 儼恪(엄각), 儼雅(엄아), 儼存(엄존), 儼然(엄연)

巖

23획 / 부수 山

산(山)에 **엄한**(嚴) 모양으로 서 있는 바위니 바위 **암**

+ 역 岩 – 산(山)에서 보이는 돌(石)은 바위니 '바위 암'
+ 바위는 바람에도 흔들리지 않고 무뚝뚝하게 서 있으니 엄한 모양
  이라고 했네요.

활용어휘 巖壁(암벽), 巖盤(암반), 奇巖怪石(기암괴석)

4

甘

5획 / 제부수

단맛을 느끼는 **혀 앞부분**(甘)에 **일**(一)을 그어서 **달 감**

또 단맛은 먹기 좋아 기쁘니 **기쁠 감**

+ 한자에서 점 주, 불똥 주(丶)나 한 일(一), 또는 삐침 별(丿)로 무엇이나 어느 부분을 강조합니다.

활용어휘 甘呑苦吐(감탄고토), 苦盡甘來(고진감래)

1

柑

9획 / 부수 木

나무(木)에 열리는 **단**(甘)맛의 귤이니 **귤 감**

+ 木(나무 목)

활용어휘 柑果(감과), 柑子(감자), 蜜柑(밀감)

1

紺

11획 / 부수 糸

실(糸)을 **단**(甘)감으로 물들인 감색이니 **감색 감**

+ 감색(紺色) - 검푸른 남색.
+ 糸(실 사, 실 사 변), 色(색 색)

활용어휘 紺瞳(감동), 紺碧(감벽), 紺青(감청)

1Ⅱ

邯

8획 / 부수 邑(阝)

단(甘)것이 많이 나는 **고을**(阝) 이름이니
고을 이름 감, 조나라 서울 한

활용어휘 邯鄲(한단), 邯鄲夢(한단몽), 邯鄲之夢(한단지몽)

1

疳

10획 / 부수 疒

병(疒) 중 **단**(甘)맛도 모르는 감질이니 **감질 감**

+ 감질(疳疾) - 수유나 음식 조절을 잘못하여 어린아이에게 생기는 병.
+ 감질(疳疾)나다 - 바라는 정도에 아주 못 미쳐 애가 타다.

활용어휘 疳氣(감기), 疳病(감병), 疳瘡(감창)

3Ⅱ

甚

9획 / 부수 甘

달콤한(廿) 짝(匹)들의 사랑이 너무 심하니 심할 심

+ 廿[달 감, 기쁠 감(甘)의 변형], 匹(짝 필, 필 필)

활용어휘 莫甚(막심), 去去益甚(거거익심)

1

堪

12획 / 부수 土

흙(土)처럼 심하게(甚) 다루어도 잘 견디니 견딜 감

활용어휘 堪耐(감내), 堪能(감능), 堪當(감당), 難堪(난감)

1

勘

11획 / 부수 力

**심하게(甚) 힘(力)으로 눌러 조사하고 생각하여 마치니
조사할 감, 생각할 감, 마칠 감**

활용어휘 勘考(감고), 勘放(감방), 勘案(감안), 磨勘(마감)

3

某

9획 / 부수 木

달콤한(甘) 나무(木) 열매를 찾는 아무니 아무 모

✚ 아무 – 꼭 누구라고 말하거나, 꼭 무엇이라고 지정하지 않고 가리킬 때 쓰는 말.

활용어휘 某某諸人(모모제인), 某月某日(모월모일)

1

煤

13획 / 부수 火

불(火)에 아무(某)것이나 넣으면 잘 타지 않고 나는 연기니 연기 매

또 연기에 그을린 그을음이니 **그을음 매**

활용어휘 煤氣(매기), 煤煙(매연), 煤田(매전), 煤炭(매탄)

3II

媒

12획 / 부수 女

여자(女)를 아무(某)에게 소개하는 중매니 중매 매

✚ 女(여자 녀)

활용어휘 媒介(매개), 媒婆(매파), 觸媒(촉매)

■ 한자암기박사1 ■

제목번호 049 참고
謀 – 말(言)과 행동을 아무(某)도 모르게 꾀하고 도모하니 '꾀할 모, 도모할 모'

3Ⅱ

其

8획 / 부수 八

단(甘)것을 받침대(丌)에 올려 유인하는 그니 **그 기**

+ 원래는 키를 본떠서 만든 한자.
+ 甘[달 감, 기쁠 감(甘)의 변형], 丌[무엇을 받친 대의 모양인 '대 기(丌)'의 변형]

활용어휘 各得其所(각득기소), 不知其數(부지기수)

1Ⅱ

淇

11획 / 부수 水(氵)

물(氵) 중에 바로 **그(其)** 물의 이름이니 **물 이름 기**

+ 인·지명용 한자.

활용어휘 淇水(기수)

1Ⅱ

琪

12획 / 부수 玉(王)

옥(王) 중에 바로 **그(其)**렇게 아름다운 옥이니 **아름다운 옥 기**

+ 王(임금 왕, 으뜸 왕, 구슬 옥 변)

활용어휘 琪花(기화), 琪花瑤草(기화요초)

1Ⅱ

騏

18획 / 부수 馬

말(馬)이라면 바로 **그(其)** 준마니 **준마 기**

+ 준마(駿馬) - 빠르게 잘 달리는 말.
+ 馬(말 마), 駿(준마 준)

활용어휘 騏驎(기린), 騏驥(기기)

1Ⅱ

麒

19획 / 부수 鹿

사슴(鹿)과 비슷한 바로 **그(其)** 기린이니 **기린 기**

+ 기린(麒麟) - ㉠ 기린과에 딸린 동물. ㉡ 성인(聖人)이 이 세상에 나올 징조로 나타난다고 하는 상상의 동물. ㉢ 가장 걸출한 인물 을 비유하여 이르는 말.
+ 鹿(사슴 록), 麟(기린 린)

활용어휘 麒麟兒(기린아), 麒麟草(기린초)

■ 한자암기박사1 ■

제목번호 050 참고
欺 - 그런(其) 저런 허황된 말을 하며 모자라게(欠) 속이니 '속일 기'
期 - 그(其) 달(月)이 차고 이지러진 것을 보고 기간을 정하고 기약했으니 '기간 기, 기약할 기'
基 - 그(其) 바탕에 흙(土)을 다진 터나 기초니 '터 기, 기초 기'

2

棋

12획 / 부수 木

나무(木)판에서 두는 그(其) 놀이는 바둑이니

바둑 **기**

+ 🖹 棊 – 그(其) 나무(木)판에서 두는 바둑이니 '바둑 기'
　 碁 – 그(其) 돌(石)로 두는 바둑이니 '바둑 기'

활용어휘 棋力(기력), 棋歷(기력), 棋士(기사), 棋院(기원)

1Ⅱ

箕

14획 / 부수 竹(⺮)

(키는 대로 만들었으니) 대 죽(⺮)을 (키를 본떠 만든)

그 기(其)에 더하여 키 **기**

+ 키를 나타내는 한자는 키를 본떠서 만든 其였는데, 후대로 내려오면서 其는 사물을 지시하는 '그 기'로 쓰이고, 키는 대로 만든 데서 대 죽(⺮)을 其위에 더하여 '키 기'로 씁니다.
+ 키 – 곡식을 까불러 쭉정이나 티끌을 골라내는 도구.

활용어휘 箕斂(기렴), 箕子朝鮮(기자조선)

1

朞

12획 / 부수 月

그(其) 해와 같은 달(月)에 든 돌이니 돌 **기**

+ 돌 – ㉠ 어린아이가 태어난 날로부터 한 해가 되는 날.
　　　 ㉡ 특정한 날이 해마다 돌아올 때, 그 횟수를 세는 단위.
　　　 여기서는 ㉠의 뜻.

활용어휘 朞年(기년), 朞年祭(기년제), 一朞(일기)

貝

3

7획 / 제부수

아가미가 나온 조개를 본떠서 **조개 패**

또 인쇄술이 발달하기 전에는 조개껍데기를 재물이나 돈으로 썼으니 **재물 패, 돈 패**

+ 頁(머리 혈) - 제목번호 122 참고, 見(볼 견, 뵐 현)

활용어휘 貝粉(패분), 魚貝類(어패류), 種貝(종패)

唄

1

10획 / 부수 口

입(口)을 조개(貝)처럼 벌리며 염불하는 소리니

염불 소리 패

+ 염불(念佛) - 부처의 모습과 공덕을 생각하면서 아미타불을 부르는 일.

+ 念(생각 념), 佛(부처 불)

활용어휘 梵唄(범패)

賄

1

13획 / 부수 貝

재물(貝)을 가지고(有) 사사로이 주는 뇌물이나 선물이니

뇌물 회, 선물 회

+ 有(가질 유, 있을 유)

활용어휘 賄交(회교), 賄賂(회뢰), 收賄(수회) ↔ 贈賄(증회)

賂

1

13획 / 부수 貝

재물(貝)로 각각(各) 주는 뇌물이니 **뇌물 뢰(뇌)**

+ 各(각각 각)

활용어휘 賂物(뇌물), 受賂(수뢰)

■ 한자암기박사1 ■

제목번호 358 참고

具 - 재물(貝)을 하나(一)씩 갖추니 '갖출 구'

또 갖추어 놓고 쓰는 기구니 '기구 구'

俱 - 사람(亻)들이 장비를 갖추어(具) 함께하니 '함께 구'

5

則

9획 / 부수 刀(刂)

재물(貝)을 칼(刂)로 나누는 데 곧 있어야 하는 법칙이니
곧 즉, 법칙 칙

+ 卽 – 날이 하얀(白) 비수(匕) 앞에 곧 무릎 꿇으니(卩) '곧 즉'
+ 白(흰 백, 밝을 백, 깨끗할 백, 아뢸 백), 匕(비수 비, 숟가락 비),
  卩(무릎 꿇을 절, 병부 절)

활용어휘 然則(연즉), 規則(규칙), 罰則(벌칙), 原則(원칙)

1

惻

12획 / 부수 心(忄)

마음(忄)에 법칙(則)을 생각할 정도로 슬퍼하고 가엾게
여기니 **슬퍼할 측, 가엾게 여길 측**

활용어휘 惻然(측연), 惻隱(측은), 惻隱之心(측은지심)

1

嬰

17획 / 부수 女

조개(貝)와 조개(貝)를 꿰어 만든 목걸이를 한 **여자(女)**의
어린아이니 **어린아이 영**

활용어휘 嬰兒(영아), 嬰孩(영해)

1

櫻

21획 / 부수 木

나무(木)에 열리거나 피는 **어린아이(嬰)** 얼굴처럼 작고
예쁜 앵두나 벚꽃이니 **앵두 앵, 벚꽃 앵**

활용어휘 櫻桃(앵도), 櫻桃花(앵도화), 櫻脣(앵순)

■ 한자암기박사1 ■

제목번호 358 참고
側 – 사람(亻)이 곧(則)바로 알 수 있는 곁이니 '곁 측'
測 – 물(氵)의 양을 법칙(則)에 따라 헤아리니 '헤아릴 측'

員

4II

10획 / 부수 口

입(口)으로 먹고 살기 위하여 **재물(貝)**을 받고 일하는 관원이나 사람이니 관원 **원**, 사람 **원**

활용어휘 公務員(공무원), 隊員(대원), 職員(직원)

隕

1

13획 / 부수 阜(阝)

언덕(阝)에서 **사람(員)**이 떨어지니 떨어질 **운**

+ 阝(언덕 부 변)

활용어휘 隕命(운명), 隕石(운석), 隕石雨(운석우)

殞

1

14획 / 부수 歹

죽어서(歹) **사람(員)**이 떨어지니 죽을 **운**, 떨어질 **운**

+ 歹(뼈 부서질 알, 죽을 사 변)

활용어휘 殞命(운명), 殞泣(운읍)

■ 한자암기박사1 ■

제목번호 359 참고

損 – 손(扌)으로 사람(員)이 물건을 덜어낸 듯 잃으니 '덜 손, 잃을 손'
韻 – 소리(音) 중 사람(員)이 운치 있게 내는 운이니 '운치 운, 운 운'
圓 – 사람(員)을 에워싼(囗) 모양처럼 둥그니 '둥글 원'
　　또 옛날 돈은 둥글었으니 화폐 단위로도 쓰여 '화폐 단위 원'

4II

斗
4획 / 제부수

자루 달린 국자를 본떠서 **국자 두**

또 국자처럼 곡식을 퍼 올려 되는 말이니 **말 두**

+ 〈되, 말〉 – 지금은 물건의 양을 무게로 환산하여 그램(g)이나 킬로그램(kg)으로 표시하지만, 얼마 전까지만 해도 되(升 – 되 승)나 말(斗)에 곡식을 담아 헤아렸어요. 열 되가 한 말이고 한 말은 8kg입니다.

활용어휘 斗頓(두둔), 斗酒不辭(두주불사)

- -

1

斟
13획 / 부수 斗

심하게(甚) 말(斗)로 헤아리니 **헤아릴 짐**

활용어휘 斟酌(짐작)

- -

1

斡
14획 / 부수 斗

해 돋을(𠦝) 때부터 **사람**(人)이 **국자**(斗)를 젓듯

일을 맡아 돌며 주선하니 **돌 알, 주선할 알**

+ 🈁 斡(간부 간, 줄기 간) – 제목번호 091 참고
+ 주선(周旋) – 일이 잘되도록 여러 가지 방법으로 힘씀.
+ 𠦝 – 나무 사이에 해(日) 돋는 모양에서 '해 돋을 간'
    (어원 해설을 위한 참고자로 실제 쓰이는 한자는 아님.)
+ 周(두루 주, 둘레 주), 旋(돌 선)

활용어휘 斡流(알류), 斡旋(알선)

■ 한자암기박사1 ■

제목번호 077 참고

科 – 벼(禾)의 양을 말(斗)로 헤아려 품질과 용도에 따라 나눈 조목이니 '조목 과'
    또 지식을 조목조목 나누어 설명한 과목이나 과정이니 '과목 과, 과정 과'
料 – 쌀(米)의 양을 말(斗)로 헤아려 무엇을 만드는 재료로 쓰거나 값을 지불하니
    '헤아릴 료(요), 재료 료(요), 값 료(요)'
斜 – 남은(余) 곡식을 말(斗)로 되어 비스듬히 기울이니 '비스듬할 사, 기울 사'

특II

頁

9획 / 제부수

머리(一)에서 **이마(丿)**와 **눈(目)** 있는 얼굴 아래
목(八)까지를 본떠서 머리 **혈**

+ 㖣 貝(조개 패, 재물 패, 돈 패), 見(볼 견, 뵐 현)
+ 頁을 부수로 가진 한자는 '머리'와 관련된 한자입니다.

1

頒

13획 / 부수 頁

나누어(分) 일부만 **머리(頁)**가 희끗희끗하니
머리 희끗희끗할 **반**

또 **나누어(分) 머릿(頁)**속의 지혜를 펴 반포하니
반포할 **반**

활용어휘 頒白(반백), 頒布(반포)

1II

頊

13획 / 부수 頁

옥(王)으로 만든 **머리(頁)**는 잘 깨져 조심하고 삼가니
삼갈 **욱**

또 삼가는 모양처럼 멍하니 멍할 **욱**

+ 인·지명용 한자.

1

頹

16획 / 부수 頁

모지라진(禿) 머리(頁)처럼 무너지니 무너질 **퇴**

+ 모지라지다 - 물건의 끝이 닳아서 없어지다.
+ 禿(모지라질 독, 대머리 독) - 제목번호 017 참고

활용어휘 頹落(퇴락), 頹勢(퇴세), 頹廢(퇴폐)

2

預

13획 / 부수 頁

내(予)가 **머리(頁)**로 생각하고 미리 맡기니
미리 **예**, 맡길 **예**

+ 㖣 豫 - 자기(予)가 할 일을 코끼리(象)는 미리 아니 '미리 예'
+ 予[줄 여, 나 여, 미리 예(豫)의 약자], 象(코끼리 상, 모양 상, 본뜰 상)

활용어휘 預金計座(예금계좌), 定期預金(정기예금)

■ 한자암기박사1 ■

제목번호 363 참고
項 - 공(工) 자 모양인 머리(頁) 아래 목이니 '목 항'
頗 - 머리털 없이 살가죽(皮)만 있는 머리(頁)처럼 자못 치우쳐 보이니 '자못 파, 치우칠 파'

3Ⅱ

憂

15획 / 부수 心

머리(頁)에 걱정하는 **마음**(心)이 있어 **천천히 걸으며**(夂) 근심하니 **근심할 우**

+ '하나(一)같이 스스로(自) 덮어(冖) 마음(心)에 품고 천천히 걸으며(夂) 근심하니 근심할 우'라고도 합니다.
+ 頁[머리 혈(頁)의 변형], 夂(천천히 걸을 쇠, 뒤져 올 치), 自(자기 자, 스스로 자, 부터 자), 冖(덮을 멱)

활용어휘 憂國丹心(우국단심), 識字憂患(식자우환)

4

優

17획 / 부수 人(亻)

사람(亻)이 **근심하며**(憂) 노력하여 우수하니 **우수할 우**

또 **사람**(亻)이 **근심하며**(憂) 머뭇거리니 **머뭇거릴 우**

또 **사람**(亻)이 **근심하듯**(憂) 주어진 대본을 생각하며 연기하는 배우니 **배우 우**

+ 돼지처럼 편안히만 있는 사람보다 노력하고 고민하는 사람이 우수하지요.

활용어휘 優秀(우수), 優柔不斷(우유부단), 俳優(배우)

1

擾

18획 / 부수 手(扌)

손(扌)이나 말로만 **근심하는**(憂) 척하고 떠들면 시끄러우니 **시끄러울 요**

+ 진정한 마음으로 근심하지 않고 말이나 손으로만 요란을 떠는 사람이 있지요.

활용어휘 擾亂(요란), 擾民(요민), 擾攘(요양), 騷擾(소요)

■ 한자암기박사1 ■

제목번호 363 참고
寡 – 집(宀) 재산을 사람 머릿(頁)수대로 칼(刀)로 나누면 몫이 적으니 '적을 과'
    또 집(宀)의 머리(頁)가 되어 주는 남편이 칼(刀) 들고 전쟁터에 나가 죽은 홀로된 과부를
    뜻하여 '과부 과'

又

2획 / 제부수

주먹을 쥔 오른손을 본떠서 오른손 우

또 오른손은 또또 자주 쓰이니 또 우

+ 웹 且(또 차, 구차할 차)

+ 글자를 만드는 데는 '오른손'의 뜻으로 많이 쓰이고, 실제 말에서는 '또'라는 의미로 많이 쓰입니다.

활용어휘 又重之(우중지), 日新又日新(일신우일신)

叉

3획 / 부수 又

두 손(又)을 점(丶)처럼 모아 깍지 끼니 깍지 낄 차

활용어휘 叉路(차로), 交叉路(교차로), 鐵叉(철차)

綴

14획 / 부수 糸

실(糸)로 죽 이어(叕) 꿰매니 이을 철, 꿰맬 철

+ 叕 - 옆으로 아래로 또(又) 또(又) 또(又) 또(又) 이어진 모양에서 '이을 철'

활용어휘 綴字(철자), 分綴(분철), 點綴(점철)

叔

8획 / 부수 又

위(上)로 아버지보다 작은(小) 또(又) 다른 작은아버지나 아저씨니 작은아버지 숙, 아저씨 숙

+ 백중숙계(伯仲叔季) - 맏이는 '맏 백(伯)', 둘째는 '버금 중(仲)', 셋째는 '작은아버지 숙(叔)', 막내는 '끝 계(季)'로, 사형제를 차례로 이르는 말.

활용어휘 叔母(숙모), 叔父(숙부), 叔姪(숙질), 堂叔(당숙)

菽

12획 / 부수 草(艹)

풀(艹) 중 위(上)로 커 가며 작은(小) 열매들이 또(又) 열리는 콩이니 콩 숙

활용어휘 菽麥(숙맥), 菽麥不辨(숙맥불변), 菽芽菜(숙아채)

■ 한자암기박사1 ■

제목번호 191 참고

友 - 자주(ナ) 손(又) 잡으며 사귀는 벗이니 '벗 우'

怪 - 마음(忄)이 또(又) 흙(土)처럼 흩어지면 괴이하니 '괴이할 괴'

桑 - 여러 손(又又又)으로 잎을 따 누에를 먹이는 뽕나무(木)니 '뽕나무 상'

특Ⅱ

蚤

10획 / 부수 虫

또(又) 자꾸 **콕콕**(丶丶) 쏘는 **벌레**(虫)는 벼룩이니 벼룩 **조**

+ 蛋 蛋(새알 단) - 제목번호 465 참고, 蚤(누에 잠)
+ 丶('점 주, 불똥 주'지만 여기서는 여기저기 콕콕 쏘는 모양), 虫 (벌레 충)

활용어휘 蚤蝨(조슬)

1

搔

13획 / 부수 手(扌)

손(扌)으로 **벼룩**(蚤)이 문 곳을 긁으니 긁을 **소**

활용어휘 搔頭(소두), 搔痒(소양), 搔爬手術(소파수술)

3

騷

20획 / 부수 馬

말(馬)이 **벼룩**(蚤)처럼 날뛰면 시끄러우니 시끄러울 **소**

또 시끄럽게 없던 일도 꾸며서 글 지으니 글 지을 **소**

활용어휘 騷擾(소요), 騷人墨客(소인묵객)

1

瘙

15획 / 부수 疒

병(疒)으로 **벼룩**(蚤)이 문 곳처럼 붉어진 부스럼이나 종기니 부스럼 **소**, 종기 **소**

+ 부스럼 - 피부에 나는 종기를 통틀어 이르는 말.
+ 종기(腫氣) - 피부가 곪으면서 생기는 큰 부스럼.
+ 疒(병들 녁), 腫(부스럼 종), 氣(기운 기, 대기 기)

활용어휘 皮膚瘙癢症(피부소양증)

³¹¹

奴
5획 / 부수 女

여자(女)의 손(又)처럼 힘들게 일하는 종이니 **종 노**
또 종을 부르듯 남을 흉하게 부르는 접미사니
남을 흉하게 부르는 접미사 노

+ 주로 남자 종에 쓰이고, 매국노(賣國奴)·수전노(守錢奴)처럼 남을 흉하게 부르는 접미사로도 쓰입니다.
+ 여자 종은 '여자 종 비(婢)' - 제목번호 047 참고

활용어휘 奴役(노역), 耕當問奴(경당문노)

1

弩
8획 / 부수 弓

시키는 일만 하는 종(奴)처럼 조준해 놓은 대로만 쏘아지는
활(弓)이 쇠뇌니 **쇠뇌 노**

+ 쇠뇌 - 쇠로 된 발사 장치가 달린 활. 여러 개의 화살을 연달아 쏘게 되어 있음.

활용어휘 弩手(노수), 弩砲(노포), 弓弩(궁노)

1

駑
15획 / 부수 馬

종(奴)처럼 시키는 일만 하는 둔한 말(馬)이니 **둔한 말 노**

활용어휘 駑鈍(노둔), 駑馬(노마), 駑馬十駕(노마십가)

1

拏
9획 / 부수 手

종(奴)처럼 직접 손(手)으로 잡으니 **잡을 나(라)**

+ 웹 拿(잡을 나)

활용어휘 拏捕(나포), 漢拏山(한라산)

1

拿
10획 / 부수 手

합하여(合) 손(手)으로 잡으니 **잡을 나**

+ 똑 拏(잡을 나)

활용어휘 拿來(나래), 拿囚(나수), 拿引(나인), 拿致(나치)

■한자암기박사1■

제목번호 139 참고
怒 - 일이 힘든 종(奴)의 마음(心)처럼 성내니 '성낼 노'

3II

皮

5획 / 제부수

언덕(厂)처럼 둘러싸인 것을 칼(丨) 들고 손(又)으로 벗기는 가죽이니 **가죽 피**

또 가죽 같은 살갗 피부니 **피부 피, 성씨 피**

+ 厂[굴 바위 엄, 언덕 엄(厂)의 변형], 丨('뚫을 곤'이지만 여기서는 칼로 봄), 又(오른손 우, 또 우)

활용어휘 皮膚(피부), 皮革(피혁), 鐵面皮(철면피)

1

披

8획 / 부수 手(扌)

손(扌)으로 가죽(皮)을 뒤집어 헤치니 **헤칠 피**

활용어휘 披見(피견), 披瀝(피력), 披露宴(피로연)

1II

坡

8획 / 부수 土

흙(土)을 가죽(皮)처럼 단단히 쌓여 만들어진 언덕이니 **언덕 파**

+ 인·지명용 한자.

활용어휘 坡州(파주), 洪蘭坡(홍난파)

1

跛

12획 / 부수 足(⻊)

한 발(⻊)이 가죽(皮)만 있는 듯 힘을 못 쓰는 절름발이니 **절름발이 파**

또 절름발이처럼 비스듬히 서니 **비스듬히 설 피**

+ 절름발이 – 한쪽 다리가 짧거나 다치거나 하여 걷거나 뛸 때에 몸이 한쪽으로 기우뚱거리는 사람을 낮잡아 이르는 말.
+ ⻊[발 족, 넉넉할 족(足)의 변형]

활용어휘 跛行(파행), 跛行的(파행적), 跛立(피립)

4Ⅱ

波

8획 / 부수 水(氵)

물(氵)의 **가죽(皮)**에서 치는 물결이니 <mark>물결 **파**</mark>

+ 물의 표면이 물의 가죽인 셈이지요.

활용어휘 一波萬波(일파만파), 平地風波(평지풍파)

1

婆

11획 / 부수 女

물결(波)처럼 주름살이 많은 **여자(女)**는 할미니 <mark>할미 **파**</mark>

활용어휘 老婆(노파), 娑婆(사파 → 사바), 産婆(산파)

■ 한자암기박사1 ■

제목번호 195 참고

彼 – 벗겨 간(彳) 저 가죽(皮)이니 '저 피'

被 – 옷(衤)을 살가죽(皮)에 닿도록 입으니 '입을 피'
　　　 또 입은 것처럼 무슨 일을 당하니 '당할 피'

疲 – 병(疒)든 것처럼 살가죽(皮)에 드러나도록 피곤하니 '피곤할 피'

6II

4획 / 부수 又

굴 바위(厂)처럼 덮인 것을 손(又)으로 거꾸로 뒤집으니
거꾸로 **반**, 뒤집을 **반**

＋ 厂('굴 바위 엄, 언덕 엄'이지만 여기서는 가린 모양),
   又(오른손 우, 또 우)

활용어휘 反撥(반발), 反轉(반전), 二律背反(이율배반)

1II

7획 / 부수 阜(阝)

언덕(阝)이 뒤집어(反)질 듯 경사진 비탈이니 비탈 **판**

＋ 图 坂 – 흙(土)이 거꾸로(反) 선 듯한 비탈이니 '비탈 판'

활용어휘 阪上走丸(판상주환), 嶮阪(험판)

■ 한자암기박사1 ■

제목번호 192 참고

板 – 나무(木)를 톱으로 켜면 반대(反)쪽으로 벌어지면서 생기는 널조각이니 '널조각 판'

版 – 나무 조각(片)에 글자를 새겨 뒤집어(反) 인쇄하는 판목이니 '인쇄할 판, 판목 판'

販 – 재물(貝)을 거꾸로(反) 주듯 팔며 장사하니 '팔 판, 장사할 판'

叛 – 반(半)씩 나누어도 뒤집으며(反) 배반하니 '배반할 반'

返 – 거꾸로(反) 가게(辶) 돌이키니 '돌이킬 반'

제목번호 340 참고

飯 – 먹을(食) 때 혀로 이리저리 뒤집으며(反) 씹어 먹는 밥이니 '밥 반'

3획 / 부수자

고슴도치 머리 모양을 본떠서 **고슴도치 머리 계**
또 오른손의 손가락을 편 모양으로도 보아 **오른손 우**

3Ⅱ

10획 / 부수 口

집(广)에서라도 손(彐)에 **회초리**(丨) 들고 **입**(口)으로
갑자기 소리치면 황당하니 **갑자기 당, 황당할 당**

또 갑자기 세력을 떨쳤던 당나라니 **당나라 당**

+ 황당(荒唐)하다 – 말이나 행동 등이 참되지 않고 터무니 없다.
+ 广(집 엄), 丨('뚫을 곤'이지만 여기서는 회초리로 봄), 荒(거칠 황)

활용어휘 唐突(당돌), 唐惶(당황), 荒唐無稽(황당무계)

1Ⅱ

13획 / 부수 土

흙(土)으로 갑자기(唐) 막혀 물이 고인 연못이니 **연못 당**

활용어휘 池塘(지당), 春塘臺(춘당대)

■ 한자암기박사1 ■

제목번호 207 참고
糖 – 쌀(米)밥에 엿기름을 넣으면 갑자기(唐) 바뀌며 만들어지는 사탕이니 '사탕 당, 사탕 탕'

1

彗

11획 / 부수 彐

풀 무성한 가지 두 개(丯丯)를 손(彐)으로 묶어 만든 비니 비 혜

또 빗자루 모양으로 꼬리를 끌며 날아가는 혜성이니 혜성 혜

+ 비는 잔가지가 무성한(丯) 줄기 여러 개를 손(彐)으로 엮어 만들지요.
+ 丯 - 풀이 무성하게 자라 예쁘니 '풀 무성할 봉, 예쁠 봉'
　　또 재물이 삼(三)대까지 이어질(丨) 정도로 풍성하니
　　'풍성할 풍'

활용어휘 彗掃(혜소), 彗星(혜성)

- -

3Ⅱ

15획 / 부수 心

잡념을 비(彗)로 쓸어버린 마음(心)처럼 밝은 지혜니
밝을 혜, 지혜 혜

+ 心(마음 심, 중심 심)

활용어휘 慧巧(혜교), 慧眼(혜안), 智慧(지혜)

- -

4Ⅱ

惠

12획 / 부수 心

언행을 삼가고(叀) 어진 마음(心)을 베푸는 은혜니
은혜 혜

+ 은혜(恩惠) - 고맙게 베풀어 주는 신세나 혜택.
+ 叀 - 차(車)에 점(丶) 찍는 일은 삼가니 '삼갈 전'
　　(어원 해설을 위한 참고자로 실제 쓰는 한자는 아님)
+ 恩(은혜 은)

활용어휘 惠澤(혜택), 不費之惠(불비지혜), 施惠(시혜)

- -

1

穗

17획 / 부수 禾

벼(禾)에서 은혜(惠)로운 이삭이니 이삭 수

+ 이삭 - 여러 뜻이 있지만 여기서는 '벼·보리 등의 곡식에서 꽃이
　　피고 꽃대의 끝에 열매가 더부룩하게 많이 열리는 부분'을 나타냄.

활용어휘 穗肥(수비), 穗狀(수상), 落穗(낙수), 揷穗(삽수)

丑

3

4획 / 부수 一

오른손(크)에 쥔 고삐(|)에 매인 소처럼 추하니
소 축, 추할 추

또 소는 12지지의 둘째니 **둘째 지지 축**

+ 옛날에 소를 한 마리씩 몰고 다닐 때는 고삐로 매어 잡았다는 데서 만들어진 한자.
+ 丑은 주로 12지지에 쓰이고, '소'의 뜻으로는 소 우(牛)를 많이 씁니다.
+ | ('뚫을 곤'이지만 여기서는 소고삐로 봄)

활용어휘 鷄鳴丑時(계명축시), 己丑年(기축년)

紐

1

10획 / 부수 糸

실(糸)처럼 소(丑)를 매는 끈이니 **맬 뉴(유), 끈 뉴(유)**

활용어휘 紐帶(유대), 結紐(결뉴), 革紐(혁뉴)

急

6II

9획 / 부수 心

위험을 느껴 아무 **사람(ク)**이나 **손(크)**을 잡는
마음(心)처럼 급하니 **급할 급**

+ ク[사람 인(人)의 변형], 心(마음 심, 중심 심)

활용어휘 躁急(조급), 緊急(긴급), 不要不急(불요불급)

煞

1

13획 / 부수 火(灬)

사람(ク)을 손(크)으로 치며(攵) 불(灬)태워 죽이니
죽일 살

또 이런 짓은 악귀나 하는 짓이니 **악귀 짓 살**

+ 됨 殺(죽일 살, 빠를 쇄, 감할 쇄) - 제목번호 508 참고
+ 주로 사람을 해치는 악귀의 짓에 쓰입니다.
+ 灬 (불 화 발)

활용어휘 驛馬煞(역마살), 凶煞(흉살)

■ 한자암기박사1 ■

제목번호 202 참고

盡 - 손(크)에 막대(|) 하나(一)로 불(灬) 있는 화로 그릇(皿) 뒤적이면 꺼져 다하니 '다할 진'

龜 - 거북의 머리(ク)와 등판(ㄸㄱ)과 등뼈(|)와 꼬리(乚)와 양쪽 네 다리(ㅌㅈ)를 본떠서
　　 '거북 구, 거북 귀'
　　 또 갈라진 거북 등처럼 터지니 '터질 균'

1Ⅱ **尹** 4획 / 부수 尸	오른손(⺕)에 **지휘봉**(丿) 들고 다스리는 벼슬이니 **다스릴 윤, 벼슬 윤, 성씨 윤** + 부수가 주검 시, 몸 시(尸)임이 특이하네요. + 丿('삐침 별'이지만 여기서는 지휘봉으로 봄) 활용어휘 府尹(부윤), 判尹(판윤)

1Ⅱ **伊** 6획 / 부수 人(亻)	**사람**(亻)이 **다스리듯**(尹) 가리키며 일컫는 지시 대명사니 **저 이, 이 이, 그 이** 또 이태리도 나타내어 **이태리 이** 활용어휘 伊時(이시), 伊太利(이태리)

4 **君** 7획 / 부수 口	**다스리며**(尹) **입**(口)으로 명령하는 임금이니 **임금 군** 또 임금처럼 섬기는 남편이나 그대니 **남편 군, 그대 군** 활용어휘 君臣有義(군신유의), 事君以忠(사군이충)

1 **窘** 12획 / 부수 穴	**구멍**(穴)에 숨은 **임금**(君)처럼 군색하고 어려우니 **군색할 군, 어려울 군** + 군색(窘塞)하다 - ㉠ 살림이나 생활 등이 매우 가난하고 초라하다. ㉡ 변명이나 설명 등이 급하게 지어낸 듯 하다. + 穴(구멍 혈, 굴 혈), 塞(막을 색, 변방 새) 활용어휘 窘急(군급), 窘拙(군졸), 窘乏(군핍)

■ 한자암기박사1 ■

제목번호 202 참고
郡 - 임금(君)이 다스리는 고을(⻏)이니 '고을 군'
群 - 임금(君)을 따르는 양(羊) 떼처럼 많은 무리니 '무리 군'

특II

聿

6획 / 제부수

오른손(⺕)에 잡고 쓰는 붓을 본떠서 붓 율

+ 요즘에는 붓을 대로 만든다는 데서 위에 대 죽(⺮)을 붙인 '붓 필 (筆)'로 많이 씁니다.
+ ⺕(고슴도치 머리 계, 오른손 우)

4II

律

9획 / 부수 彳

행할(彳) 법을 붓(聿)으로 써놓은 법률이니 법률 률(율)

또 법률처럼 일정하게 반복되는 음률이니 음률 률(율)

+ 彳(조금 걸을 척)

활용어휘 規律(규율), 旋律(선율), 二律背反(이율배반)

2

津

9획 / 부수 水(氵)

물(氵)이 붓(聿)으로 그린 듯이 가늘게 흐르는 곳에 만든 나루니 나루 진

또 물(氵)이 붓(聿)으로 그린 듯이 가늘게 흐르는 진액이니 진액 진

+ 옛날 배는 작아서 물이 깊지 않고 물살이 세지 않은 곳이 배를 대기에 좋았음을 생각하고 만든 한자.

활용어휘 津渡(진도), 津液(진액), 松津(송진)

5II

筆

12획 / 부수 竹(⺮)

대(⺮)로 만든 붓(聿)으로 쓰는 글씨니 붓 필, 글씨 필

+ ⺮(대 죽)

활용어휘 筆記(필기), 筆答(필답), 紙筆硯墨(지필연묵)

1

肇

14획 / 부수 聿

집(戶)을 쳐(攵) 만들어 붓(聿)으로 글씨를 써 붙이고 시작하니 시작할 조

+ 戶(문 호, 집 호), 攵(칠 복, = 攴)

활용어휘 肇國(조국), 肇基(조기), 肇業(조업)

5 **建** 9획 / 부수 廴	붓(聿)으로 길게 써가며(廴) 계획을 세우니 세울 **건** ✚ 廴(길게 걸을 인) **활용어휘** 創建(창건), 建築(건축), 建功之臣(건공지신)
5 **健** 11획 / 부수 人(亻)	사람(亻)은 몸을 바로 **세워야**(建) 건강하니 건강할 **건** **활용어휘** 健壯(건장), 健在(건재), 春寒老健(춘한노건)
1 **腱** 13획 / 부수 肉(月)	몸(月)을 세울(建) 때 쓰는 힘줄이니 힘줄 **건** ✚ 아킬레스건(Achilles腱) – ㉠ 아킬레스 힘줄. ㉡ 강한 자가 가지고 있는 단 한 군데의 치명적인 약점. **활용어휘** 腱膜(건막), 膝蓋腱(슬개건)
1Ⅱ **鍵** 17획 / 부수 金	쇠(金)를 세워(建) 채우는 자물쇠니 자물쇠 **건** ✚ 옛날의 자물쇠는 대부분 서 있는 모양임을 생각하고 만든 한자. **활용어휘** 鍵盤(건반), 關鍵(관건)

1II

8획 / 부수 禾

벼(禾)를 손(⺕)으로 잡으니 **잡을 병**

활용어휘 秉燭夜遊(병촉야유), 秉燭夜行(병촉야행)

3II

10획 / 부수 八

(많이) **나뉜(八)** 것을 **한(一)** 손(⺕)에 **두 개(丨丨)**씩
나누어(八) 잡으며 겸하니 **겸할 겸**

+ 약자 兼 – 따로(丶) 따로(丿) 있는 것도 한(一) 손(⺕)에 두 개(丨丨)씩
　나누어(八) 잡으며 겸하니 '겸할 겸'

활용어휘 兼床(겸상), 兼用(겸용), 兼事兼事(겸사겸사)

3

13획 / 부수 广

집(广) 살림까지 **겸하여(兼)** 생활이 검소하고 청렴하니
청렴할 렴(염)

또 (이익을 조금 남기고) 청렴하게 팔면 값싸니
값쌀 렴(염), 성씨 염

+ 참고 謙(겸손할 겸), 嫌(싫어할 혐, 의심할 혐)
+ 청렴(淸廉) – 성품과 행실이 높고 맑으며, 탐욕이 없음.
+ 广(집 엄), 兼[겸할 겸(兼)의 약자(兼)의 변형], 淸(맑을 청)

활용어휘 廉探(염탐), 淸廉潔白(청렴결백)

1II

16획 / 부수 水(氵)

물(氵) 중 **청렴하듯(廉)** 엷게 흐르는 물 이름이니
엷을 렴(염), 물 이름 렴(염)

활용어휘 周濂溪集(주렴계집)

1

19획 / 부수 竹(⺮)

대(⺮)로 **청렴하듯(廉)** 얇게 만들어 문에 치는 발이니
발 렴(염)

+ 발 – 가늘고 긴 대를 줄로 엮거나 줄 등을 여러 개 나란히 늘어뜨
　려 만든 물건.
+ 발은 주로 무엇을 가리려고 치지요.
+ ⺮(대 죽), 廉[청렴할 렴, 값쌀 렴(廉)의 변형]

활용어휘 垂簾聽政(수렴청정), 珠簾(주렴)

3II

妻
8획 / 부수 女

많이(十) 손(⺕)써 주는 **여자**(女)는 아내니 아내 **처**

+ 十(열 십, 많을 십), ⺕(고슴도치 머리 계, 오른손 우)

활용어휘 一夫多妻(일부다처), 糟糠之妻(조강지처)

2

悽
11획 / 부수 心(忄)

마음(忄)으로 고생하는 **아내**(妻)를 생각하면 슬프니
슬플 **처**

+ 예나 지금이나 아내는 집안일로 항상 수고하고, 이것을 바라보는
남편의 마음은 미안하고 슬프기까지 하지요.

활용어휘 悽然(처연), 悽絶(처절), 悽慘(처참)

1

凄
10획 / 부수 氷(冫)

얼음(冫)처럼 **아내**(妻)가 차가우면 남편은 쓸쓸하니
쓸쓸할 **처**

+ 冫 – '얼음 빙(氷)'이 부수로 쓰일 때의 모양으로 점이 둘이니
'이 수 변'

활용어휘 凄凉(처량), 凄然(처연), 凄雨(처우), 凄切(처절)

1

棲
12획 / 부수 木

새도 **나무**(木) 중 **짝**(妻)이 있는 곳에 깃들어 사니
깃들 **서**, 살 **서**

활용어휘 棲息(서식), 群棲(군서), 兩棲類(양서류)

淵

1II

12획 / 부수 水(氵)

물(氵)이 고여 있는 못을 본떠서 **못 연**

+ 못 – 여러 뜻이 있지만 여기서는 '넓고 오목하게 팬 땅에 물이 괸 곳'이라는 뜻.

활용어휘 淵源(연원), 淵衷(연충), 深淵(심연)

肅

4

13획 / 부수 聿(⺻)

손(⺕)으로 깊은 **연못**(淵)에서 **노**(丨)를 저을 때처럼 엄숙하니 **엄숙할 숙**

+ 앺 肅 – 손(⺕)으로 자루를 뚫어(丨) 쌀(米)의 품질을 이쪽(丿) 저쪽(丨)으로 검사할 때처럼 엄숙하니 '엄숙할 숙'
+ 엄숙(嚴肅)하다 – 분위기나 의식 등이 장엄하고 정숙하다.
+ 잘못하면 물에 빠지니 엄숙해야지요. 또 옛날에는 쌀이 물물 거래의 기준이었으니 쌀의 품질을 헤아릴 때도 엄숙했겠지요.
+ 嚴(엄할 엄), 丨('뚫을 곤'이지만 여기서는 노로 봄), 淵[연못 연(淵)의 획 줄임], 米(쌀 미)

활용어휘 靜肅(정숙), 謝恩肅拜(사은숙배)

繡

1

19획 / 부수 糸

실(糸)로 엄숙하게(肅) 수놓으니 **수놓을 수**

+ 여러 가지 무늬를 정교하게 수를 놓을 때는 엄숙해야지요.

활용어휘 繡幕(수막), 繡紋(수문), 刺繡(자수)

簫

1

19획 / 부수 竹(⺮)

대(⺮)로 만들어 엄숙하게(肅) 부는 통소니 **통소 소**

+ 통소(洞簫) – 대로 만든 목관 악기. 앞에 다섯 개의 구멍, 뒤에 한 개의 구멍이 있음.
+ ⺮(대 죽), 洞(마을 동, 동굴 동, 밝을 통)

활용어휘 簫鼓(소고), 短簫(단소), 太平簫(태평소)

蕭

1

17획 / 부수 草(⺿)

풀(⺿)만 엄숙하게(肅) 자라는 곳이라 쓸쓸하니 **쓸쓸할 소**

활용어휘 蕭冷(소랭), 蕭林(소림), 蕭瑟(소슬)

4II

康

11획 / 부수 广

일 끝내고 **집**(广)에서 **손**(⺕)을 **물**(氺)에 씻은 것처럼
편안할 **강**, 성씨 **강**

+ 广(집 엄), 氺(물 수 발)

활용어휘 小康(소강), 康衢煙月(강구연월)

1

慷

14획 / 부수 心(忄)

(하고 싶은 말이나 행동을 못하고)
마음(忄)이나마 **편안하게**(康) 하려고 노력하는 상황은
슬프니 슬플 **강**

활용어휘 慷慨之士(강개지사), 悲憤慷慨(비분강개)

1

糠

17획 / 부수 米

쌀(米)을 편안히(康) 감싸고 있는 겨니 겨 **강**

+ 겨 – 곡식을 찧어 벗겨 낸 껍질.

활용어휘 麥糠(맥강), 米糠(미강), 糟糠之妻(조강지처)

■ 한자암기박사1 ■

제목번호 288 참고
隶 – 씻기 위하여 손(⺕)이 물(氺)에 이르러 미치니 '미칠 이, 미칠 대'
隸 – 선비(士) 같은 주인이 보이는(示) 곳에 미쳐(隶) 있는 종처럼 붙으니 '종 예, 붙을 예'
逮 – 미치도록(隶) 가서(辶) 잡으니 '미칠 체, 잡을 체'

2

虐

9획 / 부수 虍

범(虍)이 발톱(ㅌ)으로 사납게 해치듯이 모질게 학대하니
사나울 학, 모질 학, 학대할 학

+ 虍(범 호 엄), ㅌ[손톱 조(爪)의 변형]

활용어휘 虐殺(학살), 殘虐(잔학), 虐待(학대), 自虐(자학)

1

謔

16획 / 부수 言

말(言)을 사납게(虐) 하며 희롱하니 **희롱할 학**

+ 희롱(戲弄) – 말이나 행동으로 실없이 놀림.

활용어휘 謔劇(학극), 謔浪(학랑), 謔笑(학소), 諧謔(해학)

1

瘧

14획 / 부수 疒

병(疒) 중에 사나운(虐) 학질이니 **학질 학**

+ 학질(瘧疾) – 말라리아 병원충을 가진 학질모기에게 물려서 감염
  되는 병.
+ 疒(병들 녁), 疾(병 질, 빠를 질)

활용어휘 瘧母(학모), 風瘧(풍학)

爪

4획 / 제부수

손톱 모양을 본떠서 <mark>손톱 조</mark>

+ 昻 瓜(오이 과) – 제목번호 143 참고
+ 부수로 쓰일 때는 ⺥의 모양으로 짧습니다.

활용어휘 爪牙之士(조아지사), 雪泥鴻爪(설니홍조)

특II

孚

7획 / 부수 子

새가 **발톱**(⺥)으로 **알**(子)을 품어 굴리며 알 까게
알 속의 새끼를 기르는 모양이 미쁘니
<mark>알 깔 부, 기를 부, 미쁠 부</mark>

+ 미쁘다 – 믿음성이 있다.
+ 알은 품으면서 적당히 굴려 고루 따뜻하게 해야 부화되지요.
+ 子('아들 자, 첫째 지지 자, 자네 자, 접미사 자'지만 여기서는 알
로 봄)

활용어휘 孚佑(부우), 見孚(견부)

1

孵

14획 / 부수 子

알(卵)을 품어 **기르면**(孚) 알이 까니 <mark>알 깔 부</mark>

+ 卵(알 란)

활용어휘 孵卵(부란), 孵化(부화)

4

乳

8획 / 부수 乙(乚)

기를(孚) 때 **꼭지**(乚)로 먹이는 젖이니 <mark>젖 유</mark>

+ 乚[새 을, 둘째 천간 을, 둘째 을, 굽을 을(乙)이 부수로 쓰일 때의
모양이지만 여기서는 꼭지로 봄]

활용어휘 牛乳(우유), 乳酸菌(유산균), 口尙乳臭(구상유취)

■ 한자암기박사1 ■

제목번호 209 참고
浮 – 물(氵)에 새가 알 깔(孚) 때의 모양으로 뜨니 '뜰 부'

8획 / 부수 采

손(爫)으로 나무(木)를 캐니 **캘 채**
또 손(爫)으로 나무(木)를 고르는 모양이니
고를 채, 모양 채

+ 爫[손톱 조(爪)가 부수로 쓰일 때의 모양이지만, 여기서는 손으로 봄], 木(나무 목)

활용어휘 喝采(갈채), 拍手喝采(박수갈채), 風采(풍채)

- -

11획 / 부수 手(扌)

손(扌)으로 가려서 캐니(采) **가릴 채, 캘 채**

활용어휘 公採(공채), 採血(채혈), 採掘(채굴)

- -

埰

11획 / 부수 土

흙(土)에 난 것을 캐(采) 가지는 영지니 **영지 채**

+ 인·지명용 한자.
+ 영지(領地) - 국가의 통치권이 미치는 지역.
+ 土(흙 토), 領(거느릴 령, 우두머리 령), 地(땅 지, 처지 지)

■ 한자암기박사1 ■

제목번호 210 참고
彩 - 캔(采) 나물의 머릿결(彡)처럼 빛나는 채색 무늬니 '채색 채, 무늬 채'
菜 - 풀(艹) 속에서 골라 캐는(采) 나물이니 '나물 채'

5

8획 / 부수 爪(爫)

손톱(爫)을 세우고 **오른손**(ヨ)에 **갈고리**(ㅣ)도 들고 다투니
다툴 쟁

+ 옚爭 – 사람(爫)이 오른손(ヨ)에 갈고리(ㅣ)도 들고 다투니 '다툴 쟁'
+ ヨ(고슴도치 머리 계, 오른손 우), ㅣ(갈고리 궐), 爫[사람 인(人)의 변형]

활용어휘 鬪爭(투쟁), 紛爭(분쟁), 骨肉相爭(골육상쟁)

---

1 錚

16획 / 부수 金

쇠(金)가 **다투듯**(爭) 부딪치는 쇳소리니 **쇳소리 쟁**

또 이런 소리를 내는 징이니 **징 쟁**

활용어휘 錚盤(쟁반), 錚匠(쟁장), 錚錚(쟁쟁)

4

17획 / 부수 阜(阝)

언덕(阝)을 **손톱**(爫)처럼 움푹 패게 **만들어**(工)
손(ヨ)과 **마음**(心)까지 숨으니 **숨을 은**

또 숨은 듯 들려오는 소리나 풍기는 향기가 은은하니
은은할 은

+ 阝(언덕 부 변), 工(장인 공, 만들 공, 연장 공)

활용어휘 隱匿(은닉), 隱退(은퇴), 惻隱之心(측은지심)

2

19획 / 부수 禾

곡식(禾)을 **손톱**(爫)처럼 움푹 패게 **만든**(工) 곳에
쌓아 놓고 지내면 **손**(ヨ)과 **마음**(心)까지 평온하니
평온할 온

+ 평온(平穩) – 조용하고 평안함.
+ 옛날에는 항상 식량이 부족하여 이런 한자가 생겼지요.
+ 禾(벼 화), 平(평평할 평, 평화 평)

활용어휘 穩健(온건), 穩當(온당), 穩全(온전), 不穩(불온)

■ 한자암기박사1 ■

제목번호 209 참고
淨 – 물(氵)로 경쟁하듯(爭) 씻어 깨끗하니 '깨끗할 정'
靜 – 푸르게(靑), 즉 공정하게 경쟁하면(爭) 불평이 없어 고요하니 '고요할 정'

2

瓜

5획 / 제부수

넝쿨에 오이가 열린 모양을 본떠서 **오이 과**

+ ⊞ 爪(손톱 조) - 제목번호 140 참고

활용어휘 瓜田李下(과전이하), 種瓜得瓜(종과득과)

1

呱

8획 / 부수 口

입(口)으로 덩굴에 매달린 **오이**(瓜)처럼 탯줄에 매달린 아이가 태어나면서 우니 **아이 태어나면서 울 고**

활용어휘 呱呱(고고), 呱呱之聲(고고지성)

4

孤

8획 / 부수 子

자식(子)이 부모를 잃어 말라 버린 줄기에 **오이**(瓜)만 앙상하게 매달린 모양처럼 외로우니 **외로울 고**

또 외롭게 부모가 없으니 **부모 없을 고**

+ 子(아들 자, 첫째 지지 자, 자네 자, 접미사 자)

활용어휘 孤獨(고독), 孤兒(고아), 孤軍奮鬪(고군분투)

1

弧

8획 / 부수 弓

활(弓)이 굽은 **오이**(瓜)처럼 굽었으니

굽은 활 호, 굽을 호

+ 요즘은 재배 기술이 발달하여 반듯하지만 오이는 원래 잘 굽으니 그것을 생각하고 만든 한자.

+ 弓(활 궁)

활용어휘 弧矢(호시), 弧度(호도), 弧狀(호상), 括弧(괄호)

1

狐

8획 / 부수 犬(犭)

짐승(犭) 중 **오이**(瓜) 같은 꼬리를 가진 여우니

여우 호

+ 犭(큰 개 견, 개 사슴 록 변)

활용어휘 狐狸(호리), 狐假虎威(호가호위), 九尾狐(구미호)

특II

爰

9획 / 부수 爪(爫)

손(爫)으로 한(一) 명의 벗(友)을 이에 끌어당기니

이에 원, 끌 원, 당길 원

+ 이에 – 이리하여 곧.
+ 爫('손톱 조'지만 여기서는 손으로 봄), 友(벗 우)

활용어휘 爰居爰處(원거원처)

1II

媛

12획 / 부수 女

여자(女) 중 관심을 끌(爰) 정도로 미인이니

미인 원, 여자 원

활용어휘 媛妃(원비), 令媛(영원), 才媛(재원)

1II

瑗

13획 / 부수 玉(王)

구슬(王) 중 한쪽으로 끄는(爰) 모양처럼 굽은 도리옥이니

도리옥 원, 구슬 원

+ 인·지명용 한자.
+ 도리옥 – 조선 시대에 정일품과 종일품 벼슬아치의 관모에 붙이던 옥관자.
+ 옥관자(玉貫子) – 옥으로 만든 망건에 달아 당줄을 꿰는 작은 단추 모양의 고리.
+ 망건(網巾) – 머리카락을 걷어 올려 가지런히 하기 위하여 머리에 두르는 그물 모양의 물건.

1

煖

13획 / 부수 火

불(火)을 끌어당긴(爰) 듯 따뜻하니 따뜻할 난

활용어휘 煖爐(난로), 煖衣(난의), 冷煖房(냉난방)

■ 한자암기박사1 ■

제목번호 211 참고

援 – 손(扌)으로 당겨(爰) 도우니 '도울 원'
緩 – 실(糸)을 당기면(爰) 늘어나 느슨하니 '느슨할 완'
　　　또 느슨하게 행동하여 느리니 '느릴 완'
暖 – 햇(日)빛을 끌어당긴(爰) 듯 따뜻하니 '따뜻할 난'

+ 〈暖과 煖의 비교〉
해 일, 날 일(日)이 들어간 난(暖)은 날씨, 즉 햇볕으로 인하여 따뜻하다는 뜻이고, 불 화(火)가 들어간 난(煖)은 불을 때서, 즉 불로 인하여 따뜻하다는 뜻입니다.

4Ⅱ

受

8획 / 부수 又

손톱(爫)처럼 덮어(冖) 손(又)으로 받으니 받을 수

＋ 冖(덮을 멱), 又(오른손 우, 또 우)

활용어휘 接受(접수), 受信(수신), 引受(인수), 甘受(감수)

4Ⅱ

授

11획 / 부수 手(扌)

손(扌)으로 받도록(受) 주거나 가르치니
줄 수, 가르칠 수

＋ 扌(손 수 변)

활용어휘 傳授(전수), 授乳(수유), 見危授命(견위수명)

6

愛

13획 / 부수 心

손톱(爫)처럼 덮어주며(冖) 마음(心)으로
서서히 다가가는(夂) 사랑이니 사랑 애

또 사랑하여 즐기고 아끼니 즐길 애, 아낄 애

＋ 夂(천천히 걸을 쇠, 뒤져 올 치)

활용어휘 愛情(애정), 愛憎(애증), 敬天愛人(경천애인)

1

曖

17획 / 부수 日

해(日)도 사랑(愛)에 빠진 듯 무엇에 가려 흐리니
가릴 애, 흐릴 애

＋ 너무 사랑하면 눈에 무엇이 가려져 제대로 볼 수 없다지요.

활용어휘 曖昧(애매), 曖昧模糊(애매모호)

4II **至** 6획 / 제부수	하나(一)의 **사사로운**(厶) **땅**(土)에 이르니 **이를 지** 또 이르러 보살핌이 지극하니 **지극할 지** ＋ 厶 - 팔로 사사로이 나에게 끌어당기는 모양에서 '사사로울 사, 　나 사' 활용어휘 遝至(답지), 自初至終(자초지종), 至極(지극)
1 **桎** 10획 / 부수 木	나무(木)로 만들어 죄인에 **이르게**(至) 채우는 차꼬나 족쇄니 **차꼬 질, 족쇄 질** ＋ 차꼬 - 옛날 중죄인(重罪人)을 가두어 둘 때 쓰던 형구(刑具). ＋ 차꼬는 두 개의 긴 나무토막을 맞대어 그 사이에 구멍을 파서 죄 　인의 두 발을 고정시켜 자물쇠로 채우게 되어 있지요. ＋ 족쇄(足鎖) - 죄인의 발목에 채우던 쇠사슬. ＋ 罪(죄지을 죄, 허물 죄), 刑(형벌 형), 具(갖출 구, 기구 구) 활용어휘 桎梏(질곡)
5 **致** 10획 / 부수 至	지극하게(至) **치며**(夂) 지도하면 꿈을 이루고 목표에 이르니 **이룰 치, 이를 치** ＋ 夂(칠 복, = 攴) 활용어휘 言行一致(언행일치), 格物致知(격물치지)
1 **緻** 16획 / 부수 糸	실(糸)이 잘 **이르게**(致) 짜져 빽빽하니 **빽빽할 치** ＋ 천은 날실에 씨실이 잘 이르게 짜지요. ＋ 糸(실 사, 실 사 변) 활용어휘 緻巧(치교), 緻密(치밀)

■ 한자암기박사1 ■

제목번호 222 참고
姪 - 딸(女)처럼 이르러(至) 보살펴야 하는 조카니 '조카 질'
室 - 지붕(宀) 아래 이르러(至) 쉬는 집이나 방이니 '집 실, 방 실'
　　또 주로 집에서 생활하는 아내도 가리켜서 '아내 실'

7II

空

8획 / 부수 穴

굴(穴)처럼 만들어(工) 속이 비니 **빌 공**

또 크게 빈 공간은 하늘이니 **하늘 공**

활용어휘 空白(공백), 空想(공상), 蒼空(창공), 航空(항공)

1

腔

12획 / 부수 肉(月)

몸(月) 속이 비었으니(空) **속 빌 강**

+ 月(달 월, 육 달 월)

활용어휘 口腔(구강), 滿腔(만강), 腹腔鏡(복강경)

2

窒

11획 / 부수 穴

구멍(穴) 끝에 이르러(至) 막히니 **막힐 질**

활용어휘 窒塞(질색), 窒酸(질산), 窒素(질소), 窒息(질식)

1

膣

15획 / 부수 肉(月)

몸(月)의 구멍(穴)으로 이르는(至) 음도니 **음도 질**

+ 음도(陰道) - 음양의 도에 따라 신하, 자식, 아내가 지켜야 할 도리를 임금, 부모, 남편이 지켜야 할 도리에 상대하여 이르는 말.

+ 질(膣) - 여성의 생식 기관의 하나로서 자궁과 외부를 연결하는 통로.

활용어휘 膣炎(질염)

■ 한자암기박사1 ■

제목번호 038 참고

穴 - 집(宀)에 나누어진(八) 구멍이니 '구멍 혈'
　　또 구멍이 길게 파인 굴이니 '굴 혈'

究 - 굴(穴)의 많은(九) 부분까지 들어가 찾고 연구하니 '연구할 구'

窓 - 구멍(穴)처럼 사사로운(厶) 마음(心)으로 벽에 뚫어 만든 창문이니 '창문 창'

突 - 구멍(穴)에서 개(犬)가 갑자기 튀어나와 부딪치니 '갑자기 돌, 부딪칠 돌'
　　또 집에서 갑자기 내민 굴뚝이니 '내밀 돌, 굴뚝 돌'

5

屋

9획 / 부수 尸

몸(尸)이 **이르러**(至) 쉬는 집이니 집 옥

+ 尸(주검 시, 몸 시)

활용어휘 家屋(가옥), 屋上架屋(옥상가옥), 屋上屋(옥상옥)

2

握

12획 / 부수 手(扌)

손(扌)으로 집(屋)안일을 잡아 쥐니 잡을 악, 쥘 악

활용어휘 握手(악수), 掌握(장악), 把握(파악), 握力(악력)

3Ⅱ

臺

14획 / 부수 至

(아름다운 경치에 비해) **선비**(士)들이 **입**(口) **다물고**(冖)
이르는(至) 누각이나 정자니 누각 대, 정자 대

+ 얙 台 − 제목번호 154 참고
+ 누각(樓閣) − 사방을 바라볼 수 있도록 문과 벽이 없이 다락처럼
  높이 지은 집.
+ 冖(덮을 멱), 至(이를 지, 지극할 지), 樓(누각 루, 다락 루, 층
  루), 閣(누각 각, 내각 각)

활용어휘 燈臺(등대), 燭臺(촉대), 展望臺(전망대)

1

擡

17획 / 부수 手(扌)

손(扌)으로 누각(臺)처럼 높이 드니 들 대

+ 얙 抬

활용어휘 擡頭(대두)

■ 한자암기박사1 ■

제목번호 223 참고
到 − 무사히 목적지에 이르려고(至) 위험을 대비하여 칼(刂)을 가지고 이를 정도로 주도면밀하니
　　'이를 도, 주도면밀할 도'
倒 − 사람(亻)에 이르는(至) 것이 칼(刂)이면 찔려 넘어지고 거꾸로 되니 '넘어질 도, 거꾸로 도'

8

兄

5획 / 부수 人(儿)

동생을 **말하며**(口) 지도하는 **사람**(儿)이 형이고 어른이니 **형 형, 어른 형**

+ 只(다만 지) - 제목번호 260 참고
+ 儿(사람 인 발, 어진사람 인)

활용어휘 難兄難弟(난형난제), 呼兄呼弟(호형호제)

1

8획 / 부수 口

입(口)으로 **형**(兄)이 비니 **빌 주**

+ 무슨 일이 있으면 나이가 많은 사람이 처리하고 빌기도 하지요.

활용어휘 呪文(주문), 呪法(주법), 呪術(주술), 詛呪(저주)

1Ⅱ

7획 / 부수 人(儿)

요모조모 **나누어**(八) 생각하여 **형**(兄)이 마음을 바꾸니 **바꿀 태**

+ 图 兑 - 요모(`)조모(´) 생각하여 형(兄)이 마음을 바꾸니 '바꿀 태'
+ 閏 兊 - 나누어(八) 사사로이(厶) 사람(儿)이 바꾸니 '바꿀 태'
+ 요모조모 - 사물의 요런 면 조런 면.
+ 바꿀 태(兌)를 우리나라에서는 잘 안 쓰지만 중국에서는 많이 씁니다.

활용어휘 兌換(태환), 兌換券(태환권), 兌換紙幣(태환지폐)

■ 한자암기박사1 ■

제목번호 122 참고
況 - 물(氵)이 점점 불어나서 위험한 상황을 하물며 형(兄)이 모르겠는가에서 '상황 황, 하물며 황'
祝 - 신(示)께 입(口)으로 사람(儿)이 비니 '빌 축'
　　또 좋은 일에 행복을 빌며 축하하니 '축하할 축'
競 - 마주 서서(立立) 두 형(兄兄)들이 겨루니 '겨룰 경'

1Ⅱ

允

4획 / 부수 人(儿)

내(厶)가 **사람**(儿) 중 맏이를 진실로 믿고 허락하니

맏 **윤**, 진실로 **윤**, 믿을 **윤**, 허락할 **윤**

활용어휘 允君(윤군), 允當(윤당), 允許(윤허), 允可(윤가)

- -

1Ⅱ

鈗

12획 / 부수 金

쇠(金)로 만들어 **진실로**(允) 필요할 때 쓰는 병기니

병기 **윤**

+ 인·지명용 한자.
+ 병기(兵器) – 임금을 가까이 모시는 신하가 가졌던 무기의 하나.

참

夋

7획 / 부수 夂

믿음직스럽도록(允) 의젓하게 **천천히 걸어(夂)** 가니
의젓하게 걸을 준, 갈 준

+ 夂(천천히 걸을 쇠, 뒤져 올 치)

2

唆

10획 / 부수 口

입(口)으로 가(夋)도록 부추기니 부추길 사

활용어휘 唆囑(사촉), 敎唆(교사), 示唆(시사)

2

酸

14획 / 부수 酉

발효시킨 술(酉)은 시간이 **가면(夋)** 시어져 시니 실 산

+ 酉(술 그릇 유, 술 유, 닭 유, 열째 지지 유)

활용어휘 酸味(산미), 酸性(산성), 酸素(산소), 炭酸(탄산)

1

悛

10획 / 부수 心(忄)

마음(忄)을 의젓하게(夋) 고치니 고칠 전

활용어휘 悛心(전심), 悛容(전용), 改悛(개전)

■ 한자암기박사1 ■

제목번호 367 참고
俊 – 사람(亻)이 의젓하게 걸을(夋) 정도로 실력이 뛰어나니 '뛰어날 준'

1Ⅱ

埈

10획 / 부수 土

흙(土)이 의젓하게(夋) 선 모양으로 가파르고 높으니
가파를 준, 높을 준

+ 인·지명용 한자.

1Ⅱ

峻

10획 / 부수 山

산(山)처럼 의젓한(夋) 모양으로 높으니 **높을 준**

활용어휘 峻嶺(준령), 峻嚴(준엄), 峻險(준험), 險峻(험준)

1Ⅱ

晙

11획 / 부수 日

해(日)가 의젓하게(夋) 떠 밝으니 **밝을 준**

+ 인·지명용 한자.

1

竣

12획 / 부수 立

서서(立) 의젓하게 가(夋) 일을 마치니 **마칠 준**

+ 立(설 립)

활용어휘 竣工(준공), 竣工式(준공식), 竣事(준사)

1Ⅱ

駿

17획 / 부수 馬

말(馬) 중 의젓하게 가는(夋) 준마니 **준마 준**

+ 준마(駿馬) - 빠르게 잘 달리는 말.
+ 馬(말 마)

활용어휘 駿敏(준민), 駿逸(준일), 駿足(준족)

1Ⅱ

浚

10획 / 부수 水(氵)

물(氵)을 배가 의젓하게 가(夋)도록 깊게 하니
깊게 할 준

활용어휘 浚巡(준순), 浚井(준정), 浚渫(준설)

怯
8획 / 부수 心(忄)

(무서워서) 마음(忄)이 먼저 도망갈(去) 정도로 겁내니
겁낼 겁

+ 去(갈 거, 제거할 거)

활용어휘 怯弱(겁약), 怯劣(겁렬), 卑怯(비겁), 虛怯(허겁)

劫
7획 / 부수 力

가서(去) 힘(力)으로 위협하여 빼앗으니
위협할 겁, 빼앗을 겁

또 위협하고 빼앗으면 긴 시간 동안 잊지 못하니
긴 시간 겁

+ 图 刼 - 가서(去) 칼(刂)로 위협하여 빼앗으니 '위협할 겁, 빼앗을 겁'
또 위협하고 빼앗으면 긴 시간 동안 잊지 못하니 '긴 시간 겁'
+ 겁(劫) - 어떤 시간의 단위로도 계산할 수 없는 무한히 긴 시간.
하늘과 땅이 한 번 개벽할 때에서부터 다음 개벽할 때까지의 동안.

활용어휘 劫氣(겁기), 劫奪(겁탈), 億劫(억겁), 永劫(영겁)

肱
8획 / 부수 肉(月)

몸(月)에서 많이(ナ) 구부리는(厶) 팔뚝이니 **팔뚝 굉**

+ 图 腕(팔 완) - 제목번호 397 참고
+ 厶('사사로울 사, 나 사'지만 여기서는 구부리는 모양)

활용어휘 股肱之臣(고굉지신), 曲肱而枕之(곡굉이침지)

宏
7획 / 부수 宀

집(宀)에서는 많은(ナ) 사사로움(厶)도 크니 **클 굉**

+ 宀(집 면), ナ[열 십, 많을 십(十)의 변형]

활용어휘 宏達(굉달), 宏圖(굉도), 宏謀(굉모), 宏壯(굉장)

■ 한자암기박사1 ■

제목번호 219 참고
法 - 물(氵)이 흘러가듯(去) 순리에 맞아야 하는 법이니 '법 법'
蓋 - 풀(艹)을 제거하듯(去) 베어 그릇(皿)을 덮으니 '덮을 개'
또 옛날에는 대개 풀로 덮었으니 '대개 개'
却 - 가서(去) 무릎 꿇려(卩) 물리치니 '물리칠 각'

1II

台

5획 / 부수 口

사사로운(厶) 말(口)들처럼 무수히 뜬 수많은 별이니 별 **태**
또 사사로운(厶) 말(口)들에도 나는 기쁘니
나 **이**, 기쁠 **이**
또 사사로이(厶) 입(口) 다물고 이르는 누각이나 정자니
누각 **대**, 정자 **대(臺)**의 약자

1II

怡

8획 / 부수 心(忄)

마음(忄)이 기쁘니(台) 기쁠 **이**

활용어휘 怡聲(이성), 怡顔(이안), 怡悅(이열)

1

冶

7획 / 부수 氷(冫)

찬(冫)물도 기쁘게(台) 사용하는 대장간이니 대장간 **야**
또 대장간에서 쇠를 단련하니 단련할 **야**

+ 대장간에서는 쇠를 강하게 단련시키기 위하여 불에 달구었다가
찬물에 넣는 일을 반복하지요.

활용어휘 冶金術(야금술), 陶冶(도야), 冶容誨淫(야용회음)

2

胎

9획 / 부수 肉(月)

몸(月)에 별(台)처럼 작은 생명이 잉태되어 아이 배니
아이 밸 **태**
또 아이 뱀은 생명이 시작한 처음이니 처음 **태**

+ 잉태(孕胎)되다 - 아이나 새끼라 배 속에 생기다.
+ 孕(아이 밸 잉)
+ 태(胎) - 태반이나 탯줄과 같이 태아를 둘러싸고 있는 여러 조직
을 말함.

활용어휘 胎教(태교), 胎夢(태몽), 受胎(수태), 胎動(태동)

1

跆

12획 / 부수 足(𧾷)

발(𧾷)로 기뻐하며(台) 밟으니 밟을 **태**

+ 𧾷[발 족, 넉넉할 족(足)의 변형]

활용어휘 跆拳(태권), 跆拳道(태권도)

---

2 颱 14획 / 부수 風	바람(風) 중 누각(台)도 흔들리도록 부는 태풍이니 태풍 태 + 風(바람 풍, 풍속 풍, 경치 풍, 모습 풍, 기질 풍, 병 이름 풍) 활용어휘 颱風(태풍), 颱風警報(태풍경보)
1 苔 9획 / 부수 草(艹)	풀(艹)처럼 누각(台)의 지붕에 나는 이끼니 이끼 태 + 이끼 - 잎과 줄기의 구별이 분명하지 않고 고목이나 바위, 습지에 서 자라는 식물. 활용어휘 靑苔(청태), 海苔(해태)
1 笞 11획 / 부수 竹(⺮)	(옛날에는 죄인을) 대(⺮)로 누각(台) 같은 대에 올려 매질했으니 매질할 태 + 옛날에는 매질하는 형벌도 있었답니다. + ⺮(대 죽) 활용어휘 笞罰(태벌), 笞杖(태장), 笞刑(태형)

■ 한자암기박사1 ■

제목번호 216 참고

始 – 여자(女)가 기뻐하는(台) 결혼을 시작하는 처음이니 '처음 시'

治 – 물(氵)을 기쁘게(台) 사용하도록 잘 다스리니 '다스릴 치'

殆 – 죽을지(歹) 모르고 우선 당장 기쁜(台) 것만 찾아다니면 거의 위태하니 '거의 태, 위태로울 태'

怠 – 누각(台)에서 놀기만 하는 마음(心)처럼 게으르니 '게으를 태'

云

3

4획 / 부수 二

둘(二)이 **사사로이(厶)** 말하니 **말할 운**

+ 厶(사사로울 사, 나 사)

활용어휘 云云(운운), 云爲(운위), 云謂(운위)

耘

1

10획 / 부수 耒

쟁기(耒)로 반복하여 **말하듯이(云)** 왔다 갔다 하며 김매니 **김맬 운**

+ 耒(가래 뢰, 쟁기 뢰)

활용어휘 耘耔(운자), 耕耘(경운), 耕耘機(경운기)

芸

1II

8획 / 부수 草(艹)

풀(艹) 중에 무엇을 **말하듯(云)** 향기 나는 향 풀이니 **향 풀 운**

또 향 풀에서 향기 나듯 사람에게 있는 재주니 **재주 예(藝)**의 약자

활용어휘 芸窓(운창), 芸草(운초)

陰

4II

11획 / 부수 阜(阝)

언덕(阝) 아래는 **지금(今)**도 **말하자면(云)** 그늘이니 **그늘 음**

+ 阝(언덕 부 변), 今(이제 금, 오늘 금)

활용어휘 綠陰(녹음), 陰散(음산), 陰謀(음모)

蔭

1

15획 / 부수 草(艹)

풀(艹)로 **그늘(陰)**지게 덮으니 **덮을 음**

활용어휘 蔭德(음덕), 蔭官(음관), 蔭職(음직)

撤

15획 / 부수 手(扌)

손(扌)으로 **길러서**(育) **쳐**(攵) 거두니 거둘 **철**

+ 育 - 말하며(云) 내 몸(月)처럼 기르니 '기를 육'
+ 扌(손 수 변), 攵(칠 복, = 攴)

활용어휘 撤去(철거), 撤收(철수), 不撤晝夜(불철주야)

澈

15획 / 부수 水(氵)

물(氵)을 **기르듯**(育) **쳐**(攵) 거르면 맑으니 맑을 **철**

활용어휘 澄澈(징철), 瑩澈(형철)

轍

19획 / 부수 車

수레(車) 끄는 말을 **기르듯**(育) **쳐**(攵) 달릴 때 생긴 바퀴 자국이니 바퀴 자국 **철**

+ 車(수레 거, 차 차)

활용어휘 轍迹(철적), 轍環天下(철환천하), 前轍(전철)

徹

15획 / 부수 彳

걸을(彳) 때부터 **기르기**(育)를 **치며**(攵) 엄하게 하면 사리에 통하고 뚫으니 통할 **철**, 뚫을 **철**

+ 彳(조금 걸을 척)

활용어휘 徹頭徹尾(철두철미), 徹夜(철야)

5II

11획 / 부수 厶

장식품(厶)을 **사람**(人)이 **머리**(彡)에 꽂고 행사에 참여하니
참여할 참

또 **사람 인**(人)에 **사사로울 사**(厶)와 **삐침 별**(丿)을
셋이나 썼으니 **석 삼**

+ 啞 参 – 사사로이(厶) 크게(大) 머리(彡)를 꾸미고 행사에 참여하니
  '참여할 참'
  또 사사로울 사(厶)와 큰 대(大)에 삐침 별(丿)을 셋이나
  썼으니 '석 삼'

+ '석 삼'으로는 변조하면 안 되는 계약서 등에 쓰입니다.

+ 厶('사사로울 사, 나 사'지만 여기서는 머리에 장식품을 꽂은 모양),
  彡(터럭 삼, 긴머리 삼)

활용어휘 參加(참가), 參觀(참관), 面壁參禪(면벽참선)

3

14획 / 부수 心(忄)

마음(忄)으로만 **참여하고**(參) 직접 하지 못하면 슬프니
슬플 참

+ 啞 惨

+ 忄(마음 심 변)

활용어휘 慘劇(참극), 慘憺(참담), 慘變(참변), 悲慘(비참)

1

14획 / 부수 水(氵)

물(氵)에 **참여하듯**(參) 적시니 **적실 삼**

활용어휘 滲透(삼투), 滲透壓(삼투압)

+ 삼투압(滲透壓) – '적셔 뚫는 압력'으로, 삼투 현상이 일어날 때
  반투막(半透膜)이 받는 압력.

+ 반투막(半透膜) – 용액이나 기체의 혼합물에 대하여 어떤 성분은
  통과시키고 다른 성분은 통과시키지 아니하는 막.

+ 透(뚫을 투), 壓(누를 압), 半(반 반), 膜(막 막)

2

15획 / 부수 草(艹)

풀(艹) 중 병자 **셋**(參)이나 구할 수 있다는 인삼이니
인삼 삼

+ 인삼은 약효가 뛰어나 사람을 셋이나 살릴 수 있다는 데서 만든
  한자.

활용어휘 蔘鷄湯(삼계탕), 乾蔘(건삼), 山蔘(산삼)

2

12획 / 부수 言

말(言)도 들어보고 **사람(人)**의 **털(彡)**까지도 자세히 보며 진찰하니 진찰할 진

+ 진찰(診察) - 의사가 여러 가지 방법으로 환자의 병이나 증상을 살핌.
+ 言(말씀 언), 察(살필 찰), 彡(터럭 삼, 긴머리 삼)

활용어휘 診斷(진단), 診脈(진맥), 特診(특진)

4

9획 / 부수 玉(王)

옥(王)을 **사람(人)**의 **머릿(彡)**결처럼 정교하게 다듬어 만든 보배니 보배 진

+ 圀 珎 - 구슬(王)처럼 사람(亠)들이 좋아하는 작은(小) 보배니 '보배 진'
+ 王(임금 왕, 으뜸 왕, 구슬 옥 변), 亠[사람 인(人)의 변형], 小(작을 소)

활용어휘 珍貴(진귀), 珍羞盛饌(진수성찬), 珍風景(진풍경)

1

10획 / 부수 疒

병(疒) 중 **사람(人)**의 **털(彡)**구멍이 부풀어 오르며 붉은 반점이 생기는 홍역이나 열병이니 홍역 진, 열병 진

+ 疒(병들 녁)

활용어휘 疹疾(진질), 發疹(발진), 濕疹(습진)

■ 명언 ■

〈명심보감(明心寶鑑)〉
讀書起家之本(독서기가지본) 글을 읽는 것은 집을 일으키는 근본.
循理保家之本(순리보가지본) 이치에 따르는 것은 집을 보전하는 근본.
勤儉治家之本(근검치가지본) 근면하고 검소함은 집을 다스리는 근본.
和順濟家之本(화순제가지본) 화목하고 순종함은 집을 가지런히 하는 근본.

+ 讀(읽을 독, 구절 두), 書(쓸 서, 글 서, 책 서), 起(일어날 기, 시작할 기), 家(집 가, 전문가 가), 之(갈 지, ~의 지, 이 지), 本(뿌리 본, 근본 본), 循(돌 순, 좇을 순), 理(이치 리, 다스릴 리), 保(지킬 보, 보호할 보), 勤(부지런할 근), 儉(검소할 검), 治(다스릴 치), 和(화목할 화, 화할 화), 順(순할 순), 濟(건널 제, 구제할 제)

3Ⅱ 羽 6획 / 제부수	새의 양 날개와 깃을 본떠서 **날개 우, 깃 우** ＋ 깃 – ㉠ 조류의 몸 표면을 덮고 있는 털. ㉡ 새의 날개. 활용어휘 羽角(우각), 羽毛(우모), 羽化登仙(우화등선)
1 翔 12획 / 부수 羽	**양**(羊)처럼 부드럽게 **날개**(羽)를 저으며 나니 **날 상** ＋ 羊(양 양) 활용어휘 翔空(상공), 飛翔(비상), 翔泳歸仁(상영귀인)
1Ⅱ 翊 11획 / 부수 羽	세워(立) **날개**(羽)를 치듯이 도우니 **도울 익** ＋ 立(설 립) 활용어휘 翊戴(익대), 翊成(익성)
1 翌 11획 / 부수 羽	닭이 **날개**(羽)를 세워(立) 치면서 울 때 밝아오는 다음날이니 **다음날 익** ＋ 이른 새벽에 닭이 울을 생각하고 만든 한자. ＋ 다음날, 이튿날의 뜻으로 '날개 익, 도울 익(翼)'을 쓰기도 합니다. 활용어휘 翌日(익일), 翌年(익년), 翌翌年(익익년)

■ 한자암기박사1 ■

제목번호 398 참고
習 – 아직 깃(羽)이 흰(白) 어린 새는 나는 법을 익히니 '익힐 습'

제목번호 080 참고
翼 – 깃(羽)이 몸의 서로 다른(異) 쪽에 있는 날개니 '날개 익'
      또 날개는 함께 움직여 나는 것을 도우니 '도울 익'

참	翏	
	11획 / 부수 羽	

새 **깃(羽)**처럼 **사람(人)**의 **머리털(彡)**이 높이 나니
높이 날 료(요)

＋ 羽(날개 우, 깃 우), 彡(터럭 삼, 긴머리 삼)

2	謬	
	18획 / 부수 言	

말(言)이 사실을 떠나서 **높이 날아(翏)** 그릇되고 속이니
그릇될 류(유), 속일 류(유)

활용어휘 謬見(유견), 誤謬(오류), 悖謬(패류)

2	膠	
	15획 / 부수 肉(月)	

죽은 동물의 몸(月)을 **높은(翏)** 온도로 고아 만든 아교니
아교 교

＋ 아교(阿膠) - 짐승의 가죽, 힘줄, 뼈 등을 진하게 고아서 굳힌
끈끈한 것. 풀로도 쓰고 지혈제로도 씀.
＋ 阿(아첨할 아, 언덕 아)

활용어휘 膠着(교착), 膠着語(교착어), 膠柱鼓瑟(교주고슬)

1	戮	
	15획 / 부수 戈	

새 **깃(羽)**처럼 **사람(人)**의 **머리털(彡)**이 날리도록
창(戈)으로 찍어 죽이니 **죽일 륙(육)**

＋ 戈(창 과)

활용어휘 屠戮(도륙), 殺戮(살육), 誅戮(주륙)

1	寥	
	14획 / 부수 宀	

집(宀)에 새 **깃(羽)**처럼 **사람(人)**의 **머리털(彡)**만 날려
쓸쓸하니 **쓸쓸할 료(요)**

＋ 宀(집 면)

활용어휘 寥闊(요활), 寥寥無聞(요요무문)

3 **濯** 17획 / 부수 水(氵)	물(氵) 속에 날개(羽)를 넣고 새(隹)들도 몸을 씻으니 **씻을 탁** 또 씻어 빠니 **빨 탁** + 隹(새 추) 활용어휘 濯纓濯足(탁영탁족), 執熱不濯(집열불탁)
1 **擢** 17획 / 부수 手(扌)	손(扌)으로 깃(羽)을 새(隹)에게서 뽑으니 **뽑을 탁** 활용어휘 擢秀(탁수), 擢用(탁용), 拔擢(발탁)
5 **曜** 18획 / 부수 日	해(日) 뜨면 날개(羽) 치는 새(隹)들처럼 활동하는 요일이니 **요일 요** 활용어휘 曜日(요일), 月曜日(월요일)
1II **耀** 20획 / 부수 羽	빛(光)이 날개(羽) 치는 새(隹)처럼 빛나니 **빛날 요** + 아름답게 빛나는 깃을 가진 새도 많지요. 활용어휘 耀耀(요요), 耀德(요덕), 光耀(광요)
3 **躍** 21획 / 부수 足(⻊)	발(⻊)로 날개(羽) 가진 새(隹)가 다닐 때처럼 팔짝팔짝 뛰니 **뛸 약** + ⻊[발 족, 넉넉할 족(足)의 변형] 활용어휘 躍動(약동), 躍進(약진), 跳躍(도약), 飛躍(비약)

幺

3획 / 부수자

작고 어린 아기 모양을 본떠서 **작을 요, 어릴 요**

+ '실 사, 실 사 변(糸)의 일부분이니, 작다는 데서 작을 요'라고도
  합니다.

2

幻

4획 / 부수 幺

작은(幺) 힘(力)에서 또 **일부(丿)**가 빠지면 허깨비가
헛보이니 **허깨비 환, 헛보일 환**

+ 허깨비 – 여러 뜻이 있지만 여기서는 '기(氣)가 허하여 착각이 일
  어나, 없는데 있는 것처럼 또는 다른 것처럼 보이는 물체'라는 뜻.
+ 丿['삐침 별'이지만 여기서는 힘 력(力)의 일부로 봄]

활용어휘 幻滅(환멸), 幻想(환상), 幻影(환영), 幻聽(환청)

3II

幽

9획 / 부수 幺

산(山) 속에 **작고(幺) 작은(幺)** 것이 보이지 않게 숨어
아득하니 **숨을 유, 아득할 유**

활용어휘 幽獨(유독), 幽靈(유령), 深山幽谷(심산유곡)

1II

胤

9획 / 부수 肉(月)

어린(幺) 몸(月)이라도 대를 잇는 **사람(儿)**은 맏아들이나
자손이니 **맏아들 윤, 자손 윤**

+ 맏아들이 대를 이음을 생각하고 만든 한자.
+ 儿(사람 인 발, 어진사람 인)

활용어휘 胤子(윤자), 胤嗣(윤사)

■ 한자암기박사1 ■

제목번호 224 참고

後 – 조금씩 걷고(彳) 조금(幺)씩 천천히 걸으면(夊) 뒤지고 늦으니 '뒤 후, 늦을 후'

濕 – 물(氵)이 햇(日)빛이나 작고(幺) 작은(幺) 불(灬)빛처럼 스며들어 젖으니 '젖을 습'

3II

幼

5획 / 부수 幺

아직 **작은(幺) 힘(力)**이면 어리니 어릴 **유**

+ 力(힘 력)

활용어휘 幼稚(유치), 幼兒(유아), 長幼有序(장유유서)

1

拗

8획 / 부수 手(扌)

손(扌)으로 **어린이(幼)**처럼 비뚤고 꺾으니
비뚤 **요**, 꺾을 **요**

+ 비뚤다 – 바르지 아니하고 한쪽으로 기울어지거나 쏠린 상태에 있다.

활용어휘 執拗(집요)

1

窈

10획 / 부수 穴

굴(穴) 속에만 살았던 **어린이(幼)**처럼 얌전하고 고요하니
얌전할 **요**, 고요할 **요**

+ 窃[훔칠 절(竊)의 속자] – 제목번호 022 참고

활용어휘 窈窕(요조), 窈窕淑女(요조숙녀), 窈冥(요명)

³

幾

12획 / 부수 幺

(아직은) **작고**(幺) **작게**(幺) 보이는
창(戈)과 **사람**(人)이지만 몇이나 되는지 살피는 기미니
몇 기, 기미 기

+ 기미(幾微·機微) - 앞일이나 상황에 대하여 느낌으로 알아차릴
  수 있게 하는 어떤 현상이나 상태.
+ 戈(창 과), 微(작을 미, 숨을 미), 機(베틀 기, 기계 기, 기회 기)

활용어휘 幾何級數(기하급수), 幾死之境(기사지경)

---

^{1Ⅱ}

璣

16획 / 부수 玉(王)

옥(王)과 **몇**(幾) 퍼센트 비슷한 구슬이니 **구슬 기**

또 구슬처럼 반짝이는 별 이름이니 **별 이름 기**

+ 기(璣) - 북두칠성의 머리 쪽에 있는 네 개의 별 가운데 셋째 별.
+ 王(임금 왕, 으뜸 왕, 구슬 옥 변)

활용어휘 天璣(천기), 璇璣玉衡(선기옥형)

---

¹

譏

19획 / 부수 言

말(言)로 상대의 **기미**(幾)를 살피며 나무라니
살필 기, 나무랄 기

+ 나무랄 때는 상대방의 태도를 살펴야 하지요.
+ 言(말씀 언)

활용어휘 譏察(기찰), 譏弄(기롱), 譏謗(기방), 譏笑(기소)

■한자암기박사1■

제목번호 225 참고
機 - 나무(木) 몇(幾) 개로 얽어 만든 베틀이니 '베틀 기'
　　　 또 베틀 같이 짜인 기계나 기회니 '기계 기, 기회 기'
畿 - 서울에서 얼마(幾) 떨어지지 않은 밭(田) 같은 땅이 경기니 '경기 기'

1Ⅱ

雍

13획 / 부수 隹

머리(亠)까지 **작은(彡) 새(隹)**처럼 안아주면 마음이 누그러지고 화하니 **누그러질 옹, 화할 옹**

+ ┌ 화(和)하다 – ㉠ 무엇을 타거나 섞다.
  │   ㉡ 날씨나 바람·마음 등이 따뜻하고 부드럽다.
  │   여기서는 ㉡의 뜻.
  └ 화(化)하다 – 어떤 현상이나 상태로 바뀌다.
+ 亠(머리 부분 두), 彡[작을 요, 어릴 요(幺)의 변형], 隹(새 추)

활용어휘 雍也(옹야), 雍容(옹용), 雍和(옹화)

3

擁

16획 / 부수 手(扌)

손(扌)으로 머리(亠)까지 작은(彡) 새(隹)처럼 안으니 **안을 옹**

활용어휘 擁立(옹립), 擁護(옹호), 前遮後擁(전차후옹)

1

壅

16획 / 부수 土

누그러져(雍) 터진 곳을 흙(土)으로 막아 막히니 **막을 옹, 막힐 옹**

활용어휘 壅塞(옹색), 壅固執(옹고집), 壅拙(옹졸)

1Ⅱ

甕

18획 / 부수 瓦

누그러지듯(雍) 크게 만들어 질그릇(瓦)처럼 구워 만든 독이니 **독 옹**

+ 독 – 간장·술·김치 등을 담가 두는 데에 쓰는 흙으로 만든 그릇.
+ 瓦(기와 와, 질그릇 와, 실패 와)

활용어휘 甕器(옹기), 甕棺(옹관), 鐵甕城(철옹성)

4II

鄕

13획 / 부수 邑(阝)

어린(幺) 시절 흰(白) 쌀밥을 숟가락(匕)으로 먹으며 살던 시골 고을(阝)이 고향이니 **시골 향, 고향 향**

+ 옛날에는 먹을 것이 귀했으니 당시 좋은 음식으로 여겼던 흰 쌀밥을 먹던 고을을 고향이라고 했네요.
+ 匕(비수 비, 숟가락 비), 阝(고을 읍 방)

활용어휘 鄕校(향교), 鄕約(향약), 錦衣還鄕(금의환향)

3II

響

22획 / 부수 音

시골(鄕)에서 소리(音)치면 메아리처럼 울리는 소리니 **울릴 향, 소리 향**

활용어휘 反響(반향), 音響(음향), 交響曲(교향곡)

1

嚮

19획 / 부수 口

마음은 항상 고향(鄕)으로 향하니(向) **향할 향**

+ 객지에 나가면 마음은 항상 고향으로 향하지요.

활용어휘 嚮導(향도), 嚮導官(향도관), 嚮往(향왕)

1

饗

22획 / 부수 食

고향(鄕)에서 음식(食)을 차려 놓고 잔치하거나 제사 지내니 **잔치 향, 제사 지낼 향**

활용어휘 饗禮(향례), 饗宴(향연), 饗應(향응), 歆饗(흠향)

■ 명언 ■

〈鄕約(향약) - 마을에서 지켜야 할 규약〉

조선 시대에, 권선징악과 상부상조를 목적으로 만든 마을의 자치 규약으로 다음 네 가지 덕목이 있습니다.

德業相勸(덕업상권)　　좋은 일(德業)은 서로 권하여 장려함.
相扶相助(상부상조)　　서로서로 돕고 도움.
過失相規(과실상규)　　지나친 실수(나쁜 행실)를 하지 못하도록 서로 규제함.
患難相恤(환난상휼)　　환난(患難)이 생겼을 때 서로 불쌍히 여기고 도와줌.

+ 덕업(德業) - 어질고 착한 업적이나 사업.
+ 환난(患難) - 근심과 걱정.
+ 約(맺을 약, 약속할 약), 德(덕 덕, 클 덕), 業(업 업, 일 업), 相(서로 상, 모습 상, 볼 상, 재상 상), 勸(권할 권), 扶(도울 부), 助(도울 조), 過(지날 과, 지나칠 과, 허물 과), 失(잃을 실), 規(법 규), 患(근심 환), 難(어려울 난, 비난할 난), 恤(불쌍히 여길 휼)

3Ⅱ

玄

5획 / 제부수

머리(亠) 아래 작은(幺) 것이 검고 오묘하니

검을 **현**, 오묘할 **현**, 성씨 **현**

+ 오묘(奧妙)하다 - 심오하고 묘하다.
+ 幺(작을 요, 어릴 요), 奧(속 오), 妙(묘할 묘, 예쁠 묘)

활용어휘 玄米(현미), 天地玄黃(천지현황)

1Ⅱ

炫

9획 / 부수 火

불(火)은 깜깜한(玄) 곳일수록 밝고 눈부시니

밝을 **현**, 눈부실 **현**

활용어휘 炫煌(현황)

1

眩

10획 / 부수 目

눈(目)앞이 깜깜하고(玄) 어지러우니 어지러울 **현**

활용어휘 眩氣症(현기증), 眩亂(현란), 眩惑(현혹)

1Ⅱ

鉉

13획 / 부수 金

쇠(金)로 된 검은(玄) 솥귀니 솥귀 **현**

+ 솥귀 - 옛날 솥의 둘레 가장자리 위로 두 귀처럼 삐죽이 돋은 부분.
+ 솥은 귀가 셋이 있어 이 부분을 아궁이에 걸어 밑에 불을 땠으니 검었지요.

활용어휘 鉉席(현석)

2

弦

8획 / 부수 弓

활(弓)을 맨 검은(玄) 줄이 활시위니 활시위 **현**

+ 활시위 - 활 줄.

활용어휘 弦琴(현금), 弦矢(현시), 上弦(상현) ↔ 下弦(하현)

1

衒

11획 / 부수 行

다니며(行) 오묘한(玄) 마음이 들도록 자랑하니

자랑할 **현**

+ 行(다닐 행, 행할 행, 항렬 항)

활용어휘 衒能(현능), 衒言(현언), 衒學(현학)

3

玆

10획 / 부수 玄

검은(玄) 빛 두 개가 겹쳐 더 검으니 **검을 자**
또 검으면 눈에 잘 보이니 가까운 것을 가리키는
지시 대명사로도 쓰여 **이 자**

+ 위에 초 두(艹)가 있는 것처럼 보이나 실제는 검을 현(玄) 둘입니다.

활용어휘 今玆(금자), 念念在玆(염념재자)

1II

滋

12획 / 부수 水(氵)

(과일이나 채소가) 물(氵) 같은 형태로 영양분을 빨아들여
이렇게(玆) 불어나며 드는 맛이니 **불을 자, 맛 자**

+ 玆[검을 자, 이 자(玆)의 변형]

활용어휘 滋味(자미), 滋甚(자심), 滋液(자액)

2

磁

14획 / 부수 石

돌(石) 중 **이렇게(玆)** 쇠를 끌어당기는 자석이니
자석 자
또 돌(石)처럼 **이렇게(玆)** 구워 만든 사기그릇이니
사기그릇 자

+ 젭 瓷(도자기 자) - 제목번호 437 참고

활용어휘 磁石(자석), 磁極(자극), 靑磁·靑瓷(청자)

3II

慈

13획 / 부수 心

속이 **검게(玆)** 타도 변치 않는 **마음(心)**으로 사랑해 주는
어머니니 **사랑 자, 어머니 자**

+ 心(마음 심, 중심 심)

활용어휘 父慈子孝(부자자효), 嚴父慈母(엄부자모)

■ 한자암기박사1 ■

제목번호 230 참고
絃 - 줄(糸)을 퉁기면 오묘한(玄) 소리가 나는 악기 줄이니 '악기 줄 현'

1

匕

2획 / 제부수

비수를 본떠서 비수 **비**

또 비수처럼 입에 찔러 먹는 숟가락이니 숟가락 **비**

+ 匕首(비수) - 짧고 날카로운 칼.
+ 首(머리 수, 우두머리 수)

활용어휘 匕箸(비저)

1

叱

5획 / 부수 口

입(口)으로 비수(匕)처럼 날카롭게 꾸짖으니
꾸짖을 **질**

활용어휘 叱責(질책), 叱咤(질타), 叱正(질정)

2

尼

5획 / 부수 尸

몸(尸)의 머리털을 비수(匕)로 깎은 여승이니 여승 **니(이)**

+ 尸(주검 시, 몸 시)

활용어휘 尼僧(이승), 比丘尼(비구니), 釋迦牟尼(석가모니)

5Ⅱ

化

4획 / 부수 匕

사람(亻)이 **비수**(匕) 같은 마음을 품고 일하면
안 되는 일도 되고 변하니 **될 화**, **변화할 화**
또 되도록 가르치니 **가르칠 화**

활용어휘 開化(개화), 變化(변화), 馴化(순화), 教化(교화)

1

訛

11획 / 부수 言

말(言)이 사실과 달리 **변하여**(化) 그릇되니 **그릇될 와**

＋ 言(말씀 언)

활용어휘 訛謬(와류), 訛言(와언), 訛傳(와전)

2

靴

13획 / 부수 革

가죽(革)을 **변화시켜**(化) 만든 가죽신이니 **가죽신 화**

＋ 革(가죽 혁, 고칠 혁)

활용어휘 靴工(화공), 軍靴(군화), 長靴(장화)

7

花

8획 / 부수 草(艹)

풀(艹)의 일부가 **변하여**(化) 피는 꽃이니 **꽃 화**

＋ 艹(초 두)

활용어휘 花容月態(화용월태), 錦上添花(금상첨화)

4Ⅱ

貨

11획 / 부수 貝

변하여(化) 돈(貝)이 되는 재물이나 물품이니
재물 화, **물품 화**

＋ 貝(조개 패, 재물 패, 돈 패)

활용어휘 貨物(화물), 貨幣(화폐), 雜貨(잡화), 鑄貨(주화)

2

旨

6획 / 부수 日

비수(匕)로 햇(日)빛에 익은 과일을 잘라 먹어 보는 맛이니 맛 **지**

또 말이나 글에 담긴 맛은 뜻이니 뜻 **지**

활용어휘 先意順旨(선의순지), 趣旨(취지)

2

脂

10획 / 부수 肉(月)

고기(月)에서 맛(旨)을 내는 기름이니 기름 **지**

+ 月(달 월, 육 달 월)

활용어휘 脂肪(지방), 脂肪肝(지방간), 脫脂綿(탈지면)

4Ⅱ

指

9획 / 부수 手(扌)

손(扌)으로 맛(旨)볼 때 쓰는 손가락이니 손가락 **지**

또 손가락으로 무엇을 가리키니 가리킬 **지**

+ 扌(손 수 변)

활용어휘 指壓(지압), 指南(지남), 指導(지도), 指示(지시)

1

詣

13획 / 부수 言

말(言)로 뜻(旨)을 전하려고 나아가 이르니 나아갈 **예**, 이를 **예**

활용어휘 詣闕(예궐), 造詣(조예)

5Ⅱ

能

10획 / 부수 肉(月)

곰은 **주둥이(厶)**와 **몸뚱이(月)**와 **네 발(ヒヒ)**로 재주 부림이 능하니 능할 능

+ 능(能)하다 – 어떤 일 등에 뛰어나다.
+ 厶('사사로울 사, 나 사'지만 여기서는 곰의 주둥이로 봄), 月(달 월, 육 달 월), ヒヒ['비수 비, 숟가락 비(匕)' 둘이지만 여기서는 네 발로 봄)

활용어휘 知能(지능), 藝能(예능), 能熟(능숙)

3

罷

15획 / 부수 网(罒)

법망(罒)에 걸리면 **유능한(能)** 사람도 파하여 마치니 파할 파, 마칠 파

+ 파(罷)하다 – 어떤 일을 마치거나 그만두다.
+ 罒(그물 망)

활용어휘 罷養(파양), 封庫罷職(봉고파직)

4Ⅱ

態

14획 / 부수 心

능히(能) 할 수 있다는 **마음(心)**이 얼굴에 나타나는 모양이니 모양 태

활용어휘 動態(동태), 世態(세태), 姿態(자태)

1Ⅱ

熊

14획 / 부수 火(灬)

능히(能) 불(灬) 속에서도 재주 부리는 곰이니 곰 웅

+ 灬(불 화 발)

활용어휘 熊女(웅녀), 熊膽(웅담), 熊皮(웅피)

1

嗔

13획 / 부수 口

입(口)으로 참(眞)되라고 꾸짖으며 성내니 **성낼 진**

+ 眞 - 비수(匕)처럼 눈(目)뜨고 감추어진(ㄴ) 것을 나누고(八) 파헤쳐 보아도 참되니 '참 진'

활용어휘 嗔怒(진노), 嗔心(진심), 嗔言(진언), 嗔責(진책)

1

塡

13획 / 부수 土

흙(土)으로 참(眞)되게 채우니 **채울 전**

활용어휘 塡補(전보), 塡足(전족), 補塡(보전), 裝塡(장전)

1

顚

19획 / 부수 頁

참(眞)으로 빛나는 머리(頁) 부분은 이마나 꼭대기니 **이마 전, 꼭대기 전**

또 꼭대기처럼 경사지면 잘 넘어지니 **넘어질 전**

+ 頁(머리 혈)

활용어휘 顚末(전말), 顚覆(전복), 七顚八起(칠전팔기)

1

癲

24획 / 부수 疒

병(疒) 걸린 것처럼 넘어지고(顚) 미치니 **미칠 전**

또 미친 발작이 가끔 일어나는 지랄병이니 **지랄병 전**

+ 지랄병 - 간질(癎疾)을 속되게 이르는 말.
+ 간질(癎疾) - 경련을 일으키고 의식 장애를 일으키는 발작 증상이 되풀이하여 나타나는 병.
+ 疒(병들 녁), 癎(간질 간), 疾(병 질, 빠를 질)

활용어휘 癲狂(전광), 癲癎(전간), 癲疾(전질)

■ 한자암기박사1 ■

제목번호 334 참고

鎭 - 쇠(金)처럼 무거운 것으로 참(眞)되게 눌러 진압하니 '누를 진, 진압할 진'

愼 - 마음(忄)까지 참(眞)되게 하려고 삼가니 '삼갈 신'

특
它
5획 / 부수 宀

집(宀) 안의 **비수**(匕)도 다 다르니 **다를 타**

또 **집**(宀) 안에서 **비수**(匕) 같은 혀만 날름거리는 뱀이니 **뱀 사**

+ 宀(집 면), 匕(비수 비, 숟가락 비)

1
舵
11획 / 부수 舟

배(舟)를 **다른**(它) 곳으로 조종하는 키니 **키 타**

+ 동 柁 – 나무(木)로 만들어 배를 다른(它) 곳으로 조종하는 키니 '키 타'
+ 키 – 배의 방향을 조종하는 장치.
+ 舟(배 주)

활용어휘 舵機(타기), 舵輪(타륜), 舵手(타수), 操舵(조타)

1
陀
8획 / 부수 阜(阝)

언덕(阝)에 또 **다른**(它) 언덕이 있으면 험하니 **험할 타**

또 험한 곳에서도 수도했던 부처니 **부처 타**

+ 부처 – ㉠ '석가모니'의 다른 이름. ㉡ 불도를 깨달은 성인. ㉢ 불상(佛像).
+ 阝(언덕 부 변), 佛(부처 불), 像(모양 상, 본뜰 상)

활용어휘 佛陀(불타), 阿彌陀佛(아미타불)

1
駝
15획 / 부수 馬

말(馬)처럼 생겼으나 등이 **다른**(它) 낙타나 타조니 **낙타 타, 타조 타**

또 낙타처럼 등에 혹이 난 곱사등이니 **곱사등이 타**

+ 동 鴕 – 새(鳥)처럼 생겼으나 새와 달리(它) 뛰어다니는 타조니 '타조 타'
+ 곱사등이 – 등뼈가 굽고 등에 혹 같은 뼈가 나온 사람. 꼽추.
+ 馬(말 마)

활용어휘 駱駝(낙타), 駝鳥(타조), 駝背(타배)

老

7

6획 / 제부수

흙(土)에 **지팡이**(丿)를 **비수**(匕)처럼 꽂으며
걸어야 할 정도로 늙으니 **늙을 로(노)**

＋ 老 그대로 부수로 쓰일 때도 있어요.

활용어휘 老化(노화), 老鍊(노련), 偕老(해로)

耆

1Ⅱ

10획 / 부수 老

늙어(老) 하는 일 없이 날(日)만 보내는 늙은이니
늙은이 기

＋ 늙은이 - 나이가 많아 중년이 지난 사람.

활용어휘 耆年(기년), 耆德(기덕), 耆老(기로)

嗜

1

13획 / 부수 口

입(口)에 맞는 것만 **늙은이**(老)는 **날**(日)마다 즐기며
좋아하니 **즐길 기, 좋아할 기**

활용어휘 嗜酒(기주), 嗜玩(기완), 嗜好(기호)

孝

7Ⅱ

7획 / 부수 子

늙은(耂) 부모를 **아들**(子)이 받드는 효도니 **효도 효**

＋ 耂 - '늙을 로(老)'가 부수로 쓰일 때의 모양으로,
흙(土)에 지팡이(丿)를 짚으며 걸어야 할 정도로 늙으니
'늙을 로 엄'

활용어휘 敬老孝親(경로효친), 孝悌忠信(효제충신)

哮

1

10획 / 부수 口

입(口)으로만 **효도**(孝)하면 부모가 성내니 **성낼 효**

＋ 실천하지 않고 말로만 효도하는 척하면 성내지요.

활용어휘 哮吼(효후), 咆哮(포효)

酵

1

14획 / 부수 酉

술(酉)을 발효시킬 때 **효자**(孝) 노릇하는 효모니
효모 효

＋ 효모(酵母) - 빵, 맥주, 포도주 등을 만드는 데 쓰이는 미생물.
＋ 酉(술그릇 유, 술 유, 닭 유, 열째 지지 유), 母(어미 모, 어머니 모)

활용어휘 酵母菌(효모균), 酵素(효소), 醱酵(발효)

堵

12획 / 부수 土

흙(土)으로 사람(者)이 쌓은 담이니 **담 도**

+ 者 - 노인(耂)이 낮추어 말하는(日) 놈이나 것이니 '놈 자, 것 자'
+ 耂(늙을 로 엄)

활용어휘 堵列(도열), 安堵(안도), 安堵感(안도감)

睹

14획 / 부수 目

눈(目)으로 사람(者)이 보니 **볼 도**

활용어휘 睹聞(도문), 目睹(목도)

賭

16획 / 부수 貝

돈(貝)을 걸고 사람(者)이 내기 도박하니
내기 도, 도박 도

활용어휘 賭技(도기), 賭博(도박), 定賭(정도)

煮

13획 / 부수 火(灬)

물건(者) 아래 불(灬)을 때서 삶으니 **삶을 자**

활용어휘 煮乾(자건), 煮沸(자비), 煮醬(자장)

■ 한자암기박사1 ■

제목번호 099 참고
諸 - 말(言)로도 사람(者)들이 처리하는 모든 여러 일이니 '모든 제, 여러 제'
　　또 여러 사람들이 좋아하는 성씨니 '성씨 제'
緒 - (실은 실마리를 찾아야 풀어 쓸 수 있기 때문에) 실(糸)을 다루는 사람(者)에게 중요한 실마리니
　　'실마리 서'
都 - 사람(者)들이 많이 사는 고을(阝)은 도시니 '도시 도'
　　또 도시처럼 사람이 많이 모인 모두니 '모두 도'

奢
12획 / 부수 大

크게(大) 사람(者)이 꾸미며 사치하니 **사치할 사**

+ 㑱 侈(사치할 치) - 제목번호 095 참고
+ 사치(奢侈) - 필요 이상의 돈이나 물건을 쓰거나 분수에 지나친 생활을 함.

활용어휘 奢麗(사려), 奢傲(사오), 豪奢(호사)

箸
15획 / 부수 竹(⺮)

대(⺮)를 사람(者)이 늘 쓰도록 깎아 만든 젓가락이니 **젓가락 저**

+ 저(箸)+가락 = 젓가락
+ ⺮(대 죽)

활용어휘 箸筒(저통), 木箸(목저), 匕箸(비저)

著
13획 / 부수 草(艹)

초(艹)야에 묻혀 사는 **사람(者)**도 유명한 글을 지으면 드러나니 **글 지을 저, 드러날 저**

또 (옛날에는) 풀(艹)로 **사람(者)**이 옷을 만들어 붙게 입었으니 **붙을 착, 입을 착**

+ 초야(草野) - 풀이 난 들이라는 뜻으로, 매우 후미지고 으슥한 시골을 이르는 말.
+ 저(著) - (저자의 이름 뒤에 쓰여) 저술이나 저작의 뜻을 나타냄.
+ '붙을 착, 입을 착'으로는 주로 着(붙을 착)을 씁니다.

활용어휘 著述(저술), 著作(저작), 著押(착압)

躇
20획 / 부수 足(⻊)

발(⻊)이 드러나게(著) 천천히 걸으며 머뭇거리니 **머뭇거릴 저**

또 발(⻊)이 드러나게(著) 건너뛰니 **건너뛸 착**

+ 㑱 躊(머뭇거릴 주) - 제목번호 386 참고
+ ⻊[발 족, 넉넉할 족(足)의 변형]

활용어휘 躊躇(주저), 躇階(저계), 躊躇躊躇(주저주저)

3II

署

14획 / 부수 网(罒)

그물(罒) 같은 촘촘한 법으로 **사람(者)**을 다스리는 관청이니
관청 **서**

또 촘촘한 **그물(罒)**처럼 **사람(者)**이 철저히 책임진다고
서명하니 **서명할 서**

+ 세무서처럼 '署'가 붙은 관청은 그물 같은 촘촘한 법으로 사람을
다스리는 곳입니다.
+ 罒(그물 망, = 网, ㄕ)

활용어휘 部署(부서), 官公署(관공서), 署名捺印(서명날인)

1

曙

18획 / 부수 日

햇(日)살이 **그물(罒)**처럼 어떤 **것(者)**으로 뻗어 오는
새벽이니 **새벽 서**

활용어휘 曙景(서경), 曙光(서광), 曙鐘(서종), 曙天(서천)

1

薯

18획 / 부수 草(艹)

풀(艹) 덩굴이 **그물(罒)**처럼 어떤 **것(者)**을 덮으며
자라는 마니 **마 서**

+ 마 – 맛과의 여러해살이 덩굴풀로 뿌리를 먹거나 약으로 씀.

활용어휘 薯童謠(서동요), 薯蕷(서여)

■ 한자암기박사1 ■

제목번호 099 참고
暑 – 해(日)가 사람(者) 위에 있는 듯 더우니 '더울 서'

丂

참

2획 / 부수 一

하나(一)씩 싸는(丂) 솜씨가 공교하고 교묘하니

공교할 교, 교묘할 교

+ 공교(工巧)하다 - 솜씨나 꾀 등이 뛰어나게 재치가 있다.
+ 교묘(巧妙)하다 - ㉠ 솜씨나 재주 등이 재치 있게 약삭 빠르고 묘하다. ㉡ 짜임새나 생김새 등이 아기자기하게 묘하다.
+ 丂 [쌀 포(勹)의 변형]

朽

1

6획 / 부수 木

나무(木)도 다 크면(丂) 죽어 썩으니 썩을 후

+ 丂 ['공교할 교, 교묘할 교'지만 여기서는 큰 대(大)의 변형]

활용어휘 朽落(후락), 朽滅(후멸), 老朽(노후), 不朽(불후)

袴

1

11획 / 부수 衣(衤)

옷(衤) 중에 크게(大) 걸치고(一) 교묘하게(丂) 다리를 꿰도록 만든 바지니 바지 고

+ 衤(옷 의 변), 一('한 일'이지만 여기서는 걸친 모양)

활용어휘 袴衣(고의), 短袴(단고)

考

5

6획 / 부수 耂

노인(耂)처럼 크게(丂) 살피고 생각하니

살필 고, 생각할 고

+ 耂 [늙을 로(老)가 부수로 쓰일 때의 모양으로 '늙을 로 엄'], 丂 [공교할 교, 교묘할 교(丂)의 변형이지만 여기서는 큰 대(大)의 변형]

활용어휘 深思熟考(심사숙고), 模擬考査(모의고사)

拷

1

9획 / 부수 手(扌)

손(扌)으로 살펴서(考) 치니 칠 고

+ 扌(손 수 변)

활용어휘 拷問(고문), 拷訊(고신), 拷打(고타)

특

咢

9획 / 부수 口

입(口)과 **입**(口)을 **한**(一)결같이 **크게**(丂) 벌리고 놀라니
놀랄 악

+ 인·지명용 한자.

1

愕

12획 / 부수 心(忄)

마음(忄)이 **놀라니**(咢) **놀랄 악**

+ 놀라는 것은 마음으로 하니 앞에 마음 심 변(忄)을 붙여 쓰지요.

활용어휘 愕立(악립), 愕視(악시), 愕然(악연), 驚愕(경악)

1

顎

18획 / 부수 頁

놀랍도록(咢) 작아지는 **머리**(頁) 아래 턱이니 **턱 악**

+ 頁(머리 혈)

활용어휘 顎骨(악골), 下顎(하악), 下顎骨(하악골)

1II
吳
7획 / 부수 口

입(口) 벌리고 **목 젖히며**(ㄱ) 큰(大)소리쳤던 오나라니
큰소리칠 화, 오나라 오

또 오나라에서 유래한 성씨니 성씨 오

+ 오(吳)나라 - 중국 춘추 시대의 나라. 양자강 하류 지역에 있었으며,
   이웃 나라인 월(越)나라와 다투었음.
+ ㄱ(목을 젖힌 모양)

활용어휘 吳下阿蒙(오하아몽), 吳越之爭(오월지쟁)

- -

4II
誤
14획 / 부수 言

말(言)할 때 **큰소리**(吳)로 허풍떨어대며 자신을 그르치니
그르칠 오

활용어휘 試行錯誤(시행착오), 誤發(오발), 誤解(오해)

- -

3
娛
10획 / 부수 女

여자(女)들이 **큰소리치며**(吳) 즐거워하니
즐거워할 오

활용어휘 歡娛(환오), 大衆娛樂(대중오락)

- -

1
虞
13획 / 부수 虍

범(虍)은 모두 **큰소리치며**(吳) 염려하니 염려할 우
+ 虍(범 호 엄)

활용어휘 虞犯(우범), 虞犯地帶(우범지대), 虞祭(우제)

참

喿

13획 / 부수 口

많은 **입들**(品)처럼 **나무**(木) 위에서 새 떼 지어 우니
새 떼 지어 울 **소**

+ 品('물건 품, 등급 품, 품위 품'이지만 여기서는 많은 입들의 모양)

1

繰

19획 / 부수 糸

실(糸)이 **새 떼 지어 우는 소리**(喿)를 내며 나오도록
고치를 켜니 고치 켤 **소**, 고치 켤 **조**

+ '고치'는 누에의 집이고, 채소로 먹는 것은 '고추'입니다.
+ 끓는 물에 누에고치를 넣어 실을 뽑는데 이때 실이 소리를 내면서
  나오지요.

활용어휘 繰繭(소견), 繰綿(조면), 繰絲(조사)

1

躁

20획 / 부수 足(⻊)

발(⻊)구르고 **새 떼 지어 우는 소리**(喿)도 내며
성급하게 구니 성급할 **조**

+ ⻊[발 족, 넉넉할 족(足)의 변형]

활용어휘 躁急(조급), 躁妄(조망), 躁悶(조민)

1

藻

20획 / 부수 草(艹)

풀(艹) 중 **물**(氵)에서 **새 떼 지어 울듯**(喿) 모여 사는
마름이니 마름 **조**

+ 마름 – 진흙 속에 뿌리를 박고, 줄기는 물속에서 가늘고 길게 자라
  물 위로 나오며 깃털 모양의 물뿌리가 있음.

활용어휘 藻類(조류), 藻魚(조어), 海藻(해조)

■ 한자암기박사1 ■

제목번호 045 참고
操 – 손(扌)으로 새 떼 지어 우는(喿) 것처럼 어지러운 일을 잡아 다루니 '잡을 조, 다룰 조'
燥 – 불(火)에 새 떼 지어 우는(喿) 소리를 내며 타거나 마르니 '탈 조, 마를 조'

6

區

11획 / 부수 匸

감추려고(匸) 물건(品)을 나누니 **나눌 구**

또 나눠 놓은 구역이니 **구역 구**

+ 약 区 - 감추려고(匸) 베어(乂) 나누니 '나눌 구'
또 나눠 놓은 구역이니 '구역 구'
+ 區가 들어간 한자를 약자로 쓸 때는 '區'부분을 区로 씁니다.
+ 匸(감출 혜, 덮을 혜, = ㄴ), 品(물건 품, 등급 품, 품위 품), 乂(벨 예, 다스릴 예, 어질 예)

활용어휘 **區區私情**(구구사정), **區區細節**(구구세절)

- -

1

嘔

14획 / 부수 口

입(口)을 어떤 **구역(區)**으로 대고 토하거나 노래하니
토할 구, **노래할 구**

+ 약 呕
+ 함부로 토하거나 노래하면 안 됨을 생각하고 만든 한자.

활용어휘 **嘔逆**(구역), **乾嘔逆**(건구역), **嘔吐**(구토)

- -

1

嶇

14획 / 부수 山

산(山)으로 된 **구역(區)**은 험하니 **험할 구**

+ 약 岖

활용어휘 **崎嶇**(기구)

- -

1

謳

18획 / 부수 言

말(言)하듯 어떤 **구역(區)**에서 노래하니 **노래할 구**

+ 약 讴

활용어휘 **謳歌**(구가), **謳吟**(구음)

- -

1

軀

18획 / 부수 身

몸(身)의 나눠진 여러 **구역(區)**을 합쳐서 **몸 구**

+ 약 躯
+ 身(몸 신)

활용어휘 **軀命**(구명), **巨軀**(거구), **體軀**(체구)

1

樞

15획 / 부수 木

나무(木) 문의 일정한 **구역(區)**에 다는 지도리니
지도리 추

또 지도리처럼 중심을 잡아 주는 축이니 **축 추**

+ 지도리 – 문짝을 문설주에 달아 여닫는 데 쓰는 두 개의 쇠붙이.
   암짝은 문설주에, 수짝은 문짝에 박아서 맞추어 꽂음.
+ 문설주 – 문짝을 끼워 달기 위하여 문의 양쪽에 세운 기둥.

활용어휘 中樞(중추), 樞機(추기), 樞機卿(추기경)

2

鷗

22획 / 부수 鳥

일정한 **구역(區)**에 모여 사는 **새(鳥)**는 갈매기니
갈매기 구

+ 약 鸥
+ 鳥(새 조)

활용어휘 鷗鷺(구로), 鷗盟(구맹), 白鷗(백구), 海鷗(해구)

2

歐

15획 / 부수 欠

(옛날 중국에서 세상의) **구역(區)** 중 **모자라게(欠)**
여겼던 구라파니 **구라파 구**

+ 약 欧
+ 구라파 – 유럽.
+ 산업 혁명이 일어나기 전까지 자원이 빈약한 서구 유럽은 아주
   못 살았답니다. 그래서 자원이 풍부하고 문화가 발달했던 중국에
   서 무시했다는 데서 만든 한자.
+ 欠(하품 흠, 모자랄 흠, 이지러질 결, 빠질 결)

활용어휘 歐文(구문), 歐美(구미), 西歐(서구)

1

毆

15획 / 부수 殳

몸의 어떤 **부분(區)**을 때리니(殳) **때릴 구**

+ 약 殴
+ 殳(칠 수, 창 수, 몽둥이 수)

활용어휘 毆擊(구격), 毆縛(구박), 毆打(구타), 鬪毆(투구)

■ 한자암기박사1 ■

제목번호 045 참고
驅 – 말(馬)을 어느 구역(區)으로 몰아 달리니 '몰 구, 달릴 구'

1

疝

8획 / 부수 疒

병(疒) 중에 산(山)처럼 붓는 산증이니 <mark>산증 산</mark>

+ 산증(疝症) – 한방에서 아랫배가 땅기며 통증이 있고 소변과 대변이 막히는 병.
+ 症(병세 증)

활용어휘 疝氣(산기), 疝病(산병), 疝痛(산통)

2

癌

17획 / 부수 疒

병들면(疒) 물건(品)이 산(山)처럼 많이 들어가는 암이니 <mark>암 암</mark>

+ 암에 걸리면 많은 것을 먹어야 하고 돈도 많이 든다는 데서 만들어진 한자.
+ 疒(병들 녁)

활용어휘 癌腫(암종), 癌的(암적), 胃癌(위암)

■ 명언 ■

〈孔子三計圖(공자삼계도)〉
一生之計(일생지계)는 在於幼(재어유)하고
一年之計(일년지계)는 在於春(재어춘)하고
一日之計(일일지계)는 在於寅(재어인)이니
幼而不學(유이불학)이면 老無所知(노무소지)요,
春若不耕(춘약불경)이면 秋無所望(추무소망)이요,
寅若不起(인약불기)면 日無所辦(일무소판)이니라.

[일생의 계획은 어릴 때 있고
일 년의 계획은 봄에 있고
하루의 계획은 새벽에 있으니,
어려서 배우지 않으면 늙어서 아는 것이 없고
봄에 밭을 갈지 않으면 가을에 바랄 것이 없으며
새벽에 일어나지 않으면 그날에 힘쓸 일이 없다.]

– 〈명심보감(明心寶鑑)〉

+ 計(셈할 계, 꾀할 계), 圖(그림 도, 꾀할 도), 生(날 생, 살 생, 사람을 부를 때 쓰는 접사 생), 在(있을 재), 於(어조사 어), 幼(어릴 유), 年(해 년, 나이 년), 春(봄 춘), 寅(삼갈 인, 범 인, 셋째 지지 인), 而(말 이을 이, 어조사 이), 學(배울 학), 老(늙을 노), 所(장소 소, 바 소), 知(알 지), 春(봄 춘), 若(만약 약, 같을 약, 반야 야, 젊을 약), 耕(밭갈 경), 秋(가을 추), 望(바랄 망, 보름 망), 起(일어날 기, 시작할 기), 辦(힘쓸 판)

巨

5획 / 부수 工

匚 자 형의 큰 자를 손에 든 모양을 본떠서 **클 거**

+ 지금도 큰 작업을 하는 분들은 ㄷ 자나 T 자 모양의 큰 자를 사용하지요. 원래는 '큰 자'라는 뜻이었는데, 후대로 내려오면서 '크다'의 뜻으로 쓰이게 되었어요.

활용어휘 巨創(거창), 巨額(거액), 巨室(거실)

矩

10획 / 부수 矢

화살(矢)로 맞추듯 크게(巨) 맞추어 재는 법이나 곱자니 **법 구, 곱자 구**

+ 곱자 – 나무나 쇠를 이용하여 90도 각도로 만든 'ㄱ' 자 모양의 자.
+ 矢(화살 시)

활용어휘 矩度(구도), 規矩(규구), 矩尺(구척), 矩形(구형)

渠

12획 / 부수 水(氵)

물(氵)이 큰(巨) 나무(木) 옆을 흐르는 도랑이니 **도랑 거, 클 거**

+ 氵(삼 수 변), 木(나무 목)

활용어휘 溝渠(구거), 渠輩(거배)

■ 한자암기박사1 ■

제목번호 293 참고
拒 – 손(扌)을 크게(巨) 벌려 막거나 물리치니 '막을 거, 물리칠 거'
距 – 발(⻊)로 크게(巨) 걸어야 할 정도로 떨어진 거리니 '떨어질 거, 거리 거'

5II

臣

6획 / 제부수

임금 앞에 엎드려 눈을 크게 뜬 신하를 본떠서 **신하 신**

> 활용어휘 君臣有義(군신유의), 君爲臣綱(군위신강)

- -

1

宦

9획 / 부수 宀

(궁궐) 집(宀) 안의 **신하**(臣)가 된 벼슬이니 **벼슬 환**

또 (궁궐) 집(宀) 안에 사는 **신하**(臣)는 내시니 **내시 환**

+ 내시(內寺) – 조선 시대에 임금의 시중을 들거나 숙직 등의 일을 맡아보던 남자.
+ 宀(집 면)

> 활용어휘 宦路(환로), 宦族(환족), 宦官(환관)

- -

2

腎

12획 / 부수 肉(月)

조정에서 궂은일을 하는 **신하**(臣)처럼

또(又) **몸**(月)의 노폐물을 배설시키는 콩팥이니 **콩팥 신**

+ 콩팥 – 혈액 속 노폐물을 걸러내어 오줌을 만드는 배설 기관으로, 신장이라고도 함.

> 활용어휘 腎臟(신장), 腎囊(신낭), 腎不全(신부전)

- -

1

竪

13획 / 부수 立

신하(臣)가 **오른손**(又)으로 세우니(立) **세울 수**

또 서있는 더벅머리니 **더벅머리 수**

+ 立(설 립)

> 활용어휘 竪立(수립), 橫說竪說(횡설수설)

- -

■ 한자암기박사1 ■

제목번호 295 참고

堅 – 신하(臣)처럼 오른손(又)을 땅(土)에 짚고 충성을 맹세함이 굳으니 '굳을 견'

賢 – 신하(臣)처럼 또(又) 재물(貝)을 벌어 봉사함이 어지니 '어질 현'

緊 – 신하(臣)처럼 또(又) 실(糸)을 급하게 찾아 긴요하게 쓰니 '급한 긴, 긴요할 긴'

2

姬

9획 / 부수 女

여자(女) 중 턱(臣) 아래, 즉 가까이서 시중드는 여자니
여자 희

+ 㿼 姬 – 여자(女) 중 신하(臣)처럼 행동하는 여자니 '여자 희'
+ 臣(턱 이)

활용어휘 姬妾(희첩), 舞姬(무희), 美姬(미희)

- -

2

熙

13획 / 부수 火(灬)

턱(臣) 아래까지 혀를 날름거리는 뱀(巳)처럼 불(灬)꽃이
빛나니 빛날 희

+ 巳(뱀 사, 여섯째 지지 사), 灬(불 화 발)

활용어휘 熙光(희광), 熙隆(희륭)

186 감함함 람람[監檻艦 藍籃] – 監으로 된 한자

4II

監

14획 / 부수 皿

(거울이 귀하던 시절에는) 엎드려(臥) 물(一) 있는
그릇(皿)에 비추어 보았으니 볼 감

+ 略 監 – 칼(刂)로 대(灬)를 잘라 그릇(皿)을 만들려고 보니 '볼 감'
+ 한 일(一) 대신에 점 주, 불똥 주(丶)를 쓰기도 합니다.
+ 臥 [누울 와, 엎드릴 와(臥)의 변형], 一('한 일'이지만 여기서는
   평평한 물의 모양), 皿(그릇 명), 刂[칼 도 방(刂)의 변형], 灬[대
   죽(灬)의 축약형]

활용어휘 監修(감수), 收監(수감), 監察(감찰)

1

檻

18획 / 부수 木

나무(木)로 가두어 두고 보며(監) 기르는 우리니 우리 함

+ 略 檻
+ 우리 – 짐승을 가두어 기르는 곳.

활용어휘 檻車(함거), 檻羊(함양), 檻輿(함여), 獸檻(수함)

2

艦

20획 / 부수 舟

적의 배(舟)를 감시하며(監) 싸움도 할 수 있도록 만든
큰 배니 큰 배 함, 싸움배 함

+ 略 艦
+ 舟(배 주)

활용어휘 艦船(함선), 驅逐艦(구축함), 巡洋艦(순양함)

- -

藍

2

18획 / 부수 草(艹)

풀(艹) 중 잘 **보이는**(監) 물감이 나오는 쪽이니 **쪽 람(남)**

+ 약 蓝
+ 쪽 – 마디풀과에 딸린 한해살이 풀로, 잎은 진한 푸른빛의 염료로 쓰임.

활용어휘 藍色(남색), 伽藍(가람), 靑出於藍(청출어람)

籃

1

20획 / 부수 竹(艹)

대(艹)로 속이 **보이게**(監) 만든 바구니니 **바구니 람(남)**

+ 약 篮
+ 艹(대 죽)

활용어휘 籃輿(남여), 搖籃(요람), 搖籃歌(요람가)

■ 한자암기박사1 ■

제목번호 294 참고

鑑 – 쇠(金)를 갈아 잘 보이도록(監) 만든 거울이니 '거울 감'
　　　또 거울을 보듯 살피니 '살필 감'
濫 – 물(氵)이 밖으로 보이게(監) 넘치니 '넘칠 람(남)'
覽 – 보고(監) 또 보니(見) '볼 람(남)'
鹽 – 엎드린(臣) 듯 허리 구부리고 소금밭(鹵)에서 만들어 그릇(皿)에 담는 소금이니 '소금 염'

3II

亞

8획 / 부수 二

(신체적 능력이 보통 사람보다 부족한)
두 곱사등이를 본떠서 **버금 아, 다음 아**

+ 약 亜 – 버금 아, 다음 아(亞)를 쉽게 써서 '버금 아, 다음 아'
+ 곱사등이 – 등뼈가 굽고 등에 혹 같은 뼈가 나온 사람. 꼽추.
+ 버금 – 다음, 두 번째.

활용어휘 亞流(아류), 亞熱帶(아열대), 亞喬木(아교목)

1

啞

11획 / 부수 口

입(口)이 정상이 아닌 **다음(亞)** 가는 벙어리니 **벙어리 아**

+ 약 唖

활용어휘 啞然失色(아연실색), 聾啞(농아), 盲啞(맹아)

1

堊

11획 / 부수 土

(좋은 흙이 아닌) **다음(亞)** 가는 흙(土)이 백토니 **백토 악**

+ 약 埡
+ 제일 좋은 흙은 황토고, 다음 가는 흙이 백토라는 데서 만들어진 한자.

활용어휘 白堊館(백악관)

5II

惡

12획 / 부수 心

(최선이 아닌) **다음(亞)**을 생각하는 **마음(心)**이면 악하니
악할 악

또 악은 모두 미워하니 **미워할 오**

+ 약 悪
+ 무슨 나쁜 짓을 하는 것만이 악이 아니라 '이것이 안 되면 저것 하지 식'으로 최선을 다하지 않고 다음을 생각하는 안일한 마음을 악이라 했네요.

활용어휘 惡夢(악몽), 劣惡(열악), 羞惡(수오)

3II **牙** 4획 / 제부수	코끼리 어금니를 본떠서 어금니 **아** 활용어휘 牙城(아성), 齒牙(치아), 象牙塔(상아탑)
1 **訝** 11획 / 부수 言	말(言)만 **어금니**(牙)가 닳도록 하면 진심을 의심하니 의심할 **아** ＋ 말이 많으면 진심이 의심되지요. 활용어휘 訝惑(아혹), 疑訝(의아), 疑訝心(의아심)
1 **穿** 9획 / 부수 穴	구멍(穴)을 **어금니**(牙)로 뚫으니 뚫을 **천**, 구멍 **천** ＋ 窄(좁을 착) – 제목번호 435 참고 ＋ 穴(구멍 혈, 굴 혈) 활용어휘 穿孔(천공), 穿鑿(천착)
1 **撑** 15획 / 부수 手(扌)	손(扌)으로 높이(尙) 받치고 **어금니**(牙) 악물고 버티니 버틸 **탱** ＋ 扌(손 수 변), 尙[오히려 상, 높을 상, 숭상할 상(尙)의 변형] 활용어휘 撑石(탱석), 撑柱(탱주), 撑天(탱천), 支撑(지탱)

■ 한자암기박사1 ■

제목번호 381 참고
雅 – 어금니(牙)를 가는 것처럼 내는 새(隹)소리는 맑고 우아하게 들리니 '맑을 아, 우아 아'
邪 – 어금니(牙)나 구석진 고을(阝)처럼 숨어서 하는 짓이 간사하니 '간사할 사'
芽 – 풀(艹) 중 어금니(牙)처럼 돋아나는 싹이니 '싹 아'

井

3II

4획 / 부수 二

나무로 엇갈리게 쌓아 만든 우물이나 우물틀 모양을 본떠서
우물 정, 우물틀 정

+ 옛날에는 우물을 파고 흙이 메워지지 않도록 통나무를 井모양으로
짜서 쌓아 올렸지요.

활용어휘 渴而穿井(갈이천정), 坐井觀天(좌정관천)

穽

1

9획 / 부수 穴

구멍(穴)을 우물(井)처럼 깊게 파놓은 함정이니 함정 정

활용어휘 陷穽(함정)

冓

참

10획 / 부수 冂

우물틀(井)처럼 거듭(再) 쌓으며 짜니 쌓을 구, 짤 구

+ 再(다시 재, 두 번 재)

購

2

17획 / 부수 貝

돈(貝)을 쌓아(冓) 모아 물건을 사니 살 구

+ 貝(조개 패, 재물 패, 돈 패)

활용어휘 購讀(구독), 購買(구매), 購入(구입)

溝

1

13획 / 부수 水(氵)

물(氵)이 쌓인(冓) 듯 고여 넘쳐 흐르는 개울이니 개울 구

+ 개울 - 골짜기나 들에 흐르는 작은 물줄기.

활용어휘 溝瀆(구독), 溝池(구지), 溝壑(구학), 怨溝(원구)

■ 한자암기박사1 ■

제목번호 373 참고
耕 - 가래(耒)로 우물(井)을 파듯 깊게 밭을 가니 '밭 갈 경'

제목번호 374 참고
構 - 나무(木)를 쌓아(冓) 얽으니 '얽을 구'
講 - 말(言)을 쌓듯이(冓) 여러 번 익혀 강의하니 '익힐 강, 강의할 강'

5

寒
12획 / 부수 宀

집(宀) 우물(井) 하나(一)에서 **나뉘어**(八) 나온 물이 얼음(冫)처럼 차니 **찰 한**

+ 宀(집 면), 八(여덟 팔, 나눌 팔), 冫(이 수 변)

활용어휘 寒氣(한기), 酷寒(혹한), 脣亡齒寒(순망치한)

3II

塞
13획 / 부수 土

집(宀)의 벽을 우물틀(井)처럼 **하나**(一)씩 **나누어**(八) 흙(土)으로 막으니 **막을 색**

또 출입을 막고 지키는 변방이니 **변방 새**

활용어휘 梗塞(경색), 窮塞(궁색), 塞翁之馬(새옹지마)

1

寨
14획 / 부수 宀

집(宀) 둘레에 우물틀(井)처럼 **하나**(一)씩 **나누어**(八) 나무(木)로 막은 울타리니 **울타리 채**

활용어휘 木寨(목채), 山寨(산채)

1II

襄
17획 / 부수 衣

(드러나지 않게) 옷(衣) 속에 입들(口口)을 가리고 우물틀(井)처럼 얽혀 한(一)결같이 도우니 **도울 양**

+ 얜 襄 – 옷(衣)을 나누어(八) 싸고 우물틀(井)처럼 얽혀 한(一)결같이 도우니 '도울 양'
+ 뜜 褱(품을 회)

활용어휘 襄禮(양례), 宋襄之仁(송양지인)

3II

壤
20획 / 부수 土

흙(土)이 일을 도와주려는(襄) 듯 고운 흙으로 된 땅이니 **고운 흙 양, 땅 양**

+ 얜 壌
+ 돌이 섞인 거친 땅은 다루기 힘들지요.

활용어휘 擊壤歌(격양가), 土壤(토양), 天壤之差(천양지차)

20획 / 부수 女

여자(女) 중 일을 도와주는(襄) 아가씨니 아가씨 **양**

+ 일 嬢
+ 요즘은 결혼해서도 직장을 다니지만 옛날에는 결혼하기 전 아가씨 때만 직장에 다녔지요.

활용어휘 令孃(영양), 案內孃(안내양)

攘

20획 / 부수 手(扌)

손(扌)으로만 **돕는**(襄) 척하며 물리치고 빼앗으니 물리칠 **양**, 빼앗을 **양**

활용어휘 攘夷(양이), 攘除(양제), 攘斥(양척), 攘奪(양탈)

24획 / 부수 酉

술(酉)이 되도록 **도와**(襄) 빚으니 빚을 **양**

+ 일 醸
+ 酉(술그릇 유, 술 유, 닭 유, 열째 지지 유)

활용어휘 釀成(양성), 釀造(양조), 釀造場(양조장)

讓

24획 / 부수 言

말(言)로라도 **도우려고**(襄) 사양하고 겸손하니 사양할 **양**, 겸손할 **양**

+ 일 譲
+ 말을 함부로 함은 방해하는 것이니 말 한마디라도 사양하고 겸손 함이 돕는 것이지요.

활용어휘 謙讓之德(겸양지덕), 辭讓之心(사양지심)

囊

22획 / 부수 口

옷(衣) 가운데(中)에 덮인(冖) 구멍(口)과 구멍(口)을 우물틀(井)처럼 하나(一)씩 박아 만든 주머니니 주머니 **낭**

또 주머니처럼 만든 자루니 자루 **낭**

+ 中(가운데 중, 맞힐 중), 冖(덮을 멱)

활용어휘 背囊(배낭), 寢囊(침낭), 囊中之錐(낭중지추)

6Ⅱ

形

7획 / 부수 彡

우물(开)에 **머리털(彡)**이 비친 모양이니 모양 형

+ 거울이 없던 옛날에는 우물에 자기의 모습을 비춰 보기도 했지요.
+ 开[우물 정, 우물틀 정(井)의 변형], 彡(터럭 삼, 긴머리 삼)

활용어휘 形形色色(형형색색), 不可形言(불가형언)

1Ⅱ

邢

7획 / 부수 邑(阝)

산천으로 **우물틀(开)**처럼 둘러싸인 **고을(阝)**에 세운 형나라니 형나라 형, 성씨 형

+ 인·지명용 한자.
+ 형(邢)나라 - 중국 주나라의 제후. 초나라의 별명.
+ 阝(고을 읍 방)

4

刑

6획 / 부수 刀(刂)

우물틀(开) 같은 형틀에 매어 **칼(刂)**로 집행하는 형벌이니 형벌 형

+ 刊 刊(책 펴낼 간)
+ 刂(칼 도 방)

활용어휘 死刑(사형), 處刑(처형), 求刑(구형)

1

荊

10획 / 부수 草(艹)

풀(艹) 중 **형벌(刑)**하듯이 찌르는 가시니 가시 형

+ 艹(초 두)

활용어휘 荊冠(형관), 荊棘(형극), 荊路(형로)

2

型

9획 / 부수 土

우물틀(开)처럼 **칼(刂)**로 **흙(土)**을 깎아서 만든 틀이나 모형이니 틀 형, 모형 형

+ 형(型) - ㉠ 거푸집. ㉡ 물건을 만들 때 일정한 모양을 잡거나, 뒤틀린 모양을 바로잡는 데 쓰는 틀. ㉢ 다른 것들과 구별되는 특징을 이루는 유형이나 형태.
+ 거푸집 - 만들려는 물건의 모양대로 속이 비어 있어 거기에 쇠붙이를 녹여 붓도록 되어 있는 틀.

활용어휘 大型(대형), 模型(모형), 新型(신형)

8

中

4획 / 부수 丨

사물(口)의 가운데를 뚫어(丨) 맞히니
가운데 중, 맞힐 중

활용어휘 百發百中(백발백중), 五里霧中(오리무중)

1II

沖

7획 / 부수 水(氵)

물(氵) 가운데(中) 섞인 듯 화하고 트이니
화할 충, 트일 충

또 물(氵)과 위에 언 얼음 가운데(中)처럼 비니 **빌 충**

또 아직 생각이 비게 덜 성숙하여 어리니 **어릴 충**

+ 㸯 冲 – 얼음(冫) 가운데(中)가 화하여 비니 '화할 충, 빌 충'
　　　또 아직 생각이 비게 덜 성숙하여 어리니 '어릴 충'

+ ┌ 화(和)하다 – ㉠ 무엇을 타거나 섞다.
　│　　　　　　　㉡ 날씨나 바람·마음 등이 따뜻하고 부드럽다.
　└ 화(化)하다 – 어떤 현상이나 상태로 바꿔다.
　　　　　　　　　여기서는 和, 化의 뜻 둘 다 통함.

활용어휘 沖和之氣(충화지기), 沖積(충적), 沖年(충년)

1II

串

7획 / 부수 丨

(고대에 화폐로 사용되었던) 조개를 꿰어 놓은 꿰미니
꿸 관, 꿰미 천

또 무엇을 꿰어 놓은 꼬챙이처럼 바다 쪽으로 길게 뻗은
땅 이름이니 **땅 이름 곶**

+ 곶(串) – 바다 쪽으로, 부리 모양으로 뾰족하게 뻗은 육지.

활용어휘 串柿(관시), 長山串(장산곶), 虎尾串(호미곶)

5

患

11획 / 부수 心

가운데(中) 가운데(中)의 마음(心)에 있는 근심이니
근심 환

+ 적당히 잊어버려야 하는데 잊지 못하고 가운데 가운데에 두고 생각하면 근심이지요.

활용어휘 患者(환자), 憂患(우환), 有備無患(유비무환)

■ 한자암기박사1 ■

제목번호 046 참고
仲 – 사람(亻) 가운데(中) 두 번째인 버금이니 '버금 중'
　　또 사람(亻) 가운데(中)서 중개하니 '중개할 중'
忠 – 가운데(中)서 우러나는 마음(心)으로 대하는 충성이니 '충성 충'

5

貴

12획 / 부수 貝

가운데(中) 있는 하나(一)의 재물(貝)이 귀하니
귀할 귀

+ 위험할 때는 물건들 사이에 귀한 것을 넣어 보관하기도 하지요.
+ 貝(조개 패, 재물 패, 돈 패)

활용어휘 貴重(귀중), 貴賤(귀천), 富貴功名(부귀공명)

1

潰

15획 / 부수 水(氵)

물(氵)이 귀하게(貴) 되도록 제방이 무너져 흩어지니
무너질 궤, 흩어질 궤

활용어휘 潰滅(궤멸), 潰崩(궤붕), 潰瘍(궤양)

1

櫃

18획 / 부수 木

나무(木)로 귀한(貴) 것을 감추어(匚) 넣기 위해 만든 궤니
궤 궤

+ 图 匱 – 귀한(貴) 것을 감추어(匚) 넣기 위해 만든 궤니 '궤 궤'
+ 궤는 대부분 나무로 만든다는 데서 匱에 나무 목(木)을 붙여 만든 한자가 櫃지요.
+ 궤(櫃) – 물건을 넣도록 나무로 네모나게 만든 그릇.
+ 匚(감출 혜, 덮을 혜, = ㄴ)

활용어휘 櫃櫝(궤독), 櫃封(궤봉)

■ 한자암기박사1 ■

제목번호 362 참고
遺 – 귀한(貴) 물건을 가면서(辶) 남기거나 잃으니 '남길 유, 잃을 유'

因

5

6획 / 부수 口

에워싼(口) 큰(大) 울타리에 말미암아 의지하니
말미암을 인, 의지할 인

+ 사회가 안정되지 않았던 옛날에는 크고 튼튼한 울타리에 많이 의지하였겠지요.
+ 口[에운담, 나라 국(國)의 약자]

활용어휘 因果應報(인과응보), 善人善果(선인선과)

咽

1

9획 / 부수 口

입(口)에 의지하고(因) 있는 목구멍이니 **목구멍 인**

또 목구멍이 메도록 슬프게 울거나 삼키니
목멜 열, 삼킬 연

활용어휘 咽喉炎(인후염), 嗚咽(오열), 呑咽(탄연)

溫

6

13획 / 부수 水(氵)

물(氵)을 죄인(囚)에게도 그릇(皿)으로 떠 주는 마음이
따뜻하니 **따뜻할 온**

또 따뜻해지도록 여러 번 반복하여 익히니
익힐 온, 성씨 온

+ 옛 溫 - 물(氵)이 해(日)가 비친 그릇(皿)에 있으면 따뜻하니
'따뜻할 온'
또 따뜻하도록 여러 번 반복하여 익히니 '익힐 온, 성씨 온'
+ 囚 - 에워싸인(口) 곳에 갇힌 사람(人)이면 죄인이니 '죄인 수'

활용어휘 體溫(체온), 溫突(온돌), 保溫(보온)

蘊

1

20획 / 부수 草(艹)

풀(艹)에서 뽑은 실(糸)을 쓰지 않고 갇힌 **죄수(囚)**처럼
그릇(皿)에 쌓으니 **쌓을 온**

+ 糸(실 사, 실 사 변)

활용어휘 蘊奧(온오), 蘊藉(온자), 蘊蓄(온축), 蘊抱(온포)

■ 한자암기박사1 ■

제목번호 041 참고
姻 - 여자(女)가 의지할(因) 남자에게 시집가니 '시집갈 인'
恩 - 의지하도록(因) 마음(心) 써주는 은혜니 '은혜 은'

4II

6획 / 부수 口

축을 중심으로 돌아가는 모양에서 **돌 회**

또 돌 듯 돌아오는 횟수니 **돌아올 회, 횟수 회**

활용어휘 起死回生(기사회생), 撤回(철회)

1

9획 / 부수 彳

(목적지 없이) **조금씩 걸으며**(彳) **돌고**(回) 배회하니
배회할 회

+ 배회(徘徊) - 특정한 목적 없이 어떤 곳을 중심으로 이리저리 걸어 다님.
+ 彳(조금 걸을 척), 徘(배회할 배)

활용어휘 低徊(저회), 遲徊(지회)

1

12획 / 부수 虫

벌레(虫) 중 **도는**(回) 모양으로 서리고 사는 회충이니
회충 회

+ 서리다 - 여러 뜻이 있지만 여기서는 '뱀 등이 몸을 똬리처럼 둥그렇게 감다'의 뜻.
+ 뱃속에 있는 기생충의 일종인 회충은 길어서 빙 도는 모양으로 서려 있다고 하지요.
+ 虫(벌레 충)

활용어휘 蛔蟲(회충)

2

9획 / 부수 廴

(바로 가지 않고) **돌아서**(回) **길게 걸어**(廴) 우회하니
우회할 회, 돌 회

+ 우회(迂廻) - 곧바로 가지 않고 멀리 돌아서 감.
+ 廴(길게 걸을 인), 迂(멀 우, 돌아갈 우)

활용어휘 廻轉·回轉(회전), 廻風(회풍), 輪廻(윤회)

■ 명언 ■

〈回心向道(회심향도)〉

'마음 돌려 도를 향함'으로, 좋지 못한 마음을 고쳐먹고 올바른 길로 방향을 바꿈.

+ 정말이지 모든 것은 마음먹기에 따라 일순간에 달라지는 것이다. '자살'이라는 글자를 반대로 하면 '살자'가 되며, 영어의 스트레스를 반대로 하면 디저트란 말이 되지 않는가? 이러니 생각을 바꾸는 것은 참으로 중요한 일인 것 같다. 탐착(貪着)과 집착(執着)을 끊은 그 자리가 바로 극락정토라 하지 않았던가?
    - 〈김쾌덕의 '이마에 손 없는 마음' 중에서〉

+ 탐착(貪着) - 만족할 줄 모르고 탐하는 마음을 버리지 못함.
  집착(執着) - 어떤 것에 늘 마음이 쏠려 잊지 못하고 매달림.

+ 心(마음 심, 중심 심), 向(향할 향), 道(길 도, 도리 도, 말할 도, 행정 구역의 도), 貪(탐낼 탐), 着(붙을 착), 執(잡을 집)

鄙

14획 / 부수 邑(阝)

입(口)에 먹을 것만 찾아 **머리(亠) 돌리는(回)**
고을(阝)처럼 더럽고 인색하니
더러울 **비**, 인색할 **비**

+ 畵 啚 - 입(口)에 먹을 것만 찾아 머리(亠)를 돌릴(回) 정도로
더럽고 인색하니 '더러울 비, 인색할 비'
+ 亠(머리 부분 두)

활용어휘 鄙陋(비루), 鄙劣(비열), 貪鄙(탐비), 鄙吝(비린)

稟

13획 / 부수 禾

머리(亠) 돌려(回) 벼(禾)를 얼마나 줄까를 여쭈니
줄 **품**, 여쭐 **품**

+ 禾(벼 화)

활용어휘 稟性(품성), 稟申(품신), 稟議(품의)

凜

15획 / 부수 氷(冫)

얼음(冫)이 **머리(亠) 돌리거나(回) 벼(禾)**처럼
고개 숙이게 차니 찰 **름(늠)**
또 차가움에도 늠름하니 늠름할 **름(늠)**

+ 冫(이 수 변)

활용어휘 凜烈 · 凜冽(늠렬), 凜凜(늠름)

특II

亶

13획 / 부수 亠

머리(亠) 돌려(回) 아침(旦)부터 일에 열중하는
많은 믿음이니 **많을 단, 믿음 단**

+ 亠(머리 부분 두), 回(돌 회, 돌아올 회, 횟수 회), 旦(아침 단)

1

擅

16획 / 부수 手(扌)

손(扌)으로 많이(亶) 멋대로 하니 **멋대로 할 천**

+ 亶[많을 단, 믿음 단(亶)의 변형]

활용어휘 擅斷(천단), 擅名(천명), 擅橫(천횡)

1

氈

17획 / 부수 毛

많은(亶) 털(毛)로 짠 융단이니 **융단 전**

+ 융단(絨緞) – 양털 등의 털을 표면에 보풀이 일게 짠 두꺼운 모직물.
+ 전(氈) – 짐승의 털로 아무 무늬 없이 톡톡하게 짠 천으로 만든 요.
+ 毛(털 모), 絨(융 융), 緞(비단 단)

활용어휘 氈笠(전립), 氈帽(전모), 氈方席(전방석)

1

顫

22획 / 부수 頁

많은(亶) 생각이 있는 듯 머리(頁)가 떨리니 **떨릴 전**

+ 頁(머리 혈)

활용어휘 顫聲(전성), 顫音(전음), 手顫症(수전증)

■ 한자암기박사1 ■

제목번호 043 참고
壇 – 흙(土)을 많이(亶) 쌓아 만든 제단이나 단상이니 '제단 단, 단상 단'
檀 – 나무(木) 중 단단하여 많은(亶) 곳에 이용하는 박달나무니 '박달나무 단'

面

9획 / 제부수

머리(一)와 **이마**(丿)와 눈코 있는 얼굴을 본떠서 **얼굴 면**

또 얼굴 향하고 볼 정도의 작은 행정 구역이니
향할 면, 볼 면, 행정 구역의 면

+ 면(面) – 시(市)나 군(郡)에 속한 지방 행정 구역 단위의 하나.
  몇 개의 리(里)로 구성됨.

활용어휘 白面書生(백면서생), 生面不知(생면부지)

緬

15획 / 부수 糸

실(糸)이 **얼굴**(面) 두른 듯 한쪽으로 뻗어감이 머니 **멀 면**

또 멀리 늘어져 가늘어진 실이니 **가는 실 면**

+ 실을 늘이면 가늘어지지요.
+ 糸(실 사, 실 사 변)

활용어휘 緬憶(면억), 緬羊(면양)

麵

20획 / 부수 麥

보리(麥)나 밀의 **얼굴**(面), 즉 껍질을 벗겨 만든 밀가루니
밀가루 면

또 밀가루로 만든 국수니 **국수 면**

+ 圄 麪(밀가루 면, 국수 면) – 제목번호 474 참고
+ 麥(보리 맥)

활용어휘 麵類(면류), 麵棒(면봉), 煮醬麵(자장면)

■ 명언 ■

出必告 反必面(출필곡 반필면)
[나갈 때는 반드시 뵙고 청하고(허락을 받고) 돌아와서는 반드시 얼굴을 뵈어라.]

〈예기(禮記)〉

무릇 사람의 자식 된 자는 밖에 나갈 때는 반드시 부모님께 행선지를 말씀 드리고, 집에 돌아와서는
반드시 부모의 얼굴을 뵙고 돌아왔음을 알려야 한다는 말.

+ 出(나올 출, 나갈 출), 必(반드시 필), 告(알릴 고, 뵙고 청할 곡), 反(거꾸로 반, 뒤집을 반)

1Ⅱ

呂

7획 / 부수 口

등뼈가 서로 이어진(░→呂) 모양을 본떠서 **등뼈 려(여)**
또 등뼈처럼 소리의 높낮음이 이어진 음률이나 성씨니
음률 려(여), 성씨 여

> **활용어휘** 六呂(육려), 律呂(율려)

1

侶

9획 / 부수 人(亻)

사람(亻) 중 **등뼈(呂)**처럼 이어지는 짝이니 **짝 려(여)**

> **활용어휘** 伴侶(반려), 伴侶者(반려자), 僧侶(승려)

1

閭

15획 / 부수 門

집집의 **문(門)**이 **등뼈(呂)**처럼 이어진 마을이니
마을 려(여)

+ 門(문 문)

> **활용어휘** 閭閻(여염), 閭巷(여항)

■ 한자암기박사1 ■

제목번호 037 참고
宮 – 집(宀) 여러 채가 등뼈(呂)처럼 이어진 궁궐이니 '궁궐 궁'

제목번호 285 참고
營 – 불(火)과 불(火)에 덮인(冖) 듯 열성으로 음률(呂)을 다스리니 '다스릴 영'

특

6획 / 제부수

벌레 모양을 본떠서,

벌레 충(蟲)이 속자나 부수로 쓰일 때의 모양이니 벌레 충

4II

18획 / 부수 虫

(벌레는 원래 한 마리가 아니니)
많은 벌레가 모인 모양을 본떠서 벌레 충

+ 森(빽빽할 삼, 엄숙할 삼), 晶(수정 정, 맑을 정), 品(물건 품, 등
급 품, 품위 품)처럼 한자에서 많음은 같은 한자를 세 번 반복하여
나타냅니다.

활용어휘 蟲齒(충치), 殺蟲劑(살충제)

1

繭

19획 / 부수 糸

풀(艹)에 성(冂)처럼 붙여(丨) 실(糸)로 벌레(虫)가
지어 놓은 고치니 고치 견

+ 艹(풀 초), 冂(멀 경, 성 경), 丨('뚫을 곤'이지만 여기서는 붙인
모양), 糸(실 사, 실 사 변)

활용어휘 繭價(견가), 繭綿(견면), 繭絲(견사), 繭蠶(견잠)

1

嗤

13획 / 부수 口

입(口)으로 산(山)에 사는 한(一) 마리 벌레(虫)처럼
어리석다고 비웃으니 비웃을 치

활용어휘 嗤侮(치모), 嗤笑(치소), 嗤點(치점)

■ 한자암기박사1 ■

제목번호 337 참고
騷 – 말(馬)이 벼룩(蚤)처럼 날뛰면 시끄러우니 '시끄러울 소'
　　　또 시끄럽게 없던 일도 꾸며서 글 지으니 '글 지을 소'
蛇 – 벌레(虫)처럼 집(宀)에서 비수(匕) 같은 혀를 날름거리는 뱀이니 '뱀 사'

蜀

1II

13획 / 부수 虫

그물(罒) 같은 집에 싸여(勹) 있는 애**벌레**(虫)니
애벌레 **촉**

또 그물(罒) 같은 집에 싸여(勹) 있는 애**벌레**(虫)처럼
산과 물로 둘러싸여 있던 촉나라니 촉나라 **촉**

+ 촉(蜀)나라 – 촉한(蜀漢). 유비(劉備)가 사천(四川)·운남(雲南)·
  귀주(貴州) 북부 및 한중(韓中) 일대에 세운 나라.
+ 罒(그물 망, = 网, 冈), 勹(쌀 포), 虫(벌레 충)

- -

屬

4

21획 / 부수 尸

몸(尸)에 **진액**(氵)을 빨아먹으려고 **벌레**(蜀)들이 붙어사니
붙어살 **속**

또 붙어사는 무리니 무리 **속**

+ 属 – 몸(尸)에 비스듬히(丿) 가운데(中)를 발자국(内)처럼 파
       먹으며 붙어사는 벌레들의 무리 '붙어살 속, 무리 속'
+ 内 – 성(冂)처럼 사사로이(厶) 남긴 발자국이니 '발자국 유'
+ 尸('주검 시, 몸 시'지만 여기서는 몸으로 봄), 氺[물 수 발(水)의
  변형]

활용어휘 專屬(전속), 從屬(종속), 直屬(직속), 等屬(등속)

囑

1

24획 / 부수 口

입(口)으로 **붙어살게**(屬) 해 달라고 부탁하니
부탁할 **촉**

활용어휘 囑望(촉망), 囑言(촉언), 囑託(촉탁)

■ 한자암기박사1 ■

제목번호 352 참고
燭 – 불(火)꽃이 애벌레(蜀)가 꿈틀거리듯 흔들리는 촛불이니 '촛불 촉'
獨 – 개(犭)와 애벌레(蜀)의 관계처럼 어울리지 못하고 홀로니 '홀로 독'
    또 늙어서 홀로 지내게 자식이 없으니 '자식 없을 독'
濁 – 물(氵) 속에 애벌레(蜀)가 꿈틀거린 듯 흐리니 '흐릴 탁'

특II

缶

6획 / 제부수

사람(^丿)이 하나(一)의 산(山)처럼 길쭉하게 만든 장군이나 두레박이니 **장군 부, 두레박 관**

+ 장군 – 옛날에 액체를 담았던 통으로, 나무나 도자기로 만들었음.

참

匋

8획 / 부수 勹

싸인(勹) 가마에 장군(缶)처럼 구워 만든 질그릇이나 질그릇 굽는 가마니 **질그릇 도, 질그릇 굽는 가마 요**

+ 勹(쌀 포)

3II

陶

11획 / 부수 阜(阝)

언덕(阝)처럼 싸인(勹) 가마에 장군(缶)처럼 구워 만든 질그릇이니 **질그릇 도**

또 질그릇으로 음식을 먹으며 즐기니 **즐길 도**

+ 阝(언덕 부 변)

활용어휘 陶瓷器(도자기), 自我陶醉(자아도취)

1

淘

11획 / 부수 水(氵)

곡식을 물(氵)에 담가 질그릇(匋)으로 이니 **일 도**

+ 일다 – 곡식 등을 그릇에 담아 물을 붓고 이리저리 흔들어서 쓸 것과 못 쓸 것을 가려낸다.
+ 옛날에는 바가지나 조리 등의 기구가 없어서 질그릇으로 인다고 한 것이지요.

활용어휘 淘金(도금), 淘淸(도청), 淘汰(도태)

1

萄

12획 / 부수 草(艹)

풀(艹) 덩굴이 가마(匋)처럼 덮은 아래에 열리는 포도나 머루니 **포도 도, 머루 도**

+ 포도나 머루는 덩굴이 위를 덮고 그 아래에 열매가 열리지요.

활용어휘 葡萄(포도), 乾葡萄(건포도), 靑葡萄(청포도)

7II **工** 3획 / 제부수	장인이 물건을 만들 때 쓰는 자를 본떠서 **장인 공**, **만들 공**, **연장 공** 활용어휘 小商工人(소상공인), 施工(시공), 工藝(공예)
1 **缸** 9획 / 부수 缶	(배가 불룩한) **장군(缶)**처럼 **만든(工)** 항아리니 **항아리 항** ＋ 항(缸)아리 - 아래위가 좁고 배가 부른 질그릇. 활용어휘 魚缸(어항), 酒缸(주항)
1 **肛** 7획 / 부수 肉(月)	몸(月)에서 **만들어진(工)** 노폐물을 내보내는 똥구멍이니 **똥구멍 항** 활용어휘 肛門(항문), 肛門科(항문과)
1 **虹** 9획 / 부수 虫	아름다운 **벌레(虫)로 만든(工)** 것처럼 빛나는 무지개니 **무지개 홍** 활용어휘 虹橋(홍교), 虹霓門(홍예문), 虹彩(홍채)
1 **訌** 10획 / 부수 言	(사실이 아닌) **말(言)을 만들어(工)** 소문내면 어지러우니 **어지러울 홍** 활용어휘 訌爭(홍쟁), 內訌(내홍)

■ 한자암기박사1 ■

제목번호 296 참고
江 - 물(氵)이 흘러가며 만들어(工)지는 강이니 '강 강'
紅 - (붉은 색을 제일 좋아하는 중국에서) 실(糸)을 가공하면(工) 주로 붉은색이니 '붉을 홍'
功 - 만드는(工) 데 힘(力)들인 공이며 공로니 '공 공, 공로 공'
貢 - 만든(工) 재물(貝)을 바치니 '바칠 공'
恐 - 잘 만드는 장인(工)도 무릇(凡) 실수할까봐 마음(心)속으로 두려우니 '두려울 공'

8

長

8획 / 제부수

입(一)의 위아래에 난 긴 수염을 본떠서 길 장

또 수염이 길면 어른이니 어른 장

+ 수염은 나이가 들어야 나며, 주로 입 주위에 많이 나지요.
+ 一('한 일'이지만 여기서는 다문 입으로 봄)

활용어휘 長短(장단), 校長(교장), 長幼有序(장유유서)

1

脹

12획 / 부수 肉(月)

몸(月)이 길게(長) 부으니 부을 창

+ 月(달 월, 육 달 월)

활용어휘 脹氣(창기), 脹症(창증)

1

套

10획 / 부수 大

크고(大) 길게(镸) 덮개를 덮는 버릇이 있으니
덮개 투, 버릇 투

+ 大(큰 대), 镸[길 장, 어른 장(長)의 옛 글자]

활용어휘 封套(봉투), 外套(외투), 常套(상투), 語套(어투)

4

張

11획 / 부수 弓

활(弓)시위를 길게(長) 벌리니 벌릴 장

또 벌리듯 마음을 열고 베푸는 성씨니 베풀 장, 성씨 장

+ 弓(활 궁)

활용어휘 落張不入(낙장불입), 虛張聲勢(허장성세)

1

漲

14획 / 부수 水(氵)

물(氵)이 넓게 벌려(張) 흐를 정도로 많으니
물 많을 창

활용어휘 漲濤(창도), 漲滿(창만), 漲水(창수), 漲溢(창일)

■ 한자암기박사1 ■

제목번호 341 참고

帳 – 수건(巾) 같은 천으로 길게(長) 둘러 가린 장막이니 '장막 장'
    또 장막처럼 보이지 않게 가리고 쓰는 장부니 '장부 장'

3

而

6획 / 제부수

입(一) 아래(丿) 이어진 **수염**(而)처럼 말을 이어주는 어조사니
말 이을 이, 어조사 이

활용어휘 博而不精(박이부정), 形而上學(형이상학)

3II

耐

9획 / 부수 而

이어지는(而) 고통도 **법도**(寸)에 따라 참고 견디니
참을 내, 견딜 내

+ 寸(마디 촌, 법도 촌)

활용어휘 忍耐(인내), 耐久性(내구성), 耐乏(내핍)

3II

需

14획 / 부수 雨

비(雨)가 **이어져**(而) 내리면 구하여 여러 가지에 쓰니
구할 수, 쓸 수

+ 雨(비 우)

활용어휘 不時之需(불시지수), 盛需期(성수기)

1

懦

17획 / 부수 心(忄)

(대담하지 못하고) **마음**(忄)을 자꾸 **쓰며**(需) 나약하니
나약할 나

+ 나약(懦弱) – 의지가 굳세지 못함.
+ 弱(약할 약)

활용어휘 懦怯(나겁), 懦薄(나박), 懦夫(나부)

4

儒

16획 / 부수 人(亻)

사람(亻)에게 **쓰이는**(需) 도를 공부하고 가르치는 선비나
유교니 **선비 유, 유교 유**

활용어휘 儒敎(유교), 焚書坑儒(분서갱유)

■ 도움말 ■

〈순접도 되고 역접도 되는 而〉
而는 앞의 내용을 그대로 이어받는 순접(順接)으로도 쓰이고 반대로 이어받는 역접(逆接)으로도 쓰이는데, 해석은 문맥의 내용에 따라 결정되지요. 而를 중심으로 앞뒤의 내용이 비슷하면 순접으로 해석하고 반면 역접으로 해석합니다. 순접일 때는 '~면서, 그리고, 또, 또한'으로 해석하고, 역접일 때는 '~지만, ~나'로 해석합니다.

4Ⅱ

端

14획 / 부수 立

서(효) 있는 곳이 **산**(山)으로 **이어진**(而) 끝이니 끝 **단**

또 일의 끝에 서면 마음이나 옷차림을 바르게 하여 찾는 실마리니
바를 **단**, 실마리 **단**

+ 耑(끝 단, 오로지 전)이 공통 글자이지만 여기서는 나누어서 풀었습니다.
+ 정해진 기간이나 하던 일의 끝에 서면 경건해지지요.

활용어휘 複雜多端(복잡다단), 發端(발단), 事端(사단)

1Ⅱ

湍

12획 / 부수 水(氵)

물(氵)이 **산**(山)으로 **이어진**(而) 좁은 곳을 흐르는
여울이니 여울 **단**

+ 여울 - 강이나 바다의 바닥이 얕거나 폭이 좁아 물살이 세게 흐르는 곳.

활용어휘 湍水(단수), 急湍(급단)

2

瑞

13획 / 부수 玉(王)

구슬(王)로 된 **산**(山)이 **이어진**(而) 듯 상서로우니
상서로울 **서**

+ 상서(祥瑞)롭다 - 복되고 좋은 일이 있을 듯하다.
+ 王(임금 왕, 으뜸 왕, 구슬 옥 변), 祥(상서로울 상, 조짐 상)

활용어휘 瑞光(서광), 瑞氣(서기), 瑞夢(서몽)

1

喘

12획 / 부수 口

입(口)이 **산**(山)으로 **이어진**(而) 곳을 오를 때처럼 숨이
가빠 헐떡거리니 헐떡거릴 **천**

활용어휘 喘急(천급), 喘息(천식), 咳喘(해천)

5

亡

3획 / 부수 亠

머리(亠)를 감추어야(乚) 할 정도로 망하여 달아나니
망할 **망**, 달아날 **망**

또 망하여 죽으니 죽을 **망**

+ 亠(머리 부분 두), 乚(감출 혜, 덮을 혜, = 匚)

활용어휘 脣亡齒寒(순망치한), 興亡盛衰(흥망성쇠)

- -

1

芒

7획 / 부수 艸(⺿)

풀(⺿)이 망가진(亡) 까끄라기니 까끄라기 **망**

+ 까끄라기 - 벼·보리 등의 낟알 껍질에 붙은 깔끄러운 수염. 또는
그 동강.

활용어휘 芒然(망연), 芒鞋(망혜), 竹杖芒鞋(죽장망혜)

■ 한자암기박사1 ■

제목번호 171 참고

忙 - 마음(忄)이 망할(亡) 정도로 바쁘니 '바쁠 망'

茫 - 풀(⺿)까지 물(氵)에 잠겨 없어져(亡) 망망하고 아득하니 '망망할 망, 아득할 망'

望 - 망가진(亡), 즉 이지러진 달(月)을 보고 왕(王) 같은 보름달이 되기를 바라는 보름이니
'바랄 망, 보름 망'

忘 - 망한(亡) 마음(心)처럼 잊으니 '잊을 망'

妄 - 그릇된 생각이나 행동으로 정신이 망한(亡) 여자(女)처럼 망령되니 '망령될 망'

盲 - 망한(亡) 눈(目)이면 장님이니 '장님 맹'
또 장님처럼 보지 못하여 무지하니 '무지할 맹'

岡

8획 / 부수 山

그물(罒)친 것처럼 이어진 **산(山)**등성이니 **산등성이 강**

+ 높은 데서 산을 내려다보면 마치 그물을 친 것처럼 산등성이가 이어졌지요.

[활용어휘] 岡陵(강릉), 岡阜(강부)

崗

11획 / 부수 山

산(山)의 **산등성이(岡)**나 언덕이니
산등성이 강, 언덕 강

+ 속 岡(산등성이 강)

[활용어휘] 花崗石(화강석), 花崗巖(화강암)

罔

8획 / 부수 网(罒)

그물(罒)로 고기를 잡아 **죽여(亡)** 없으니 **없을 망**

+ 罒 [그물 망(网, 罓, 罒)의 변형]

[활용어휘] 怪常罔測(괴상망측), 昊天罔極(호천망극)

網

14획 / 부수 糸

실(糸)로 만들어 **없는(罔)** 것처럼 쳐 놓은 그물이니
그물 망

[활용어휘] 法網(법망), 一網打盡(일망타진), 投網(투망)

惘

11획 / 부수 心(忄)

(아무) **마음(忄)**도 **없는(罔)** 듯 멍하니 **멍할 망**

[활용어휘] 惘惘(민망), 悵惘(창망)

■ 한자암기박사1 ■

제목번호 356 참고
鋼 – 쇠(金) 중에 산등성이(岡)처럼 강한 강철이니 '강철 강'
　　 또 강철처럼 굳세니 '굳셀 강'
綱 – 실(糸) 중에 산등성이(岡)처럼 강한 벼리니 '벼리 강'
　　 또 벼리처럼 중요한 것만 대강 처리하니 '대강 강'
剛 – 산등성이(岡)도 자를 만큼 칼(刂)이 굳세고 단단하니 '굳셀 강, 단단할 강'

7II

立

5획 / 제부수

사람이 팔다리 벌리고 땅(一)에 서 있는 모양에서 **설 립(입)**

활용어휘 立證(입증), 積立(적립), 立身出世(입신출세)

1

粒

11획 / 부수 米

쌀(米)을 하나하나 세운(立) 낟알이니 **낟알 립(입)**

활용어휘 粒子(입자), 顆粒(과립), 微粒子(미립자)

2

拉

8획 / 부수 手(扌)

손(扌)으로 세워(立) 끌고 가니 **끌고 갈 랍(납)**

활용어휘 拉北(납북), 拉致(납치), 被拉(피랍)

1

站

10획 / 부수 立

서서(立) 점령한(占) 듯 우두커니 서니 **우두커니 설 참**

또 역 건물(역참)만 우두커니 서 있는 역마을이니 **역마을 참**

+ 역(驛)마을 - 역참이 있는 마을.
+ 역참(驛站) - 조선 시대에 있던 공공의 기별, 역마, 역원 등 여행 체계를 합쳐 이르는 말. 대개 25리마다 1참을 두고 50리마다 1원을 두었음.
+ 驛(역 역)

활용어휘 站驛(참역), 站路(참로), 兵站(병참)

1

笠

11획 / 부수 竹(⺮)

대(⺮)로 만들어 세워(立) 쓰는 삿갓이니 **삿갓 립(입)**

+ 삿갓 - 대나 갈대로 거칠게 엮어서 비나 볕을 가리기 위하여 쓴 갓.

활용어휘 蓑笠(사립), 草笠(초립), 敝袍破笠(폐포파립)

■ 한자암기박사1 ■

제목번호 153 참고
位 - 사람(亻)이 서(立) 있는 자리니 '자리 위'
泣 - 얼굴에 물(氵)이 서(立) 있는 모양으로 눈물 흘리며 우니 '울 읍'

竝

3

10획 / 부수 立

둘이 나란히 선 모양에서 **나란히 설 병**

+ 약 並 - 並을 나누면 설 립(立)이 둘이지요.

활용어휘 竝列(병렬), 竝設(병설), 竝進(병진), 竝行(병행)

晋

1Ⅱ

10획 / 부수 日

하늘(一)과 같이(丨丨) 이쪽저쪽('')의 땅(一)에서도
해(日)를 따라 나아가며 감정을 억누르니

나아갈 진, 억누를 진, 진나라 진, 성씨 진

+ 원 晉(나아갈 진, 억누를 진, 진나라 진, 성씨 진)
+ 一('한 일'이지만 여기서는 '하늘과 땅'으로 봄)

晉

특Ⅱ

10획 / 부수 日

하늘(一) 아래 사사로움들(厶厶)이 많은 땅(一)에서도
해(日)를 따라 나아가며 감정을 억누르니

나아갈 진, 억누를 진, 진나라 진, 성씨 진

+ 인·지명용 한자.
+ 속 晋(나아갈 진, 억누를 진, 진나라 진, 성씨 진)
+ 진(晉)나라 - 춘추 전국 시대에 지금의 산서성 부근에 있었던 나라.
+ 厶(사사로울 사, 나 사)

普

4

12획 / 부수 日

나란히(並) 해(日)처럼 비춤이 넓으니 **넓을 보**

또 널리 통하면 보통이니 **보통 보**

활용어휘 普及(보급), 普遍性(보편성), 普通(보통)

潽

1Ⅱ

15획 / 부수 水(氵)

물(氵)이 넓게(普) 흐르는 곳의 물 이름이니
물 이름 보

+ 인·지명용 한자.

■ 한자암기박사1 ■

제목번호 153 참고
譜 - 말(言)로 널리(普) 계보를 따져 정리한 족보나 악보니 '족보 보, 악보 보'

특II

幷
8획 / 부수 干

나란히(丷) 방패(千)와 방패(千)를 아울러 합하니
아우를 병, 합할 병

+ 앱 幷 – 이리(丶)저리(丿) 흩어진 것을 하나(一)씩 받쳐 들고(廾) 아울러 합하니 '아우를 병, 합할 병'
+ 아우르다 – 여럿을 모아 한 덩어리나 한 판이 되게 하다.
+ 丷['삐침 별(丿)' 둘이지만 여기서는 나란한 모양], 干(방패 간, 범할 간, 얼마 간, 마를 간), 廾(받쳐 들 공)

2

併
10획 / 부수 人(亻)

사람(亻)이 아울러(幷) 있으니 **아우를 병**
또 사람(亻)이 아울러(幷) 다투어 물리치니
다툴 병, 물리칠 병

+ 竝·幷·併 – 세 한자는 뜻이 비슷한 한자.

활용어휘 併記(병기), 併殺(병살), 併合(병합), 合併(합병)

1

餠
17획 / 부수 食(飠)

음식(飠)에서 층을 나란히 아우르게(幷) 만든 떡이니
떡 병

+ 시루떡을 보면 고물과 떡가루 부분이 각각 층을 이루지요.
+ 飠(밥 식, 먹을 식 변)

활용어휘 煎餠(전병), 切餠(절병), 畫中之餠(화중지병)

1

瓶
13획 / 부수 瓦

양쪽 선이 나란히 아우러진(幷) 질그릇(瓦)처럼 만든
병이니 **병 병**

+ 대부분의 병은 양쪽 선이 나란히 대칭을 이루지요.
+ 瓦(기와 와, 질그릇 와, 실패 와)

활용어휘 空瓶(공병), 花瓶(화병), 火焰瓶(화염병)

■ 한자암기박사1 ■

제목번호 270 참고
屛 – 몸(尸) 여러 쪽을 아우르게(幷) 만든 병풍이니 '병풍 병'

6II **音** 9획 / 제부수	서서(㖇) 말하듯(曰) 내는 소리니 **소리 음** 활용어휘 音階(음계), 知音(지음), 不協和音(불협화음)
1 **闇** 17획 / 부수 門	문(門) 안이 소리(音)만 들리게 어두우니 **어두울 암** 또 사리에 어두워 어리석으니 **어리석을 암** 활용어휘 闇鈍(암둔), 明珠暗投(명주암투)
6II **意** 13획 / 부수 心	소리(音)를 듣고 마음(心)에 생각되는 뜻이니 **뜻 의** 활용어휘 意味深長(의미심장), 用意周到(용의주도)
1 **臆** 17획 / 부수 肉(月)	몸(月)에서 뜻(意)이 나오는 가슴이니 **가슴 억** 또 가슴으로 느끼는 생각이니 **생각 억** ➕ 마음이 가슴에 있다고 생각하여 심장을 본떠서 '마음 심(心)'이고, 　몸에서 뜻이 나오는 곳은 가슴이라는 데서 '가슴 억, 생각 억'이지요. 활용어휘 臆見(억견), 臆斷(억단), 臆說(억설), 臆測(억측)
2 **噫** 16획 / 부수 口	입(口)으로 어떤 뜻(意)에 사무쳐 탄식하니 **탄식할 희** 또 탄식하듯이 트림하니 **트림할 애** ➕ 탄식(歎息·嘆息) – 한탄하여 한숨을 쉼. 또는 그 한숨. ➕ 歎(탄식할 탄, = 嘆) 활용어휘 噫嗚(희오), 噫氣(애기)

▪ 한자암기박사1 ▪

제목번호 155 참고
暗 – 해(日)가 지고 소리(音)만 들릴 정도로 어두우니 '어두울 암'
　　또 어둡게 몰래 하니 '몰래 암'
億 – 너무 커서 사람(亻)이 뜻(意)을 생각해 보는 억이니 '억 억'
憶 – 마음(忄)속에 뜻(意)을 기억하여 생각하니 '기억할 억, 생각할 억'

6

章

11획 / 부수 立

소리(音)를 적은 글자 열(十) 개 정도면 되는 문장이나 글이니
문장 장, 글 장

+ 소리를 적은 글자 열 개 정도면 한 문장이 되지요.

활용어휘 文章(문장), 印章(인장), 勳章(훈장), 徽章(휘장)

4II

障

14획 / 부수 阜(阝)

위험한 언덕(阝)에 문장(章)을 써 붙여 길을 막으니
막을 장

+ 阝(언덕 부 변)

활용어휘 障碍(장애), 支障(지장), 無障無礙(무장무애)

1II

獐

14획 / 부수 犬(犭)

짐승(犭) 중 가죽에 글(章) 같은 무늬가 있는 노루니
노루 장

+ 노루 – 사슴과의 포유동물.
+ 犭(큰 개 견, 개 사슴 록 변)

활용어휘 獐角(장각), 獐茸(장용)

1II

璋

15획 / 부수 玉(王)

옥(王)에 글(章)을 적은 홀이니 **홀 장**

+ 홀(笏) – 조선 시대에 벼슬아치가 임금을 만날 때에 손에 쥐던 물건. 일품부터 사품까지는 상아홀, 오품 이하는 목홀(木笏)을 사용했음.
+ 王(임금 왕, 으뜸 왕, 구슬 옥 변), 笏(홀 홀)

활용어휘 圭璋(규장), 弄璋之慶(농장지경)

2

彰

14획 / 부수 彡

글(章)을 붓(彡)으로 써서 드러나게 밝히니
드러날 창, 밝힐 창

+ 彡('터럭 삼, 긴머리 삼'이지만 여기서는 털로 만든 붓으로 봄)

활용어휘 彰善(창선), 彰惡(창악), 表彰(표창)

昱

9획 / 부수 日

해(日) 아래 선(立) 듯 밝으니 밝을 욱

활용어휘 昱昱(욱욱), 昱耀(욱요)

煜

13획 / 부수 火

불(火)처럼 밝게(昱) 빛나니 빛날 욱

활용어휘 煜煜(욱욱)

新

13획 / 부수 斤

서(立) 있는 나무(木)를 도끼(斤)로 베어 만들어 새로우니 새로울 신

+ 亲 親(어버이 친, 친할 친)
+ 斤(도끼 근, 저울 근)

활용어휘 新型(신형), 溫故知新(온고지신), 斬新(참신)

薪

17획 / 부수 草(艹)

풀(艹)처럼 새로(新) 난 가지를 베어 쓰는 땔나무니 땔나무 신

활용어휘 薪水費(신수비), 薪樵(신초), 臥薪嘗膽(와신상담)

■ 명언 ■

日日新(일일신)
[나날이 새로워져라.]

〈대학(大學)〉에 나오는 日新又日新(일신우일신 - 날로 새롭고, 또 새롭게)을 줄여서 日日新(일일신)
이라 합니다.

그런데 세상의 변화가 빠른 요즘에는 일일신(日日新)은 좀 늦고 시시신(時時新), 초초신(秒秒新)까
지 해야 한다는데, 日日新은커녕 월월신(月月新)도 못하고 연년신(年年新)도 못한다면 어떻게 될
까요?

+ 日(해 일, 날 일), 又(오른손 우, 또 우), 時(때 시), 秒(까끄라기 초, 초 초), 月(달 월, 육 달 월), 年(해 년, 나이 년)

참

咅

8획 / 부수 口

서서(立) 입(口)씨름하면서 튀기는 침처럼 갈라지니
침 **부**, 갈라질 **부**

2

賠

15획 / 부수 貝

재물(貝)을 갈라(咅) 배상하니 배상할 **배**
+ 배상(賠償) - 남의 권리를 침범하여 손해를 입힌 사람이 그 손해를
물어주는 일.
+ 貝(조개 패, 재물 패, 돈 패), 償(갚을 상, 보상할 상)
활용어휘 賠償金(배상금), 損害賠償(손해배상)

1

陪

11획 / 부수 阜(阝)

언덕(阝)처럼 양쪽에서 갈라(咅) 모시니 모실 **배**
+ 阝(언덕 부 변)
활용어휘 陪觀(배관), 陪賓(배빈), 陪席(배석)

1

剖

10획 / 부수 刀(刂)

갈라지게(咅) 칼(刂)로 쪼개니 쪼갤 **부**
+ 刂(칼 도 방)
활용어휘 剖檢(부검), 剖棺斬屍(부관참시), 解剖(해부)

1

菩

12획 / 부수 艸(艹)

풀(艹)처럼 잎이 갈라진(咅) 모양으로 자라는 보리수니
보리수 **보**
또 보리수 아래에서 수도했다는 보살이니 보살 **보**
활용어휘 菩提樹(보제수 → 보리수)

■ 한자암기박사1 ■

제목번호 157 참고
倍 - 사람(亻)이 둘로 가른(咅) 곱이고 갑절이니 '곱 배, 갑절 배'
培 - 흙(土)을 갈라(咅) 잘게 부수어 나무가 잘 자라도록 북돋우니 '북돋울 배'
部 - 갈라놓은(咅) 것처럼 고을(阝)의 여기저기 나눠진 마을이니 '나눌 부, 마을 부'
　　 또 나눠진 마을을 함께 거느리니 '거느릴 부'

彦

9획 / 부수 彡

머리(亠)를 받치고(丷) 바위(厂) 아래에서 털(彡)이
길게 자라도록 학문을 닦는 선비니 **선비 언**

+ 图 彦 - 글(文)공부를 바위(厂) 밑에서 전념하느라 털(彡)이 길게
      자란 선비니 '선비 언'
+ 선비 - 학문을 닦는 사람을 예스럽게 이르는 말.
+ 厂(굴 바위 엄, 언덕 엄), 亠(머리 부분 두), 彡(터럭 삼, 긴머리 삼)

활용어휘 彦士(언사), 彦聖(언성)

諺

16획 / 부수 言

말(言)에 **선비**(彦) 정신이 없는 상말이니 **상말 언**

+ 图 諺(상말 언)
+ 상말 - 점잖지 못하고 상스러운 말.

활용어휘 諺文(언문), 諺簡(언간), 諺書(언서), 諺解(언해)

産

11획 / 부수 生

글(文)공부를 바위(厂) 밑에서 전념하여 좋은 작품을 써
내니(生) **낳을 산**

또 아이 낳듯이 물건을 생산하니 **생산할 산**

+ 图 産(산) - 머리(亠)를 받치고(丷) 굴 바위(厂) 같은 것에 의지하여
      새끼를 낳으니(生) '낳을 산 '
      또 아이 낳듯이 물건을 생산하니 '생산할 산'

활용어휘 多産(다산), 老産(노산), 倒産(도산), 蕩産(탕산)

薩

18획 / 부수 草(艹)

풀(艹) 같은 채소를 언덕(阝)에서 **생산하여**(産) 먹으며
수도하는 보살이니 **보살 살**

활용어휘 菩薩(보살)

4

龍

16획 / 제부수

머리 **세우고(立) 몸(月)**을 **꿈틀거리며(㔫)** 하늘로 오르는 용이니 용 **룡(용)**, 성씨 용

+ 앱 竜 - 머리를 세우고(立) 몸을 길게 펴며(电) 하늘로 오르는 용이니 '용 룡(용)'
+ 용은 전설 속의 동물로 신성하게 여겨 임금이나 큰 인물을 나타내기도 하지요.
+ 立(설 립), 月(달 월, 육 달 월), 电[펼 신, 아뢸 신, 원숭이 신, 아홉째 지지 신(申)의 변형]

활용어휘 龍頭蛇尾(용두사미), 登龍門(등용문)

1

瓏

20획 / 부수 玉(王)

옥(王)이 **용(龍)**처럼 구르며 내는 소리가 영롱하니
옥 소리 **롱(농)**, 영롱할 **롱(농)**

활용어휘 玲瓏(영롱)

2

籠

22획 / 부수 竹(⺮)

대(⺮) 조각을 **용(龍)**처럼 구부려 만든 대바구니니
대바구니 **롱(농)**

+ 앱 篭
+ ⺮(대 죽)

활용어휘 籠球(농구), 籠城(농성), 鳥籠(조롱), 鐵籠(철롱)

1

寵

19획 / 부수 宀

집(宀)에서 신성한 **용(龍)**을 대하듯이 대하는 사랑과 은혜니
사랑 **총**, 은혜 **총**

+ 용은 옛날부터 신성하게 여겼지요.

활용어휘 寵兒(총아), 寵愛(총애), 恩寵(은총), 靈寵(영총)

1Ⅱ

龐

19획 / 부수 龍

집(广)이 **용(龍)**도 살 정도로 커 어지러우니
클 **방**, 어지러울 **방**

또 크게 살찌니 살찔 **롱(농)**

+ 큰 공간에 들어서면 어지럽지요.

활용어휘 龐眉皓髮(방미호발), 龐錯(방착), 龐龐(농롱)

壟

19획 / 부수 土

구불구불한 용(龍)처럼 흙(土)으로 만든 밭두둑이니
밭두둑 **롱(농)**

또 밭두둑처럼 생긴 언덕이니 언덕 **롱(농)**

활용어휘 疇壟(주롱), 丘壟(구롱), 壟斷(농단)

聾

22획 / 부수 耳

용(龍)트림 같은 큰 소리도 귀(耳)로 들을 수 없게 귀먹으니
귀먹을 **롱(농)**

＋ 耳(귀 이)

활용어휘 聾啞(농아), 全聾(전롱), 癡聾(치롱)

襲

22획 / 부수 衣

용(龍)이 갑자기 비를 내려 옷(衣)을 젖게 하듯 습격하거나
이어받으니 습격할 **습**, 이어받을 **습**

＋ 衣(옷 의)

활용어휘 急襲(급습), 逆襲(역습), 因襲(인습), 世襲(세습)

1II

旁
10획 / 부수 方

서(亠) 있는 **방향**(方)의 곁을 두루 넓게 살피니
곁 방, 두루 방, 넓을 방

+ 두루 – 빠짐없이 골고루.
+ 亠[설 립(立)의 변형]

활용어휘 旁求(방구), 旁通(방통), 神通旁通(신통방통)

1

榜
14획 / 부수 木

나무(木)판에 써 붙여 **두루**(旁) 알리는 방이니
알릴 방, 방 방

+ 방(榜) – 어떤 일을 널리 알리기 위하여 사람들이 다니는 길거리나 많이 모이는 곳에 써 붙이는 글.

활용어휘 榜文(방문), 落榜(낙방), 標榜(표방)

1

謗
17획 / 부수 言

말(言)로 **두루**(旁) 요모조모 헐뜯으니 **헐뜯을 방**

활용어휘 謗議(방의), 誹謗(비방), 毁謗(훼방)

1

膀
14획 / 부수 肉(月)

몸(月)에서 넓게(旁) 늘어나는 오줌보니 **오줌보 방**

+ 閉 胱(오줌보 광) – 제목번호 286 참고
+ 오줌보는 풍선처럼 넓게 늘어나, 공이 없었던 옛날에는 돼지 오줌보로 공을 차기도 했답니다.

활용어휘 膀胱(방광), 膀胱炎(방광염)

■ 한자암기박사1 ■

제목번호 164 참고
傍 – 사람(亻)이 두루(旁) 마음 써야 하는 곁이니 '곁 방'

4

9획 / 부수 巾

머리 부분(亠)을 받치고(ソ) 덮어(冖) 수건(巾) 같은 면류관을 쓴 제왕이니 **제왕 제**

+ 亠(머리 부분 두), 冖(덮을 멱), 巾(수건 건)

활용어휘 帝王(제왕), 帝國(제국), 日帝(일제), 皇帝(황제)

1

啼

12획 / 부수 口

입(口)으로 할 수 있는 **제왕**(帝)처럼 중요한 것은 우는 것이니 **울 제**

+ 울음은 언어의 제왕인가? 말로 안 될 때 울음은 되게도 하지요.

활용어휘 啼聲(제성), 啼泣(제읍), 啼血(제혈)

1

16획 / 부수 足(𧾷)

발(𧾷)에서 **제왕**(帝)처럼 중요한 굽이니 **굽 제, 말굽 제**

+ 말발굽이나 구두 굽에 쇠를 달아 닳지 않도록 하기도 하지요.

활용어휘 蹄形(제형), 鐵蹄(철제)

1

諦

16획 / 부수 言

말(言)을 **제왕**(帝) 앞에서처럼 살펴서 하니 **살필 체**

또 살펴서 깨닫는 진리니 **진리 체**

활용어휘 諦觀(체관), 諦念(체념), 要諦(요체), 諦聽(체청)

2

締

15획 / 부수 糸

실(糸)로 하는 일 중 **제왕**(帝)처럼 중요한 일은 맺음이니 **맺을 체**

활용어휘 締結(체결), 締交(체교), 締盟(체맹)

3

辛

7획 / 제부수

서(立) 있는 곳이 **십(十)**자가 위인 것처럼 고생하니

고생할 신

또 먹기에 고생스럽도록 매우니

매울 신, 여덟째 천간 신, 성씨 신

+ '십(十)'자가 위에 서(立) 있는 것처럼 고생하니 고생할 신'이 자연스럽고 좋은데 필순을 고려하다 보니 어려운 어원이 되고 말았네요.

활용어휘 千辛萬苦(천신만고), 香辛料(향신료), 辛辣(신랄)

1

辦

16획 / 부수 辛

어려운 틈(辛辛)에 끼어 **힘(力)**쓰니 **힘쓸 판**

+ 고생할 신, 매울 신, 여덟째 천간 신, 성씨 신(辛) 둘을 어려운 일 틈으로 보았네요.

활용어휘 辦公費(판공비), 辦務官(판무관), 買辦(매판)

3

宰

10획 / 부수 宀

집(宀)안일을 **고생하며(辛)** 주관하니 **주관할 재**

또 나랏일을 주관하는 재상이니 **재상 재**

+ 재상(宰相) - 옛날 조정에서 임금을 보필하던 최고 책임자의 총칭.
+ 宀(집 면), 主(주인 주), 相(서로 상, 모습 상, 볼 상, 재상 상)

활용어휘 主宰(주재), 宰相(재상)

1

滓

13획 / 부수 水(氵)

물(氵)로 **주관하여(宰)** 씻어 내는 찌꺼기니

찌꺼기 재

활용어휘 滓炭(재탄), 去滓(거재), 殘滓(잔재), 汁滓(즙재)

■ 한자암기박사1 ■

제목번호 158 참고
辯 - 어려운 일 틈(辛辛)에 끼어서도 말(言)을 잘하니 '말 잘할 변'
辨 - 어려운 일 틈(辛辛)에 끼어 칼(刂)로 딱 자르듯이 시비를 분별하니 '분별할 변'

6II

幸

8획 / 부수 干

하나(一) 정도만 바꿔 생각하면 **고생**(辛)도 행복하니
행복할 **행**

또 행복은 누구나 바라니 바랄 **행**

+ 하나만 바꿔 생각하면 행복하다는 데서 '한 일(一)'을 '고생할 신,
매울 신, 여덟째 천간 신, 성씨 신(辛)' 위에 붙여서 '행복할 행,
바랄 행(幸)'이라는 한자를 만든 선인들의 아이디어가 빛나네요.

활용어휘 幸福(행복), 幸運兒(행운아), 多幸(다행)

3II

執

11획 / 부수 土

다행히(幸) 좋은 **환**(丸)약을 구하여 잡으니 잡을 **집**

또 잡아서 집행하니 집행할 **집**

+ 㕛 執(누구 숙) – 제목번호 239 참고
+ 집행(執行) – 실제로 시행함.
+ 丸(둥글 환, 알 환), 行(다닐 행, 행할 행, 항렬 항)

활용어휘 執着(집착), 執筆(집필), 執行猶豫(집행유예)

1

蟄

17획 / 부수 虫

집을 **잡고**(執) **벌레**(虫)가 숨어서 겨울잠 자니
숨을 **칩**, 겨울잠 잘 **칩**

+ 虫(벌레 충)

활용어휘 蟄居(칩거), 蟄蟲(칩충), 驚蟄(경칩)

1

摯

15획 / 부수 手

잡아(執) **손**(手)에 쥐니 잡을 **지**, 쥘 **지**

+ 手(손 수, 재주 수, 재주 있는 사람 수)

활용어휘 懇摯(간지), 眞摯(진지)

참

睪

13획 / 부수 目

그물(罒) 쳐 놓고 걸리기를 바라며(幸) 엿보니 **엿볼 역**

＋ 위가 그물 망(罒)인데 부수는 눈 목, 볼 목, 항목 목(目)이네요.

＋ 罒(그물 망, = 网, 罓)

1

繹

19획 / 부수 糸

헝클어진 **실(糸)**을 **엿보아(睪)** 푸니 **풀 역**

＋ 糸(실 사, 실 사 변)

활용어휘 演繹(연역), 尋繹(심역), 紬繹(주역)

1

鐸

21획 / 부수 金

좋은 **쇠(金)**를 **엿보아(睪)** 가려 만든 목탁이니 **목탁 탁**

＋ 목탁(木鐸) - 염불을 하거나 경전을 외울 때 운율을 맞추기 위하여 두드리는 기구.

활용어휘 鐸鈴(탁령), 金鐸(금탁), 風鐸(풍탁)

■ 한자암기박사1 ■

제목번호 161 참고

譯 - 말(言)을 엿보아(睪) 번역하니 '번역할 역'

驛 - 말(馬)을 엿보아(睪) 가려 갈아타는 역이니 '역 역'

擇 - 손(扌)으로 엿보아(睪) 가리니 '가릴 택'

澤 - 물(氵)을 엿보아(睪) 막아 두는 연못이니 '연못 택'
　　　또 연못물처럼 여러모로 잘 쓰이게 주는 은혜니 '은혜 택'

釋 - 나누고(釆) 엿보아(睪) 푸니 '풀 석'
　　　또 석가모니와 불교도 나타내어 '석가모니 석, 불교 석'

참 10획 / 부수 ㅣ	매울 신, 고생할 신(辛) 위에 점 셋을 더 붙여 풀 무성한 모양을 나타내어 <mark>풀 무성할 착</mark>
6Ⅱ 業 13획 / 부수 木	풀 무성한(丵) 곳에 있는 **나무(木)**와 같이 이미 정해진 업이고 일이니 <mark>업 업, 일 업</mark> + 업(業) - ㉠ '직업'의 준말. 　　　　㉡ 몸으로 지은 소행에 따라 받는 보답. 활용어휘 學業精進(학업정진), 自業自得(자업자득)
6Ⅱ 對 14획 / 부수 寸	풀 무성하듯(丵) 많은 사람이 **자리(一)**에 앉아 정해진 법도(寸)에 따라 상대하고 대답하니 <mark>상대할 대, 대답할 대</mark> + 앱 처 - 글(文)로 법도(寸)에 따라 상대하고 대답하니 　　　'상대할 대, 대답할 대' + 一('한 일'이지만 여기서는 자리로 봄), 寸(마디 촌, 법도 촌), 　文(무늬 문, 글월 문, 성씨 문) 활용어휘 對敵(대적), 對處(대처), 對備(대비)
1 叢 18획 / 부수 又	풀 무성하듯(丵) 취하여(取) 모으니 <mark>모을 총</mark> + 取(취할 취, 가질 취) 활용어휘 叢論(총론), 叢書(총서), 論叢(논총)
1 鑿 28획 / 부수 金	풀 무성하듯(丵) 많이, **절구(臼)**를 **치듯이(殳) 쇠(金)**로 쳐 뚫으니 <mark>뚫을 착</mark> + 臼(절구 구), 殳(칠 수, 창 수, 몽둥이 수), 金(쇠 금, 금 금, 돈 　금, 성씨 김) 활용어휘 鑿開(착개), 掘鑿(굴착), 穿鑿(천착)

참

業

12획 / 부수 大

풀 무성하듯(丵) 크게(大) 번거로우니 **번거로울 복**

1

僕

14획 / 부수 人(亻)

사람(亻) 중 번거롭게(業) 많은 일을 처리하는 종이니
종 복

+ 종은 주인의 여러 가지 일을 다 하지요.

활용어휘 公僕(공복), 奴僕(노복), 忠僕(충복)

1

撲

15획 / 부수 手(扌)

손(扌)으로 번거롭게(業) 두드리니 **두드릴 박**

활용어휘 撲滅(박멸), 撲殺(박살), 打撲(타박)

1

樸

16획 / 부수 木

나무(木)가 번거롭게(業) 자른 채로 있는 통나무니
통나무 박

또 통나무처럼 꾸미지 않아 순박하니 **순박할 박**

+ 图 朴 – 나무(木) 껍질이나 점(卜)칠 때 쓰는 거북 등껍데기처럼
  갈라져 투박하고 순박하니 '순박할 박'
  또 순박한 사람들의 성씨니 '성씨 박'
+ 통나무 – 켜거나 짜개지 아니한 통째로의 나무.
+ 순박(淳朴)하다 – 거짓이나 꾸밈이 없이 순수하며 인정이 두텁다.
+ 卜(점 복), 淳(순박할 순)

활용어휘 樸直(박직), 樸厚(박후), 質樸·質朴(질박)

참

啇
11획 / 부수 口

머리 부분(亠)을 받친(丷) 성(冂) 모양으로 오래된(古) 밑동이나 뿌리니 **밑동 적, 뿌리 적**

+ 밑동 - 나무줄기의 밑부분으로, 사물의 제일 중요한 부분을 말함.
+ 亠(머리 부분 두), 丷(받친 모양), 冂(멀 경, 성 경), 古(오랠 고, 옛 고)

1

謫
18획 / 부수 言

말(言)로 뿌리(啇), 즉 근본까지 들춰 가며 꾸짖고 귀양 보내니 **귀양 보낼 적**

+ 서로 삼가야 할 말도 있는데 뿌리까지 들춰 가며 꾸짖고 귀양 보낸다는 데서 만들어진 한자.

활용어휘 謫降(적강), 謫居(적거), 謫仙(적선), 謫所(적소)

1

여자(女) 중 밑동(啇)으로 삼는 본마누라니 **본마누라 적**

활용어휘 嫡嗣(적사), 嫡庶(적서), 嫡孫(적손), 嫡子(적자)

5Ⅱ

商
11획 / 부수 口

머리(亠)에 물건을 이고(丷) 다니며 성(冂) 안에서 사람(儿)이 말하며(口) 장사하니 **장사할 상**

또 장사하듯 이익을 헤아리니 **헤아릴 상**

활용어휘 商圈(상권), 褓負商(보부상), 商議(상의)

1

옷(衣)에서 성(冂)처럼 사람(儿)을 둘러싼(口) 옷자락이니 **옷자락 예**

또 옷자락처럼 이어지는 후손이니 **후손 예**

활용어휘 裔孫(예손), 裔胄(예주), 後裔(후예)

■ 한자암기박사1 ■

제목번호 166 참고
摘 - 손(扌)으로 과일의 밑동(啇)을 따니 '딸 적'
滴 - 물(氵) 중 밑동(啇)으로 떨어지는 물방울이니 '물방울 적'
敵 - 뿌리(啇), 즉 근본까지 치며(攵) 달려드는 원수니 '원수 적'
適 - 뿌리(啇)가 알맞은 곳으로 뻗어가듯(辶) 알맞게 가니 '알맞을 적, 갈 적'

4II
7획 / 제부수

제기 모양을 본떠서 제기 두

또 제기처럼 둥근 콩이니 콩 두

+ 제기(祭器) - 제사 때 쓰는 그릇.
+ 祭(제사 제, 축제 제), 器(그릇 기, 기구 기)

활용어휘 軟豆(연두), 綠豆(녹두), 種豆得豆(종두득두)

1
12획 / 부수 疒

콩(豆) 같은 부스럼이 생기는 병(疒)은 천연두니
천연두 두

+ 천연두(天然痘) - 열이 몹시 나고 온몸에 발진(發疹)이 생겨 딱지가 저절로 떨어지기 전에 긁으면 얽게 됨.
+ 발진(發疹) - 피부 부위에 작은 종기가 광범위하게 돋는 질환.
+ 疒(병들 녁), 疹(홍역 진, 열병 진)

활용어휘 痘面(두면), 痘疫(두역), 種痘(종두)

2
12획 / 부수 土

선비(士)가 덮어(冖) 싸 놓은 제기(豆) 하나니 한 일

+ 옙 壱 - 선비(士)가 덮어(冖) 숨겨 놓은 비수(匕) 하나니 '한 일'
+ 제기는 하나씩 싸서 보관한다는 데서 만들어진 한자.
+ 변조하면 안되는 계약서 등에서는 '한 일(壹)'로 씁니다.
+ 士(선비 사, 군사 사, 칭호나 직업에 붙이는 말 사), 冖(덮을 멱), 匕(비수 비, 숟가락 비)

활용어휘 壹是(일시), 壹意(일의)

3
10획 / 부수 豆

어찌 산(山)에 콩(豆)을 심을까에서 어찌 기

활용어휘 豈敢(기감), 豈敢毁傷(기감훼상), 豈不(기불)

塏

13획 / 부수 土

흙(土)이 산(山)이나 제기(효)처럼 쌓인 높은 땅이니
높은 땅 개

+ 인·지명용 한자.

활용어휘 勝塏(승개), 李塏(이개)

凱

12획 / 부수 几

(전쟁에 이겨 즐거우니) **어찌(岂) 안석(几)**에만 앉아 있겠냐며
승전가를 부르며 개선하니 **승전가 개, 개선할 개**

+ 승전가(勝戰歌) – 싸움이나 경기에서 이기고 부르는 노래.
+ 개선(凱旋) – 싸움에서 이기고 돌아옴.
+ 勝(이길 승, 나을 승), 戰(싸울 전, 무서워 떨 전), 歌(노래 가),
  几(안석 궤, 책상 궤), 旋(돌 선)

활용어휘 凱歌(개가), 凱旋將軍(개선장군)

■ 한자암기박사1 ■

제목번호 167 참고
短 – 화살(矢)이 콩(豆)만 하여 짧고 모자라니 '짧을 단, 모자랄 단'
頭 – 콩(豆)처럼 둥근 머리(頁)니 '머리 두'
　　　또 조직의 머리가 되는 우두머리니 '우두머리 두'
鬪 – 싸움(鬥)은 제기(豆)의 음식이 법도(寸)에 맞지 않을 때도 하니 '싸울 투'

7	登 12획 / 부수 癶	제기(豆)처럼 납작한 곳을 디디며 **걸어**(癶) 오르니 **오를 등** 또 문서에 올려 기재하니 **기재할 등** + 癶 – 등지고 걸어가는 모양에서 '등질 발, 걸을 발' 활용어휘 登攀(등반), 登頂(등정), 登高自卑(등고자비)

1	橙 16획 / 부수 木	**나무**(木) 중 **올라**(登)가며 높이 자라는 등자나무의 등자니 **등자나무 등, 등자 등** + 등자(橙子) – 등자나무 열매. 둥글며 맛이 몹시 시고 쌉쌀하나 향기가 있어 향료의 원료나 땀을 나게 하거나 위를 튼튼하게 하는 약으로 쓰임. 귤과 비슷함. 활용어휘 橙色(등색)

1	澄 15획 / 부수 水(氵)	**물**(氵)은 높은 곳으로 **올라**(登) 갈수록 맑으니 **맑을 징** 활용어휘 澄高(징고), 澄潭(징담), 澄水(징수), 明澄(명징)

1Ⅱ	鄧 15획 / 부수 邑(阝)	**올라**(登)간 높은 **고을**(阝)에 세운 나라니 **나라 이름 등, 성씨 등** + 인·지명용 한자. + 역 邓 – 또(又) 고을(阝)에 세운 나라 이름이고 성씨니 　　　　'나라 이름 등, 성씨 등' + 阝 (고을 읍 방) 활용어휘 鄧小平(등소평)

■ 한자암기박사1 ■

제목번호 168 참고
燈 – 불(火)을 등잔에 올려(登) 켠 등불이니 '등불 등'
證 – 말(言)로 높은 데 올라(登)서서 떳떳하게 증명하니 '증명할 증'

참

尌

12획 / 부수 寸

좋게(吉) 받쳐(⺍) 법도(寸)에 맞게 세우니 세울 주

+ 吉(길)하다 – 운이 좋거나 일이 상서롭다.
+ 吉(길할 길, 상서로울 길), 寸(마디 촌, 법도 촌)

1

廚

15획 / 부수 广

집(广)에서 조리대를 **세워(尌)** 요리하도록 만든 부엌이니
부엌 주

+ 广(집 엄)

활용어휘 廚房(주방), 鼎廚(정주), 庖廚(포주 → 푸주)

1Ⅱ

彭

12획 / 부수 彡

악기를 **좋게(吉) 받쳐(⺍)** 놓고 **머리카락(彡)** 휘날리며
세차게 많이 연주하니 세찰 팽, 많을 팽, 성씨 팽

+ 인·지명용 한자.
+ 彡(터럭 삼, 긴머리 삼)

활용어휘 彭湃(팽배), 彭城(팽성)

1

澎

15획 / 부수 水(氵)

물(氵)결이 **세차게(彭)** 부딪치는 기세니
물결 부딪치는 기세 팽

+ 인·지명용 한자.

활용어휘 澎湃(팽배)

1

膨

16획 / 부수 肉(月)

몸(月)이 **많이(彭)** 부푸니 부풀 팽

+ 月(달 월, 육 달 월)

활용어휘 膨膨(팽팽), 膨滿(팽만), 膨壓(팽압), 膨脹(팽창)

3

癸

9획 / 부수 癶

등지고(癶) 하늘(天)의 뜻을 헤아리는 북방이니
북방 계, 헤아릴 계, 열째 천간 계, 월경 계

+ 癶 - 등지고 걸어가는 모양에서 '등질 발, 걸을 발'
+ 항상 남쪽을 향하여 앉던 임금의 등진 쪽은 북쪽이지요.

활용어휘 癸丑日記(계축일기), 癸期(계기), 天癸(천계)

1II

揆

12획 / 부수 手(扌)

손(扌)으로 헤아리는(癸) 법도니 **헤아릴 규, 법도 규**

활용어휘 度揆(도규), 一揆(일규)

1

葵

13획 / 부수 草(艹)

풀(艹) 중 햇빛을 헤아려(癸) 자라고 꽃피는 것들이니
해바라기 규, 아욱 규, 접시꽃 규

활용어휘 葵藿(규곽), 葵花(규화), 葵傾(규경)

6II

發

12획 / 부수 癶

걸어가(癶) 활(弓)과 창(殳)을 쏘면 싸움이 일어나니
쏠 발, 일어날 발

+ 얩 発 - 걸어가(癶) 두(二) 사람(儿)이 활을 쏘면 싸움이 일어나니
'쏠 발, 일어날 발'
+ 弓(활 궁), 殳(칠 수, 창 수, 몽둥이 수), 儿(사람 인 발, 어진사람 인)

활용어휘 怒發大發(노발대발), 一觸卽發(일촉즉발)

1

撥

15획 / 부수 手(扌)

손(扌)으로 일어나는(發) 것을 다스려 뒤집으니
다스릴 발, 뒤집을 발

활용어휘 撥亂(발란), 撥簾(발렴), 擺撥(파발), 反撥(반발)

潑
15획 / 부수 水(氵)

물(氵)을 쏘듯이(發) 활발하게 뿌리니
활발할 발, 물 뿌릴 발

+ 활발(活潑)하다 – 생기 있고 힘차며 시원스럽다.
+ 活(살 활)

활용어휘 潑剌(발랄), 潑墨(발묵)

醱
19획 / 부수 酉

술(酉)을 담그면 거품이 **일어나며**(發) 괴니 **술 괼 발**

+ 괴다 – 술·간장·식초 등이 발효하여 거품이 일다.
+ 酉(술 그릇 유, 술 유, 닭 유, 열째 지지 유)

활용어휘 醱酵(발효), 醱酵菌(발효균), 醱酵乳(발효유)

■ 한자암기박사1 ■

제목번호 168 참고
廢 – 집(广)에 활을 쏘면(發) 부서지고 폐하니 '부서질 폐, 폐할 폐'

6획 / 제부수

동정과 옷고름 있는 저고리를 본떠서 **옷 의**

+ 부수로 쓰일 때는 '옷 의 변(衤)'이니, 보일 시, 신 시(示)가 부수로 쓰일 때의 '보일 시, 신 시 변(礻)'과 혼동하지 마세요.

활용어휘 人相着衣(인상착의), 好衣好食(호의호식)

10획 / 부수 衣

한(一) 벌씩 옷(衣)을 식구(口) 수대로 챙기니

옷 챙길 원, 성씨 원

+ 인·지명용 한자.
+ 哀(슬플 애) – 제목번호 233 참고
+ 口('입 구, 말할 구, 구멍 구'지만 여기서는 식구로 봄)

활용어휘 袁安高臥(원안고와)

13획 / 부수 犬(犭)

짐승(犭) 중 옷 챙겨(袁) 입은 것 같은 원숭이니

원숭이 원

+ 犭(큰 개 견, 개 사슴 록 변)

활용어휘 犬猿之間(견원지간), 類人猿(유인원)

■ 한자암기박사1 ■

제목번호 179 참고
依 – 사람(亻)은 옷(衣)에 의지하니 '의지할 의'

제목번호 180 참고
遠 – 옷 챙겨(袁) 가야(辶) 할 만큼 머니 '멀 원'
園 – 옷 챙겨(袁) 싸듯 울타리를 친(囗) 동산이나 밭이니 '동산 원, 밭 원'

2

衷

10획 / 부수 衣

옷(衣) 가운데(中), 즉 속에서 우러나오는 속마음이니
속마음 충

활용어휘 衷誠(충성), 衷心(충심), 衷情(충정), 苦衷(고충)

1

袞

11획 / 부수 衣

옷(衣) 중 팔(八)방의 인구(口)를 다스리는 임금이 입는
곤룡포니 **곤룡포 곤**

+ 곤룡포(袞龍袍) - 임금이 입는 정복. 누런빛이나 붉은빛의 비단
  으로 지음. 용포(龍袍).
+ 口('입 구, 말할 구, 구멍 구'지만 여기서는 인구로 봄), 龍(용 룡),
  袍(두루마기 포)

활용어휘 袞馬(곤마), 袞冕(곤면), 袞職(곤직)

3II

哀

9획 / 부수 口

옷(衣)에 입(口)을 가리고 울 정도로 슬프니 **슬플 애**

+ 田 袁(옷 챙길 원, 성씨 원)
+ '구멍(口)난 옷(衣)을 입은 사람은 추워 슬프다는 데서 슬플 애'라고
  도 합니다.

활용어휘 哀悼(애도), 哀歡(애환), 喜怒哀樂(희로애락)

3II

衰

10획 / 부수 衣

슬픈(哀) 일에 한(一) 번 빠지면 기운이 쇠하니 **쇠할 쇠**

또 쇠한 모양으로 입는 상복이니 **상복 최**

+ 哀[슬플 애(哀)의 변형]

활용어휘 老衰(노쇠), 興亡盛衰(흥망성쇠), 齋衰(재최)

1

蓑

14획 / 부수 草(艹)

풀(艹)로 쇠하게(衰), 즉 얇게 엮어 만든 도롱이니
도롱이 사

+ 田 簑 - 대(艹)로 쇠하게(衰), 즉 얇게 엮어 만든 도롱이니 '도롱이 사'
+ 도롱이 - 볏짚 등으로 엮어 허리나 어깨에 걸쳐 두르는 비옷.
+ 衰[쇠할 쇠, 상복 최(衰)의 변형]

활용어휘 蓑笠(사립), 蓑衣(사의), 綠蓑衣(녹사의)

■ 한자암기박사1 ■

제목번호 179 참고
表 - 흙(土)이 옷(衣)에 묻은 겉이니 '겉 표'

5II
8획 / 부수 十

우두**머리**(亠) 밑에 모인 **사람들**(人人)의 **많은**(十) 무리는 졸병이니 **졸병 졸**

또 졸병은 전쟁에서 앞장서야하기 때문에 갑자기 죽어 생을 마치니 **갑자기 졸, 죽을 졸, 마칠 졸**

+ 㘴 추 – 많고(九) 많은(十) 졸병이니 '졸병 졸'

활용어휘 捕卒(포졸), 烏合之卒(오합지졸)

1
11획 / 부수 犬(犭)

개(犭)가 **갑자기**(卒) 짖으니 **갑자기 졸**

+ 犭(큰 개 견, 개 사슴 록 변)

활용어휘 猝發(졸발), 猝富(졸부), 猝然(졸연), 猝地(졸지)

1
13획 / 부수 石

돌(石)을 졸병(卒)처럼 잘게 부수니 **부술 쇄**

+ 石(돌 석)

활용어휘 粉碎(분쇄), 粉骨碎身(분골쇄신), 破碎(파쇄)

1
14획 / 부수 米

쌀(米)을 정성을 **다하여**(卒) 씻어 놓은 모양처럼 순수하니 **순수할 수**

+ 옛날에는 모두 농사를 지었기에 농사나 곡식과 관련된 한자도 많습니다.

활용어휘 純粹(순수), 粹美(수미), 粹集(수집), 粹學(수학)

1
11획 / 부수 心(忄)

마음(忄)이 **죽을**(卒) 지경이면 얼굴도 파리하니 **파리할 췌**

+ 파리하다 – 몸이 마르고 낯빛이나 살색이 핏기가 전혀 없다.

활용어휘 悴顔(췌안), 悴容(췌용), 憔悴(초췌)

1

14획 / 부수 羽

상공에서 **날개(羽)**로 **갑자기(卒)** 날아 물고기를 잡는 물총새니 물총새 **취**

또 물총새 깃처럼 푸르니 푸를 **취**

+ 물총새 – 몸의 윗면은 청록색, 턱 밑과 목은 흰색이나 다소 누런색으로 서로 어긋나 있음.
+ 羽(날개 우, 깃 우)

활용어휘 翠色(취색), 翠竹(취죽), 翡翠(비취)

1

12획 / 부수 草(艹)

풀(艹)을 **졸병(卒)**들이 모으니 모을 **췌**

활용어휘 拔萃(발췌), 拔萃案(발췌안), 拔萃抄錄(발췌초록)

1

膵

16획 / 부수 肉(月)

몸(月)에 필요한 여러 효소가 **모여(萃)** 있는 췌장이니 췌장 **췌**

+ 췌장(膵臟) – 배안의 뒤쪽에 가로로 길쭉하게 자리한 기관.
+ 月(달 월, 육 달 월), 臟(오장 장)

활용어휘 膵液(췌액)

제목번호 170 참고
醉 – 술(酉)기운에 졸병(卒)이 된 듯 취하니 '취할 취'

3II

稿

15획 / 부수 禾

벼(禾)를 수확하고 높이(高) 쌓아 놓은 볏짚이니 볏짚 **고**

또 볏짚이 무엇의 재료가 되듯 책의 재료가 되는 원고니
원고 **고**

+ 高(높을 고, 성씨 고)

활용어휘 原稿(원고), 脫稿(탈고), 送稿(송고)

1II

鎬

18획 / 부수 金

쇠(金)가 최고(高)로 나던 호경이니 호경 **호**

또 쇠(金)로 된 것 중에 최고(高)는 먹을 것을 끓이는 냄비니
냄비 **호**

+ 인·지명용 한자.
+ 호경(鎬京) – 중국 섬서성 서안(西安) 부근에 있는 유적으로, 고대 주나라의 도읍지.

1

敲

14획 / 부수 攴

높이(高) 손들어 두드리니(攴) 두드릴 **고**

활용어휘 敲擊(고격), 推敲(퇴고), 敲氷求火(고빙구화)

1

膏

14획 / 부수 肉(月)

높은(高) 비율로 고기(月)에 들어 있는 기름이니
기름 **고**

+ 고기에는 기름이 많지요.

활용어휘 膏藥(고약), 膏血(고혈), 石膏(석고), 軟膏(연고)

특II

蒿

14획 / 부수 草(艹)

풀(艹) 중에 최고(高)는 쑥이니 쑥 **호**

+ 圖 蓬(쑥 봉) – 제목번호 312 참고
　艾(쑥 애, 늙을 애) – 제목번호 420 참고
+ 쑥은 쑥차, 쑥국, 쑥떡, 쑥즙 같은 식용으로나 약용으로 널리 쓰이는 최고의 풀이라는 데서 만들어진 한자.
+ 艹(초 두), 逢(만날 봉)

활용어휘 蒿矢(호시), 蒿雀(호작), 蓬蒿(봉호)

1

嚆

17획 / 부수 口

입(口)에 밥은 안 주고 쑥(蒿)만 먹으라면 우니 울 **효**

+ 먹을 것이 없었던 옛날에는 쑥이나 나무껍질까지 먹었답니다.

활용어휘 嚆矢(효시)

3II

14획 / 부수 豕

힘센(亠) 멧**돼지**(豕)처럼 굳세고 뛰어난 호걸이니
굳셀 호, 호걸 호

+ 호걸(豪傑) - 지혜와 용기가 뛰어나고 기개와 풍모가 있는 사람.
+ 亠[높을 고(高)의 획 줄임], 豕(돼지 시), 傑(뛰어날 걸)

활용어휘 豪言壯談(호언장담), 英雄豪傑(영웅호걸)

2

17획 / 부수 水(氵)

물(氵)로 굳게(豪) 둘러싼 해자니 **해자 호**

또 해자처럼 물로 둘러싸인 호주니 **호주 호**

+ 해자(垓子) - 적의 침입을 막기 위해 성벽 바깥 둘레를 파서 못으
로 만든 곳.
+ 호주(濠洲) - '오스트레일리아'의 한자음 표기.
+ 垓(지경 해, 경계 해), 洲(물가 주, 섬 주)

활용어휘 白濠主義(백호주의)

1II

17획 / 부수 土

흙(土)을 파 굳세게(豪) 지키려고 성 주위에 만든 해자나
구덩이니 **해자 호, 구덩이 호**

활용어휘 防空壕(방공호), 塹壕(참호)

1II

9획 / 부수 亠

높게(亠) 깨친 **사람**(儿)이 사리에 밝으니 **밝을 량(양)**

+ 사리(事理) - 일의 이치.
+ 儿(사람 인 발, 어진사람 인), 事(일 사, 섬길 사), 理(이치 리,
다스릴 리)

활용어휘 貞亮(정량), 淸亮(청량), 諸葛亮(제갈량)

■ 한자암기박사1 ■

제목번호 174 참고
毫 - 높이(高) 자란 가는 털(毛)이니 '가는 털 호'
       또 가는 털로 만든 붓이니 '붓 호'

<table>
<tr><td>6

京
8획 / 부수 亠</td><td>높은(亠) 곳에도 작은(小) 집들이 많은 서울이니 서울 경
+ 亠[높을 고(高)의 획 줄임], 小(작을 소)
활용어휘 京華巨族(경화거족), 京鄕出入(경향출입)</td></tr>
<tr><td>1
鯨
19획 / 부수 魚</td><td>물고기(魚) 중 서울(京)처럼 큰 고래니 고래 경
+ 魚(물고기 어)
활용어휘 白鯨(백경), 捕鯨船(포경선), 鯨戰蝦死(경전하사)</td></tr>
<tr><td>5
景
12획 / 부수 日</td><td>햇(日)볕이 서울(京)을 비추면 드러나는 경치가 크니
볕 경, 경치 경, 클 경
활용어휘 景觀(경관), 光景(광경), 造景(조경)</td></tr>
<tr><td>1
憬
15획 / 부수 心(忄)</td><td>마음(忄)에 어떤 경치(景)가 좋았음을 깨닫고 동경하니
깨달을 경, 동경할 경
+ 동경(憧憬) - 어떤 것을 간절히 그리워하여 그것만을 생각함.
+ 忄(마음 심 변), 憧(그리워할 동)
활용어휘 憧憬心(동경심), 憧憬者(동경자)</td></tr>
<tr><td>1Ⅱ
璟
16획 / 부수 玉(王)</td><td>옥(王)에서 볕(景)처럼 빛나는 옥빛이니 옥빛 경
+ 인·지명용 한자
+ 王(임금 왕, 으뜸 왕, 구슬 옥 변)</td></tr>
</table>

■ 한자암기박사1 ■

제목번호 177 참고
諒 - 말(言)도 서울(京)에서는 살펴서 해야 믿으니 '살필 량(양), 믿을 량(양)'
凉 - 물(氵) 있는 곳은 서울(京)도 서늘하니 '서늘할 량(양)'
掠 - 손(扌)으로도 서울(京)에서는 잘 노략질하니 '노략질할 략(약)'
影 - 볕(景)을 가려 머릿결(彡)처럼 아른거리는 그림자니 '그림자 영'

3

享

8획 / 부수 ㅗ

높은(亠) 학문을 배운 **아들**(子)이 행복을 누리니 **누릴 향**

+ 子(아들 자, 첫째 지지 자, 자네 자, 접미사 자)

활용어휘 享年(향년), 享樂(향락), 享有(향유)

1Ⅱ

淳

11획 / 부수 水(氵)

물(氵)로도 행복을 **누리는**(享) 사람은 순박하니
순박할 순

+ 순박(淳朴)하다 - 거짓이나 꾸밈이 없이 순수하며 인정이 두텁다.

활용어휘 淳淳(순순), 淳風美俗(순풍미속)

1

醇

15획 / 부수 酉

술(酉)의 참맛을 **누릴**(享) 수 있는 물 타지 않은 진한 술이니
진한 술 순

또 진한 술처럼 다른 것이 섞이지 않아 순수하니 **순수할 순**

+ 진한 술 순(醇)은 물을 타지 않은 원액 그대로의 술, 즉 잡것이
전혀 섞이지 않은 술.
+ 옛날에는 술을 집에서 담아 마셨는데 술이 익으면 걸러서 도수를
맞추기 위하여 적당히 물을 탔지요. 그래서 '국어순화(國語醇化)'
란 말도 나쁜 말이 섞이지 않은 순수한 말로 가꾸자는 뜻이지요.
+ 酉(술그릇 유, 술 유, 닭 유, 열째 지지 유)

활용어휘 醇味(순미), 醇雅(순아), 醇化(순화), 醇白(순백)

1Ⅱ

惇

11획 / 부수 心(忄)

마음(忄)이 기쁨을 **누리도록**(享) 도타우니
도타울 돈

+ 图 敦(도타울 돈)
+ 도탑다 - 서로의 관계에 인정이나 사랑이 깊고 많다.
+ 忄(마음 심 변)

활용어휘 惇大(돈대), 惇德(돈덕), 惇信(돈신), 惇惠(돈혜)

3 敦
12획 / 부수 攵(攴)

행복을 **누리도록(享) 치면서(攵)** 가르치는 부모의 마음처럼
도타우니 도타울 돈

+ 돼 惇(도타울 돈)
+ 攵(칠 복, = 攴)

활용어휘 敦篤(돈독), 敦厚(돈후), 敦厚周愼(돈후주신)

- -

1Ⅱ 燉
16획 / 부수 火

불(火)이 **도탑게(敦)** 드러나는 불빛이니 불빛 돈

+ 인·지명용 한자.

257

3

孰

11획 / 부수 子

행복을 **누리며**(享) **둥글게**(丸) 살기를 바라는 누구니
누구 **숙**

+ 圉 執(잡을 집, 집행할 집) - 제목번호 223 참고
+ 丸(둥글 환, 알 환)

활용어휘 孰能禦之(숙능어지), 孰是孰非(숙시숙비)

1

塾

14획 / 부수 土

누구(孰)나 지혜를 익히는 **곳**(土)은 글방이니 글방 **숙**

+ 土('흙 토'지만 여기서는 곳으로 봄)

활용어휘 塾師(숙사), 塾生(숙생), 塾長(숙장), 學塾(학숙)

3

郭

11획 / 부수 邑(阝)

행복을 **누리도록**(享) **고을**(阝)마다 쌓은 성곽이니
성곽 **곽**, 성씨 **곽**

또 성곽의 둘레니 둘레 **곽**

+ 성곽(城郭) - 성벽. 성의 둘레.
+ 성곽이 있으면 적이 침범하지 못하니 행복을 누릴 수 있지요.
+ 阝(고을 읍 방), 城(성 성)

활용어휘 郭內(곽내), 郭外(곽외)

1

槨

15획 / 부수 木

나무(木)로 **성곽**(郭)처럼 둘러막은 덧널이니 덧널 **곽**

+ 圉 棺(널 관) - 제목번호 341 참고
+ 덧널 - 관을 넣는 궤.

활용어휘 木槨(목곽), 石槨(석곽)

1

廓

14획 / 부수 广

집(广) 둘레를 **성곽**(郭)처럼 쌓아 둘레가 크니
둘레 **곽**, 클 **확**

+ 广(집 엄)

활용어휘 外廓(외곽), 輪廓(윤곽), 胸廓(흉곽), 廓大(확대)

■ 한자암기박사1 ■

제목번호 176 참고
熟 - 누구(孰)나 불(灬)에는 익으니 '익을 숙'
　　또 몸에 익도록 익혀 익숙하니 '익숙할 숙'

1

夭

4획 / 부수 大

위(丿)로 크게(大) 자라나는 모양이 젊고 예쁘니
젊을 요, 예쁠 요

또 기울어(丿) 큰(大) 뜻을 펼치지 못하고 일찍 죽으니
일찍 죽을 요

 夭夭(요요), 夭折(요절), 壽夭長短(수요장단)

2

妖

7획 / 부수 女

여자(女)가 예쁘게(夭) 꾸미면 아리땁지만 요망하니
아리따울 요, 요망할 요

✦ 아리땁다 - 마음이나 몸가짐 등이 맵시 있고 곱다.
✦ 요망(妖妄) - 간사하고 영악함.
✦ 妄(망령될 망)

 妖艷(요염), 妖怪(요괴), 妖物(요물), 妖邪(요사)

1Ⅱ

沃

7획 / 부수 水(氵)

물(氵)기처럼 예쁘게(夭) 기름지니 기름질 옥

활용어휘 沃土(옥토), 肥沃(비옥), 門前沃畓(문전옥답)

1

呑

7획 / 부수 口

젊은(夭) 사람의 입(口)은 무엇이나 잘 삼키니 삼킬 탄

✦ 吐 吐(토할 토)

활용어휘 呑吐港(탄토항), 倂呑(병탄), 甘呑苦吐(감탄고토)

■ 한자암기박사1 ■

제목번호 178 참고
笑 - 대(竹)가 구부러지듯 허리 굽혀 예쁘게(夭) 웃으니 '웃을 소'
添 - 물(氵)오른 젊은이(夭)의 마음(小)처럼 기쁨을 더하니 '더할 첨'

1

喬

12획 / 부수 口

젊은(夭) 사람이 **높이**(高) 올라가 높으니 **높을 교**

+ 高[높을 고(高)의 획 줄임]

활용어휘 喬幹(교간), 喬林(교림), 喬木(교목)

2

僑

14획 / 부수 人(亻)

(먹고 살기 위해) **사람**(亻)이 **높은**(喬) 곳이라도 더부살이하며 객지에 사니
더부살이 교, 객지에 살 교

+ 더부살이 - 남의 집에서 먹고 자면서 일을 해주고 삯을 받는 일.
+ 객지(客地) - 자기 집을 멀리 떠나 임시로 있는 곳.

활용어휘 僑民(교민), 僑胞(교포), 華僑(화교), 僑軍(교군)

1

嬌

15획 / 부수 女

여자(女)가 품위 **높게**(喬) 아리따우니 **아리따울 교**

+ 아리땁다 - 마음이나 몸가짐 등이 맵시 있고 곱다.

활용어휘 嬌面(교면), 嬌聲(교성), 嬌態(교태), 愛嬌(애교)

1

轎

19획 / 부수 車

수레(車) 중 **높이**(喬) 들게 만든 가마니 **가마 교**

+ 가마 - 조그마한 집 모양으로 생긴 탈 것.

활용어휘 轎軍(교군), 轎輿(교여), 轎子(교자)

1

驕

22획 / 부수 馬

말(馬)에 **높이**(喬) 올라앉은 것처럼 교만하니
교만할 교

+ 교만(驕慢) - 잘난 체하며 뽐내고 건방짐.
+ 馬(말 마), 慢(게으를 만)

활용어휘 驕奢(교사), 驕色(교색), 驕傲(교오), 驕態(교태)

■ 한자암기박사1 ■

제목번호 178 참고
橋 - 나무(木)로 높이(喬) 걸쳐 만든 다리니 '다리 교'
矯 - 화살(矢)을 높이(喬) 쏘려고 곧게 바로잡으니 '바로잡을 교'

8

5획 / 부수 匕

두 사람이 등지고 달아나는 모양에서 **등질 배, 달아날 배**
또 항상 남쪽을 향하여 앉는 임금의 등진 북쪽이니 **북쪽 북**

+ ㈜ 比(나란할 비, 견줄 비), 兆(조짐 조, 조 조)
+ 옛날에는 신분에 따라 앉는 방향이 달라서 임금은 북쪽, 신하는
남쪽, 주인은 동쪽, 손님은 서쪽에 자리하고 앉았답니다. 임금은
어느 장소에서나 그곳의 북쪽에서 남쪽을 향하여 앉았으니, 항상
남쪽을 향하여 앉는 임금의 등진 쪽이라는 데서 '등질 배, 달아날
배(北)'에 '북쪽 북'이라는 뜻이 붙어 지금은 주로 '북쪽 북'으로
쓰이지요.

활용어휘 敗北(패배), 北風寒雪(북풍한설)

1

乖

8획 / 부수 丿

많이(千) 등져(北) 어긋나니 **어긋날 괴**

+ 千(일천 천, 많을 천)

활용어휘 乖離(괴리), 乖反(괴반), 乖僻(괴벽), 乖愎(괴팍)

3II

10획 / 부수 丿

두 발을 **어긋나게(乖)** 디디며 **사람(人)**이 타니 **탈 승**
또 타는 수레를 세는 단위나 어긋나게 곱하는 뜻으로도 쓰여
대 승, 곱할 승

+ ㈜ 乘 – 많은(千) 풀(卄)이 땅(一)을 뚫고(八) 올라오듯 올라타니
'탈 승'
또 타는 수레를 세는 단위나 어긋나게 곱하는 뜻으로도
쓰여 '대 승, 곱할 승'

활용어휘 乘車(승차), 加減乘除(가감승제)

1

剩

12획 / 부수 刀(刂)

다 **타고(乘)** 칼(刂)만 남으니 **남을 잉**

활용어휘 剩餘(잉여), 剩員(잉원), 過剩(과잉)

3Ⅱ **兆** 6획 / 부수 儿	점치던 거북이 등껍데기의 갈라진 모양에 나타난 조짐이니 **조짐 조** 또 큰 숫자인 조도 나타내어 **조 조** ✚ 옛날에는 거북이 등껍데기를 불에 태워서 갈라진 모양을 보고 길 흉화복을 점쳤답니다. ✚ 조짐(兆朕) – 좋거나 나쁜 일이 생길 기미가 보이는 현상. 활용어휘 吉兆(길조) ↔ 凶兆(흉조), 亡兆(망조), 億兆(억조)
1 **眺** 11획 / 부수 目	눈(目)으로 조짐(兆)을 바라보니 **바라볼 조** 활용어휘 眺覽(조람), 眺望(조망)
1Ⅱ **姚** 9획 / 부수 女	**여자(女)가 조짐(兆) 좋게 예쁘고 날래니** **예쁠 요, 날랠 요** 활용어휘 姚冶(요야), 姚姚(요요)

■ 한자암기박사1 ■

제목번호 348 참고
挑 – 손(扌)으로 조짐(兆)을 보이며 돋우고 끌어내니 '돋을 도, 끌어낼 도'
桃 – 나무(木)에 열린 조(兆) 자 모양의 무늬가 있는 복숭아니 '복숭아 도'
跳 – 발(𧾷)로 무슨 조짐(兆)이라도 본 듯 뛰니 '뛸 도'
逃 – 조짐(兆)을 알아차리고 뛰어(辶) 달아나니 '달아날 도'

4Ⅱ

非

8획 / 제부수

새의 날개가 양쪽으로 어긋나 있음을 본떠서 어긋날 **비**

또 어긋나면 아니된다고 나무라니 아닐 **비**, 나무랄 **비**

활용어휘 非一非再(비일비재), 是是非非(시시비비)

1

緋

14획 / 부수 糸

보통 실(糸)이 아닌(非) 명주실로 짠 비단이니 비단 **비**

또 비단은 대부분 붉게 물들여 붉으니 붉을 **비**

+ 비단(緋緞) – 명주실로 짠 광택이 나는 천을 통틀어 이르는 말.
+ 緞(비단 단)

활용어휘 緋甲(비갑), 緋玉(비옥)

1

誹

15획 / 부수 言

말(言)을 사실과 어긋나게(非) 하면서 비방하니

비방할 **비**

+ 비방(誹謗) – 남을 비웃고 헐뜯어서 말함.
+ 謗(헐뜯을 방)

활용어휘 誹笑(비소), 誹毀(비훼)

2

俳

10획 / 부수 人(亻)

사람(亻) 중 실제가 아닌(非) 행동을 꾸며서 연기하는

배우니 배우 **배**

활용어휘 俳優(배우), 俳諧(배해), 嘉俳(가배)

1

徘

11획 / 부수 彳

조금씩 걸어가며(彳) 목적지가 아닌(非) 곳을 배회하니

배회할 **배**

+ 배회(徘徊) – 특정한 목적 없이 어떤 곳을 중심으로 이리저리 걸어 다님.
+ 彳(조금 걸을 척), 徊(배회할 회)

활용어휘 徘徊顧眄(배회고면)

■ 한자암기박사1 ■

제목번호 349 참고

排 – 손(扌)으로 그게 아니(非)라며 물리치거나 다시 배열하니 '물리칠 배, 배열할 배'

罪 – 법의 그물(罒)에 걸릴 정도로 어긋나(非) 죄지은 허물이니 '죄지을 죄, 허물 죄'

悲 – 아니(非) 된다고 느끼는 마음(心)은 슬프니 '슬플 비'

輩 – 어긋날(非) 정도로 수레(車)에 많이 탄 무리니 '무리 배'

1

扉

12획 / 부수 戶

문(戶)살을 **어긋나게(非)** 꽂아 만든 문짝이나 사립문이니
문짝 비, 사립문 비

+ 사립문 - 나뭇가지를 엮어서 만든 문.
+ 옛날 문은 문틀에 문살을 어긋나게 꽂아 만들었지요.
+ 戶(문 호, 집 호)

> **활용어휘** 扉窓(비창), 開扉(개비), 柴扉(시비), 竹扉(죽비)

1

蜚

14획 / 부수 虫

어긋나게(非) 뛰거나 나는 **벌레(虫)**니
바퀴벌레 비, 방아깨비 비, 날 비

+ 图 飛(날 비, 높을 비, 빠를 비)
+ 바퀴벌레나 방아깨비가 어긋나게 뛰거나 날아감을 보고 만든 한자.
+ 虫(벌레 충)

> **활용어휘** 流言蜚語(유언비어), 三年不蜚(삼년불비)

1

翡

14획 / 부수 羽

위아래 **어긋난(非)** 색의 **깃(羽)**을 가진 물총새니
물총새 비

+ 물총새 - 몸의 윗면은 청록색, 턱 밑과 목은 흰색이나 다소 누런
  갈색으로 서로 어긋나 있음.
+ 羽(날개 우, 깃 우)

> **활용어휘** 翡玉(비옥), 翡翠(비취), 翡翠簪(비취잠)

2

匪

10획 / 부수 匸

물건을 **상자(匸)**에 **그릇되게(非)** 담아 가는 비적이니
비적 비

+ 비적(匪賊) - 무장을 하고 떼를 지어 다니면서 사람들을 해치는
  도둑.
+ 匸(상자 방), 賊(도둑 적)

> **활용어휘** 匪徒(비도), 匪擾(비요), 武裝共匪(무장공비)

1II

裵

14획 / 부수 衣

옷(衣)자락이 **어긋날(非)** 정도로 치렁치렁하니
치렁치렁할 배, 성씨 배

+ 图 裴 - 어긋나게(非) 옷(衣)자락이 치렁치렁하니
    '치렁치렁할 배, 성씨 배'

> **활용어휘** 裵裨將傳(배비장전)

참
韱
17획 / 부수 韭

두 **사람(人人)**이 **창(戈)**으로 쪼개 놓은 모양으로 나는
부추(韭)니 **부추 섬**

+ 부추 – 백합과의 여러해살이풀로, 줄기와 가지와 잎이 있는 다른
풀과 달리 줄기만 있는데 이것을 베어서 나물로 이용함.
+ 韭 – 비(非) 자 모양으로 땅(一) 위에 나 있는 부추니 '부추 구'
+ 非[어긋날 비, 아닐 비, 나무랄 비(非)의 변형], 戈(창 과)

1
殲
21획 / 부수 歹

죽일(歹) 때 **부추(韱)**처럼 가늘게 베어 다 죽이니
다 죽일 섬, **다할 섬**

+ 歹(뼈 부서질 알, 죽을 사 변)

활용어휘 殲滅戰(섬멸전), 殲撲(섬박), 殲滅(섬멸)

2
纖
23획 / 부수 糸

실(糸)을 **부추(韱)**처럼 쪼개서 가느니 **가늘 섬**

활용어휘 纖細(섬세), 纖維(섬유), 纖纖玉手(섬섬옥수)

1
懺
20획 / 부수 心(忄)

마음(忄)에 **부추(韱)**처럼 가늘게 쪼갠 듯이 뉘우치니
뉘우칠 참

활용어휘 懺洗(참세), 懺悔(참회), 懺悔錄(참회록)

1
讖
24획 / 부수 言

말(言)로 **부추(韱)**처럼 가늘게 쪼갠 듯이 자세히 예언하니
예언할 참

활용어휘 讖書(참서), 讖言(참언), 讖謠(참요), 圖讖(도참)

1
籤
23획 / 부수 竹(⺮)

대(⺮)를 **부추(韱)**처럼 가늘게 쪼개 만든 제비니 **제비 첨**

+ 제비 – ㉠ 새의 일종. ㉡ 추첨할 때 골라 뽑는 종이나 물건.
여기서는 ㉡의 뜻.

활용어휘 籤紙(첨지), 籤筒(첨통), 當籤(당첨), 抽籤(추첨)

比

5

4획 / 제부수

두 사람이 나란히 앉은 모양에서 **나란할 비**

또 나란히 앉혀 놓고 견주니 **견줄 비**

+ 웹 北(등질 배, 달아날 배, 북쪽 북), 兆(조짐 조, 조 조)

활용어휘 強大無比(강대무비), 無比一色(무비일색)

妣

1

7획 / 부수 女

여자(女)를 볼 때 **견주어(比)** 보는 죽은 어미나 어미니

죽은 어미 비, 어미 비

+ 어머니를 보면 그 딸을 알 수 있고, 딸을 보면 그 어머니를 알
수 있다고 하지요.

활용어휘 妣位(비위), 先妣(선비), 祖妣(조비)

砒

1

9획 / 부수 石

돌(石)에 일정 **비율(比)** 섞인 비상이니 **비상 비**

+ 비상(砒霜) - 비석(砒石)을 가열 승화시켜 얻은 결정체. 독이 있음.

+ 石(돌 석), 霜(서리 상)

활용어휘 砒酸(비산), 砒素(비소)

秕

1

9획 / 부수 禾

벼(禾)에 일정 **비율(比)**만 알이 든 쭉정이니

쭉정이 비

+ 웹 粃 - 쌀(米)이 일정 비율(比)만 들어 있는 쭉정이니 '쭉정이 비'

+ 쭉정이 - ㉠ 껍질만 있고 속에 알맹이가 들지 아니한 곡식이나
과일 등의 열매. ㉡ 쓸모없게 되어 사람 구실을 제대로 하지 못하
는 사람을 비유하여 이르는 말.

활용어휘 秕政(비정)

庇

1

7획 / 부수 广

안전하도록 **집(广)** 안에 **나란히(比)** 숨겨 덮으니

덮을 비

+ 웹 疵(흠 자, 허물 자) - 제목번호 253 참고

활용어휘 庇匿(비닉), 庇佑(비우), 庇蔭(비음), 庇護(비호)

■ 한자암기박사1 ■

제목번호 345 참고

批 - 손(扌)으로 견주어(比) 비평하니 '비평할 비'

混 - 물(氵)과 햇(日)빛이 적당히 비례하는(比) 곳에 동식물이 섞여 살 듯 섞으니 '섞을 혼'

3

皆

9획 / 부수 白

나란히(比) 앉아 말하는(白) 모두 다니 **다 개**

+ 白(흰 백, 밝을 백, 깨끗할 백, 아뢸 백)

활용어휘 擧世皆濁(거세개탁), 皆旣日蝕(개기일식)

1

偕

11획 / 부수 人(亻)

사람(亻)이 다(皆) 함께하니 **함께 해**

활용어휘 偕樂(해락), 偕老(해로), 偕往(해왕), 偕行(해행)

1

楷

13획 / 부수 木

나무(木)처럼 다(皆) 꼿꼿이 세워 쓴 해서니 **해서 해**

또 해서는 다른 글자체의 본보기니 **본보기 해**

+ 해서(楷書) – 서체의 한 가지. 글씨를 흘려 쓰지 아니하고 정자로 바로 쓰는 한자 서체.

활용어휘 楷白(해백), 楷法(해법), 楷正(해정)

1

諧

16획 / 부수 言

말(言)을 다(皆) 같이 하며 어울리니 **어울릴 해**

+ 言(말씀 언)

활용어휘 諧語(해어), 諧調(해조), 諧謔(해학)

1

陛

10획 / 부수 阜(阝)

언덕(阝)에 오를 수 있도록 나란히(比) 흙(土) 위에 놓은 섬돌이니 **섬돌 폐**

+ 섬돌 – 집채의 앞뒤에 오르내릴 수 있게 놓은 돌층계.
+ 阝(언덕 부 변), 土(흙 토)

활용어휘 陛見(폐현), 陛下(폐하), 高陛(고폐)

■ 한자암기박사1 ■

제목번호 345 참고

階 – 언덕(阝)에 오르도록 다(皆) 같은 간격으로 만들어 놓은 계단이니 '계단 계'
  또 계단처럼 단계가 있는 계급이니 '계급 계'

必 5획 / 부수 心	하나(丿)에만 매달리는 **마음(心)**으로 반드시 이루니 **반드시 필** + 丿('삐침 별'이지만 여기서는 하나로 봄), 心(마음 심, 중심 심) 활용어휘 必讀(필독), 必須(필수), 必勝(필승), 必要(필요)
泌 8획 / 부수 水(氵)	물(氵)은 **반드시(必)** 어디론가 스며 흐르니 **스며 흐를 필** 또 물 흐르듯 몸에서 분비하니 **분비할 비** + 분비(分泌) - 샘세포의 작용에 의하여 만든 액즙을 배출관으로 보내는 일. + 分(나눌 분, 단위 분, 단위 푼, 신분 분, 분별할 분, 분수 분) 활용어휘 分泌物(분비물), 泌尿器科(비뇨기과)
祕 10획 / 부수 示	신(示)처럼 **반드시(必)** 모양을 숨기면 신비로우니 **숨길 비, 신비로울 비** + 㔔秘 - (옛날 곡식이 귀하던 시절에) 벼(禾) 같은 곡식은 반드시(必) 숨겨야 했으니 '숨길 비' 또 드러내지 않고 숨기면 신비로우니 '신비로울 비' + 示(보일 시, 신 시), 禾(벼 화) 활용어휘 祕法(비법), 祕策(비책), 極祕(극비)
瑟 13획 / 부수 玉(王)	구슬(王)과 **구슬(王)**이 부딪치듯 **반드시(必)** 맑은 소리를 내도록 만든 비파와 거문고니 **비파 슬, 거문고 슬** 또 비파나 거문고 소리처럼 쓸쓸하니 **쓸쓸할 슬** 활용어휘 琴瑟(금슬), 蕭瑟(소슬), 瑟瑟(슬슬)
謐 17획 / 부수 言	말(言)을 **반드시(必)** 그릇(皿)에 담아 둘 정도로 필요한 말만 하며 고요하니 **고요할 밀** + 言(말씀 언), 皿(그릇 명) 활용어휘 靜謐(정밀), 安謐(안밀)

密

4Ⅱ

11획 / 부수 宀

집(宀)을 **반드시**(必) **산**(山) 속에 짓고 살아야 하는 빽빽할 정도로 많은 비밀이니 **빽빽할 밀, 비밀 밀**

+ 宀(집 면), 山(산 산)

활용어휘 密着(밀착), 密集(밀집), 奧密稠密(오밀조밀)

蜜

3

14획 / 부수 虫

집(宀)에다 **반드시**(必) **벌레**(虫) 중 벌이 저장하고 있는 꿀이니 **꿀 밀**

+ 虫(벌레 충)

활용어휘 蜜柑(밀감), 蜜月旅行(밀월여행)

琵

1

12획 / 부수 玉(王)

옥(王)과 **옥**(王)이 부딪치는 소리와 **견줄**(比) 만한 소리가 나는 비파니 **비파 비**

+ 비파(琵琶) – 타원형의 몸통에 곧고 짧은 자루가 달린 현악기(絃樂器)의 하나. 4줄의 당비파와 5줄의 향비파가 있음.

활용어휘 琵琶聲(비파성), 唐琵琶(당비파)

毖

1Ⅱ

9획 / 부수 比

견주고(比) **반드시**(必) 따지며 삼가니 **삼갈 비**

활용어휘 懲毖(징비)

毘

1Ⅱ

9획 / 부수 比

밭(田)에서 나란히(比) 일하며 도우니 **도울 비**

+ 图 毗(도울 비)

활용어휘 毘益(비익), 毘盧峰(비로봉), 茶毘(다비)

昆

1

8획 / 부수 日

살아온 날(日)이 동생에 비하여(比) 많은 맏이니 **많을 곤, 맏이 곤**

또 많은 무리가 모여 사는 곤충이니 **곤충 곤**

활용어휘 昆孫(곤손), 昆季(곤계), 昆蟲(곤충)

棍

1

12획 / 부수 木

나무(木) 중 많이(昆) 들고 치는 몽둥이니 **몽둥이 곤**

또 몽둥이처럼 둥글게 묶으니 **묶을 혼**

활용어휘 棍棒(곤봉), 棍杖(곤장), 棍刑(곤형)

鹿

3

11획 / 제부수

사슴 모양을 본떠서 **사슴 록(녹)**

활용어휘 鹿皮曰字(녹비왈자), 指鹿爲馬(지록위마)

麓

1

19획 / 부수 鹿

수풀(林) 속 사슴(鹿)이 뛰노는 산기슭이니 **산기슭 록(녹)**

+ 林(수풀 림)

활용어휘 南麓(남록), 山麓(산록)

塵

2

14획 / 부수 土

사슴(鹿)이 마른 흙(土)에서 뛸 때처럼 날리는 티끌이니 **티끌 진**

+ 티끌 - 티와 먼지를 통틀어 말함. 몹시 작거나 적음을 말함.

활용어휘 塵境(진경), 塵界(진계), 塵埃(진애), 風塵(풍진)

4

射

10획 / 부수 寸

활이나 총을 몸(身)에 대고 조준하여 손마디(寸)로 당겨 쏘니
쏠 사

+ 활이나 총을 몸에 대고 조준하여 쏘지요.

활용어휘 注射(주사), 射殺(사살), 放射(방사)

1

麝

21획 / 부수 鹿

사슴(鹿) 중 쏘듯이(射) 진한 향기가 나는 사향노루니
사향노루 사

활용어휘 麝鹿(사록), 麝香(사향), 蘭麝(난사)

4II

麗

19획 / 부수 鹿

고운(ㄲㄲ) 사슴(鹿)처럼 곱고 빛나니
고울 려(여), 빛날 려(여)

+ 앤 麗 - 하나(一)하나(丨)씩 어울려 이리저리(丶丶) 다니는
  사슴(鹿)처럼 곱고 빛나니 '고울 려(여), 빛날 려(여)'
+ ㄲㄲ - '고울 려(여)'로, 현재는 위를 一 하나만 써서 麗의 중국
  한자(간체자)로 쓰임.

활용어휘 美辭麗句(미사여구), 山明水麗(산명수려)

1II

驪

29획 / 부수 馬

말(馬) 중 색이 고운(麗) 검은 말이니
검은 말 려(여), 검은 말 리(이)

활용어휘 探驪得珠(탐려득주), 驪州(여주)

1

灑

22획 / 부수 水(氵)

물(氵) 뿌려 곱게(麗) 씻으니 **물 뿌릴 쇄, 씻을 쇄**

활용어휘 灑落(쇄락), 灑然(쇄연), 灑掃應對(쇄소응대)

■ 한자암기박사1 ■

제목번호 187 참고
謝 - 말(言)을 쏘듯이(射) 갈라 끊어 분명하게 사례하고 사절하며 비니 '사례할 사, 사절할 사, 빌 사'
제목번호 346 참고
慶 - 사슴(严)처럼 하나(一)씩 기쁜 마음(心)으로 서서히(夂) 모여드는 경사니 '경사 경'
薦 - 약초(++)와 사슴(严)과 새(灬)를 잡아 드리며 약에 쓰기를 추천하니 '드릴 천, 추천할 천'

此
3II
6획 / 부수 止

그쳐(止) 비수(匕)로도 잴 만한 가까운 이것이니 **이 차**
+ 비수(匕首) - 짧고 날카로운 칼.
+ 止(그칠 지), 匕(비수 비, 숟가락 비)

활용어휘 於此彼(어차피), 彼此一般(피차일반)

雌
2
14획 / 부수 隹

수컷 옆에 **그쳐(止) 비수(匕)** 같은 부리로 먹이를 먹는
새(隹)는 암컷이니 **암컷 자**
+ 隹(새 추)

활용어휘 雌犬(자견), 雌雄(자웅), 雌性(자성)

疵
1
11획 / 부수 疒

병(疒)든 **이(此)** 부분이 흠이고 허물이니 **흠 자, 허물 자**
+ 疒(疒 庀(덮을 비) - 제목번호 247 참고
+ 흠(欠) - ㉠ 어떤 물건의 이지러지거나 깨어지거나 상한 자국.
　　　　　㉡ 어떤 사물의 모자라거나 잘못된 부분.

활용어휘 疵痕(자흔), 隱疵(은자), 瑕疵(하자)

些
1
8획 / 부수 二

단지 **이(此)**것 **두(二)** 개뿐이라 적으니 **적을 사**

활용어휘 些略(사략), 些末(사말), 些事(사사), 些少(사소)

柴
1II
10획 / 부수 木

그쳐(止) 비수(匕) 같은 낫으로 자른 **땔나무(木)**니
땔나무 시, 섶 시

또 땔나무 같은 나무를 꽂아 만든 울타리니 **울타리 시**
+ 섶 - 잎나무, 풋나무, 물거리 등의 땔나무를 통틀어 이르는 말.

활용어휘 柴奴(시노), 柴木(시목), 柴糧(시량), 柴扉(시비)

■ 한자암기박사1 ■

제목번호 347 참고
紫 - 이(此) 세상에서 가장 아름다운 실(糸)의 색은 자줏빛이니 '자줏빛 자'

艮

6획 / 제부수

눈(目) 앞에 **비수**(匕)처럼 위험한 것이 보이면 멈추니
멈출 간

+ 㿟 良(좋을 량, 어질 량) – 제목번호 256 참고
+ 目[눈 목, 볼 목, 항목 목(目)의 변형]

활용어휘 艮卦(간괘), 艮方(간방), 艮時(간시), 艮坐(간좌)

艱

17획 / 부수 艮

진흙(堇) 속에 **멈추면**(艮) 나오기가 어려우니
어려울 간

+ 堇 [진흙 근(堇)의 변형] – '너무 끈끈하여 스물(卄)한(一) 번이나 말하며(口) 하나(一)같이 크게(大) 힘쓰며 걸어야 할 진흙이니 진흙 근'

활용어휘 艱苦(간고), 艱難(간난), 艱難辛苦(간난신고)

垠

9획 / 부수 土

흙(土)이 **멈춘**(艮) 지경의 끝이니 **지경 은, 끝 은**

+ 지경(地境) – ㉠ 나라나 지역 등의 구간을 가르는 경계.
　　　　　　　㉡ 일정한 테두리 안의 땅.
+ 境(경계 경, 형편 경)

활용어휘 垠際(은제)

痕

11획 / 부수 疒

병(疒)이 **그치고**(艮) 나아도 남는 흉터니 **흉터 흔**

또 흉터처럼 남는 흔적이니 **흔적 흔**

+ 疒(병들 녁)

활용어휘 痕跡(흔적), 傷痕(상흔), 戰痕(전흔), 血痕(혈흔)

■ 한자암기박사1 ■

제목번호 338 참고
恨 – 잊지 못하고 마음(忄)에 머물러(艮) 한하고 뉘우치니 '한할 한, 뉘우칠 한'
限 – 언덕(阝)에 막혀 멈춰야(艮) 하는 한계니 '한계 한'
根 – 나무(木)를 멈춰(艮) 있게 하는 뿌리니 '뿌리 근'
退 – 하던 일을 멈추고(艮) 물러나니(辶) '물러날 퇴'
銀 – 금(金) 다음에 머물러(艮) 있는 은이니 '은 은'

4II

退
10획 / 부수 辵(辶)

하던 일을 **멈추고**(艮) **물러나니**(辶) 물러날 **퇴**

+ 世 進(나아갈 진)

활용어휘 退勤(퇴근), 勇退(용퇴), 早退(조퇴), 後退(후퇴)

1

褪
15획 / 부수 衣(衤)

옷(衤)의 색이 **물러나듯**(退) 바래니 바랠 **퇴**

+ 바래다 – 볕이나 습기를 받아 색이 변하다.
+ 衤(옷 의 변)

활용어휘 褪色(퇴색)

1

腿
14획 / 부수 肉(月)

살(月)이 **물러난**(退) 듯 뒤쪽에 있는 넓적다리니 넓적다리 **퇴**

+ 넓적다리 – 다리에서 무릎 관절 위의 부분.
+ 月(달 월, 육 달 월)

활용어휘 腿骨(퇴골), 腿節(퇴절), 大腿(대퇴)

5Ⅱ

7획 / 부수 艮

점(丶) 같은 작은 잘못도 **그치면(艮)** 좋고 어지니
좋을 량(양), 어질 량(양)

+ 艮(멈출 간) − 제목번호 254 참고
+ 丶(점 주, 불똥 주)

활용어휘 優良(우량), 善良(선량), 賢母良妻(현모양처)

1

狼

10획 / 부수 犬(犭)

개(犭)처럼 **좋게(良)** 생긴 이리니 **이리 랑(낭)**
또 **개(犭)**처럼 **좋은(良)** 척하며 어지럽게 구니
어지러울 랑(낭)

+ 이리 − 갯과의 포유동물. 개와 비슷하게 생겼음.
+ 犭(큰 개 견, 개 사슴 록 변)

활용어휘 虎狼(호랑), 狼狽(낭패), 狼藉(낭자)

7Ⅱ

9획 / 제부수

사람(人) 몸에 **좋은(良)** 밥을 먹으니 **밥 식, 먹을 식**
또 밥 같은 먹이니 **먹이 사**

+ 부수로 쓰일 때 '飠'모양으로 '밥 식, 먹을 식 변'이라 부릅니다.

활용어휘 食堂(식당), 飮食(음식), 簞食瓢飮(단사표음)

1

蝕

15획 / 부수 虫

밥(飠)처럼 **좀벌레(虫)**가 갉아먹으니 **좀먹을 식**

+ 虫(벌레 충)

활용어휘 腐蝕(부식), 日蝕(일식), 侵蝕(침식), 浸蝕(침식)

■한자암기박사1■

제목번호 339 참고
娘 − 여자(女) 중 젊어서 좋게(良) 보이는 아가씨 '아가씨 낭'
浪 − 물(氵)이 보기 좋게(良) 출렁이는 물결이니 '물결 랑(낭)'
　　또 물결치듯 함부로 하니 '함부로 랑(낭)'

제목번호 340 참고
飢 − 밥(飠)을 못 먹어 힘없이 안석(几)에 기대야 할 정도로 굶주리니 '굶주릴 기'
飮 − 먹을(飠) 때 하품(欠)하듯 입 벌리고 마시니 '마실 음'
飾 − 밥(飠) 먹는 식탁을 사람(亻)이 수건(巾) 같은 천으로 꾸미니 '꾸밀 식'

3

爵

18획 / 부수 爪(⺥)

손(⺥)에 **법망**(罒)을 잡고 **머물러**(⺁) 마디**마디**(寸)
살피며 일하는 벼슬이니 벼슬 작
또 손(⺥)에 **그릇**(罒)을 잡고 **머물러**(⺁) **조금씩**(寸)
따라 마시는 술잔이니 술잔 작

+ 법망(法網) - 죄를 지은 사람에게 제재를 할 수 있는 법률이나
  그 집행 기관을 비유적으로 이르는 말.
+ ⺥('손톱 조'지만 여기서는 손으로 봄), 罒(그물 망, = 网, 㓁),
  ⺁[멈출 간(艮)의 변형], 寸(마디 촌, 법도 촌), '술잔 작'의 어원
  풀이에서는 그물 망(罒)을 그릇 명(皿)의 변형으로 본 것.

활용어휘 爵位(작위), 高官大爵(고관대작), 獻爵(헌작)

1

嚼

21획 / 부수 口

입(口)에 대기만 하는 **술잔**(爵)처럼 삼키지 않고 씹으며
맛보니 씹을 작, 맛볼 작

활용어휘 嚼復嚼(작부작), 咀嚼(저작)

1 II

泗

8획 / 부수 水(氵)

물(氵) 중 네(四) 갈래로 흐르는 물 이름이니
물 이름 사

+ 인·지명용 한자.

활용어휘 泗沘水(사비수)

1

伍

6획 / 부수 人(亻)

사람(亻)이 다섯(五) 명씩 편성되는 대오나 조니
대오 오, 조 오

+ 대오(隊伍) - 편성된 대열.
+ 조(組) - 일정한 목적을 위하여 조직된 적은 사람들의 집단.
+ 隊(무리 대, 군대 대), 組(짤 조)

활용어휘 伍列(오열), 伍長(오장), 落伍(낙오)

3

吾

7획 / 부수 口

다섯(五) 손가락, 즉 손으로 자신을 가리키며 **말하는**(口) 나니 **나 오**

활용어휘 吾等(오등), 吾鼻三尺(오비삼척)

2

梧

11획 / 부수 木

나무(木) 중 **나**(吾)에게 필요한 오동나무니
오동나무 오

＋ 오동나무는 가볍고 부드러우며 좀이 슬지 않아 예로부터 거문고 등의 악기나 귀중한 물건을 넣어 두는 장롱 등을 만들 때 널리 쓰였지요.

활용어휘 梧桐(오동), 碧梧桐(벽오동), 梧桐一葉(오동일엽)

1

寤

14획 / 부수 宀

집(宀)의 **나무 조각**(爿)으로 만든 침대에서 잠자다 **내**(吾)가 깨니 **깰 오**

＋ 宀(집 면), 爿(나무 조각 장)

활용어휘 寤寐(오매), 寤寐不忘(오매불망)

1

衙

13획 / 부수 行

내(吾)가 자주 **다니는**(行) 마을의 관청이니
마을 아, 관청 아

＋ 行(다닐 행, 행할 행, 항렬 항)

활용어휘 衙奴(아노), 衙前(아전), 官衙(관아)

1

圄

10획 / 부수 囗

에운담(囗) 같은 감옥에 **나**(吾)를 가두니
감옥 어, 가둘 어

＋ 囗[에운담, 나라 국(國)의 약자]

활용어휘 圄囹(어령), 囹圄(영어)

■ 한자암기박사1 ■

제목번호 015 참고
悟 – 마음(忄)에 나(吾)를 깨달으니 '깨달을 오'

6Ⅱ

半

5획 / 부수 十

나누어(八) 둘(二)로 가른(|) 반이니 **반 반**

+ | ('뚫을 곤'이지만 여기서는 가르는 모양으로 봄)

활용어휘 半開(반개), 半折(반절), 半信半疑(반신반의)

3

伴

7획 / 부수 人(亻)

사람(亻)의 반(半)쪽을 채워 주는 짝이니 **짝 반**

또 짝을 따르니 **따를 반**

+ 사람은 원래 반쪽이고 자기 짝을 찾아 합쳐야 온전한 사람이 된다고 하지요. 그래서 둘이 합쳐 완전한 원을 이루자고 결혼식에서 둥근 반지를 주고받는답니다.

활용어휘 伴侶者(반려자), 同伴者(동반자), 隨伴(수반)

1

拌

8획 / 부수 手(扌)

손(扌)으로 반(半)씩 쪼개 버리거나 뒤섞으니
쪼갤 반, 버릴 반, 뒤섞을 반

활용어휘 拌蚌(반방), 攪拌(교반)

1

畔

10획 / 부수 田

밭(田)을 반(半)으로 나누는 두둑이니 **두둑 반**

+ 두둑 - 논이나 밭 가장자리에 경계를 이룰 수 있도록 주위보다 볼록하게 만든 것.
+ 田(밭 전)

활용어휘 河畔(하반), 湖畔(호반)

1

絆

11획 / 부수 糸

실(糸)로 반(半)씩 얽으니 **얽을 반**

또 얽는 줄이니 **줄 반**

활용어휘 絆籠(반롱), 絆瘡膏(반창고), 脚絆(각반)

■ 한자암기박사1 ■

제목번호 015 참고
判 - 반(半)을 칼(|)로 쪼개듯이 딱 잘라 판단하니 '판단할 판'

1
壑

17획 / 부수 土

(적이 올 것으로 예상하는 곳을)
점(卜)쳐 덮어(冖) 하나(一)의 골짜기(谷)처럼
또(又) 흙(土)을 파 만든 구렁이니 구렁 학

또 구렁처럼 생긴 골짜기니 골짜기 **학**

+ 구렁 - ㉠ 움푹하게 파인 땅. ㉡ 빠지면 헤어나기 어려운 환경을
말함.
+ 谷 - 양쪽으로 벌어지고(八) 벌어져(人) 구멍(口)처럼 패인 골짜
기니 '골짜기 곡'
+ 卜(점 복), 冖(덮을 멱), 又(오른손 우, 또 우), 八, 人[여덟 팔,
나눌 팔(八)의 변형]

[활용어휘] 壑谷(학곡), 萬壑千峰(만학천봉)

3
只

5획 / 부수 口

입(口)으로 다만 팔자(八) 타령만 하니 다만 지

+ 웹 兄(형 형, 어른 형) - 제목번호 149 참고
+ 팔자(八字) - 태어난 해·달·날·시를 간지(干支)로 말할 때의
여덟 글자로, 사람의 평생 운수를 말함.

[활용어휘] 只今(지금), 但只(단지)

1
咫

9획 / 부수 口

**자(尺)로 다만(只) 한 자 정도의 짧은 거리니
짧은 거리 지**

+ 한 자 - 30.3cm
+ 尺(자 척)

[활용어휘] 咫尺之間(지척지간), 咫尺不辨(지척불변)

1
枳

9획 / 부수 木

**나무(木)에 열리는 다만(只) 약재로만 쓰이는 탱자니
탱자 지**

또 탱자 가시처럼 뾰족하면 무엇을 해치니 해칠 **기**

+ 탱자 - 탱자나무의 열매. 향기가 좋으며 약용함.

[활용어휘] 橘化爲枳(귤화위지), 枳塞(지색), 枳殼(기각)

■ 한자암기박사1 ■

제목번호 002 참고
俗 - 사람(亻)이 골짜기(谷)처럼 낮은 것에만 신경쓰고 살면 저속하니 '저속할 속'
  또 저속한 사람들이 모여 사는 속세니 '속세 속'
  또 사람(亻)이 같은 골짜기(谷)에 살면서 이룬 풍속이니 '풍속 속'
裕 - 옷(衤)이 커 골짜기(谷)처럼 주름지게 넉넉하니 '넉넉할 유'

4II
10획 / 부수 宀

집(宀)안일로 **골짜기**(谷)처럼 주름진 얼굴이니 얼굴 용
또 집(宀)에서처럼 마음 씀이 크고 **골짜기**(谷)처럼 깊어
무엇이나 받아들이고 용서하니 받아들일 용, 용서할 용

활용어휘 美容(미용), 容顔(용안), 容納(용납), 收容(수용)

1II
14획 / 부수 玉(王)

옥(王)을 **모양**(容) 좋게 만들어 차고 다닐 때 부딪치는
패옥 소리니 패옥 소리 용

＋ 인・지명용 한자.
＋ 패옥(佩玉) – 조선 시대에 벼슬아치의 예복 위에 좌우로 늘이어
　차던 옥.
＋ 佩(찰 패), 玉(구슬 옥)

1II
18획 / 부수 金

쇠(金)로 어떤 **모양**(容)을 만들기 위해 녹이니 녹일 용

＋ 金(쇠 금, 금 금, 돈 금, 성씨 김)

활용어휘 鎔鑛(용광), 鎔鑛爐(용광로), 鎔接(용접)

2
14획 / 부수 火

불(火)로 어떤 **모양**(容)을 만들기 위해 녹이니 녹일 용

활용어휘 熔石(용석), 熔巖(용암), 熔巖流(용암류)

1II
13획 / 부수 水(氵)

물(氵) **모양**(容)으로 녹이니 녹일 용

활용어휘 溶媒(용매), 溶液(용액), 溶解(용해)

1
14획 / 부수 草(艹)

풀(艹) 중 웃는 **얼굴**(容)처럼 예쁘게 피는 연꽃이니
연꽃 용

활용어휘 芙蓉堂(부용당)

8 **九** 2획 / 부수 乙	**열 십, 많을 십(十)**의 가로줄을 구부려 하나가 모자란 아홉이라는 데서 **아홉 구** 또 아홉은 단일 숫자 중에서 제일 크고 많으니 **클 구, 많을 구** 활용어휘 九尾狐(구미호), 九曲肝腸(구곡간장)
1 **仇** 4획 / 부수 人(亻)	**사람(亻)**이 **크게(九)** 죄 지으면 원수처럼 미워하니 **원수 구, 미워할 구** ＋ 원수(怨讐) – 원한이 맺힐 정도로 자기에게 해를 끼친 사람이나 집단. 활용어휘 仇隙(구극), 仇怨(구원), 仇敵(구적), 仇恨(구한)
3 **軌** 9획 / 부수 車	**수레(車)**도 다니도록 **크게(九)** 만든 길이니 **길 궤** 또 길처럼 따라야 할 법이니 **법 궤** ＋ 車(수레 거, 차 차) 활용어휘 軌道(궤도), 軌跡(궤적), 狹軌(협궤), 軌範(궤범)
1 **鳩** 13획 / 부수 鳥	**구(九)**구하며 우는 **새(鳥)**는 비둘기니 **비둘기 구** 또 비둘기 떼처럼 모이니 **모일 구** ＋ 비둘기는 구구하며 울고, 여러 마리가 모여 살지요. ＋ 鳥(새 조) 활용어휘 鳩舍(구사), 鳩胸(구흉), 鳩首會議(구수회의)
1Ⅱ **旭** 6획 / 부수 日	**크게(九)** **햇(日)**살을 빛내며 돋는 아침 해니 **빛날 욱, 아침 해 욱** 활용어휘 旭光(욱광), 旭日(욱일), 旭日昇天(욱일승천)

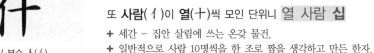

1

什
4획 / 부수 人(亻)

사람(亻)이 사는 데 필요한 **많은**(十) 세간이니 세간 **집**

또 **사람**(亻)이 **열**(十)씩 모인 단위니 열 사람 **십**

+ 세간 – 집안 살림에 쓰는 온갖 물건.
+ 일반적으로 사람 10명씩을 한 조로 짬을 생각하고 만든 한자.
+ 十(열 십, 많을 십)

> 활용어휘 什器(집기), 什長(십장)

1

汁
5획 / 부수 水(氵)

물(氵)처럼 **많이**(十) 나오게 짠 즙이니 즙 **즙**

+ 图 液(즙 액)

> 활용어휘 汁液(즙액), 果汁(과즙), 生汁(생즙)

2

升
4획 / 부수 十

천(千), **십**(十) 등의 숫자로 곡식의 양을 헤아리는 되니 되 **승**

또 (되로 곡식의 양을 헤아릴 때) 되에 곡식을 퍼 올리듯 오르니 오를 **승**

+ 图 昇 – 해(日)가 떠오르듯이(升) 오르니 '오를 승'
+ '되'나 '말'은 옛날에 물건의 양을 헤아렸던 도구로, 물건을 되나 말에 퍼 올려 '한 되 두 되, 한 말 두 말' 등으로 그 양을 헤아렸지요.
+ 千[일천 천, 많을 천(千)의 변형]

> 활용어휘 升斗之利(승두지리), 升級(승급), 上升(상승)

2

傘
12획 / 부수 人

위가 **덮인**(人) 아래에 **우산살**(㐱)이 있고 **십**(十)자 모양의 손잡이도 있는 우산이니 우산 **산**

+ 人('사람 인'이지만 여기서는 덮인 모양), 㐱[사람 인(人) 넷이지만 여기서는 우산살로 봄]

> 활용어휘 雨傘(우산), 陽傘(양산), 日傘(일산), 傘下(산하)

■ 한자암기박사1 ■

제목번호 020 참고

計 – 말(言)로 많이(十) 셈하고 꾀하니 '셈할 계, 꾀할 계'
針 – 쇠(金)를 많이(十) 갈아 만든 바늘이니 '바늘 침'

4II

支

4획 / 제부수

많은(十) 것을 손(又)으로 다루고 가르니
다룰 지, 가를 지

또 갈라 지출하니 **지출할 지**

+ 𡳿 攴(칠 복, = 攵)
+ 지출(支出) – 어떤 목적을 위하여 돈을 지급하는 일.

활용어휘 支撑(지탱), 支障(지장), 支店(지점), 收支(수지)

1

肢

8획 / 부수 肉(月)

몸(月)에서 갈라져(支) 나온 사지니 **사지 지**

+ 사지(四肢) – 사람의 두 팔과 두 다리를 통틀어 이르는 말.

활용어휘 肢體不自由(지체부자유), 下肢(하지)

1

伎

6획 / 부수 人(亻)

사람(亻)이 무엇을 다루는(支) 재주니 **재주 기**

활용어휘 伎倆(기량), 雜伎(잡기)

1

妓

7획 / 부수 女

여자(女) 중 불러 다룰(支) 수 있는 기생이니 **기생 기**

+ 기생(妓生) – 잔치나 술자리에서 노래나 춤 또는 풍류로 흥을 돋우는 것을 직업으로 하는 여자.

활용어휘 妓女(기녀), 官妓(관기), 名妓(명기)

1II

岐

7획 / 부수 山

산(山)이 갈라진(支) 곳에 생긴 갈림길이니 **갈림길 기**

+ 요즘에는 좋은 장비가 있어서 험한 산도 뚫고 강이나 바다도 다리를 놓아 어디에나 마음대로 길을 낼 수 있지만 옛날에는 산 따라 물 따라 길이 생겼지요.

활용어휘 岐路(기로), 分岐點(분기점)

■ 한자암기박사1 ■

제목번호 020 참고
枝 – 나무(木) 줄기에서 갈라져(支) 나온 가지니 '가지 지'
技 – 손(扌)으로 다루는(支) 재주니 '재주 기'

3II

丈

3획 / 부수 一

많이(ナ) 지팡이(乀)를 사용하는 어른이니 어른 **장**

또 남자 노인에 대한 존칭으로도 쓰여 존칭 **장**

또 어른 키 정도의 길이 단위로도 쓰여 길이 **장**

+ 장(丈) - 길이의 단위. 1丈은 성인 남자 키 정도의 길이.
+ ナ[열 십, 많을 십(十)의 변형], 乀('파임 불'이지만 여기서는 지팡이로 봄)

활용어휘 丈夫(장부), 拙丈夫(졸장부), 氣高萬丈(기고만장)

1

仗

5획 / 부수 人(亻)

사람(亻)이 **어른(丈)**이 되면 갖추는 의장이나 무기니
의장 **장**, 무기 **장**

+ 의장(儀仗) - 지위가 높은 사람이 행차할 때에 위엄을 보이기 위하여 격식을 갖추어 세우는 병장기나 물건.
+ 병장기(兵仗器) - 예전에, 병사들이 쓰던 온갖 무기.
+ 치안이 불안했던 옛날에는 무기도 차고 다녔고, 철모르는 어릴 때는 아무렇게나 차리고 나가도 되지만 어른이 되면 의장을 갖추고 나가야 함을 생각하고 만든 한자.
+ 儀(거동 의)

활용어휘 儀仗隊(의장대), 仗器(장기)

1

杖

7획 / 부수 木

나무(木)로 만들어 **어른(丈)**이 짚는 지팡이니 지팡이 **장**

또 지팡이로도 쓸 수 있는 몽둥이니 몽둥이 **장**

활용어휘 短杖(단장), 竹杖(죽장), 杖鼓(장고), 棍杖(곤장)

古

5획 / 부수 口

많은(十) 사람의 입에 오르내린 말(口)은 이미 오래된 옛날이니 **오랠 고, 옛 고**

+ 🈂 右(오른쪽 우), 石(돌 석), 吉(길할 길, 상서로울 길)

활용어휘 古物(고물), 中古品(중고품), 東西古今(동서고금)

祜

10획 / 부수 示

신(示)이 오랫(古)동안 주는 복이니 **복 호**

+ 인·지명용 한자.
+ 示(보일 시, 신 시)

胡

9획 / 부수 肉(月)

오래(古) 전부터 고기(月)도 즐겨 먹던 오랑캐니 **오랑캐 호**

+ 🈂 夷(동쪽 민족 이, 오랑캐 이) – 제목번호 370 참고
+ 중국의 변방에 살던 오랑캐들은 가축을 길렀기에 주로 육식을 했다는 데서 유래된 한자로, 미개한 종족이란 뜻으로 멸시하여 이르는 말로도 쓰입니다.

활용어휘 胡角(호각), 胡桃(호도), 胡亂(호란)

瑚

13획 / 부수 玉(王)

옥(王)으로 오랜(古) 세월(月) 굳어진 것처럼 생긴 산호니 **산호 호**

+ 산호(珊瑚) – 따뜻하고 얕은 바다 속 바위에 붙어서 사는 동물.
+ 珊(산호 산)

糊

15획 / 부수 米

쌀(米)로 오랑캐(胡) 죽처럼 끓인 풀이니 **풀 호**
또 풀을 칠한 듯 흐려 모호하니 **모호할 호**

활용어휘 糊口之策(호구지책), 曖昧模糊(애매모호)

■ 한자암기박사1 ■

제목번호 022 참고

姑 – 여자(女)가 오래(古)되면 시어미나 할미니 '시어미 고, 할미 고'
　　또 (세월이 빨라) 할미가 되는 것은 잠깐이니 '잠깐 고'
枯 – 나무(木)도 오래(古)되면 마르고 죽으니 '마를 고, 죽을 고'
湖 – 물(氵)이 오랜(古) 세월(月) 고여 있는 호수니 '호수 호'

4Ⅱ
故
9획 / 부수 攴(攵)

오래된(古) 일이지만 하나씩 **짚으며(攵)** 묻는 연고 있는 옛날이니 연고 **고, 옛 고**

+ '오랠 고, 옛 고(古)'는 단순히 시간상으로 옛날이고, '연고 고, 옛 고(故)'는 연고 있는 옛날, 즉 사연 있는 옛날이지요.

+ 연고(緣故) - ⊙ 일의 까닭. ⓒ 혈통·정분·법률 등으로 맺어진 관계. ⓒ 사람들 사이에 맺어지는 관계.

+ 攵(칠 복, = 攴)

활용어휘 故國(고국), 作故(작고), 故障(고장)

1
做
11획 / 부수 人(亻)

사람(亻)이 무엇을 **연고(故)**에 따라 만드니 만들 **주**

활용어휘 做恭(주공), 做業(주업), 做錯(주착), 看做(간주)

1
辜
12획 / 부수 辛

오랫(古)동안 **고생스럽게(辛)** 괴롭히는 허물이니 허물 **고**

+ 허물이 있으면 오랫동안 괴롭힘을 생각하고 만든 한자.

+ 辛(고생할 신, 매울 신, 여덟째 천간 신, 성씨 신)

활용어휘 無辜(무고), 不辜(불고), 罪辜(죄고)

克

7획 / 부수 儿

3Ⅱ

오래(古) 참은 **사람**(儿)이 능히 이기니
능할 극, 이길 극
+ 능(能)하다 – 어떤 일 등에 뛰어나다.
+ 儿(사람 인 발, 어진사람 인)

활용어휘 克明(극명), 克己(극기), 克己復禮(극기복례)

剋

9획 / 부수 刀(刂)

1

능히(克) **칼**(刂)까지 들고 이기니 이길 극
+ 보통의 경우에 이기는 것은 克(능할 극, 이길 극), 도리에 어긋나거나 사납게 이기는 것은 剋(이길 극)으로 구분하세요.

활용어휘 剋減(극감), 相剋(상극), 下剋上(하극상)

兢

14획 / 부수 儿

1Ⅱ

상대가 이기고(克) **이기면**(克) 떨리니 떨릴 긍

활용어휘 兢戒(긍계), 兢懼(긍구), 戰戰兢兢(전전긍긍)

■ 도움말 ■

〈相剋(상극)과 相生(상생)〉
相剋은 둘 사이가 서로 화합하지 못하고 늘 충돌함을 이르는 말이고, 相生은 서로 도와 너도 살고 나도 사는 모두가 잘 살게 함을 이르는 말입니다.
우주 만물을 이루는 다섯 가지 원소인 오행(五行)의 금(金), 수(水), 목(木), 화(火), 토(土)도 서로 相生과 相剋으로 맞물려 돌아가고 있으니, 이것을 이해하면 자연과 인생을 이해하는 지혜도 생길 것 같아 소개합니다.

木生火(목생화) 木剋土(목극토)
火生土(화생토) 土剋水(토극수)
土生金(토생금) 水剋火(수극화)
金生水(금생수) 火剋金(화극금)
水生木(수생목) 金剋木(금극목)

+ 相(서로 상, 모습 상, 볼 상, 재상 상), 生(날 생, 살 생, 사람을 부를 때 쓰는 접사 생), 金(쇠 금, 금 금, 돈 금, 성씨 김), 木(나무 목), 水(물 수), 火(불 화), 土(흙 토)

5

固

8획 / 부수 口

에워싸(口) 오래(古) 두면 굳으니 **굳을 고**

또 굳어서 진실로 변치 않으니 **진실로 고**

+ 口[에운담, 나라 국(國)의 약자]

활용어휘 固體(고체), 固守(고수), 堅固(견고)

1

錮

16획 / 부수 金

쇠(金)로 굳게(固) 막아 땜질하니 **땜질할 고**

또 쇠(金)로 굳게(固) 막아 가두니 **가둘 고**

+ 땜질하다 - 여러 뜻이 있지만 여기서는 '금이 가거나 뚫어진 데를 떼우다'라는 뜻.
+ 金(쇠 금, 금 금, 돈 금, 성씨 김)

활용어휘 禁錮(금고)

4II

個

10획 / 부수 人(亻)

사람(亻) 성격이 굳어져(固) 개인 행동을 하는 낱낱이니
낱 개

+ 图 箇(낱 개, 개수 개)

활용어휘 個當(개당), 個月(개월), 各個擊破(각개격파)

1

箇

14획 / 부수 竹(⺮)

대(⺮)처럼 지조가 굳어(固) 잡것과 섞이지 않는 낱낱이니
낱 개

또 낱낱이 세는 개수니 **개수 개**

+ 图 個(낱 개)
+ ⺮(대 죽)

활용어휘 箇箇(개개), 箇中(개중), 箇數(개수)

1

痼

13획 / 부수 疒

병(疒) 중 굳어져(固) 낫지 않는 고질병이니
고질병 고

+ 고질병(痼疾病) - 오랫동안 앓고 있어 고치기 어려운 병.
+ 疒(병들 녁), 疾(병 질, 빠를 질)

활용어휘 痼癖(고벽), 煙霞痼疾(연하고질), 痼弊(고폐)

吉

5

6획 / 부수 口

선비(士)의 **말**(口)처럼 길하고 상서로우니

길할 길, 상서로울 길, 성씨 길

+ 길(吉)하다 – 운이 좋거나 일이 상서롭다.
+ 상서(祥瑞)롭다 – 복되고 좋은 일이 있을 듯하다.
+ 士(선비 사, 군사 사, 칭호나 직업에 붙이는 말 사), 口(입 구, 말할 구, 구멍 구), 祥(상서로울 상, 조짐 상), 瑞(상서로울 서)

활용어휘 吉凶禍福(길흉화복), 立春大吉(입춘대길)

拮

1

9획 / 부수 手(扌)

손(扌)으로 **길하도록**(吉) 바쁘게 일하고 버티니

바쁘게 일할 길, 버틸 길

활용어휘 拮据(길거), 拮抗(길항), 拮抗作用(길항작용)

結

5II

12획 / 부수 糸

실(糸)로 **좋게**(吉) 맺으니 **맺을 결**

활용어휘 結草報恩(결초보은), 起承轉結(기승전결)

詰

1

13획 / 부수 言

말(言)로 **좋게**(吉) 묻고 따지며 잘못을 금하니

물을 힐, 따질 힐, 금할 힐

활용어휘 詰問(힐문), 詰責(힐책), 詰難(힐난)

4

喜
12획 / 부수 口

좋은(告) 음식을 받쳐(丷) 놓고 입(口)으로 먹으면 기쁘니
기쁠 희

+ 谷 善(착할 선, 좋을 선, 잘할 선) - 제목번호 524 참고

활용어휘 喜悲(희비), 喜捨(희사), 喜悅(희열), 歡喜(환희)

1급

嬉
15획 / 부수 女

여자(女)와 기쁘게(喜) 사는 모양이 아름다우니
아름다울 희

활용어휘 嬉笑(희소), 嬉遊(희유), 嬉戲(희희)

1급

禧
17획 / 부수 示

신(示)까지 기쁘게(喜) 행동하여 받는 복이니 **복 희**

+ 示(보일 시, 신 시)

활용어휘 禧年(희년), 鴻禧(홍희)

1급

熹
16획 / 부수 火(灬)

기쁨(喜)이 불(灬)꽃처럼 빛나니 **빛날 희**

+ 인·지명용 한자.
+ 灬(불 화 발)

활용어휘 熹微(희미), 朱熹(주희)

1급

憙
16획 / 부수 心

기쁜(喜) 마음(心)으로 기뻐하니 **기뻐할 희**

+ 인·지명용 한자.

활용어휘 朱憙(주희)

특

孛

7획 / 부수 子

많이(十) 무엇에 **싸여(冖)** 태어나는 **자식(子)**처럼 떠가는 혜성이니 **혜성 패**

또 혜성처럼 갑자기 안색이 변하니 **안색 변할 발**

+ 인·지명용 한자.
+ 혜성(彗星) - ㉠ 빛나는 긴 꼬리를 끌고 태양을 도는 별. 꼬리별. ㉡ 어떤 분야에서 갑자기 뛰어나게 드러나는 존재를 말함.
+ 彗(비 혜, 꽁지별 혜), 星(별 성)

1

悖

10획 / 부수 心(忄)

마음(忄)까지 **안색 변하며(孛)** 거스르니 **거스를 패**

+ 거스르다 - 일이 돌아가는 상황이나 흐름과 반대되거나 어긋나는 태도를 취하다.

활용어휘 悖倫(패륜), 淫談悖說(음담패설), 行悖(행패)

1

勃

9획 / 부수 力

혜성(孛)처럼 **힘(力)**쓰며 갑자기 일어나니 **갑자기 일어날 발**

활용어휘 勃起(발기), 勃泥(발니), 勃發(발발), 勃興(발흥)

1Ⅱ

渤

12획 / 부수 水(氵)

물(氵)결이 **갑자기 일어나는(勃)** 바다 이름이니 **바다 이름 발**

활용어휘 渤海(발해)

7Ⅱ

世

5획 / 부수 一

(한 세대를 30년으로 봐서) **열 십(十)** 셋을 합치고
(세대는 서로 연결되어 있다는 데서) 아래 부분을 연결하여
세대 **세**

또 세대들이 모여 사는 세상도 뜻하여 세상 **세**

활용어휘 世紀(세기), 行世(행세), 世上萬事(세상만사)

1

泄

8획 / 부수 水(氵)

물(氵) 같은 것이 담긴 그릇의 **세상(世)** 밖으로 새니 샐 설
샐 **설**

활용어휘 泄瀉(설사), 漏泄(누설), 排泄(배설)

2

貰

12획 / 부수 貝

시간(世)대로 **돈(貝)** 주고 세내어 빌리니
세낼 **세**, 빌릴 **세**

✦ 世('세대 세, 세상 세'지만 여기서는 시간의 뜻으로 봄), 貝(조개
  패, 재물 패, 돈 패)

활용어휘 貰房(셋방), 月貰(월세), 朔月貰(삭월세 → 사글세)

5

葉

13획 / 부수 草(艹)

풀(艹)처럼 세대(世)마다 나무(木)에 나는 잎이니
잎 **엽**, 땅이름 **섭**

+ 풀은 돋아나서 씨앗을 맺고 죽는 1년이 한 세대지요.

활용어휘 金枝玉葉(금지옥엽), 秋風落葉(추풍낙엽)

2

諜

16획 / 부수 言

말(言)을 나뭇잎(枼)에 적어 보내려고 적을 몰래 염탐하니
염탐할 **첩**

또 이렇게 염탐하는 간첩이니 간첩 **첩**

+ 염탐(廉探) - 몰래 남의 사정을 살피고 조사함.
+ 간첩(間諜) - 국가나 단체의 비밀을 몰래 알아내어 경쟁 또는 대립 관계에 있는 국가나 단체에 제공하는 사람.
+ 枼[잎 엽(葉)의 획 줄임]

활용어휘 諜報(첩보), 諜者(첩자), 防諜(방첩)

1

牒

13획 / 부수 片

(종이가 없던 옛날에) 나무 조각(片)이나 나뭇잎(枼)에
썼던 편지나 글이니 편지 **첩**, 글 **첩**

+ 片(조각 편)

활용어휘 牒紙(첩지), 請牒狀(청첩장), 通牒(통첩)

1

渫

12획 / 부수 水(氵)

물(氵) 밑에 쌓인 나뭇잎(枼)을 파내고 치우니
파낼 **설**, 치울 **설**

활용어휘 浚渫(준설)

■ 한자암기박사1 ■

제목번호 084 참고
蝶 - 벌레(虫) 중 잎(枼) 같은 날개를 가진 나비니 '나비 접'

舌 4 6획 / 제부수	혀(千)가 입(口)에서 나온 모양을 본떠서 **혀 설** + 千('일천 천, 많을 천'이지만 여기서는 쭉 내민 혀의 모양) **활용어휘** 舌戰(설전), 口舌數(구설수), 毒舌(독설)

括 1 9획 / 부수 手(扌)	손(扌)으로 혀(舌)처럼 휘어잡아 묶으니 **묶을 괄** + 혀는 부드럽게 휘두르며 입안의 음식을 이리저리 섞지요. **활용어휘** 括弧(괄호), 一括(일괄), 總括(총괄), 包括(포괄)

刮 1 8획 / 부수 刀(刂)	혀(舌)로 입 속을 긁듯이 칼(刂)로 긁고 씻으니 **긁을 괄, 씻을 괄** **활용어휘** 刮摩(괄마), 刮取(괄취), 刮目相對(괄목상대)

■ 한자암기박사1 ■

제목번호 048 참고
活 – 물(氵)기가 혀(舌)에 있어야 사니 '살 활'
話 – 말(言)을 혀(舌)로 하는 말씀이나 이야기니 '말씀 화, 이야기 화'
舍 – 사람(人)이 입 속의 혀(舌)처럼 깃들여 사는 집이니 '집 사'
捨 – 손(扌)으로 집(舍) 밖에 버리니 '버릴 사'

참

乇

3획 / 부수 丿

[천(千) 번이나 굽실거리며 부탁하고 의탁한다는 데서]
일천 천(千)을 굽혀서 부탁할 **탁, 의탁할 탁**

3

托

6획 / 부수 手(扌)

손(扌)으로 의탁하여(乇) 받치거나 맡기니
받칠 **탁, 맡길 탁**

활용어휘 托鉢(탁발), 信托(신탁), 無依無托(무의무탁)

2

託

10획 / 부수 言

말(言)로 부탁하니(乇) 부탁할 **탁**

+ 言(말씀 언)

활용어휘 託兒所(탁아소), 付託(부탁), 信託(신탁)

5II

宅

6획 / 부수 宀

지붕(宀) 아래 의탁하여(乇) 사는 집이니 집 **택, 집 댁**

+ 댁(宅) - 남을 높이어 그의 집이나 가정을 이르는 말.
+ 宀(집 면)

활용어휘 舍宅(사택), 邸宅(저택), 萬年之宅(만년지택)

14획 / 부수 火(灬)

천(千) 갈래로 퍼지는 불길의 **검은**(黑) 연기니
불길 훈, 연기 훈

+ 图 燻 – 불(火)길에서 나는 연기(熏)니 '불길 훈, 연기 훈'
+ 黑 – 굴뚝(里)처럼 불(灬)에 그을려 검으니 '검을 흑'

활용어휘 熏灼(훈작), 衆口熏天(중구훈천)

17획 / 부수 土

흙(土)으로 만들어 **연기**(熏)로 구워 만든 질 나팔이니
질 나팔 훈

+ 훈(壎) – 고대 중국에서 흙으로 빚어 구워 만든 악기의 하나로 앞에 세 개, 뒤에 두 개의 구멍이 뚫려 있는 계란 모양의 악기. 서양의 오카리나는 이를 모방한 것이라 함.
+ 질 – 질그릇을 만드는 흙.

16획 / 부수 力

연기(熏)처럼 솟아오르는 **힘**(力)으로 이룬 공이니 **공 훈**

+ 집 功(공 공, 공로 공)
+ 공(功) – 힘들여 이루어 낸 결과.
+ 力(힘 력)

활용어휘 勳舊(훈구), 勳章(훈장), 功勳(공훈), 報勳(보훈)

18획 / 부수 草(艹)

풀(艹) 중 **연기**(熏)처럼 향기 나는 향 풀이니
향 풀 훈

활용어휘 薰氣(훈기), 薰風(훈풍), 薰薰(훈훈)

黜

17획 / 부수 黑

검은(黑) 마음을 **나가게**(出) 내치니 **내칠 출**

+ 내치다 – ㉠ 손에 든 것을 뿌리치거나 던지다.
                ㉡ 강제로 밖으로 내쫓다. 여기서는 ㉡의 뜻.

활용어휘 黜敎(출교), 黜黨(출당), 廢黜(폐출)

3II

垂

8획 / 부수 土

많은(千) 풀(艹)잎이 흙(土)바닥에 드리우니 **드리울 수**

+ 千(일천 천, 많을 천), 艹[초 두(艹)의 약자], 土(흙 토)

활용어휘 垂直(수직), 懸垂幕(현수막), 率先垂範(솔선수범)

3

睡

13획 / 부수 目

눈(目)꺼풀을 아래로 **드리우고**(垂) 졸거나 자니
졸 수, 잘 수

+ 目(눈 목, 볼 목, 항목 목)

활용어휘 睡眠(수면), 睡眠劑(수면제), 午睡(오수)

1

錘

16획 / 부수 金

쇠(金)로 만들어 아래로 **드리우는**(垂) 저울추니
저울추 추

+ 저울추 – 저울대 한쪽에 걸거나 저울판에 올려놓는, 일정한 무게의 쇠.
+ 옛날 저울은 추가 있어서 물건을 달 때 저울대 아래로 드리웠지요.

활용어휘 秤錘(칭추), 紡錘(방추)

1

唾

11획 / 부수 口

입(口)에서 **드리워지게**(垂) 나는 침이니 **침 타**

활용어휘 唾棄(타기), 唾罵(타매), 唾液(타액)

■ 한자암기박사1 ■

제목번호 095 참고
郵 – 드리워(垂) 고을(阝)까지 전달하는 우편이니 '우편 우'

7

有

6획 / 부수 肉(月)

많이(ナ) 고기(月)를 가지고 있으니 가질 유, 있을 유

+ 閥 友(벗 우), 右(오른쪽 우)
+ ナ[열 십, 많을 십(十)의 변형], 月(달 월, 육 달 월)

활용어휘 有志(유지), 有望(유망), 有名無實(유명무실)

1Ⅱ

郁

9획 / 부수 邑(阝)

자원을 많이 가진(有) 고을(阝)처럼 번성하니 번성할 욱

+ 阝(고을 읍 방)

활용어휘 郁郁靑靑(욱욱청청), 馥郁(복욱), 郁郁(욱욱)

1

宥

9획 / 부수 宀

(죄 지은 자를 방면하여)
집(宀)에 가 있게(有) 용서하니 용서할 유

+ 방면(放免)하다 - 붙잡아 가두어 두었던 사람을 놓아주다.
+ 宀(집 면), 放(놓을 방), 免(면할 면)

활용어휘 宥恕(유서), 宥罪(유죄), 宥和(유화), 宥還(유환)

4

灰
6획 / 부수 火

많이(ナ) 불(火)타고 남은 재니 재 **회**

+ ナ[열 십, 많을 십(十)의 변형], 火(불 화)

활용어휘 灰色(회색), 石灰石(석회석), 洋灰(양회)

1

恢
9획 / 부수 心(忄)

마음(忄)에 온갖 욕망이 재(灰)처럼 사그라져
넓고 큰마음이니 넓을 **회**, 클 **회**

+ 마음속의 온갖 사물을 구분하고 집착하고 그래서 고통스러워하는
번뇌의 불, 욕망의 불이 꺼진 상태를 불교에서 '열반'이라 하지요.

활용어휘 恢宏(회굉), 恢弘(회홍), 恢廓(회확), 恢恢(회회)

4Ⅱ

布
5획 / 부수 巾

많이(ナ) 사용하는 **수건**(巾)처럼 베를 펴니
베 **포**, 펼 **포**

또 불교에서 펴 베푸는 보시니 보시 **보**

+ 보시(布施) - 자비심으로 남에게 재물이나 불법을 베풂.
+ ナ[열 십, 많을 십(十)의 변형], 巾(수건 건), 施(행할 시, 베풀 시)

활용어휘 撒布(살포), 頒布(반포), 塗布(도포)

2

怖
8획 / 부수 心(忄)

마음(忄)을 이리저리 펴(布) 대책을 생각하며 두려워하니
두려워할 **포**

활용어휘 怖苦(포고), 怖畏(포외), 怖慄(포율), 恐怖(공포)

■ 한자암기박사1 ■

제목번호 199 참고
炭 - 산(山)에 묻힌 재(灰) 같은 숯이나 석탄이니 '숯 탄, 석탄 탄'

제목번호 163 참고
希 - 찢어진(乂) 베(布)옷이면 새 옷을 바라니 '바랄 희'
稀 - 벼(禾)는 바라는(希) 만큼 수확하기가 드무니 '드물 희'

惰

12획 / 부수 心(忄)

마음(忄)이 낮은 자리(左)로 떨어진 몸(月)처럼 게으르니 게으를 **타**

+ 左(왼쪽 좌, 낮은 자리 좌)

활용어휘 惰氣(타기), 惰性(타성), 惰弱(타약)

楕

13획 / 부수 木

나무(木) 아래 낮은 자리(左)로 떨어진 몸(月)처럼 길쭉하니 길쭉할 **타**

+ 동 橢 - 나무(木) 옆으로 떨어진(隋) 모양처럼 길쭉하니 '길쭉할 타'

활용어휘 楕圓(타원), 楕圓形(타원형)

隋

12획 / 부수 阜(阝)

언덕(阝) 아래 낮은 자리(左)로 몸(月)이 떨어지니 떨어질 **타**

또 중국 중심에서 멀리 떨어져 있던 수나라니 수나라 **수**

+ 수(隋)나라 - 한나라가 멸망한 뒤 370여 년 동안 분열되어 있던 중국을 다시 통일한 나라.

활용어휘 與隋將于仲文詩(여수장우중문시)

隨

16획 / 부수 阜(阝)

약간 떨어져(隋) 가며(辶) 따르니 따를 **수**

+ 누구를 따라갈 때는 약간 떨어져 가지요.

활용어휘 隨伴(수반), 隨時(수시), 隨筆(수필), 隨行(수행)

髓

23획 / 부수 骨

뼈(骨)를 따라(遀) 가운데 차 있는 골수니 골수 **수**

+ 骨(뼈 골), 遀[따를 수(隨)의 획 줄임]

활용어휘 骨髓(골수), 髓膜炎(수막염), 眞髓(진수)

7II

5획 / 부수 口

자주(ナ) 써서 말(口)에 잘 움직이는 오른쪽이니 오른쪽 우

+ 뷔 石(돌 석), 有(있을 유, 가질 유), 友(벗 우)
+ 요즘은 어느 손이나 잘 써야 하지만 옛날에는 오른손만을 썼고, 늘 써서 습관이 되어서 오른손이 편하니 대부분의 일을 오른손으로 하지요. 반면에 '왼손'은 '그르다'의 옛말인 '외다'의 '왼'을 붙여 만든 말입니다.

활용어휘 右往左往(우왕좌왕), 左衝右突(좌충우돌)

1II

7획 / 부수 人(亻)

사람(亻)이 오른쪽(右)에서 도우니 도울 우

+ 뷔 佐 - 사람(亻)이 왼쪽(左)에서 도우니 '도울 좌'

활용어휘 佑啓(우계), 佑命(우명), 佑助(우조)

1II

10획 / 부수 示

신(示)이 오른쪽(右)에서 도와주는 복이니 도울 우, 복 우

+ 우(佑)와 우(祐)는 '돕다'의 뜻으로 같이 쓰이지만 엄밀하게 구분하면 사람이 도우면 佑, 신이 도우면 祐지요.
+ 示(보일 시, 신 시)

활용어휘 天祐(천우), 幸祐(행우)

若

3II

9획 / 부수 草(艹)

풀(艹)이 만약 들쑥날쑥하다면 자주 쓰는 **오른쪽**(右) 손으로 잘라 같게 하니 **만약 약, 같을 약, 반야 야**

또 쑥쑥 자라는 풀(艹)이나 힘센 **오른쪽**(右) 손처럼 젊으니 **젊을 약**

＋ 반야(般若) - 대승 불교에서, 만물의 참다운 실상을 깨닫고 불법을 꿰뚫는 지혜.
＋ 般(옮길 반, 일반 반)

활용어휘 萬若(만약), 傍若無人(방약무인)

惹

2

13획 / 부수 心

우리는 모두 **같다**(若)며 **마음**(心)으로 끄니 **끌 야**

활용어휘 惹起(야기), 惹端(야단), 惹鬧(야료)

匿

1

11획 / 부수 匚

감추어(匚) **만약**(若)의 것까지 숨기고 숨으니 **숨길 닉(익), 숨을 닉(익)**

＋ 匚(감출 혜, 덮을 혜, = ㄴ)

활용어휘 匿名(익명), 隱匿(은닉)

慝

1

15획 / 부수 心

무엇인가 **숨기는**(匿) **마음**(心)은 사특하니 **사특할 특**

＋ 사특(邪慝)하다 - 요사스럽고 간특하다.
＋ 心(마음 심, 중심 심), 邪(간사할 사)

활용어휘 慝惡(특악), 慝者(특자), 奸慝(간특)

■ 한자암기박사1 ■

제목번호 200 참고
苦 - 풀(艹) 같은 나물도 오래(古)되면 쇠어서 쓰니 '쓸 고'
　　 또 맛이 쓰면 괴로우니 '괴로울 고'
諾 - 청하는 말(言)과 같이(若) 허락하고 대답하니 '허락할 락(낙), 대답할 락(낙)'

1

妬

8획 / 부수 女

여자(女)가 돌(石)을 던지듯 질투하니 질투할 투

+ 동 妒 - 여자(女)가 집(戶)에서 밖에 있는 여자를 질투하니 '질투할 투'
+ 질투(嫉妬) - 다른 사람이 잘되거나 좋은 처지에 있는 것 등을 공연히 미워하고 깎아내리려 함.
+ 戶(문 호, 집 호), 嫉(시기할 질)

활용어휘 妬忌(투기), 妬忌心(투기심)

2

碩

14획 / 부수 石

돌(石)이 머리(頁)처럼 크니 클 석

활용어휘 碩德(석덕), 碩士(석사), 碩學(석학)

1

宕

8획 / 부수 宀

집(宀)을 높은 돌(石) 위에 지으면 사방이 트여 넓으니 넓을 탕

또 넓게 마음쓰며 호탕하니 호탕할 탕

또 갓 아래 받쳐 쓰는 넓은 탕건이니 탕건 탕

+ 호탕(豪宕)하다 - 호기롭고 걸걸하다.
+ 탕건(宕巾) - 갓 아래에 받쳐 쓰던 관의 하나.

활용어휘 跌宕(질탕), 豪宕不羈(호탕불기)

1Ⅱ

乭

6획 / 부수 乙

돌 석(石)과 새 을(乙)의 훈과 음을 결합하여 이름 돌

+ 인·지명용 한자.

■ 한자암기박사1 ■

제목번호 201 참고

拓 - 손(扌)으로 돌(石)을 치워 땅을 넓히니 '넓힐 척'
　　또 손(扌)으로 돌(石)에 새겨진 글씨를 눌러 박으니 '박을 탁'

硏 - 돌(石)을 방패(干)와 방패(干)를 이은 것처럼 평평하게 가니 '갈 연'
　　또 갈고 닦듯이 연구하니 '연구할 연'

破 - 돌(石)의 가죽(皮)처럼, 즉 돌 표면처럼 단단하면 잘 깨지니 '깨질 파'
　　또 깨져서 생명이 다하니 '다할 파'

碧 - 옥(王)으로 된 흰(白) 돌(石)은 희다 못해 푸르니 '푸를 벽'

7II

4획 / 부수 一

하나(一)의 작은(小) 잘못도 해서는 아니 되니
아닐 불, 아닐 부

+ '아닐 불, 아닐 부(不)'는 부당(不當), 부정(不定)처럼 [ㄷ, ㅈ]으로 시작하는 말 앞에서는 '부'로 발음됩니다.

활용어휘 不遇(불우), 不幸(불행), 不渡(부도)

2

9획 / 부수 止

아니(不) 바르게(正) 비뚤어져 기울고 어긋나니
비뚤 왜, 기울 외, 어긋날 왜

+ 正(바를 정)

활용어휘 歪曲(왜곡), 歪調(외조), 歪力(왜력)

1II

5획 / 부수 一

(보통이) 아니게(不) 하나(一)가 크니 **클 비**

활용어휘 丕基(비기), 丕業(비업), 丕績(비적), 丕訓(비훈)

1

9획 / 부수 肉(月)

자기 몸(月)이 아닌(不) 하나(一)의 아기를 배니
아기 밸 배

+ 月(달 월, 육 달 월)

활용어휘 胚胎(배태), 胚芽(배아), 胚芽米(배아미)

■ 한자암기박사1 ■

제목번호 017 참고
杯 - 나무(木)로 만든 일반 그릇이 아닌(不) 잔이니 '잔 배'
否 - 아니(不)라고 말하니(口) '아닐 부'
　　또 아니 되게 막히니 '막힐 비'

제목번호 238 참고
征 - 가서(彳) 바로(正)잡으려고 치니 '칠 정'
政 - 바르도록(正) 치면서(攵) 다스리니 '다스릴 정'
整 - (개수가 많은 물건은 가운데를) 묶어(束) 양끝을 쳐서(攵) 바르게(正) 하면 가지런하니
　　'가지런할 정'
症 - 병(疒)을 바르게(正) 진단하여 아는 병세니 '병세 증'

6Ⅱ

光

6획 / 부수 儿

조금(丷)씩 **땅**(一)과 **사람**(儿)을 비치는 **빛**이니 빛 **광**

또 빛으로 말미암은 경치니 경치 **광**

+ 丷[작을 소(小)의 변형], 一('한 일'이지만 여기서는 땅으로 봄),
儿(사람 인 발, 어진사람 인)

활용어휘 採光(채광), 光景(광경), 電光石火(전광석화)

1

胱

10획 / 부수 肉(月)

몸(月)속의 노폐물이 **빛**(光)처럼 모여드는 오줌보니
오줌보 **광**

+ 참 膀(오줌보 방) - 제목번호 220 참고

활용어휘 膀胱(방광), 膀胱炎(방광염)

1

恍

9획 / 부수 心(忄)

마음(忄)이 **빛**(光)날 정도로 황홀하니 황홀할 **황**

활용어휘 恍惚(황홀)

1Ⅱ

晃

10획 / 부수 日

햇(日)**빛**(光)처럼 밝으니 밝을 **황**

활용어휘 晃晃(황황), 晃然(황연)

1Ⅱ

滉

13획 / 부수 水(氵)

물(氵)이 **햇**(日)**빛**(光)도 스미지 않게 깊으니 깊을 **황**

+ 인·지명용 한자.

활용어휘 李滉(이황)

■ 한자암기박사1 ■

제목번호 277 참고
輝 - 빛(光)에 군사(軍)의 계급장이 빛나니 '빛날 휘'

3Ⅱ
肖
7획 / 부수 肉(月)

작은(小) 몸(月)이니 **작을 소**
또 **작아도(小) 몸(月)**은 부모를 닮으니 **닮을 초**

활용어휘 肖像權(초상권), 肖像畫(초상화), 不肖(불초)

2
哨
10획 / 부수 口

말(口)을 **작게(肖)** 하며 망보고 보초 서니
망볼 초, 보초 설 초

+ 적에게 들키지 않으려고 소리를 작게 내며 보초를 서지요.

활용어휘 哨戒(초계), 哨兵(초병), 哨所(초소), 步哨(보초)

1
梢
11획 / 부수 木

나무(木)의 **작아진(肖)** 끝이니 **나무 끝 초, 끝 초**

활용어휘 梢頭(초두), 末梢(말초), 末梢神經(말초신경)

1
硝
12획 / 부수 石

돌(石)처럼 **같은(肖)** 성분이 모여 결정체가 된 초석이니
초석 초
또 초석으로 만든 화약이니 **화약 초**

+ 초석(硝石) - 질산 칼륨으로, 화약·유약(釉藥)·의약 등에 쓰임.
+ 유약(釉藥) - 도자기를 구울 때 덧씌우는 약.
+ 石(돌 석), 釉(잿물 유), 藥(약 약)

활용어휘 硝酸(초산), 硝藥(초약), 硝煙(초연)

1
稍
12획 / 부수 禾

벼(禾)는 마르면서 점점 **작아지니(肖)**
점점 초, 작을 초
또 (옛날에) 벼(禾) 같은(肖) 곡식으로 주었던 녹이니
녹 초

+ 녹(祿) - 벼슬아치에게 일 년 또는 계절 단위로 나누어 주던 금품을 통틀어 이르는 말.
+ 禾(벼 화), 祿(봉급 록)

활용어휘 稍稍(초초), 稍良(초량), 稍解(초해), 稍食(초식)

1 **屑**
10획 / 부수 尸

몸(尸)을 잘게(肖) 부순 가루니 **가루 설**
+ 尸(주검 시, 몸 시)
활용어휘 屑塵(설진), 瑣屑(쇄설), 閑談屑話(한담설화)

---

1 **宵**
10획 / 부수 宀

집(宀)도 작게(肖) 보이는 어두운 밤이니 **밤 소**
+ 어두워지면 작고 어슴푸레 보이지요.
+ 宀(집 면)
활용어휘 宵行(소행), 宵火(소화)

---

1 **逍**
11획 / 부수 辵(辶)

작은(肖) 걸음으로 가며(辶) 한가로이 거니니 **거닐 소**
+ 辶(뛸 착, 갈 착, = 辵)
활용어휘 逍遙(소요), 逍風(소풍)

1II **趙**
14획 / 부수 走

잘 달리고(走) 몸집이 작은(肖) 민족이 세운 조나라니
조나라 조, 성씨 조
+ 조(趙)나라 - 춘추 전국 시대에 있었던 나라.
+ 走(달릴 주, 도망갈 주)

■ 한자암기박사1 ■

제목번호 019 참고
消 - 물(氵)로 작아지게(肖) 끄거나 삭이니 '끌 소, 삭일 소'
　　 또 열정을 삭이고 물러서니 '물러설 소'
削 - 작아지게(肖) 칼(刂)로 깎으니 '깎을 삭'

1Ⅱ

敞

12획 / 부수 攵(攴)

높이(尚) 가린 것을 쳐(攵) 버려 시원하고 넓으니
시원할 창, 넓을 창

+ 尚(오히려 상, 높을 상, 숭상할 상), 攵(칠 복, = 攴)

활용어휘 敞然(창연), 高敞(고창), 寬敞(관창)

1

廠

15획 / 부수 广

집(广)에서 넓게(敞) 터진 헛간이니 **헛간 창**

또 헛간에 기계를 놓고 물건을 만드는 공장이니 **공장 창**

+ 헛간 - 막 쓰는 물건을 쌓아 두는 광.
+ 广(집 엄)

활용어휘 工廠(공창), 工作廠(공작창), 造兵廠(조병창)

특

敝

12획 / 부수 攵(攴)

작은(小) 성(冂)은 조금(小)만 쳐도(攵) 해지고 깨지니
해질 폐, 깨질 폐

+ 해(어)지다 - 닳아서 떨어지다.

활용어휘 敝件(폐건), 敝履(폐리), 敝船(폐선)

1

斃

18획 / 부수 攵(攴)

깨져(敝) 죽으니(死) **죽을 폐**

활용어휘 斃死(폐사), 斃死率(폐사율)

1

瞥

17획 / 부수 目

깨진(敝) 틈으로 슬쩍 보니(目) **슬쩍 볼 별**

활용어휘 瞥見(별견), 瞥觀(별관), 瞥眼間(별안간)

■ 한자암기박사1 ■

제목번호 372 참고

蔽 - 풀(艹)로 해진(敝) 곳을 덮으니 '덮을 폐'
弊 - 잘 깨져(敝) 받쳐 들어야(廾) 하는 폐단이니 '폐단 폐'
幣 - (너무 많이 써서) 해진(敝) 수건(巾) 같은 돈이니 '돈 폐'
  또 돈이나 선물을 넣어 보내는 폐백이니 '폐백 폐'

특

黽

13획 / 제부수

무엇에 매여 힘쓰는 모양이나 맹꽁이를 본떠서

힘쓸 민, 맹꽁이 맹

+ 맹꽁이 – ㉠ 맹꽁이과의 양서류. 몸집이 뚱뚱하고 물갈퀴는 없음. 흐린 날이나 비가 내릴 때 맹꽁맹꽁 하고 소리를 냄. ㉡ 야무지지 못하고 말이나 하는 짓이 답답한 사람을 놀림조로 이르는 말.

활용어휘 黽勉(민면), 水黽(수민)

1Ⅱ

繩

19획 / 부수 糸

실(糸)로 힘쓸(黽) 수 있게 만든 노끈이니 노끈 승

+ 糸(실 사, 실 사 변)

활용어휘 繩墨(승묵), 繩索(승삭), 捕繩(포승)

1

鼈

25획 / 부수 黽

해질(敝) 듯 머리에 구멍이 있고 맹꽁이(黽)처럼 생긴 자라니 자라 별

+ 참 鱉(자라 별)
+ 자라는 머리가 들어갔다 나왔다 하는 구멍이 있지요.
+ 敝(해질 폐, 깨질 폐)

활용어휘 鼈甲(별갑), 鼈主簿(별주부), 鼈湯(별탕)

3Ⅱ

累

11획 / 부수 糸

밭(田)이랑이나 실(糸)타래처럼 여러 갈래로 쌓이니 여러 루(누), 쌓일 루(누)

또 여러 번 하여 폐 끼치니 **폐 끼칠 루(누)**

+ 누(累) – 남의 잘못으로 말미암아 받게 되는 정신적인 괴로움이나 물질적인 손해.

활용어휘 累卵之危(누란지위), 危如累卵(위여누란)

1

螺

17획 / 부수 虫

벌레(虫) 중 껍질이 여러(累) 번 도는 모양의 소라니 소라 라(나)

+ 참 蝸(달팽이 와) – 제목번호 517 참고
+ 虫(벌레 충)

활용어휘 螺絲(나사), 螺線(나선), 螺旋(나선), 螺鈿(나전)

참

12획 / 부수 小

크게(大) 양쪽(ㆍㆍ)에 해(日)처럼 작은(小) 것까지
보이도록 햇불을 밝게 밝히니

햇불 **료(요)**, 밝을 **료(요)**, 밝힐 **료(요)**

3

14획 / 부수 人(亻)

사람(亻) 중 불 **밝히고(尞)** 함께 일하는 동료나 관료니

동료 **료(요)**, 관료 **료(요)**

+ 图 寮(동료 료, 집 료)
+ 동료(同僚) – 같은 곳에서 같은 일을 보는 사람.
+ 관료(官僚) – 직업적인 관리. 또는 그들의 집단.
+ 同(같을 동), 官(관청 관, 벼슬 관)

활용어휘 閣僚(각료), 幕僚(막료)

1

16획 / 부수 火

불(火) 중 **밝게(尞)** 피우는 화톳불이니 화톳불 **료(요)**

+ 화톳불 – 한데다가 장작 등을 모으고 질러 놓은 불.

활용어휘 燎火(요화), 郊燎(교료), 燭燎(촉료)

눈(目)에 잘 보이도록 **밝으니(尞)** 밝을 **료(요)**

+ 目(눈 목, 볼 목, 항목 목)

활용어휘 簡單明瞭(간단명료), 一目瞭然(일목요연)

瞭

1

17획 / 부수 目

1

13획 / 부수 阜(阝)

언덕(阝)처럼 **조금(小) 해(日)**가 비치다가 **조금(小)**
뒤에 없어지는 틈이니 **틈 극**

+ 图 隙(틈 극)
+ 틈은 빛이 잠깐 들었다가 없어지지요.
+ 阝(언덕 부 변), 小(작을 소)

활용어휘 隙間(극간), 隙孔(극공), 隙穴(극혈), 間隙(간극)

1

15획 / 부수 宀

집(宀)에서 불 **밝히고**(尞) 함께 일하는 동료니
동료 료(요), **집 료(요)**

＋ 图 僚(동료 료, 관료 료)

활용어휘 寮舍 (요사)

2

17획 / 부수 疒

병(疒)을 **밝게**(尞) 고치니 **병 고칠 료(요)**

＋ 疒(병들 녁)

활용어휘 療法 (요법), 療養 (요양), 診療 (진료), 治療 (치료)

1ll

16획 / 부수 辵(辶)

불까지 **밝히며**(尞) **가야**(辶) 할 만큼 길이 머니 **멀 료(요)**

＋ 辶 – '뛸 착, 갈 착'으로 辶처럼 써도 됩니다. 위에 점이 둘이면
아래를 한 번 구부리고, 점이 하나면 아래를 두 번 구부리지요.

활용어휘 遼遠 (요원), 遼東半島 (요동반도), 廣遼 (광료)

10획 / 부수 糸

실(糸) 중에 **적은**(少), 즉 가는 실로 짠 깁이니 깁 **사**

+ 깁 – 명주실로 바탕을 조금 거칠게 짠 비단.

활용어휘 紗羅(사라), 紗帽(사모), 紗窓(사창)

8획 / 부수 火

불(火)로 **적어지게**(少) 볶으니 **볶을 초**

+ 음식이나 음식의 재료를 볶으면 양이 적어지지요.

활용어휘 炒麵(초면), 炒醬(초장)

沙

3Ⅱ

7획 / 부수 水(氵)

물(氵)로 인하여 돌이 **작아진**(少) 모래니 모래 **사**

+ 图 砂 – 돌(石)이 작아진(少) 모래니 '모래 사'
+ 少('적을 소, 젊을 소'지만 여기서는 작다는 뜻)

활용어휘 沙金(사금), 沙汰(사태), 沙果(사과)

婆

1

10획 / 부수 女

모래(沙)가 날리듯이 **여자**(女)가 가볍게 춤추니
춤출 **사**, 사바 세상 **사**

+ 사바(娑婆) – 괴로움이 많은 인간 세상을 이르는 말.
+ 婆(할미 파, 음역자 바)

활용어휘 娑婆世界(사바세계)

渺

1

12획 / 부수 水(氵)

눈물(氵)이 눈(目)에 어린 듯 **적게**(少) 보이고 아득하니
아득할 **묘**

활용어휘 渺漠(묘막), 渺然(묘연), 渺遠(묘원)

■ 한자암기박사1 ■

제목번호 018 참고

妙 – 여자(女)가 젊으면(少) 묘하고 예쁘니 '묘할 묘, 예쁠 묘'

抄 – 손(扌)으로 필요한 부분만 적게(少) 뽑아 베끼니 '뽑을 초, 베낄 초'

秒 – 벼(禾)에 붙은 적은(少) 까끄라기니 '까끄라기 묘'
또 까끄라기처럼 작은 단위인 초니 '초 초'

省 – 적은(少) 것까지 눈(目)여겨 살피니 '살필 성'
또 사물을 적게(少) 줄여서 보니(目) '줄일 생'

3

14획 / 부수 貝

집(宀)에 온 한(一) 젊은이(少)는 재물(貝)을 가지고 온 손님이니 **손님 빈**

+ 少[적을 소, 젊을 소(少)의 획 줄임]

활용어휘 國賓(국빈), 貴賓(귀빈), 迎賓館(영빈관)

1

17획 / 부수 女

여자(女) 중 손님(賓)처럼 조심히 대해야 할 아내나 궁녀니 **아내 빈, 궁녀 빈**

+ 궁녀(宮女) – 고려·조선 시대에, 궁궐 안에서 왕과 왕비를 가까이 모시는 내명부를 통틀어 이르던 말.

활용어휘 嬪宮(빈궁), 嬪氏(빈씨), 嬪妾(빈첩)

1

18획 / 부수 歹

죽은(歹) 분을 손님(賓)처럼 모셔 두는 빈소니 **빈소 빈**

+ 빈소(殯所) – 발인 때까지 관을 놓아 두는 방.
+ 歹(뼈 부서질 알, 죽을 사 변), 所(장소 소, 바 소)

활용어휘 殯禮(빈례), 殯殿(빈전)

1

濱

17획 / 부수 水(氵)

물(氵)이 손님(賓)처럼 다가오는 물가니 **다가올 빈, 물가 빈**

+ 동 瀕(다가올 빈, 물가 빈) – 제목번호 471 참고

활용어휘 濱死·瀕死(빈사), 海濱·海瀕(해빈)

313

5

示

5획 / 제부수

하늘 땅(二)에 작은(小) 기미가 보이니 보일 시

또 이렇게 기미를 보이는 신이니 신 시

+ 부수로 쓰일 때는 '보일 시, 신 시 변(礻)', 옷 의(衣)가 부수로
  쓰일 때의 모양인 '옷 의 변(衤)'과 혼동하지 마세요.

활용어휘 揭示(게시), 公示(공시), 訓示(훈시)

3

奈

8획 / 부수 大

자기 잘못이 커(大) 보이니(示) 어찌할까에서
어찌 내, 어찌 나

활용어휘 奈何(내하), 莫無可奈(막무가내), 奈落(나락)

1

捺

11획 / 부수 手(扌)

손(扌)으로 어찌(奈)할까를 생각하며 누르니
손으로 누를 날

활용어휘 捺印(날인), 捺染(날염), 記名捺印(기명날인)

■ 한자암기박사1 ■

제목번호 111 참고

社 - 신(示) 중에 토지(土)를 주관하는 토지신이니 '토지신 사'

　　또 토지신께 제사 지낼 때처럼 모이니 '모일 사'

祀 - 신(示)께 뱀(巳)처럼 엎드려 올리는 제사니 '제사 사'

4II

宗

8획 / 부수 宀

집(宀) 중 조상의 **신**(示)을 모시는 종가니 종가 종

또 종가는 그 집안의 으뜸이니 으뜸 종

+ 종가(宗家) – 족보로 보아 한 문중에서 맏이로만 이어 온 큰집.
+ 宀(집 면), 示(보일 시, 신 시), 家(집 가, 전문가 가)

활용어휘 宗廟社稷(종묘사직), 宗親(종친), 宗派(종파)

2

綜

14획 / 부수 糸

(제복을 만들기 위하여) **실**(糸)을 종가(宗)로 모으니 모을 종

+ 옛날에는 실과 곡식을 종가에 모아서 제복을 만들어 입고 음식도 만들어 조상께 제사 지냈지요.

활용어휘 綜理(종리), 綜合(종합), 綜合檢診(종합검진)

1II

琮

12획 / 부수 玉(王)

옥(王) 중의 으뜸(宗)은 서옥이니 서옥 종

또 옥(王)으로 만든 것 중 으뜸(宗)은 옥홀이니 옥홀 종

+ 인·지명용 한자.
+ 서옥(瑞玉) – 상서로운 구슬.
+ 옥홀(玉笏) – 옥으로 만든 홀.
+ 홀(笏) – 조선 시대에, 벼슬아치가 임금을 만날 때에 손에 쥐던 물건. 일품부터 사품까지는 상아홀, 오품 이하는 목홀(木笏)을 사용했음.
+ 王(임금 왕, 으뜸 왕, 구슬 옥 변), 瑞(상서로울 서)

1

踪

15획 / 부수 足(⻊)

발(⻊)이 종가(宗)로부터 걸어온 발자취니 발자취 종

+ 圉 蹤 – 발(⻊)을 따라(從) 생기는 자취니 '발자취 종'
+ 從(좇을 종, 따를 종)

활용어휘 昧踪(매종), 失踪(실종)

■ 한자암기박사1 ■

제목번호 111 참고
崇 – 산(山)처럼 종가(宗)는 높이고 공경하니 '높일 숭, 공경할 숭'

4II

11획 / 부수 示

고기(夕)를 손(ㅅ)으로 신(示)께 올리는 제사니 **제사 제**

또 제사처럼 사람이 모여 즐기는 축제니 **축제 제**

+ 夕[달 월, 육 달 월(月)의 변형], ㅅ[오른손 우, 또 우(又)의 변형], 示(보일 시, 신 시)

활용어휘 冠婚喪祭(관혼상제), 祈雨祭(기우제)

1II

15획 / 부수 草(艹)

나물(艹)로라도 **제사(祭)** 지냈던 채나라니
채나라 채, 성씨 채

+ 인·지명용 한자.

+ 채(蔡)나라 - 중국 주나라 때에, 무왕의 아우 숙도(叔度)를 봉하여 준 나라.

4II

14획 / 부수 宀

집(宀)에서 **제사(祭)** 지내며 제물을 살피니 **살필 찰**

+ 제사를 요즘은 약식으로도 지내지만, 옛날에는 정해진 제물을, 정해진 격식에 맞게 차려, 정해진 절차에 따라 엄숙하게 지냈으니 그것을 살핀다는 데서 만들어진 한자.

활용어휘 巡察(순찰), 視察(시찰), 省察(성찰)

1

17획 / 부수 手(扌)

손(扌)으로 **살펴서(察)** 문지르니 **문지를 찰**

활용어휘 擦過傷(찰과상), 擦傷(찰상), 摩擦(마찰)

■한자암기박사1 ■

제목번호 112 참고

際 - 언덕(阝)에서 제사(祭) 지낼 즈음이니 '즈음 제'

또 시간이나 장소의 어떤 즈음인 때나 경계니 '때 제, 경계 제'

또 이럴 즈음에는 모두 모여 즐겁게 사귀니 '사귈 제'

5II

元

4획 / 부수 儿

하늘 땅(二) 사이에 **사람**(儿)이 원래 으뜸이니

원래 **원**, 으뜸 **원**, 성씨 **원**

+ 二('둘 이'지만 여기서는 하늘과 땅의 모양), 儿(사람 인 발, 어진 사람 인)

활용어휘 元氣(원기), 元素(원소), 紀元(기원)

1

玩

8획 / 부수 玉(王)

구슬(王) 같은 **으뜸**(元)가는 것을 구경하며 노니

구경할 **완**, 놀 **완**

활용어휘 玩具(완구), 玩賞(완상), 玩好(완호), 愛玩(애완)

1

阮

7획 / 부수 阜(阝)

언덕(阝)에서 **으뜸**(元)가는 성씨니

성씨 **완**, 나라 이름 **원**

+ 진(晉)나라 때 완적(阮籍)과 완함(阮咸)이 숙질 간으로 함께 문명(文名)을 떨쳤던 것에 연유되어, 남의 삼촌을 완장(阮丈), 남의 조카를 함씨(咸氏)라 합니다.
+ 咸(다 함)

활용어휘 阮丈(완장), 阮堂(완당)

1

頑

13획 / 부수 頁

자신만이 **으뜸**(元)가는 **머리**(頁)라며 주장이 완고하니

완고할 **완**

+ 완고(頑固)하다 - 융통성 없이 올곧고 고집이 세다.
+ 頁(머리 혈), 固(굳을 고, 진실로 고)

활용어휘 頑強(완강), 頑拒(완거), 頑鈍(완둔), 頑陋(완루)

1

寇

11획 / 부수 宀

집(宀)에서 **으뜸**(元)가는 물건을 **치고**(攴) 빼앗는 도둑이니

도둑 **구**

+ 宀(집 면), 攴(칠 복, = 攵)

활용어휘 倭寇(왜구), 海寇(해구), 窮寇勿追(궁구물추)

■ 한자암기박사1 ■

제목번호 123 참고

冠 - 덮어(冖) 쓰는 것 중 으뜸(元)으로 여겨 법도(寸)에 맞게 머리에 쓰는 갓이니 '갓 관'

5

完

7획 / 부수 宀

집(宀)을 으뜸(元)으로 잘 지으면 모든 것이 갖추어져 완전하니 **완전할 완**

활용어휘 完走(완주), 完治(완치), 完全無缺(완전무결)

특II

琓

11획 / 부수 玉(王)

구슬(王) 중 흠 없이 **완전한(完)** 옥의 이름이니 **옥 이름 완**

+ 인·지명용 한자.

1II

莞

11획 / 부수 草(艹)

풀(艹)꽃이 **완전히(完)** 피어 빙그레 웃는 모양이니 **빙그레 웃을 완**

또 풀(艹) 중 **완전한(完)** 돗자리를 만드는 데 쓰이는 왕골이니 **왕골 관**

+ 왕골 - 논밭이나 습지에 심어 줄기와 껍질로 돗자리나 방석 등을 만드는 데 사용함.

활용어휘 莞爾(완이), 莞草(완초), 莞簟(완점)

■ 한자암기박사1 ■

제목번호 123 참고
院 - 언덕(阝)에 완전하게(完) 지은 집이나 관청이니 '집 원, 관청 원'

8

王

4획 / 부수 玉(王)

하늘(一) 땅(一) 사람(一)의 뜻을 두루 꿰뚫어(|)
보아야 했던 임금이니 **임금 왕**

또 임금처럼 그 분야에서 으뜸이니 **으뜸 왕, 성씨 왕**

또 **구슬 옥**(玉)이 부수로 쓰일 때의 모양으로 **구슬 옥 변**

+ 壬(간사할 임, 짊어질 임, 아홉째 천간 임, 북방 임)

활용어휘 王冠(왕관), 王侯將相(왕후장상), 王固執(왕고집)

1Ⅱ

旺

8획 / 부수 日

해(日)나 **왕**(王)처럼 왕성하니 **왕성할 왕**

활용어휘 旺氣(왕기), 旺盛(왕성), 興旺(흥왕)

1

枉

8획 / 부수 木

나무(木)로 가로막히면 **왕**(王)도 굽히니 **굽힐 왕**

활용어휘 枉告(왕고), 枉道(왕도), 枉臨(왕림), 枉法(왕법)

1Ⅱ

汪

7획 / 부수 水(氵)

물(氵)이 **으뜸**(王)으로 넓으니 **넓을 왕**

활용어휘 汪汪(왕왕), 汪茫(왕망), 汪洋(왕양)

1

匡

6획 / 부수 匚

은밀히(匚) **왕**(王)을 도와 바르게 바루니
도울 광, 바룰 광

+ 바루다 - 비뚤어지거나 구부러지지 않도록 바르게 하다.
+ 왕에게 잘못이 있으면 드러내지 않고 은밀히 도와 바르게 한다는
  데서 만들어진 한자.
+ 匚(감출 혜, 덮을 혜 = ㄴ)

활용어휘 匡困(광곤), 匡諫(광간), 匡矯(광교), 匡正(광정)

■ 한자암기박사1 ■

제목번호 105 참고
狂 - 개(犭)가 왕(王)이나 된 것처럼 날뛰며 미치니 '미칠 광'

7II

6획 / 부수 入

조정에 **들어가(入) 왕(王)**이 되면 모든 것이 갖추어져 온전하니 **온전할 전, 성씨 전**

✦ ㈜ 全 – 사람(人)이 왕(王)이 되면 모든 것이 갖추어져 온전하니 '온전할 전, 성씨 전'

✦ 온전(穩全)하다 – ㉠ 본바탕 그대로 고스란하다. ㉡ 잘못된 것이 없이 바르거나 옳다.

활용어휘 全心全力(전심전력), 全力投球(전력투구)

1

10획 / 부수 木

나무(木)로 만들어 **온전하게(全)** 박는 못이니 **나무못 전**

또 나무못처럼 병에 박은 병마개니 **병마개 전**

✦ 나무로 된 물건에는 나무못을 박아야 온전하지요.

활용어휘 給水栓(급수전), 消火栓(소화전), 栓木(전목)

1

14획 / 부수 金

금(金)이 **온전한(全)**지 저울질하니 **저울질할 전**

✦ 저울질하다 – 속내를 알아보거나 서로 비교하여 이리저리 헤아려 보다.

활용어휘 銓考(전고), 銓衡(전형), 兩銓(양전)

3II

皇

9획 / 부수 白

밝은(白) 지혜로 **왕**(王)들을 거느리는 황제니 <mark>황제 황</mark>

✛ 황제(皇帝) – 왕이나 제후를 거느리고 나라를 통치하는 임금을 왕이나 제후와 구별하여 이르는 말.

✛ 白(흰 백, 밝을 백, 깨끗할 백, 아뢸 백), 帝(제왕 제)

활용어휘 玉皇上帝(옥황상제), 皇室(황실), 張皇(장황)

1

煌

13획 / 부수 火

불(火)이 황제(皇)처럼 빛나니 <mark>빛날 황</mark>

활용어휘 煌煌(황황), 輝煌燦爛(휘황찬란)

1

徨

12획 / 부수 彳

조금씩 걸으며(彳) 황제(皇) 앞처럼 어쩔 줄 모르고 방황하니 <mark>방황할 황</mark>

활용어휘 彷徨(방황), 夢中彷徨(몽중방황)

1

惶

12획 / 부수 心(忄)

마음(忄)이 황제(皇)를 대한 것처럼 두려우니 <mark>두려울 황</mark>

활용어휘 惶恐(황공), 惶悚(황송), 驚惶(경황)

1

凰

11획 / 부수 几

안석(几) 중 황제(皇)의 것에 새기는 봉황새니 <mark>봉황새 황</mark>

✛ 안석(案席) – 벽에 몸을 세워 놓고 앉을 때 몸을 기대는 방석.

✛ 봉황새는 상서로운 새로 여겨 임금이 쓰는 물건이나 상장 같은 좋은 곳에도 새기지요.

활용어휘 鳳凰(봉황), 鷄棲鳳凰食(계서봉황식)

1

遑

13획 / 부수 辵(辶)

황제(皇)도 뛸(辶) 정도로 급하니 <mark>급할 황</mark>

✛ 됨 慌(다급할 황) – 제목번호 067 참고

활용어휘 遑遑(황황), 遑急(황급), 遑忙(황망)

4Ⅱ

玉

5획 / 제부수

임금 왕(王) 우측에 점(丶)을 찍어서
구슬 옥, 성씨 옥

+ 원래는 '구슬 세(三) 개를 끈으로 꿰어(丨) 놓은 모양(王)이었으나 임금 왕(王)과 구별하기 위하여 점(丶)을 더하여 구슬 옥'이라고도 합니다.
+ 임금 왕(王)은 부수로 쓰이지 않으니, 구슬 옥(玉)이 부수로 쓰일 때는 원래의 모양인 王으로 쓰고 '구슬 옥 변'이라 부릅니다.

활용어휘 錦衣玉食(금의옥식), 金科玉條(금과옥조)

1Ⅱ

鈺

13획 / 부수 金

금(金)과 옥(玉) 같은 보배니 보배 옥

+ 인·지명용 한자.

1Ⅱ

珏

9획 / 부수 玉(王)

구슬 옥 변(王)에 구슬 옥(玉)을 붙여서 쌍옥 각

+ 인·지명용 한자.
+ 쌍옥(雙玉) - 한 쌍의 구슬.

1

斑

12획 / 부수 文

구슬(王)과 구슬(王) 사이에 무늬(文)처럼 있는 얼룩이니
얼룩 반

+ 文(무늬 문, 글월 문, 성씨 문)

활용어휘 斑點(반점), 白斑(백반), 黑斑(흑반)

1Ⅱ

瓊

19획 / 부수 玉(王)

구슬(王) 중 사람(勹)과 성(冂) 안의 사람(人)까지
눈(目)에 보이게 차고 다니도록(夂) 만든 구슬이니
구슬 경

+ 勹[사람 인(人)의 변형], 冂(멀 경, 성 경), 目(눈 목, 볼 목, 항목 목), 夂(천천히 걸을 쇠, 뒤져올 치)

활용어휘 瓊玉(경옥), 瓊團(경단)

3Ⅱ

壬

4획 / 부수 士

비뚤어진(丿) 선비(士)는 간사하여 나중에 큰 죄업을 짊어지니 **간사할 임, 짊어질 임, 아홉째 천간 임**

또 위쪽이 가리키는(丿), 네 방위(十)로 표시된 지도(一)의 북방이니 **북방 임**

+ 圂 王(임금 왕, 으뜸 왕, 성씨 왕, 구슬 옥 변)
+ 丿(삐침 별), 士(선비 사, 군사 사, 칭호나 직업에 붙이는 말 사)

활용어휘 壬亂(임란), 壬辰倭亂(임진왜란)

2

妊

7획 / 부수 女

여자(女)가 새 생명을 짊어지듯(壬) 아이 배니 **아이 밸 임**

+ 동 姙 - 여자(女)가 맡아(任) 기르듯 아이 배니 '아이 밸 임'

활용어휘 妊産婦(임산부), 妊娠(임신), 避妊(피임)

2

呈

7획 / 부수 口

입(口)에 맞는 음식을 짊어지고(壬) 가서 보이고 드리니 **보일 정, 드릴 정**

활용어휘 露呈(노정), 謹呈(근정), 贈呈(증정), 獻呈(헌정)

1

逞

11획 / 부수 辶(辶)

(무엇이든) 드리며(呈) 다닐(辶) 수 있으면 마음도 쾌하니 **쾌할 령(영)**

또 마음이 쾌하면 활동도 왕성하니 **왕성할 령(영)**

+ 쾌(快)하다 - 마음이 유쾌하다. 하는 짓이 시원스럽다.
+ 누구에게 무엇인가 줄 수 있다는 것은 기분 좋은 일이지요.
+ 辶(뛸 착, 갈 착, = 辶), 快(상쾌할 쾌)

활용어휘 不逞(불령), 逞兵(영병)

■ 한자암기박사1 ■

제목번호 100 참고
任 - 사람(亻)이 어떤 일을 짊어져(壬) 맡으니 '맡을 임'
賃 - 맡은(任) 일을 하고 받는 돈(貝)이 품삯이니 '품삯 임'
　　　또 무엇을 맡기고(任) 돈(貝)을 빌리니 '빌릴 임'
程 - 벼(禾)를 얼마나 드릴(呈) 것인지 법으로 정한 정도니 '법 정, 정도 정'
聖 - 귀(耳)를 보이듯(呈) 기울여 잘 들어주는 성스러운 성인이니 '성스러울 성, 성인 성'

3II

廷

7획 / 부수 廴

임무를 **맡고**(壬) **걸어가는**(廴) 조정이나 관청이니
조정 정, 관청 정

+ 㽃 廷(끌 연, 늘일 연, 성씨 연) – 제목번호 469 참고
+ 조정(朝廷) – 임금이 정사를 펴며 의식을 행하는 곳.
+ 廴(길게 걸을 인), 朝(아침 조, 조정 조, 뵐 조)

활용어휘 出廷(출정), 休廷(휴정), 法定拘束(법정구속)

1II

珽

11획 / 부수 玉(王)

옥(王) 중 **조정**(廷)에서 사용했던 옥 이름이나 옥홀이니
옥 이름 정, 옥홀 정

+ 인·지명용 한자.
+ 옥홀(玉笏) – 옥으로 만든 홀.
+ 홀(笏) – 조선 시대에 벼슬아치가 임금을 만날 때에 손에 쥐던
  물건. 일품부터 사품까지는 상아홀, 오품 이하는 목홀(木笏)을 사
  용했음.

1

挺

10획 / 부수 手(扌)

손(扌)재주가 **조정**(廷)에 알려질 정도로 빼어나니
빼어날 정

또 빼어나면 뽑혀 나아가니 **나아갈 정**

활용어휘 挺立(정립), 挺身(정신), 挺身隊(정신대)

2

艇

13획 / 부수 舟

배(舟)가 **조정**(廷)만하게 작은 거룻배니
거룻배 정, 작은 배 정

+ 거룻배 – 돛을 달지 않은 작은 배.
+ 舟(배 주)

활용어휘 救命艇(구명정), 小艇(소정), 艦艇(함정)

■ 한자암기박사1 ■

제목번호 239 참고
庭 – 집(广) 안에 조정(廷)처럼 가꾼 뜰이니 '뜰 정'

7

主

5획 / 부수 丶

(임금보다 더 책임감을 갖는 분이 주인이니)

점(丶)을 임금 왕(王) 위에 찍어서 주인 주

+ 원래는 '어두운 방안을 비춰 주는 촛불처럼 봉사하는 사람은 주인이라는 데서 주인 주'라고도 합니다.
+ '왕인정신(王人情神)'이라는 말은 없지만 '주인정신(主人情神), 주인의식(主人意識)'이란 말이 있는 것을 보면 임금보다 더 책임감을 가지는 것이 주인이지요.
+ 한자에서는 점 주, 불똥 주(丶)나 삐침 별(丿)로 어느 부분이나 무엇을 강조합니다.

활용어휘 主客一體(주객일체), 物各有主(물각유주)

1

註

12획 / 부수 言

말(言)로 주(主)된 뜻을 풀어주는 주해니 주해 주

+ 주해(註解) – 본문의 뜻을 알기 쉽게 풀이함.
+ 言(말씀 언), 解(해부할 해, 풀 해)

활용어휘 註釋(주석), 註譯(주역), 脚註(각주)

2

駐

15획 / 부수 馬

말(馬)을 주인(主)에게 맡기고 머무르니 머무를 주

+ '살 주(住)'는 터 잡고 사는 것이고, '머무를 주(駐)'는 임시로 머무르는 것이지요.
+ 말로 이동하던 옛날에 어디를 가면 말을 주인에게 맡기고 머물렀다는 데서 만들어진 한자.
+ 馬(말 마)

활용어휘 駐屯(주둔), 駐在(주재), 駐車場(주차장)

■ 한자암기박사1 ■

제목번호 101 참고
注 – 물(氵)을 한쪽으로 주(主)로 대고 쏟으니 '물댈 주, 쏟을 주'
住 – 사람(亻)이 주(主)로 사는 곳이니 '살 주, 사는 곳 주'
柱 – 나무(木)가 집의 주인(主)처럼 큰 역할을 하는 기둥이니 '기둥 주'
往 – 걸어서(彳) 주인(主)에게 가니 '갈 왕'

특II

円

4획 / 부수 冂

성(冂)은 세로(丨)나 가로(一)로 보아도 둥근 둘레니

둥글 원, 둘레 원

또 일본 화폐 단위로도 쓰여 **일본 화폐 단위 엔**

+ 丹 丹(붉을 단, 모란 란)

활용어휘 円貨(엔화)

8

靑

8획 / 제부수

주(主)된 둘레(円)의 색은 푸르니 **푸를 청**

또 푸르면 젊으니 **젊을 청**

+ 역 靑 - 주(主)된 몸(月)의 마음은 언제나 푸르고 젊으니
　　'푸를 청, 젊을 청'

+ 靑이 들어간 한자를 약자로 쓸 때는 '円' 부분을 月로 씁니다.

활용어휘 靑一點(청일점), 靑天霹靂(청천벽력)

1

睛

13획 / 부수 目

눈(目)에서 푸른(靑)빛이 나는 눈동자니 **눈동자 정**

+ 역 睛

활용어휘 睛眸(정모), 畵龍點睛(화룡점정)

1

靖

13획 / 부수 靑

서(立) 있는 모양이 젊게(靑) 보이도록 편안하니

편안할 정

+ 역 靖

활용어휘 靖國(정국), 靖難(정난), 靖亂(정란)

1

猜

11획 / 부수 犬(犭)

개(犭)처럼 달려들고 얼굴빛이 푸르게(靑) 변하며 시기하니

시기할 시

+ 시기(猜忌) - 남이 잘되는 것을 샘하여 미워함.

+ 犭(큰 개 견, 개 사슴 록 변), 忌(꺼릴 기)

활용어휘 猜懼(시구), 猜謗(시방), 猜惡(시오), 猜疑(시의)

■ 한자암기박사1 ■

제목번호 103 참고

情 - 마음(忄)으로 푸르게(靑), 즉 희망 있게 베푸는 정이니 '정 정'

淸 - 물(氵)이 푸른(靑)빛이 나도록 맑으니 '맑을 청'

請 - 말(言)로 푸르게(靑), 즉 희망 있게 청하니 '청할 청'

晴 - (흐리다가) 해(日)가 푸른(靑) 하늘에 드러나며 날이 개니 '날 갤 청'

7

9획 / 부수 日

하늘 땅(二)에 **크게(大) 해(日)**가 느껴지는 봄이니
봄 춘

+ 舂 舂(방아찧을 용)
+ 봄에는 남쪽으로 내려갔던 해가 북쪽으로 올라오기 시작하여 더욱 크게 느껴지고 따뜻하지요.
+ 二('둘 이'지만 여기서는 하늘과 땅의 모양)

활용어휘 四時長春(사시장춘), 思春期(사춘기)

1Ⅱ

13획 / 부수 木

나무(木) 중 봄(春)에 여린 순을 따먹는 참죽나무니
참죽나무 춘

또 참죽나무는 신령스러워 장수나 아버지의 비유로 쓰이니
아버지 춘

+ 木(나무 목)

활용어휘 椿壽(춘수), 椿堂(춘당), 椿府丈(춘부장)

1

21획 / 부수 虫

봄(春)이 오면 **벌레들이(虫虫)** 꿈틀거리니
꿈틀거릴 준

또 꿈틀거리며 둔하면 어리석으니 **어리석을 준**

+ 虫(벌레 충)

활용어휘 蠢動(준동), 蠢愚(준우), 蠢蠢(준준)

3II
10획 / 부수 水(氺)

하늘 땅(二) 같이 **큰**(大) **물**(氺)줄기를 이용하면 살기가 크게 편안하니 **클 태, 편안할 태**

+ 氺 – 물 수(水)가 글자의 발로 쓰일 때의 모양으로 '물 수 발'
+ 二('둘 이'지만 여기서는 하늘과 땅의 모양)

활용어휘 泰然(태연), 泰平(태평), 國泰民安(국태민안)

1II
10획 / 부수 禾

하늘 땅(二) 같이 크게(大), 즉 중요하게 **벼**(禾)를 가꾸는 진나라니 **진나라 진, 성씨 진**

+ 진(秦)나라 – 춘추 전국 시대의 한 나라로, 중국 최초의 통일 왕조.
+ 중국을 일컫는 차이나(China)는 진(秦)에서 유래되었고, 인도차이나 반도도 인도와 중국 사이에 있는 반도를 일컫는 말이지요.

활용어휘 秦始皇(진시황)

3II
9획 / 부수 大

하늘 땅(二) 같은 **위대한**(大) 분께 **예쁜**(夭) 것을 드리며 아뢰니 **아뢸 주**

+ 大(큰 대), 夭(젊을 요, 예쁠 요, 일찍 죽을 요)

활용어휘 演奏(연주), 奏請(주청), 前奏曲(전주곡)

1
16획 / 부수 車

수레(車)가 **아뢰듯**(奏) 소리내며 한 곳으로 몰려드니 **몰려들 주**

+ 車(수레 거, 차 차)

활용어휘 輻輳(폭주)

특

丰

4획 / 부수 丨

풀이 무성하게 자라 예쁘니 **풀 무성할 봉, 예쁠 봉**
또 재물이 **삼(三)**대까지 **이어질(丨)** 정도로 풍성하니
풍성할 풍

5II

害

10획 / 부수 宀

집(宀)에서 **어지럽게(丰) 말하며(口)** 해치고 방해하니
해칠 해, 방해할 해

➕ 宀(집 면), 丰[풀 무성할 봉, 예쁠 봉, 풍성할 풍(丰) – 무성하니
 어지럽다는 뜻도 된 것]

활용어휘 利害打算(이해타산), 百害無益(백해무익)

3II

割

12획 / 부수 刀(刂)

해(害) 되는 것을 **칼(刂)**로 베어 나누니
벨 할, 나눌 할

➕ 刂(칼 도 방)

활용어휘 割賦(할부), 割愛(할애), 役割(역할)

1

轄

17획 / 부수 車

차(車) 다니는 데 **방해(害)**되지 않도록 다스리니
다스릴 할

➕ 車(수레 거, 차 차)

활용어휘 管轄(관할), 直轄(직할), 總轄(총할), 統轄(통할)

■ 한자암기박사1 ■

제목번호 190 참고
憲 – 집(宀)이나 나라의 어지러운(丰) 일을 법망(罒)으로 다스리기 위해 마음(心)을 다해 만든
 법이니 '법 헌'

契

3II

9획 / 부수 大

어지럽지(丰) 않도록 복잡한 일을 **칼**(刀)로 **크게**(大) 새겨서 맺으니 **맺을 계**
또 **어지럽게**(丰) **칼**(刀)들고 크게 싸우던 부족 이름이니
부족 이름 글, 사람 이름 설

+ 설(契 · 卨) - 중국의 고대 왕조 상(商)나라의 시조로 전해지는 전설상의 인물.
+ 刀(칼 도), 卨(사람 이름 설)

활용어휘 契機(계기), 契闊(결활), 契丹(글단 → 거란)

喫

1

12획 / 부수 口

입(口)과 **맺듯이**(契) 대고 마시거나 먹으니
마실 끽, 먹을 끽

활용어휘 喫茶(끽다), 喫煙(끽연), 滿喫(만끽)

潔

4II

15획 / 부수 水(氵)

물(氵)로 **어지럽게**(丰) 더러워진 **칼**(刀)과 **실**(糸)을 씻어 깨끗하니 **깨끗할 결**

활용어휘 高潔(고결), 潔癖(결벽), 淸廉潔白(청렴결백)

5II

奉

8획 / 부수 大

하늘 땅(二) 같이 크게(大) 많이(扌) 받드니

받들 **봉**, 성씨 **봉**

+ 二('둘 이'지만 여기서는 하늘과 땅의 모양), 扌[일천 천, 많을 천(千)의 변형]

활용어휘 滅私奉公(멸사봉공), 奉安(봉안), 奉獻(봉헌)

2

俸

10획 / 부수 人(亻)

사람(亻)이 받들어(奉) 일하고 받는 녹이니 녹 **봉**

+ 녹(祿) - 벼슬아치에게 일 년 또는 계절 단위로 나누어 주던 금품을 통틀어 이르는 말.

활용어휘 俸祿(봉록), 俸給(봉급), 減俸(감봉), 年俸(연봉)

1

捧

11획 / 부수 手(扌)

두 손(扌)으로 받들어(奉) 드니 받들어 들 **봉**

활용어휘 捧讀(봉독), 捧納(봉납), 加捧女(가봉녀)

1

棒

12획 / 부수 木

나무(木) 중 받들고(奉) 치는 몽둥이니 몽둥이 **봉**

+ 木(나무 목)

활용어휘 指揮棒(지휘봉), 針小棒大(침소봉대)

참

夆
7획 / 부수 夂

뒤져오더라도(夂) 예쁜(丰) 것을 이끌어 만나니
이끌 봉, 만날 봉

+ 夂(천천히 걸을 쇠, 뒤져올 치), 丰(풀 무성할 봉, 예쁠 봉, 풍성할 풍)

1

烽
11획 / 부수 火

불(火)을 이끌어(夆) 신호하는 봉화니 **봉화 봉**

+ 윗 峰(산봉우리 봉), 蜂(벌 봉)
+ 봉화(烽火) – 나라에 병란이나 사변이 있을 때 신호로 올리던 불.

활용어휘 烽軍(봉군), 烽燧臺(봉수대)

1

鋒
15획 / 부수 金

쇠(金)의 양끝이 **만나는(夆)** 부분처럼 뾰족하니
뾰족할 봉

활용어휘 先鋒(선봉), 銳鋒(예봉), 筆鋒(필봉)

3II

逢
11획 / 부수 辵(辶)

필요한 물건이나 사람을 **이끌고(夆) 가서(辶)** 만나니
만날 봉

활용어휘 雷逢電別(뇌봉전별), 邂逅相逢(해후상봉)

2

縫
17획 / 부수 糸

베 조각을 **실(糸)로 만나게(逢)** 꿰매니 **꿰맬 봉**

활용어휘 縫合(봉합), 假縫(가봉), 天衣無縫(천의무봉)

1II

蓬
15획 / 부수 草(艹)

풀(艹) 중 흔하여 어디서나 **만나는(逢)** 쑥이니
쑥 봉

+ 묍 蒿(쑥 호) – 제목번호 235 참고
　　艾(쑥 애, 늙을 애) – 제목번호 420 참고
+ 쑥은 생명력이 강해 아무 곳이나 잘 자라니 어디서나 볼 수 있지요.

활용어휘 蓬頭亂髮(봉두난발), 蓬頭垢面(봉두구면)

3획 / 부수자

양손으로 물건을 받쳐 든 모양을 본떠서 받쳐 들 공

+ 위아래로 내려 그은 두 획이 모두 곧으면 스물 입(廿), 왼쪽의 한 획이 약간 휘면 받쳐 들 공(廾), 내려 그은 두 획이 곧고 짧으면 초 두(艹)의 약자(⺿)로 구분하세요.

3Ⅱ

7획 / 부수 廾

구슬(王)을 받쳐 들고(廾) 희롱하듯 가지고 노니 희롱할 롱(농), 가지고 놀 롱(농)

+ 희롱(戲弄) – 말이나 행동으로 실없이 놀림.
+ 王(임금 왕, 으뜸 왕, 구슬 옥 변), 戲(놀 희, 희롱할 희)

활용어휘 弄瓦之慶(농와지경), 班門弄斧(반문농부)

1Ⅱ

5획 / 부수 廾

사사로이(厶) 받쳐 들고(廾) 머리에 쓰는 고깔이니 고깔 변

+ 厶(사사로울 사, 나 사)

활용어휘 武弁(무변), 弁韓(변한)

■ 한자암기박사1 ■

제목번호 086 참고

算 – 대(⺮)로 눈(目)알처럼 깎아 만든 주판을 받쳐 들고(廾) 셈하니 '셈할 산'

戒 – 창(戈)을 받쳐 들고(廾) 적을 경계하니 '경계할 계'

械 – 나무(木)로 죄지은 사람을 경계(戒)하고 벌주기 위하여 만든 형틀이니 '형틀 계'
  또 형틀처럼 만든 기계니 '기계 계'

4

華

11획 / 부수 草(艹)

풀(艹) 하나(一) 풀(艹) 하나(一)마다 시(十)월의 바람에
단풍들어 화려하게 빛나니 화려할 화, 빛날 화

+ 畢 – 밭(田)의 풀(艹) 한(一) 포기까지 시(十)월이 되면 자라기를
　　마치니 '마칠 필'
+ 꽃보다 단풍이 아름답지요.

활용어휘 華麗(화려), 華燭(화촉), 昇華(승화), 榮華(영화)

1Ⅱ

嬅

14획 / 부수 女

여자(女)가 화려하게(華) 꾸민 듯 탐스럽고 예쁘니
탐스러울 화, 예쁠 화

+ 인·지명용 한자.

1Ⅱ

樺

15획 / 부수 木

나무(木)껍질이 화려한(華) 자작나무니 자작나무 화
또 나무(木) 중 화려하게(華) 꽃이 피는 벚나무니
벚나무 화

+ 자작나무 – 줄기의 껍질이 종이처럼 하얗게 벗겨지고 얇아서 이
　　것으로 명함도 만들고 연인들끼리 사랑의 글귀를 쓰기도 하는 낭
　　만적인 나무.

활용어휘 樺榴(화류), 樺木(화목), 樺燭(화촉), 樺皮(화피)

1Ⅱ

燁

15획 / 부수 火

불(火)처럼 빛나니(華) 빛날 엽

활용어휘 燁如花(엽여화)

1

卉

5획 / 부수 十

많은(十) 풀(廾)이니 많을 훼, 풀 훼

+ 廾['받쳐 들 공'이지만 여기서는 초 두(艹)의 약자(艹)로 봄]

활용어휘 卉服(훼복), 花卉(화훼)

---

3 II

奔

8획 / 부수 大

발걸음을 크게(大) 많이(卉) 내딛으며 바쁘게 달아나니 바쁠 분, 달아날 분

+ 大(큰 대)

활용어휘 東奔西走(동분서주), 自由奔放(자유분방)

특 II

賁

12획 / 부수 貝

많은(卉) 재물(貝)을 들여 크게 꾸미니 클 분, 꾸밀 비

+ 貝(조개 패, 재물 패, 돈 패)

활용어휘 賁飾(비식), 賁然(비연)

1

噴

15획 / 부수 口

입(口)으로 크게(賁) 뿜으니 뿜을 분

+ 口(입 구, 말할 구, 구멍 구)

활용어휘 噴霧(분무), 噴射(분사), 噴水(분수), 噴出(분출)

■ 한자암기박사1 ■

제목번호 085 참고

墳 – 흙(土)을 크게(賁) 쌓은 무덤이니 '무덤 분'

憤 – 마음(忄)에 크게(賁) 분하니 '분할 분'

3

庶

11획 / 부수 广

집(广)에 스물(卄) 한(一) 곳, 즉 많은 곳에 불(灬)을 때며 모여 사는 여러 백성이니 **여러 서, 백성 서**

또 일반 백성처럼 대했던 첩의 아들이니 **첩의 아들 서**

+ 계급 제도가 있었던 옛날에 첩의 아들은 공직에도 나갈 수 없고 하인처럼 일했으니 '여러 서, 백성 서(庶)'에 '첩의 아들'이라는 뜻이 붙었지요.

활용어휘 庶民階級(서민계급), 庶子(서자)

1

蔗

15획 / 부수 草(卄)

풀(卄) 중 **여러**(庶) 사람들이 좋아하는 사탕수수니 **사탕수수 자**

+ 사탕수수는 단물이 많이 나서 사람들이 좋아하지요.
+ 庶[여러 서, 백성 서, 첩의 아들 서(庶)의 변형]

활용어휘 蔗糖(자당), 甘蔗(감자)

2

遮

15획 / 부수 辵(辶)

여러(庶) 사람들이 **뛰어**(辶) 오는 것을 막거나 가리니 **막을 차, 가릴 차**

활용어휘 遮光(차광), 遮斷(차단), 遮陽(차양)

6

度

9획 / 부수 广

집(广)에서 **스물**(卄) 한(一) 번이나 **손**(又)으로 법도에 따라 정도를 헤아리니 **법도 도, 정도 도, 헤아릴 탁**

활용어휘 過度(과도), 極度(극도), 差度(차도), 度地(탁지)

1

鍍

17획 / 부수 金

쇠(金) 표면을 **법도**(度)에 맞게 칠하여 도금하니 **도금할 도**

+ 도금(鍍金) – 금속이나 비금속의 겉에 금이나 은 등의 금속을 얇게 입히는 일.

활용어휘 眞金不鍍(진금부도)

■ 한자암기박사1 ■

제목번호 082 참고
席 - 여러(庶) 사람이 앉도록 수건(巾)을 깐 자리니 '자리 석'
渡 - 물(氵) 깊이를 헤아려(度) 건너니 '건널 도'

5II

廣
15획 / 부수 广

집(广) 아래 누런(黃) 들판이 넓으니 넓을 광

+ 땐 狹(좁을 협) – 제목번호 407 참고
+ 얜 広 – 집(广) 안에 사사로이(厶) 이용하는 땅이 넓으니 '넓을 광'
+ 广(집 엄), 黃(누를 황), 厶(사사로울 사, 나 사)

활용어휘 廣域(광역), 廣布(광포), 廣闊(광활)

- -

1

壙
18획 / 부수 土

흙(土)을 넓게(廣) 파 놓은 뫼 구덩이니 뫼 구덩이 광

+ 뫼 – 사람의 무덤.
+ 광(壙) – 시체를 묻기 위하여 판 구덩이.

활용어휘 壙內(광내), 壙中(광중), 壙穴(광혈)

- -

1

曠
19획 / 부수 日

**햇(日)살처럼 넓게(廣) 퍼져 비었으니
넓을 광, 빌 광**

활용어휘 曠野(광야), 曠劫(광겁), 曠年(광년)

■ 한자암기박사1 ■

제목번호 083 참고
黃 – 이십(廿) 일(一) 년이나 지남으로 말미암아(由) 팔(八)방이 황무지로 변하여 누르니 '누를 황'
橫 – 나무(木)가 누렇게(黃) 죽어 가로로 제멋대로 쓰러지니 '가로 횡, 제멋대로 할 횡'
鑛 – 쇠(金)가 넓게(廣) 함유된 쇳돌이니 '쇳돌 광'
擴 – 손(扌)으로 넓게(廣) 넓히니 '넓힐 확'

6Ⅱ

共

6획 / 부수 八

많은(卄) 사람들이 **마당**(一)에서 일을 **나누어**(八) 함께하니 **함께 공**

+ 卄(스물 입, = 廾), 一('한 일'이지만 여기서는 마당으로 봄)

활용어휘 共販(공판), 共益(공익), 自他共認(자타공인)

1

拱

9획 / 부수 手(扌)

양손(扌)을 **함께**(共) 펴 팔짱 끼거나 둥글게 안은 아름이니 **팔짱 낄 공, 아름 공**

+ 아름 - 두 팔을 둥글게 모아서 만든 둘레.

활용어휘 拱手(공수), 拱揖(공읍), 拱木(공목), 拱把(공파)

3Ⅱ

供

8획 / 부수 人(亻)

사람(亻)이 **함께**(共) 살려고 서로 주면서 이바지하니 **줄 공, 이바지할 공**

활용어휘 供養(공양), 供託(공탁), 朝石供養(조석공양)

1

哄

9획 / 부수 口

입(口)으로 **함께**(共) 떠드니 **떠들 홍**

활용어휘 哄動(홍동), 哄笑(홍소), 哄然大笑(홍연대소)

■한자암기박사1 ■

제목번호 080 참고

洪 - 물(氵)이 넘쳐 여러 가지와 함께(共) 넓게 흐르는 홍수니 '넓을 홍, 홍수 홍'
    또 마음이 넓은 사람들의 성씨니 '성씨 홍'

恭 - 어릿이 함께(共) 사는 마음(小)처럼 공손하니 '공손할 공'

특II

巽

12획 / 부수 己

미끈하고 잘 구부러지는 **뱀(巳)**과 **뱀(巳)**들처럼
함께(共)함이 유순하고 부드러우니
유순할 손, 부드러울 손

+ 유순(柔順)하다 - 성질이나 태도·표정 등이 부드럽고 순하다.
+ 巳(뱀 사, 여섯째 지지 사), 共(함께 공), 柔(부드러울 유), 順(순할 순)

활용어휘 巽軟(손연), 巽劣(손열), 巽與之言(손여지언)

1

饌

21획 / 부수 食(飠)

밥(飠)을 부드럽게(巽) 먹도록 만든 반찬이나 음식이니
반찬 찬, 음식 찬

+ 飠(밥 식, 먹을 식 변)

활용어휘 飯饌(반찬), 饌價(찬가), 饌母(찬모), 盛饌(성찬)

1

撰

15획 / 부수 手(扌)

손(扌)으로 **부드럽게(巽)**, 즉 자연스럽게 글 지으니
글 지을 찬
또 **손(扌)**으로 **부드럽게(巽)** 가리니 **가릴 선**

활용어휘 撰文(찬문), 撰述(찬술), 新撰(신찬)

■한자암기박사1 ■

제목번호 148 참고
選 - 뱀들(巳巳)처럼 어울려 함께(共) 가(辶) 뽑으니 '뽑을 선'

暴

4II

15획 / 부수 日

(서로 상극인) **해**(日)와 **함께**(共) **물**(氷)이 만난 듯
사나우니 사나울 **폭**, 사나울 **포**
또 사나우면 잘 드러나니 드러날 **폭**

+ '사납다'의 뜻으로 쓰일 때는 단어에 따라 '폭'과 '포' 둘로 읽습니다.
+ 오행(五行)에서 불과 물은 서로 상극(相剋)으로, 해도 불에 해당
하니 이런 어원이 가능하지요.
+ 共(함께 공), 氷(물 수 발)

활용어휘 暴言(폭언), 橫暴(횡포), 自暴自棄(자포자기)

曝

1

19획 / 부수 日

해(日)가 **사납게**(暴) 내리쪼이니 쪼일 **폭**, 쪼일 **포**

활용어휘 曝書(폭서), 曝陽(폭양), 曝曬(포쇄)

瀑

1

18획 / 부수 水(氵)

물(氵)이 **사납게**(暴) 떨어지는 폭포니 폭포 **폭**

활용어휘 瀑布(폭포), 瀑布線(폭포선), 瀑布水(폭포수)

■ 한자암기박사1 ■

제목번호 080 참고
爆 - 불(火)을 붙이면 사납게(暴) 폭발하니 '폭발할 폭'

4

異
11획 / 부수 田

밭(田)은 함께(共) 있어도 주인도 다르고 심어진 곡식도 다르니 **다를 이**

활용어휘 異口同聲(이구동성), 大同小異(대동소이)

1

糞
17획 / 부수 米

쌀(米) 같은 곡식이 소화되어 **다르게(異)** 된 똥이니 **똥 분**

활용어휘 糞尿(분뇨), 糞土(분토), 鷄糞(계분), 人糞(인분)

1Ⅱ

冀
16획 / 부수 八

서로 등지고(北) 다른(異) 것을 바라니 **바랄 기**

+ 北(등질 배, 달아날 배, 북쪽 북)

활용어휘 冀圖(기도), 冀望(기망), 冀願(기원)

1Ⅱ

驥
26획 / 부수 馬

말(馬) 중에 누구나 가지기를 **바라는(冀)** 천리마니 **천리마 기**

+ 천리마(千里馬) - 하루에 천 리를 달릴 수 있을 정도로 좋은 말.

활용어휘 騏驥(기기), 驥足(기족), 駿驥(준기)

1

羈
24획 / 부수 网(罒)

그물(罒)처럼 가죽(革)으로 말(馬)을 얽어매는 굴레니 **굴레 기, 맬 기**

또 무엇에 매여 어렵게 살아야 하는 타관살이니 **타관살이 기**

+ 타관살이 - 자기 고향이 아닌 고장에서 사는 일.
+ 罒(그물 망, = 网, 罓), 革(가죽 혁, 고칠 혁)

활용어휘 羈屬(기속), 羈旅(기려), 羈愁(기수)

■ 한자암기박사1 ■

제목번호 080 참고
翼 - 깃(羽)이 몸의 서로 다른(異) 쪽에 있는 날개니 '날개 익'
또 날개는 함께 움직여 나는 것을 도우니 '도울 익'

³ **昔**

8획 / 부수 日

이십(廿) 일(一) 일(日)이나 지난 옛날이니 **옛 석**

+ '풀(艹)이 난 땅(一) 아래로 해(日)가 지면 이미 옛날이니 옛 석'
이라고도 합니다.

활용어휘 昔日(석일), 昔年(석년), 今昔之感(금석지감)

---

² **措**

11획 / 부수 手(扌)

손(扌)으로 물건을 **오래**(昔) 가도록 잘 두니 **둘 조**

활용어휘 措定(조정), 措處(조처), 措置(조치)

---

¹ **醋**

15획 / 부수 酉

(발효시켜 만든) 술(酉)을 **오래**(昔) 두어 만드는 초니
초 초

또 술(酉)잔을 **오래**(昔) 놓아 둔 사람에게 잔 돌리니
잔 돌릴 작

+ 图 酢(초 초, 잔 돌릴 작)
+ 발효시켜 만든 술을 오래 두어 더 발효시키면 식초가 되지요.
+ 酉(술 그릇 유, 술 유, 닭 유, 열째 지지 유)

활용어휘 醋母(초모), 醋酸(초산), 食醋(식초)

---

¹ **鵲**

19획 / 부수 鳥

오래(昔)도록 한 곳에 사는 **새**(鳥)는 주로 까치니
까치 작

+ 까치는 철새가 아니라 텃새지요.

활용어휘 鵲語(작어), 鵲喜(작희), 烏鵲橋(오작교)

■ 한자암기박사1 ■

제목번호 079 참고

惜 – 마음(忄)에 어렵던 옛날(昔)을 생각하며 아끼고 가엾게 여기니 '아낄 석, 가엾을 석'

借 – 사람(亻)을 오래(昔) 사귀면 돈도 빌려주고 빌리니 '빌릴 차'

錯 – 쇠(金)도 오래(昔)되면 녹이 섞여 어긋나니 '섞일 착, 어긋날 착'

藉

18획 / 부수 草(艹)

풀(艹)로 **쟁기**(耒)가 갈아 놓은 이랑처럼 골이 패이고 **오래**(昔) 쓰도록 튼튼하게 만든 깔개니 깔개 **자**

또 깔개 무늬처럼 어지럽게 핑계 대니 어지러울 **자**, 핑계 댈 **자**

+ '도울 적, 짓밟을 적'으로도 쓰임.
+ 옛날에 사용하던 멍석 같은 깔개는 풀로 만들었는데 마치 쟁기로 밭을 갈아 놓은 이랑처럼 골이 패이고 튼튼하게 만들었지요.

활용어휘 慰藉料(위자료), 藉藉(자자), 憑藉(빙자)

籍

20획 / 부수 竹(竹)

대(竹) 조각에 **쟁기**(耒)로 밭갈 듯 글을 새겨 **오랫**(昔)동안 남도록 만든 서적이나 문서니 서적 **적**, 문서 **적**

+ 종이가 없던 옛날에는 대(竹) 조각에 글을 새겼지요.
+ 竹(대 죽), 耒(가래 뢰, 쟁기 뢰)

활용어휘 可考文籍(가고문적), 符籍(부적), 本籍(본적)

散

12획 / 부수 攴(攵)

풀(艹)이 난 땅(一)에 **고기**(月)를 놓고 **치면**(攵) 여러 조각으로 흩어지니 흩어질 **산**

+ 一('한 일'이지만 여기서는 땅으로 봄), 攵(칠 복, = 攴)

활용어휘 離合集散(이합집산), 魂飛魄散(혼비백산)

撒

15획 / 부수 手(扌)

손(扌)으로 흩어지게(散) 뿌리니 뿌릴 **살**

활용어휘 撒肥(살비), 撒砂(살사), 撒水(살수), 撒布(살포)

특II

菫

12획 / 부수 草(艹)

너무 끈끈하여 **스물(艹) 한(一)** 번이나 **입(口)**으로
하나(一)같이 숨 헐떡이며 걸어야 할 **진흙(土)**이니
진흙 근

또 진흙에서도 잘 자라는 제비꽃이니 제비꽃 근

＋ 艹(스물 입)은 아래를 막아도(艹) 같은 뜻이나, 보다 분명하게 하
려고 艹과 一로 나누어 풀었습니다.

활용어휘 菫菜科(근채과)

1II

槿

15획 / 부수 木

나무(木) 중 **진흙(菫)**에서도 잘 자라는 무궁화니
무궁화 근

＋ 菫[진흙 근, 제비꽃 근(菫)의 변형]

활용어휘 槿域(근역), 槿花(근화)

1II

瑾

15획 / 부수 玉(王)

옥(王) 중에 **진흙(菫)**처럼 붉고 아름다운 옥이니
붉은 옥 근, 아름다운 옥 근

＋ 인·지명용 한자.

활용어휘 細瑾(세근), 瑕瑾(하근)

1

饉

20획 / 부수 食(飠)

밥(飠)으로 **진흙(菫)**이라도 먹어야 할 정도로 흉년드니
흉년들 근

＋ 飠(밥 식, 먹을 식 변)

활용어휘 饑饉(기근), 饑饉者(기근자), 凶饉(흉근)

1

覲

18획 / 부수 見

진흙(菫) 길처럼 가기 어려운 길을 가 **뵈니(見)** 뵐 근

＋ 시집간 딸은 친정에 잘 갈 수 없었던 옛날에 만들어진 한자.
＋ 見(볼 견, 뵐 현)

활용어휘 覲親(근친), 覲行(근행), 覲見(근현)

4II

難

19획 / 부수 隹

진흙(菓)에 빠져 날지 못하는 새(隹)처럼 어려우니
어려울 **난**

또 어려우면 남을 비난하니 비난할 **난**

+ 일이 힘들거나 살기가 어려우면 자기 탓으로 여기지 않고 남을 비난하기 쉽지요.
+ 菓 – 너무 끈끈하여 스물(卄) 한(一) 번이나 말하며(口) 하나(一) 같이 크게(大) 힘써 걸어야 할 진흙이니 '진흙 근'
+ 菓[진흙 근, 제비꽃 근(菫)의 변형], 隹(새 추), 卄(스물 입 = 卄)

활용어휘 難堪(난감), 難處(난처), 難航(난항)

1

儺

21획 / 부수 人(亻)

사람(亻)을 어렵게(難) 하는 역귀를 쫓으니
역귀 쫓을 **나**

+ 역귀(疫鬼) – 전염병을 퍼뜨린다는 귀신.
+ 疫(염병 역), 鬼(귀신 귀)

활용어휘 儺禮(나례), 儺禮都監(나례도감), 儺儀(나의)

1II

灘

22획 / 부수 水(氵)

물(氵)살이 세어 건너기 어려운(難) 여울이니 여울 **탄**

+ 여울 – 강이나 바다의 바닥이 얕거나 폭이 좁아 물살이 세게 흐르는 곳.

활용어휘 灘聲(탄성)

■ 한자암기박사1 ■

제목번호 081 참고

僅 – 사람(亻)이 진흙(菫) 길을 겨우 가니 '겨우 근'
謹 – 말(言)을 진흙(菫) 길 갈 때처럼 조심하고 삼가니 '삼갈 근'
勤 – 진흙(菫) 같은 어려움 속에서도 힘(力)써 부지런하게 하는 일이니 '부지런할 근, 일 근'
漢 – 물(氵)과 진흙(菓)이 많은 곳(중국 양자강 유역)에 세운 한나라니 '한나라 한'
　　또 남을 흉하게 부르는 접미사로도 쓰여 '남을 흉하게 부르는 접미사 한'
歎 – 진흙(菓)에 빠짐을 하품(欠)하듯 입 벌려 탄식하니 '탄식할 탄'
　　또 탄식하듯이 입 벌려 감탄하니 '감탄할 탄'

4 丁 2획 / 부수 一	고무래나 못의 모양을 본떠서 고무래 정, 못 정 또 고무래처럼 튼튼한 장정도 가리켜서 장정 정, 넷째 천간 정, 성씨 정 활용어휘 丁男(정남), 丁女(정녀), 兵丁(병정)
1 II 汀 5획 / 부수 水(氵)	물(氵) 옆의 고무래(丁)처럼 두둑한 물가니 물가 정 활용어휘 汀線(정선), 汀岸(정안), 汀洲(정주)
1 町 7획 / 부수 田	밭(田)에 고무래(丁)처럼 두둑하게 만든 밭두둑이니 밭두둑 정 또 밭두둑으로 일정하게 나눠 놓은 면적 단위니 면적 단위 정 활용어휘 町步(정보)
1 酊 9획 / 부수 酉	술(酉)에 구부러진 못(丁)처럼 비틀거리도록 취하니 술 취할 정 활용어휘 酩酊(명정), 酒酊(주정)
1 釘 10획 / 부수 金	쇠(金)로 고무래(丁)처럼 만든 못이니 못 정 + 丁에도 못이란 뜻이 있지만 못은 대부분 쇠로 만든다는 데서 金(쇠 금, 금 금, 돈 금, 성씨 김)을 붙여 만든 한자. 활용어휘 釘孔(정공), 釘頭(정두), 押釘(압정)

■ 한자암기박사1 ■

제목번호 310 참고
訂 - 말(言)을 고무래(丁)로 곡식을 펴듯 바로잡으니 '바로잡을 정'
打 - 손(扌)에 망치 들고 못(丁)을 치듯이 치니 '칠 타'
寧 - 집(宀)에서 마음(心)껏 그릇(皿)에 음식을 담아 먹는 장정(丁)이니 어찌 편안하지 않을까에서
   '어찌 녕(영), 편안할 녕(영)'

1II

柯
9획 / 부수 木

나무(木)에서 가히(可) 뻗어가는 가지니 **가지 가**

또 가지로 박아 쓰는 자루니 **자루 가**

> 활용어휘 柯葉(가엽), 南柯一夢(남가일몽), 斧柯(부가)

1

呵
8획 / 부수 口

입(口)으로 가히(可) 꾸짖거나 깔깔 웃으니
꾸짖을 가, 깔깔 웃을 가

> 활용어휘 呵責(가책), 可呵(가가), 呵呵大笑(가가대소)

1II

軻
12획 / 부수 車

수레(車) 중 가히(可) 탈 수 있도록 만든 수레니
수레 가, 맹자 이름 가

+ 軻는 굴대만으로 엉성하게 만든 수레.

> 활용어휘 坎軻(감가), 孟軻(맹가)

1

苛
9획 / 부수 草(艹)

풀(艹)만 가히(可) 먹도록 하면 가혹하니 **가혹할 가**

+ 가혹(苛酷) - 몹시 모질고 독함.
+ 艹(초 두), 酷(가혹할 혹)

> 활용어휘 苛責(가책), 苛虐(가학), 苛斂誅求(가렴주구)

1

哥
10획 / 부수 口

옳다(可) 옳다(可) 말하듯 기쁘게 부르는 노래니
노래 가

또 노래하듯 상대를 얕잡아 부르는 접미사니 **접미사 가**

+ 통 歌(노래 가)
+ 성(姓) 뒤에 노래 가, 접미사 가(哥)를 붙이면 낮추어 부르는 말이고, 성 씨, 뿌리 씨(氏)를 붙이면 높이거나 보통으로 부르는 말이지요. 노래의 뜻으로는 주로 노래 가(歌)를 사용합니다.

■ 한자암기박사1 ■

제목번호 311 참고
可 - 장정(丁)처럼 씩씩하게 말할(口) 수 있는 것은 옳으니 '옳을 가'
　　또 옳으면 가히 허락하니 '가히 가, 허락할 가'
何 - 사람(亻)이 옳은(可) 일만 하는데 어찌 무엇을 나무라겠는가에서 '어찌 하, 무엇 하'
荷 - 풀(艹) 중 사람(亻)에게 가히(可) 쓰이는 연이니 '연 하'
　　또 풀(艹)을 사람(亻)이 옳게(可) 묶어 메는 짐이니 '멜 하, 짐 하'

4

奇

8획 / 부수 大

크게(大) 옳으면(可) 기이하니 기이할 **기**

또 기이함이 짝도 없는 홀수니 홀수 **기**, 성씨 **기**

+ 기이(奇異)하다 – 기묘하고 이상하다.
+ 大(큰 대), 可(옳을 가, 가히 가, 허락할 가), 異(다를 이)

활용어휘 奇妙(기묘), 奇拔(기발), 好奇心(호기심)

1

崎

11획 / 부수 山

산(山)이 기이할(奇) 정도로 험하니 험할 **기**

활용어휘 崎嶇(기구), 崎嶇險路(기구험로)

1Ⅱ

琦

12획 / 부수 玉(王)

옥(王) 중에 기이한(奇) 옥 이름이니
옥 이름 **기**, 기이할 **기**

+ 王(임금 왕, 으뜸 왕, 구슬 옥 변)

활용어휘 琦行(기행)

1

綺

14획 / 부수 糸

실(糸)로 기이하게(奇) 짠 비단이니 비단 **기**

+ 비단(緋緞) – 명주실로 짠 광택이 나는 천을 통틀어 이르는 말.
+ 糸(실 사, 실 사 변), 緋(비단 비, 붉을 비), 緞(비단 단)

활용어휘 綺羅星(기라성), 綺麗(기려), 綺語(기어)

1

畸

13획 / 부수 田

밭(田) 중 기이하게(奇) 남은 뙈기밭이니 뙈기밭 **기**

또 뙈기밭처럼 생긴 불구자니 불구자 **기**

+ 뙈기밭 – 큰 토지에 딸린 조그마한 밭.
+ 불구자(不具者) – 몸의 어느 부분이 온전하지 못한 사람.
+ 田(밭 전), 具(갖출 구, 기구 구)

활용어휘 畸人(기인), 畸形(기형), 畸兒(기아)

3II

騎

18획 / 부수 馬

말(馬)을 **기이하게**(奇) 타니 말 탈 기

➕ 馬(말 마)

활용어휘 騎馬戰(기마전), 騎虎之勢(기호지세)

1

椅

12획 / 부수 木

나무(木)를 **기이하게**(奇) 구부려 만든 의자니 의자 의

활용어휘 椅子(의자), 竹椅(죽의)

■ 한자암기박사1 ■

제목번호 312 참고
寄 – 집(宀)에 기이하게(奇) 붙어사니 '붙어살 기'
　　또 붙어살도록 부치니 '부칠 기'

3Ⅱ

5획 / 부수 口

허리 구부리고(⺆) 한(一) 사람의 **입**(口)에서 나온 명령을 맡으니 **맡을 사**

또 관청에서 일을 맡아 하는 벼슬이니 **벼슬 사**

+ 器 可(옳을 가, 가히 가, 허락할 가)
+ 벼슬 - 국가 기관에서 나라의 통치와 운영을 담당하는 직위나 직무를 말함.

활용어휘 司牧(사목), 司正(사정), 司會(사회), 上司(상사)

특Ⅱ

7획 / 부수 人(亻)

사람(亻)이 **맡은**(司) 일을 잘하나 엿보니 **엿볼 사**

활용어휘 伺隙(사극), 伺察(사찰)

1

10획 / 부수 示

신(示)을 **맡아**(司) 모시는 사당이니 **사당 사**

+ 사당(祠堂) - 조상의 신주(神主)를 모셔 놓은 집.
+ 신주(神主) - 죽은 사람의 위패.
+ 示(보일 시, 신 시), 堂(집 당, 당당할 당), 神(귀신 신, 신비할 신)

활용어휘 神祠(신사), 忠烈祠(충렬사), 顯忠祠(현충사)

2

14획 / 부수 食(𩙿)

먹이(𩙿)를 **맡아**(司) 먹이고 기르니 **먹일 사, 기를 사**

+ 𩙿(밥 식, 먹을 식 변)

활용어휘 飼料(사료), 飼養(사양), 飼育(사육), 放飼(방사)

1

13획 / 부수 口

조상이 **말**(口)과 **책**(冊)으로 남긴 뜻을 **맡아**(司) 이으니 **이을 사**

+ 口(입 구, 말할 구, 구멍 구), 冊[책 책, 세울 책(冊, 冊)의 변형]

활용어휘 嗣孫(사손), 嗣王(사왕), 嗣子(사자), 後嗣(후사)

■ 한자암기박사1 ■

제목번호 312 참고
詞 - 말(言)을 맡아서(司) 하는 말이나 쓰는 글이니 '말 사, 글 사'

3Ⅱ

刀

2획 / 제부수

옛날 칼 모양을 본떠서 **칼 도**

+ 글자의 오른쪽에 붙는 부수인 방으로 쓰일 때는 '칼 도 방(刂)'

활용어휘 單刀直入(단도직입), 一刀兩斷(일도양단)

2

刃

3획 / 부수 刀

칼 도(刀)의 날 부분(丿) 앞에 삐침 별(丿)을 붙여서
칼날 인

+ 한자에서는 점 주, 불똥 주(丶)나 삐침 별(丿)로 무엇이나 어느
부분을 강조하기도 합니다.

활용어휘 刃器(인기), 刃傷(인상)

1

靭

12획 / 부수 革

가죽(革)처럼 칼날(刃)에도 질기니 **질길 인**

+ 革(가죽 혁, 고칠 혁)

활용어휘 靭帶(인대), 靭性(인성), 強靭(강인)

■ 한자암기박사1 ■

제목번호 325 참고
忍 − 칼날(刃)로 심장(心)을 위협하는 것 같은 상황도 참으니 '참을 인'
    또 칼날(刃)로 심장(心)을 위협하듯이 잔인하니 '잔인할 잔'
認 − 남의 말(言)을 참고(忍) 들어 알고 인정하니 '알 인, 인정할 인'

沼

8획 / 부수 水(氵)

물(氵)이 불러(召) 온 듯 항상 고여 있는 늪이니 **늪 소**

+ 늪 - 땅바닥이 우묵하게 뭉떵 빠지고 늘 물이 괴어 있는 곳.
+ 召(부를 소)

활용어휘 沼畔(소반), 沼澤(소택), 沼湖(소호), 龍沼(용소)

紹

11획 / 부수 糸

실(糸)을 잇듯 불러(召) 이어주며 소개하니
이을 소, 소개할 소

활용어휘 紹絶(소절), 紹介(소개), 紹介狀(소개장)

詔

12획 / 부수 言

말(言)로 불러(召) 알리니 **알릴 조**

+ 告 告(알릴 고, 뵙고 청할 곡) - 제목번호 520 참고
+ 윗사람이 아랫사람에게 알리는 데서 만들어진 한자.

활용어휘 詔書(조서), 詔冊(조책), 詔勅(조칙)

貂

12획 / 부수 豸

사나운 짐승(豸)의 칼(刀)처럼 날카로운 이가 입(口)에
있는 담비니 **담비 초**

+ 담비 - 족제빗과의 동물. 낮에는 나무 구멍이나 바위틈에서 자고
밤에 활동함.
+ 豸(사나운 짐승 치, 발 없는 벌레 치)

활용어휘 貂尾(초미), 貂皮(초피), 狗尾續貂(구미속초)

邵

8획 / 부수 邑(阝)

부르면(召) 들릴 정도로 가까운 고을(阝)의 땅 이름이니
땅 이름 소, 성씨 소

+ 인·지명용 한자.
+ 阝(고을 읍 방)

■ 한자암기박사1 ■

제목번호 327 참고

招 - 손(扌)짓하여 부르니(召) '부를 초'
超 - 달려가며(走) 급히 부르면(召) 빨리 오려고 이것저것을 뛰어넘으니 '뛰어넘을 초'
昭 - 해(日)를 불러(召) 온 듯 밝으니 '밝을 소'
照 - 밝게(昭) 불(灬)로 비추니 '비출 조'

吩

7획 / 부수 口

입(口)으로 일을 **나누어(分)** 분부하니 분부할 분

+ 분부(吩咐) – 윗사람이 아랫사람에게 명령이나 지시를 내림.
+ 咐(분부할 부)

활용어휘 嚴吩咐(엄분부)

扮

7획 / 부수 手(扌)

손(扌)으로 **나누어(分)** 꾸미니 꾸밀 분

활용어휘 扮飾(분식), 扮裝(분장)

芬

8획 / 부수 草(艹)

풀(艹)에서 **나누어(分)** 나오는 향기니 향기 분

활용어휘 芬芳(분방), 芳芬(방분)

雰

12획 / 부수 雨

비(雨)가 작게 **나누어(分)**져 안개나 눈 오는 모양으로
날리니 안개 분, 눈 오는 모양 분

+ 雨(비 우)

활용어휘 雰圍氣(분위기)

忿

8획 / 부수 心

나누어(分)지는 마음(心)으로 성나니 성날 분

+ 마음이 차분하지 못하고 이 생각 저 생각으로 나눠짐은 성남이지요.

활용어휘 忿怒(분노), 忿然(분연), 激忿(격분)

盆

9획 / 부수 皿

위가 **나누어(分)**진 듯 벌어진 그릇(皿)이 동이니 동이 분

+ 동이 – ㉠ 질그릇의 하나. 흔히 물 긷는 데 쓰는 것으로 보통 둥글
고 배가 부르고 아가리가 넓으며 양 옆으로 손잡이가 달려 있음.
㉡ 물 등을 '동이'에 담아 그 분량을 세는 단위.
+ 皿(그릇 명)

활용어휘 盆栽(분재), 盆地(분지), 花盆(화분)

3II

11획 / 부수 木

물(氵)의 양쪽(丶丶)에 칼(刀)로 나무(木)를 잘라 올려놓는
다리니 **다리 량(양)**

또 다리처럼 기둥 사이를 건너지르는 들보니
들보 량(양), 성씨 양

+ 图 樑(들보 량)
+ 들보 – 두 기둥을 건너지르는 나무.

활용어휘 橋梁(교량), 上梁(상량), 棟梁之材(동량지재)

1II

15획 / 부수 木

나무(木)로 만든 들보(梁)니 **들보 량(양)**

+ 图 梁(들보 량, 다리 량, 성씨 양)

활용어휘 棟樑(동량)

1

13획 / 부수 米

물(氵)에 칼(刀)을 양쪽(丶丶)으로 휘젓듯 일어
쌀(米)처럼 이용하는 기장이니 **기장 량(양)**

+ 기장 – 쌀과 비슷한 곡식.
+ 일다 – 곡식 등을 그릇에 담아 물을 붓고 이리저리 흔들어서 쓸
것과 못 쓸 것을 가려내다.

활용어휘 粱肉(양육), 高粱酒(고량주), 膏粱珍味(고량진미)

1 肋 6획 / 부수 肉(月)

몸(月)속의 중요한 장기를 힘(力)써 보호하는 갈빗대니
갈빗대 륵(늑)

+ 갈빗대 - 등뼈에 붙어 가슴을 구성하는 하나하나의 뼈를 이르는 말.

활용어휘 肋骨(늑골), 肋膜炎(늑막염), 鷄肋(계륵)

---

1 勒 11획 / 부수 力

가죽(革)으로 힘(力)지게 만든 굴레니 **굴레 륵(늑)**
또 굴레를 씌워 마소를 억지로 다스리니
억지로 할 륵(늑), 다스릴 륵(늑)

+ 革(가죽 혁, 고칠 혁)

활용어휘 勒買(늑매), 勒兵(늑병)

---

1 勅 9획 / 부수 力

서로를 묶어(束) 주는 힘(力) 있는 문서는 칙서니
칙서 칙

+ 图 敕 - 묶어(束) 치도록(攵) 힘 있는 문서는 칙서니 '칙서 칙'
+ 칙서(勅書) - 임금이 특정인에게 훈계하거나 알릴 내용을 적은 글이나 문서.
+ 束(묶을 속), 書(쓸 서, 글 서, 책 서)

활용어휘 勅令(칙령), 勅命(칙명)

---

1 拐 8획 / 부수 手(扌)

손(扌)으로 입(口)을 틀어막고 힘(力)으로 후리거나
유괴하니 **후릴 괴, 유괴할 괴**

+ 후리다 - 휘둘러서 때리거나 치다.

활용어휘 拐引(괴인), 誘拐(유괴), 誘拐犯(유괴범)

---

2 抛 7획 / 부수 手(扌)

손(扌)으로 크게(九) 힘껏(力) 던져 포기하니
던질 포, 포기할 포

활용어휘 抛車(포거), 抛物線(포물선), 抛棄(포기)

■ 한자암기박사1 ■

제목번호 328 참고
助 - 또(且) 힘(力)써 도우니 '도울 조'
劣 - 적은(少) 힘(力)이면 못나니 '못날 렬(열)'
努 - 종(奴)처럼 힘(力)쓰니 '힘쓸 노'

伽
1II
7획 / 부수 人(亻)

사람(亻)이 정성을 **더하여**(加) 수도하는 절이니 절 **가**

+ 加 – 힘(力)써 말하며(口) 용기를 더하니 '더할 가'

활용어휘 伽藍(가람), 僧伽(승가), 伽倻琴(가야금)

嘉
1
14획 / 부수 口

좋은(吉) 풀(艹)을 **더하여**(加) 아름다우니
아름다울 **가**

+ 吉(길할 길, 상서로울 길), 艹[초 두(艹) 약자(艹)의 변형]

활용어휘 嘉慶(가경), 嘉德(가덕), 嘉禮(가례), 嘉尙(가상)

袈
1
11획 / 부수 衣

(스님이 옷 위에) **더하여**(加) 입는 옷(衣)이 가사니
가사 **가**

+ 가사(袈裟) – 승려가 장삼 위에, 왼쪽 어깨에서 오른쪽 겨드랑이 밑으로 걸쳐 입는 법의(法衣).
+ 법의(法衣) – 승려가 입는 가사나 장삼 등의 옷.
+ 裟(가사 사)

활용어휘 錦袈(금가)

駕
1
15획 / 부수 馬

더하여(加) 말(馬)을 부리는 멍에나 수레니
멍에 **가**, 수레 **가**

또 수레로 하면 몸으로 하는 것을 능가하니 능가할 **가**

활용어휘 駕馭(가사), 御駕(어가), 駕御(가어), 凌駕(능가)

迦
1II
9획 / 부수 辵(辶)

더하고(加) 가도록(辶) 막으니 막을 **가**

또 믿음을 **더하여**(加) 가도록(辶) 가르쳤던 부처 이름이니
부처 이름 **가**

활용어휘 釋迦(석가), 釋迦牟尼(석가모니)

■ 한자암기박사1 ■

제목번호 329 참고
架 – 더하여(加) 나무(木)로 꾸민 시렁이니 '꾸밀 가, 시렁 가'
賀 – 더하여(加) 재물(貝)을 주며 축하하니 '축하할 하'

1II

沂

7획 / 부수 水(氵)

물(氵) 중 **저울**(斤)대처럼 평평하게 흐르는 물 이름이니
물 이름 **기**

＋ 斤 – 도끼나 옛날 저울을 본떠서 '도끼 근, 저울 근'

활용어휘 沂水(기수), 浴沂(욕기)

1

匠

6획 / 부수 匚

상자(匚)에 **도끼**(斤) 같은 연장을 가지고 다니며 물건을
만드는 장인이니 장인 **장**

＋ 장인 – ㉠ (匠人) – 물건 만드는 일을 업으로 삼는 기술자.
　　　　ㄴ (丈人) – 아내의 친아버지.
＋ 匚(상자 방), 丈(어른 장, 길이 장)

활용어휘 巨匠(거장), 名匠(명장), 藥匠(약장), 意匠(의장)

3II

丘

5획 / 부수 一

도끼(斤)를 **하나**(一)씩 들고 적을 지키는 언덕이니
언덕 **구**, 성씨 **구**

＋ 동 邱(언덕 구)
＋ 언덕은 숨어서 적을 지키기 좋은 곳이지요. 무기가 별로 없었던
　옛날에는 도끼로도 싸웠던가 봐요.

활용어휘 丘陵(구릉), 靑丘永言(청구영언), 波丘(파구)

1II

邱

8획 / 부수 邑(阝)

언덕(丘) 중 **고을**(阝)처럼 큰 언덕이니 언덕 **구**

＋ 동 丘(언덕 구, 성씨 구)
＋ 보통의 언덕보다 큰 언덕에 쓰이는 한자.
＋ 고을 – 옛날에 관청이 있던 곳.
＋ 阝(고을 읍 방)

활용어휘 大邱(대구), 首邱初心(수구초심)

■ 한자암기박사1 ■

제목번호 300 참고

近 – (저울에 물건을 달 때) 저울(斤)의 막대가 눈금에서 좌우로 옮겨 가는(辶) 거리처럼 가깝고
　　비슷하니 '가까울 근, 비슷할 근'

質 – 도끼(斤)와 도끼(斤)로 재물(貝)을 나눌 때 드러나는 바탕이니 '바탕 질'

嶽 – 언덕(丘)처럼 바위도 많은 큰 산(山)이니 '큰 산 악'

兵 – 언덕(丘) 아래에 여덟(八) 명씩 있는 군사니 '군사 병'

折

4

7획 / 부수 手(扌)

손(扌)에 **도끼**(斤) 들고 찍어 꺾으니 **꺾을 절**

+ 㳋 析(쪼갤 석)

활용어휘 挫折(좌절), 折衷(절충), 百折不屈(백절불굴)

哲

3Ⅱ

10획 / 부수 口

꺾어서(折) 분명히 **말할**(口) 정도로 사리에 밝으니 **밝을 철**

+ 동 喆(밝을 철)
+ 㳋 晳(밝을 석)

활용어휘 哲學(철학), 明哲(명철), 明哲保身(명철보신)

喆

1Ⅱ

12획 / 부수 口

길하고(吉) 길하도록(吉) 밝으니 **밝을 철**

+ 동 哲(밝을 철)
+ 길(吉)하다 - 운이 좋거나 일이 상서롭다.

■ 한자암기박사1 ■

제목번호 302 참고
逝 - (생명이) 꺾어져(折) 가(辶) 죽으니 '갈 서, 죽을 서'
誓 - 꺾듯이(折) 딱 잘라서 말(言)로 분명히 맹세하니 '맹세할 서'

3

析

8획 / 부수 木

나무(木)를 도끼(斤)로 쪼개니 쪼갤 석

+ 閉 折(꺾을 절)
+ 木(나무 목), 斤(도끼 근, 저울 근)

활용어휘 析出(석출), 分析(분석), 解析(해석)

1II

晳

12획 / 부수 日

쪼개면(析) 속까지 해(日)가 비추어 밝으니 밝을 석

+ 閉 哲(밝을 철)

활용어휘 明晳(명석), 白晳(백석)

■ 한자암기박사1 ■

제목번호 299 참고

斯 – 그(其) 도끼(斤)가 바로 이 도끼라는 데서 '이 사'

祈 – 신(示) 앞에 두 손을 도끼(斤)날처럼 모으고 비니 '빌 기'

斥 – 도끼(斤)를 불똥(丶) 튀듯 휘둘러 물리치니 '물리칠 척'

訴 – 말(言)로 물리치기(斥) 위해 소송하니 '소송할 소'

2
斬
11획 / 부수 斤

옛날에는 죄인을 **수레(車)**에 매달거나 **도끼(斤)**로 베어 죽였으니 **벨 참, 죽일 참**

+ 車(수레 거, 차 차)

활용어휘 凌遲處斬(능지처참), 剖棺斬屍(부관참시)

1
塹
14획 / 부수 土

베어(斬) 흙(土)에 묻으려고 파 놓은 구덩이니 **구덩이 참**

활용어휘 塹壕(참호), 塹壕戰(참호전)

■ 한자암기박사1 ■

제목번호 301 참고
漸 – 물(氵)가가 물로 점점 깎이듯(斬) 점점이니 '점점 점'
慚 – 베어(斬) 버리고 싶도록 마음(心)에 부끄러우니 '부끄러울 참'
暫 – 무엇을 싹둑 베듯(斬) 해(日)가 비치는 잠깐이니 '잠깐 잠'

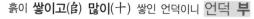

8획 / 제부수

흙이 **쌓이고(自) 많이(十)** 쌓인 언덕이니 언덕 **부**

＋ 글자의 왼쪽에 붙는 阝는 언덕 부(阜)가 글자의 변으로 쓰이는
경우로 '언덕 부 변'이라 부르고, 글자의 오른쪽에 붙는 阝는 고을
읍(邑)이 글자의 방으로 쓰이는 경우로 '고을 읍 방'이라 부르죠.
＋ 自 [흙이 비스듬히(丿) 쌓인(自) 모양에서 '쌓일 퇴, 언덕 퇴'로, '쌓
일 퇴, 언덕 퇴(堆)'의 원래 한자인 自의 획 줄임]

활용어휘 曲阜(곡부), 阜傍(부방), 高阜(고부), 丘阜(구부)

埠

11획 / 부수 土

(물가에) **흙(土)**을 **언덕(阜)**처럼 쌓아 만든 부두니
부두 **부**

활용어휘 埠頭(부두)

薛

17획 / 부수 草(艹)

풀(艹) 중 **언덕(自)**처럼 살기 **어려운(辟)** 곳에도 자라는
사철 쑥이니 사철 쑥 **설**, 나라 이름 **설**, 성씨 **설**

＋ 인·지명용 한자.
＋ 쑥은 생명력이 강하여 어느 곳에서나 잘 자랍니다.

411
官
8획 / 부수 宀

(옛날에) 집(宀)이 높은 언덕(阜)에 있으면 주로 백성을
다스리는 관청이었으니 **관청 관**

또 관청에 근무하는 벼슬이니 **벼슬 관**

+ 宀(집 면), 阜['쌓일 퇴, 언덕 퇴(阜)'의 획 줄임]

활용어휘 官廳(관청), 官衙(관아), 賣官賣職(매관매직)

1
棺
12획 / 부수 木

나무(木)로 벼슬(官)한 것처럼 잘 꾸미는 널이니 **널 관**

+ 참 槨(덧널 곽) - 제목번호 239 참고

활용어휘 木棺(목관), 石棺(석관)

111
琯
12획 / 부수 玉(王)

옥(王)으로 벼슬(官)한 것처럼 좋은 소리를 내도록 만든
옥피리니 **옥피리 관**

+ 인·지명용 한자.
+ 王(임금 왕, 으뜸 왕, 구슬 옥 변)

3
遣
14획 / 부수 辵(辶)

중심(中) 되는 한(一) 사람을 뽑아 언덕(阜) 너머로
가게(辶) 보내니 **보낼 견**

+ 참 遺(남길 유, 잃을 유)
+ 中(가운데 중, 맞힐 중), 辶(뛸 착, 갈 착, = 辶)

활용어휘 遣歸(견귀), 分遣(분견), 增遣(증견), 派遣(파견)

1
譴
21획 / 부수 言

말(言)로 귀양 보낼(遣) 듯 심하게 꾸짖으니 **꾸짖을 견**

+ 귀양 - 고려·조선 시대에, 죄인을 먼 시골이나 섬으로 보내어
   일정 기간 동안 제한된 곳에서만 살게 하던 형벌.

활용어휘 譴呵(견가), 譴怒(견노), 譴罰(견벌), 譴責(견책)

■ 한자암기박사1 ■

제목번호 165 참고
館 - 출장가면 먹고(食) 묵을 수 있도록 관리(官)들을 위해 지은 집이나 객사니 '집 관, 객사 관'
管 - 대(竹)가 벼슬(官)한 것처럼 좋게 쓰인 대롱이나 피리니 '대롱 관, 피리 관'
   또 피리 구멍을 잘 조정하여 불 듯 잘 관리하니 '관리할 관'

3II

追

10획 / 부수 辵(辶)

언덕(自)까지 쫓아서 따라 가니(辶) **쫓을 추, 따를 추**

활용어휘 追求(추구), 追窮(추궁), 追越(추월)

1

鎚

18획 / 부수 金

쇠(金)로 만들어 쫓아(追)가 들고 치는 쇠망치니
쇠망치 추

또 쇠(金)로 만들어 물건의 무게를 쫓아(追) 재는 저울추니
저울추 추

활용어휘 鐵鎚(철추), 空氣鎚(공기추)

1

槌

14획 / 부수 木

나무(木)로 만들어 쫓아(追)가 들고 치는 망치니
망치 추, 망치 퇴

활용어휘 槌擊(퇴격), 鐵槌(철퇴)

4II

師

10획 / 부수 巾

쌓인(自) 듯 많은 제자들이 빙 둘러(帀) 있는 스승이나
전문가니 **스승 사, 전문가 사**

또 쌓인(自) 듯 많이 둘러싼(帀) 군사니 **군사 사**

+ 웹 傅(스승 부) - 제목번호 491 참고
+ 帀 - 머리(一)에 수건(巾) 두른 모양에서 '두를 잡'
+ 一('한 일'이지만 여기서는 머리로 봄), 巾(수건 건)

활용어휘 師弟同行(사제동행), 出師表(출사표)

1

13획 / 부수 犬(犭)

짐승(犭)들의 스승(師)뻘 되는 사자니 **사자 사**

+ 犭(큰 개 견, 개 사슴 록 변)

활용어휘 獅子(사자), 獅子舞(사자무), 獅子吼(사자후)

■ 한자암기박사1 ■

제목번호 165 참고
帥 - 쌓인(自) 듯 많은 군사를 거느리고 깃발(巾)을 든 장수니 '장수 수'

특II **尸** 3획 / 제부수	누워 있는 몸을 본떠서 **주검 시, 몸 시** + ⏛ 戶(문 호, 집 호) – 제목번호 350 참고 + 사람이나 집과 관련된 한자에 부수로도 쓰입니다. **활용어휘** 尸童(시동), 尸祿(시록), 尸解(시해)
2 **屍** 9획 / 부수 尸	몸(尸)이 죽은(死) 주검이니 **주검 시** + 死(죽을 사) **활용어휘** 屍身(시신), 屍體(시체), 剖棺斬屍(부관참시)
1 **屠** 12획 / 부수 尸	(짐승을) **주검**(尸)처럼 **사람**(者)이 죽여 잡으니 **죽일 도, 잡을 도** **활용어휘** 屠戮(도륙), 屠殺(도살), 浮屠(부도)
2 **尿** 7획 / 부수 尸	주검(尸)으로 소화되어 나오는 물(水)이 오줌이니 **오줌 뇨(요)** **활용어휘** 糖尿(당뇨), 放尿(방뇨), 糞尿(분뇨), 泌尿(비뇨)
4 **居** 8획 / 부수 尸	몸(尸)이 오래(古) 머물러 사니 **살 거** 또 몸(尸)이 오래(古) 머무르려고 앉으니 **앉을 거** + 古(오랠 고, 옛 고) **활용어휘** 居處(거처), 獨居(독거), 占居(점거)
1 **倨** 10획 / 부수 人(亻)	사람(亻)이 앉아서(居) 맞이하며 거만하니 **거만할 거** + 일어서거나 나가지 않고 앉아서 사람을 대하는 것은 거만한 것이 지요. **활용어휘** 倨慢(거만), 倨侮(거모), 倨傲(거오)

4

屈

8획 / 부수 尸

몸(尸)이 나가려고(出) 굽은 곳에서는 굽히니
굽을 굴, 굽힐 굴

+ 出(나올 출, 나갈 출)

활용어휘 屈服(굴복), 不撓不屈(불요불굴)

2

掘

11획 / 부수 手(扌)

손(扌)을 굽혀(屈) 파니 **팔 굴**

+ 扌(손 수 변)

활용어휘 掘鑿(굴착), 發掘(발굴), 臨渴掘井(임갈굴정)

2

窟

13획 / 부수 穴

구멍(穴)이 굽어서(屈) 계속되는 굴이니 **굴 굴**

+ 穴(구멍 혈, 굴 혈)

활용어휘 洞窟(동굴), 貧民窟(빈민굴), 巢窟(소굴)

1

犀

12획 / 부수 牛

몸(尸)에 물(ㅋ=) 적시고 사는 무소(牛)니 **무소 서**

+ 무소 - 코뿔소과에 속하는 동물의 총칭.
+ '물소'에서 ㄹ은 ㅅ, ㄷ, ㄴ 앞에서 탈락되니 '물소'가 '무소'로 된 것이지요.
+ ㅋ=[물 수 발(氺)의 변형], 牛(소 우)

활용어휘 犀角(서각), 犀帶(서대), 犀牛(서우), 犀皮(서피)

3

遲

16획 / 부수 辵(辶)

무소(犀)처럼 천천히 가(辶) 더디고 늦으니
더딜 지, 늦을 지

활용어휘 遲刻(지각), 遲延(지연), 遲遲不進(지지부진)

■ 한자암기박사1 ■

제목번호 269 참고
刷 – 나무의 몸(尸)을 수건(巾)으로 닦고 칼(刂)로 새겨서 인쇄하니 '닦을 쇄, 인쇄할 쇄'

참

叚

9획 / 부수 又

지붕(尸)을 두(二) 번이나 **장인**(ㄱ)의 손(又)을 빌려 고쳐야 하는 허물이니 **빌릴 가, 허물 가**

+ 尸[주검 시, 몸 시(尸)의 변형으로 여기서는 지붕으로 봄], ㄱ[장인 공, 만들 공, 연장 공(工)의 변형], 又(오른손 우, 또 우)

1

瑕

13획 / 부수 玉(王)

옥(王)에 티 같은 **허물**(叚)이니 **허물 하**

활용어휘 瑕疵(하자), 瑕跡(하적), 瑕貶(하폄)

1

蝦

15획 / 부수 虫

벌레(虫) 중 **빌려**(叚) 온 듯 다리가 많은 새우니 **새우 하**

+ 새우 – 바다 또는 민물에 사는 발이 10개인 동물.

활용어휘 蝦灸(하구), 蝦卵(하란), 蝦醢(하해), 大蝦(대하)

1

霞

17획 / 부수 雨

비(雨) 구름을 **빌려**(叚) 올 듯 붉은 노을이니 **노을 하**

+ 노을 – 해가 뜨거나 질 무렵에, 하늘이 햇빛에 물들어 벌겋게 보이는 현상.
+ 저녁 노을이 생기면 비가 온다고도 하지요.

활용어휘 霞彩(하채), 煙霞日輝(연하일휘)

1

遐

13획 / 부수 辵(辶)

(말이나 차를) **빌려**(叚) 타고 **가야**(辶) 할 정도로 머니 **멀 하**

활용어휘 遐棄(하기), 遐想(하상), 遐鄉(하향), 昇遐(승하)

■ 한자암기박사1 ■

> 제목번호 270 참고
> 假 – 사람(亻)이 빌려서(叚) 꾸민 거짓이고 임시니 '거짓 가, 임시 가'
> 暇 – 날(日)을 빌린(叚) 듯 겨를이 있고 한가하니 '겨를 가, 한가할 가'

5II

展

10획 / 부수 尸

몸(尸) 앞을 가리던 풀(艹)이 쓰러져 펴지고 넓게 **되니(𠀡)**

펼 전, 넓을 전

+ 尸(주검 시, 몸 시), 艹[초 두(艹)의 약자], 𠀡[변화할 화, 될 화,
  가르칠 화(化)의 변형]

활용어휘 展覽(전람), 展讀(전독), 惠展(혜전)

1

輾

17획 / 부수 車

차(車) 바퀴처럼 펴(展) 도니 **돌 전**

또 돌듯이 돌아누우니 **돌아누울 전**

+ 車(수레 거, 차 차)

활용어휘 輾轉反側(전전반측), 輾轉不寐(전전불매)

3II

殿

13획 / 부수 殳

집(尸) 중 여러 사람들이 **함께(共) 쳐서(殳)** 지은 대궐이나
큰 집이니 **대궐 전, 큰 집 전**

+ 중요한 분을 모시거나 울안에서 제일 큰 집은 殿이고, 보통의 집은
  집 당, 당당할 당(堂)이나 집 가, 전문가 가(家)입니다.
+ 尸('주검 시, 몸 시'지만 여기서는 집으로 봄), 共(함께 공), 殳(칠
  수, 창 수, 몽둥이 수)

활용어휘 大雄殿(대웅전), 殿堂(전당), 伏魔殿(복마전)

1

澱

16획 / 부수 水(氵)

물(氵)에 가라앉아 **큰 집(殿)**처럼 엉긴 앙금이니

앙금 전

+ 앙금 - ㉠ 녹말 등의 아주 잘고 부드러운 가루가 물에 가라앉아
         생긴 층.
         ㉡ 마음속에 남아 있는 개운치 아니한 감정을 나타냄.
         여기서는 ㉠의 뜻.

활용어휘 澱粉(전분), 沈澱(침전), 沈澱池(침전지)

1

臀

17획 / 부수 肉(月)

큰 집(殿)처럼 살(月)이 많은 볼기나 궁둥이니

볼기 둔, 궁둥이 둔

+ 몸에서 살이 많은 곳은 볼기나 궁둥이지요.

활용어휘 臀部(둔부), 臀肉(둔육), 臀圍(둔위), 臀腫(둔종)

后

1||

6획 / 부수 口

몸(尸)의 뒤에 있는 **구멍**(口), 즉 항문이 있는 뒤니 뒤 **후**

또 몸(尸)이나 **입**(口)으로 지시했던 임금이나 왕후니

임금 후, 왕후 후

+ 원래는 사람의 몸 뒤에 있는 똥구멍의 뜻이었는데, 음을 빌려 임금의 뜻[侯(과녁 후, 제후 후)·皇(황제 황)]으로 쓰다가, 요즘에는 侯(과녁 후, 제후 후)를 남자 임금, 后를 임금의 아내의 뜻으로 씁니다.

+ 尸[주검 시, 몸 시(尸)의 변형]

활용어휘 **后妃**(후비), **王后**(왕후), **后蜂**(후봉)

垢

1

9획 / 부수 土

흙(土) 같은 때가 임금(后)처럼 좋은 것에 끼어 더럽히니

때 구, 더럽힐 구

활용어휘 **垢面**(구면), **垢衣**(구의), **純眞無垢**(순진무구)

逅

1

10획 / 부수 辵(辶)

뒤(后)에 가다가(辶) 우연히 만나니 우연히 만날 후

+ 만날 확률이 적은 만남에 쓰입니다.

+ 辶(뛸 착, 갈 착, = 辶)

활용어휘 **邂逅**(해후), **邂逅相逢**(해후상봉)

특

辟

13획 / 부수 辛

몸(尸)과 입(口)으로 어려움(辛)을 물리치니 물리칠 **벽**

또 이렇게 물리치는 임금이니 임금 **벽**

또 물리치고 한쪽으로 치우니 치우칠 **벽**

+ 圈 闢(열 벽, 물리칠 벽)
+ 辛(고생할 신, 매울 신, 여덟째 천간 신, 성씨 신)

활용어휘 辟穀(벽곡), 辟邪(벽사), 辟邪進慶(벽사진경)

2

僻

15획 / 부수 人(亻)

사람(亻)이 한쪽으로 치우치니(辟) 치우칠 **벽**

활용어휘 僻村(벽촌), 僻地(벽지), 乖僻(괴벽), 窮僻(궁벽)

1

癖

18획 / 부수 疒

병(疒)처럼 한쪽으로만 치우치는(辟) 버릇이니 버릇 **벽**

+ 疒(병들 녁)

활용어휘 潔癖(결벽), 怪癖(괴벽), 盜癖(도벽), 性癖(성벽)

1

闢

21획 / 부수 門

문(門)을 열어 물리치니(辟) 열 **벽**, 물리칠 **벽**

활용어휘 開闢(개벽), 闢異端(벽이단)

1

劈

15획 / 부수 刀

치우치게(辟) 칼(刀)로 쪼개니 쪼갤 **벽**

+ 刀(칼 도)

활용어휘 劈開(벽개), 劈頭(벽두), 劈破(벽파)

1

擘

17획 / 부수 手

임금(辟)처럼 우두머리 역할을 하는 엄지손(手)가락이니
엄지손가락 **벽**

+ 옐 拇(엄지손가락 무) - 제목번호 433 참고

활용어휘 擘指(벽지), 巨擘(거벽)

璧 18획 / 부수 玉(王)	**임금**(辟)이나 사용하는 귀한 **구슬**(玉)이니 **구슬 벽** **+** 벽(璧) – 고리 모양으로 만든 옥. 예전에 중국에서 주로 제기(祭器)나 장식품(裝飾品)으로 썼음. 활용어휘 璧玉(벽옥), 璧人(벽인), 完璧(완벽), 雙璧(쌍벽)
臂 17획 / 부수 肉(月)	**물리칠**(辟) 때 이용하는 **몸**(月)의 팔이니 **팔 비** **+** 주로 팔을 이용하여 무엇을 물리치지요. 활용어휘 臂膊(비박), 臂痛(비통), 臂環(비환), 肩臂(견비)
譬 20획 / 부수 言	**치우치게**(辟) **말하듯**(言) 비유하여 말하니 **비유할 비** 활용어휘 譬喩(비유)

■ 한자암기박사1 ■

제목번호 159 참고
璧 – 추위 등을 물리치려고(辟) 흙(土)으로 막아 쌓은 벽이니 '벽 벽'
避 – 치우친(辟) 곳으로 뛰어기(辶) 피하니 '피할 피'

2

尉

11획 / 부수 寸

주검(尸)을 **보아도**(示) 두려워하지 않고 **법도**(寸)에 따라 처리하는 벼슬이니 벼슬 **위**

+ 벼슬 – 국가 기관에서 나라의 통치와 운영을 담당하는 직위나 직무를 말함.
+ 示(보일 시, 신 시), 寸(마디 촌, 법도 촌)

활용어휘 少尉(소위), 駙馬都尉(부마도위)

1Ⅱ

蔚

15획 / 부수 草(艹)

풀(艹)이 **벼슬**(尉)한 것처럼 성하고 아름다우니
성할 **울**, 아름다울 **위**

활용어휘 蔚山(울산), 彬蔚(빈울)

4

慰

15획 / 부수 心

벼슬아치(尉)가 **마음**(心)으로 위로하니 위로할 **위**

활용어휘 慰勞(위로), 慰靈祭(위령제), 慰藉料(위자료)

4Ⅱ

4획 / 제부수

한 짝으로 된 문을 본떠서 **문 호**

또 (옛날에는 대부분 문이 한 짝씩 달린 집이었으니) 집도
나타내어 **집 호**

+ 㕢 尸(주검 시, 몸 시) – 제목번호 343 참고
+ 두 짝으로 된 문은 '문 문(門)'

활용어휘 家家戶戶(가가호호), 門戶開放(문호개방)

1

8획 / 부수 戶

집(戶)에 있는 사나운 **개(犬)** 때문에 일이 어그러져
되돌리니 **어그러질 려(여), 되돌릴 려(여)**

+ 어그러지다 – ㉠ 잘 맞물려 있는 물체가 틀어져서 맞지 아니하다.
　　　　　　　 ㉡ 지내는 사이가 나쁘게 되다.
　　　　　　　 ㉢ 계획이나 예상 등이 빗나가거나 달라져 이루어
　　　　　　　　 지지 아니하다.

활용어휘 戾道(여도), 悖戾(패려), 返戾(반려)

1Ⅱ

11획 / 부수 戶

집(戶)이 **고을(邑)**의 풍속에 따르니 **따를 호**

+ 邑(고을 읍)

활용어휘 扈駕(호가), 扈衛(호위), 扈從(호종), 跋扈(발호)

■ 한자암기박사1 ■

제목번호 265 참고

所 – 집(戶)에 도끼(斤)를 두는 장소니 '장소 소'
　　　 또 장소처럼 앞에서 말한 내용을 이어받는 '바'로도 쓰여 '바 소'
啓 – 마음의 문(戶)이 열리도록 치고(攵) 말하며(口) 일깨우니 '열 계, 일깨울 계'
肩 – 문(戶)처럼 몸(月)에서 쩍 벌어진 어깨니 '어깨 견'

4

册

5획 / 부수 冂

글을 적은 대 조각을 한 줄로 엮어서 만들었던 책이니
책 **책**

또 책을 세우듯 어떤 벼슬 자리에 세우니 세울 **책**

+ 동 册(책 책, 세울 책)
+ 종이가 없던 옛날에는 나무나 대 조각에 글을 썼다지요.

활용어휘 空册(공책), 册房(책방), 册床退物(책상퇴물)

1

栅

9획 / 부수 木

나무(木)를 세워(册) 빙 둘러친 울타리니 울타리 **책**

+ 동 栅(울타리 책)

활용어휘 栅門(책문), 栅壘(책루), 木栅(목책), 鐵栅(철책)

1

珊

9획 / 부수 玉(王)

구슬(王)을 세워(册) 놓은 것처럼 아름다운 산호니
산호 **산**

+ 산호(珊瑚) - 따뜻하고 얕은 바다 속 바위에 붙어서 사는 동물.
+ 册[책 책(册)의 변형]

활용어휘 珊瑚島(산호도), 珊瑚樹(산호수)

1

刪

7획 / 부수 刀(刂)

책(册)처럼 넓적하게 칼(刂)로 깎으니 깎을 **산**

+ 刂(칼 도 방)

활용어휘 刪改(산개), 刪蔓(산만), 刪補(산보), 刪削(산삭)

특II

侖

8획 / 부수 人

사람(人)이 한(一) 권씩 책(冊) 들고 둥글게 모이니
둥글 륜(윤), 모일 륜(윤)

+ 冊[책 책, 세울 책(冊)의 변형]

1

淪

11획 / 부수 水(氵)

물(氵)가에 모여(侖) 놀다 보면 잘 빠지니 빠질 륜(윤)

활용어휘 淪落(윤락), 隱淪(은륜), 沈淪(침륜)

1

綸

14획 / 부수 糸

실(糸)을 둥글게(侖) 꼬아 질기게 만든 낚싯줄이니
낚싯줄 륜(윤)

또 낚싯줄을 조정하듯 다스리는 임금 말씀이니
다스릴 륜(윤), 임금 말씀 륜(윤)

또 낚싯줄처럼 질긴 실로 만든 관건이니 관건 관

활용어휘 經綸(경륜), 綸言(윤언), 綸巾(관건)

1II

崙

11획 / 부수 山

산(山) 중 둥근(侖) 모양의 산 이름이니 산 이름 륜(윤)

활용어휘 崑崙山(곤륜산)

■ 한자암기박사1 ■

제목번호 266 참고

倫 – 사람(亻)이 모이면(侖) 지켜야 할 윤리니 '윤리 륜(윤)'
輪 – 수레(車)의 힘이 모인(侖) 바퀴니 '바퀴 륜(윤)'
        또 바퀴처럼 둥글어 잘 도니 '둥글 륜(윤), 돌 륜(윤)'
論 – 말(言)로 모여서(侖) 논의하고 평하니 '논의할 론(논), 평할 론(논)'

1Ⅱ

扁

9획 / 부수 戶

문(戶)이 책(冊)처럼 작고 넓적하니
작을 **편**, 넓적할 **편**

+ 冊[책 책, 세울 책(冊)의 변형]

활용어휘 扁桃腺(편도선), 扁額(편액), 扁題(편제)

1

騙

19획 / 부수 馬

말(馬)이 작아(扁) 쉽게 속이거나 뛰어오르니
속일 **편**, 뛰어오를 **편**

+ 馬(말 마)

활용어휘 騙財(편재), 騙取(편취), 騙馬(편마)

1

扇

10획 / 부수 戶

문(戶) 같은 틀에 깃(羽)처럼 가벼운 것을 붙여 만든 부채니
부채 **선**

+ 戶(문 호, 집 호), 羽(날개 우, 깃 우)

활용어휘 扇風機(선풍기), 扇形(선형), 秋扇(추선)

1

煽

14획 / 부수 火

불(火)을 부채(扇)로 부치듯 부추기니 부추길 **선**

+ 불을 부채질하여 잘 타게 하듯이 무엇을 하도록 부추김을 생각하고 만든 한자.

활용어휘 煽動(선동), 煽亂(선란), 煽揚(선양), 煽情(선정)

■ 한자암기박사1 ■

제목번호 267 참고
偏 – 사람(亻)은 작은(扁) 이익에도 잘 치우치니 '치우칠 편'
編 – 실(糸)로 작은(扁) 것들을 엮으니 '엮을 편'
篇 – (종이가 없던 옛날에) 대(竹)를 작게(扁) 잘라 글을 써서 만든 책이니 '책 편'
遍 – 작은(扁) 곳까지 두루 가니(辶) '두루 편'

1

愴

13획 / 부수 心(忄)

마음(忄)이 창고(倉)에 갇힌 것처럼 답답하다며 슬퍼하니
슬퍼할 창

_{활용어휘} 愴然(창연), 悲愴(비창)

2

滄

13획 / 부수 水(氵)

물(氵)의 창고(倉) 같은 큰 바다니 **큰 바다 창**

또 큰 바다처럼 차니 **찰 창**

_{활용어휘} 滄海(창해), 滄海一粟(창해일속), 滄熱(창열)

1

槍

14획 / 부수 木

나무(木)로 창고(倉) 지붕처럼 뾰족하게 만든 창이니
창 창

_{활용어휘} 槍劍(창검), 竹槍(죽창), 投槍(투창)

1

艙

16획 / 부수 舟

배(舟)의 창고(倉)에 물건을 싣거나 내리는 부두니
부두 창

+ 부두(埠頭) – 배를 대어 사람과 짐이 뭍으로 오르내릴 수 있도록
  만들어 놓은 곳.
+ 舟(배 주), 埠(부두 부)

_{활용어휘} 船艙(선창), 艙口(창구), 貨物艙(화물창)

1

瘡

15획 / 부수 疒

병(疒)으로 피부에 창고(倉)처럼 생긴 부스럼이나 상처니
부스럼 창, 상처 창

+ 부스럼 – 피부에 나는 종기를 통틀어 이르는 말.
+ 疒(병들 녁)

_{활용어휘} 瘡疣百出(창우백출), 滿身瘡痍(만신창이)

■ 한자암기박사1 ■

제목번호 265 참고

倉 – 사람(人)이 문(戶) 잠그고(一) 입(口)에 먹을 곡식을 저장해 두는 창고니 '창고 창'
  또 창고에 저장해 둔 것을 꺼내 써야 할 정도로 급하니 '급할 창'
創 – 창고(倉) 짓는 일은 칼(刂)로 재목 자르는 데에서 비롯하여 시작하니 '비롯할 창, 시작할 창'
蒼 – 풀(艹)로 덮인 창고(倉)처럼 푸르니 '푸를 창'

1

皿

5획 / 제부수

받침 있는 그릇을 본떠서 그릇 **명**

+ 㓁 罒(그물 망, = 网, 㓁), 血(피 혈)

활용어휘 器皿(기명), 器皿圖(기명도)

1Ⅱ

盈

9획 / 부수 皿

(비워도) 곧(乃) 또(又) 그릇(皿)에 차니 찰 **영**

+ 乃(이에 내, 곧 내), 又(오른손 우, 또 우)

활용어휘 盈月(영월), 盈虛(영허), 盈不可久(영불가구)

1

諡

16획 / 부수 言

말(言)로 나누어(八) 크게(丂) 평가하여 그릇(皿)에
담아 내리는 시호니 시호 **시**

+ 시호(諡號) - 임금이나 많은 업적을 남긴 신하, 뛰어난 학자가
죽은 뒤에 그 공덕을 가리키며 붙이는 이름.
+ 丂['공교할 교, 교묘할 교'지만 여기서는 큰 대(大)의 변형], 號(부
르짖을 호, 이름 호, 부호 호)

활용어휘 諡望(시망), 贈諡(증시), 追諡(추시)

4

盡

14획 / 부수 皿

손(⺕)에 막대(丨) 하나(一)로 불(灬) 있는
화로 그릇(皿)을 뒤적이면 꺼져 다하니 다할 **진**

+ 역尽 - 자(尺)로 눈금을 재면서 한 점(丶) 한 점(丶) 최선을 다하니
'다할 진'
+ 불은 뒤적이면 산소에 노출되어 금방 타고 꺼지지요.
+ ⺕(고슴도치 머리 계, 오른손 우), 灬(불 화 발), 尺(자 척)

활용어휘 燒盡(소진), 蕩盡(탕진), 氣盡脈盡(기진맥진)

1

燼

18획 / 부수 火

불(火)이 다(盡) 꺼져 가는 깜부기불이니 깜부기불 **신**

+ 깜부기불 - 불꽃 없이 붙어서 거의 꺼져 가는 불.

활용어휘 燼滅(신멸), 燼灰(신회), 燒燼(소신), 餘燼(여신)

4II

10획 / 부수 皿

나누고(八) 한(一) 번 더 나누어(八) 그릇(皿)에 더하니 **더할 익**

또 더하면 유익하니 **유익할 익**

+ 앱 益 - 양쪽(' ')으로 하나(一)씩 나누어(八) 그릇(皿)에 더하니 '더할 익'

또 더하면 유익하니 '유익할 익'

활용어휘 老益壯(노익장), 多多益善(다다익선), 損益(손익)

1

13획 / 부수 阜(阝)

언덕(阝)이 더해져(益) 좁으니 **좁을 애**

+ 툭 터지지 않고 언덕이 있으면 좁지요.
+ 阝(언덕 부 변)

활용어휘 隘路(애로), 阻隘(조애), 狹隘(협애)

1

16획 / 부수 糸

실(糸)을 더하여(益) 목매니 **목맬 액**

+ 참 絞(목맬 교) - 제목번호 423 참고
+ 糸(실 사, 실 사 변)

활용어휘 縊死(액사), 縊殺(액살)

1

13획 / 부수 水(氵)

더 많은 물(氵)을 더하면(益) 넘치니 **넘칠 일**

+ 차 있는 곳에 물을 더하면 넘치지요.

활용어휘 溢血(일혈), 溢喜(일희), 海溢(해일)

1II

18획 / 부수 金

쇠(金)로 만든 추를 더하여(益) 재는 무게 단위니 **무게 단위 일**

+ 추(錘) - 저울대 한쪽에 걸거나 저울판에 올려놓는, 일정한 무게의 쇠.
+ 錘(저울추 추)

■ 한자암기박사1 ■

제목번호 357 참고

盜 - 침(氵) 흘리며 하품(欠)하듯 입 벌리고 그릇(皿)의 음식을 훔치는 도둑이니 '훔칠 도, 도둑 도'

4Ⅱ

血

6획 / 제부수

핏방울(ノ)이 그릇(皿)에 떨어지는 모양에서 **피 혈**

➕ 國 皿(그릇 명)
➕ 옛날에는 피를 그릇에 담아놓고 고사를 지냈답니다.

활용어휘 血統(혈통), 獻血(헌혈), 鳥足之血(조족지혈)

- -

1

恤

9획 / 부수 心(忄)

마음(忄)으로 피(血)를 본 것처럼 불쌍히 여기니
불쌍히 여길 휼

활용어휘 恤米(휼미), 救恤(구휼), 患難相恤(환난상휼)

- -

4Ⅱ

衆

12획 / 부수 血

핏(血)줄 가까운 **우두머리(ノ)를 따라(丨) 양쪽(乑)으로**
모인 무리니 **무리 중**

➕ 國 象(코끼리 상, 모양 상, 본뜰 상)
➕ ノ('삐침 별'이지만 여기서는 우두머리로 봄)

활용어휘 衆口難防 (중구난방), 民衆(민중), 出衆(출중)

4II

羅

19획 / 부수 网(罒)

그물(罒) 중 실(糸)로 새(隹)를 잡으려고 만든 그물을 벌리니 그물 라(나), 벌일 라(나)

또 그물 같은 얇은 비단도 뜻하여 비단 라(나), 성씨 나

+ 벌리다 - 우그러진 것을 펴거나 열리게 하다.
+ 隹(새 추)

활용어휘 羅列(나열), 網羅(망라), 綺羅(기라), 綾羅(능라)

1

邏

23획 / 부수 辵(辶)

그물(羅)처럼 훑고 지나가며(辶) 순행하니 순행할 라(나)

+ 순행(巡行) - 여행이나 공부를 하기 위하여 여러 곳으로 돌아다님.
+ 辶(뛸 착, 갈 착, = 辶), 巡(돌 순)

활용어휘 邏卒(나졸), 巡邏(순라), 巡邏軍(순라군)

1

罹

16획 / 부수 网(罒)

그물(罒)에는 오직(惟) 움직이는 동물이 걸리니 걸릴 리(이)

또 걸리면 해를 입으니 입을 리(이)

+ 罒(그물 망, = 网, 罓), 惟(생각할 유, 오직 유)

활용어휘 罹病(이병), 罹災民(이재민)

특II

曼

11획 / 부수 日

말하면(曰) 그 말이 그물(罒)처럼 또(又) 길고 넓게 퍼지니
길 만, 넓을 만

+ 말은 순식간에 멀리까지 퍼져 나가니 '발 없는 말이 천 리 간다'는 속담도 있지요.
+ 曰(가로 왈), 罒(그물 망, = 网, 𠂉)

활용어휘 曼辭(만사), 曼壽(만수), 曼麗(만려)

- -

1

饅

20획 / 부수 食(𩙿)

음식(𩙿)을 넓게(曼) 펴서 만든 만두니 **만두 만**

+ 만두(饅頭) - 밀가루 등을 반죽하여 소를 넣어 빚은 음식.
+ 𩙿(밥 식, 먹을 식 변)

활용어휘 饅頭(만두), 素饅頭(소만두), 胡饅頭(호만두)

- -

1

鰻

22획 / 부수 魚

물고기(魚) 중 모양이 긴(曼) 뱀장어니 **뱀장어 만**

+ 魚(물고기 어)

활용어휘 鰻鯉(만리), 養鰻(양만), 海鰻(해만)

- -

1

蔓

15획 / 부수 草(艹)

풀(艹)이 길게(曼) 뻗어가는 덩굴이니 **덩굴 만**

활용어휘 蔓莖(만경), 蔓生(만생), 蔓性(만성), 蔓延(만연)

■ 한자암기박사1 ■

> 제목번호 354 참고
> 慢 - 마음(忄)이 넓게(曼) 늘어져 게으르고 오만하니 '게으를 만, 오만할 만'
> 漫 - 물(氵)이 넓게(曼) 흩어지니 '흩어질 만'
>   또 흩어지면 부질없으니 '부질없을 만'

1

罵

15획 / 부수 网(罒)

그물(罒)을 말(馬)에 씌우듯 꾸짖으며 욕하니
꾸짖을 매, 욕할 매

+ 馬(말 마)

활용어휘 罵倒(매도), 罵聲(매성), 唾罵(타매)

1II

楞

13획 / 부수 木

나무(木)로 그물(罒)코처럼 네모(方)지게 만드니
네모질 릉(능), 모 릉(능)

+ 그물코 - 그물을 이루는 하나하나의 구멍.
+ 木(나무 목), 方(모 방, 방향 방, 방법 방)

활용어휘 楞伽經(능가경), 楞嚴經(능엄경)

1

遝

14획 / 부수 辵(辶)

그물(罒)처럼 좌우로 퍼져(氺) 몰려가니(辶) 몰릴 답

+ 氺(鰥(홀아비 환) - 제목번호 540 참고, 還(돌아올 환)
활용어휘 遝至(답지)

2

蔑

15획 / 부수 草(艹)

풀(艹)로 만든 엉성한 그물(罒)로 개(戌)를 잡으려 하면
모두 업신여기니 업신여길 멸

+ 戌(구월 술, 개 술, 열한 번째 지지 술)

활용어휘 蔑視(멸시), 蔑稱(멸칭), 輕蔑(경멸), 凌蔑(능멸)

1

襪

20획 / 부수 衣(衤)

옷(衤) 중 업신여긴(蔑) 듯 발에 신는 버선이나 양말이니
버선 말, 양말 말

+ 衤(옷 의 변)

활용어휘 洋襪(양말), 木洋襪(목양말)

■ 한자암기박사1 ■

제목번호 350 참고
罒 - 양쪽 기둥에 그물을 얽어 맨 모양을 본떠서 '그물 망'
罰 - 법의 그물(罒)에 걸린 사람을 말(言)로 꾸짖고 칼(刂)로 베어 벌주니 '벌줄 벌'
置 - 새를 잡기 위해 그물(罒)을 곧게(直) 쳐 두니 '둘 치'

특II

9획 / 부수 木

나무(木)를 가려 그물(罒)처럼 촘촘하게 쓰는 편지니
가릴 간, 편지 간
+ 㑃 東(동쪽 동, 주인 동), 束(묶을 속)

활용어휘 柬理(간리), 發柬(발간), 書柬(서간)

1

12획 / 부수 手(扌)

손(扌)으로 가려(柬) 뽑으니 **뽑을 간**
+ 扌(손 수 변)

활용어휘 揀擇(간택), 揀選(간선), 分揀(분간)

1

16획 / 부수 言

말(言)을 가려(柬) 윗사람에게 간하고 충고하니
간할 간, 충고할 간
+ 간(諫)하다 – 어른이나 임금께 옳지 못하거나 잘못된 일을 고치
  도록 말하다.
+ 윗사람의 잘못을 말하거나 누구에게 충고할 때는 신중히 말을 가
  려 해야 하지요.

활용어휘 諫戒(간계), 諫官(간관), 諫言(간언), 司諫院(사간원)

2

煉

13획 / 부수 火

불(火)에 가려(柬) 달구니 **달굴 련(연)**
또 불(火)에 잘 타는 것을 가려(柬) 만든 연탄이니
연탄 련(연)

활용어휘 煉瓦(연와), 煉乳(연유), 煉炭(연탄)

■ 한자암기박사1 ■

제목번호 353 참고
練 – 실(糸)을 가려(柬) 엮듯 무엇을 가려 익히니 '익힐 련(연)'
鍊 – 쇠(金)의 성질을 가려(柬) 불에 달구며 단련하니 '단련할 련(연)'

특

闌
17획 / 부수 門

문(門)을 가려(柬) 막으니 **막을 란(난)**

+ 門(문 문)

활용어휘 闌入(난입), 興闌(흥란)

2

爛
21획 / 부수 火

불(火)을 바람 **막고(闌)** 켜 놓아 빛나고 분위기가 무르익으니
빛날 란(난), 무르익을 란(난)

활용어휘 豪華燦爛(호화찬란), 能手能爛(능수능란)

1

瀾
20획 / 부수 水(氵)

물(氵)결이 **막은(闌)** 곳도 넘치는 큰 물결이니
큰 물결 란(난)

활용어휘 狂瀾(광란), 波瀾萬丈(파란만장)

1

躙
27획 / 부수 足(⻊)

발(⻊)로 풀(艹)을 문(門) 안의 새(隹)가 짓밟으니
짓밟을 린(인)

활용어휘 蹂躙(유린), 人權蹂躙(인권유린), 征躙(정린)

■ 한자암기박사1 ■

제목번호 353 참고
欄 – (사람이 떨어지지 않도록) 나무(木)로 막은(闌) 난간이나 테두리니 '난간 란(난), 테두리 란(난)'
蘭 – 풀(艹) 중 문(門) 안에 장소를 가려(柬) 키우는 난초니 '난초 란(난)'

5Ⅱ

3획 / 제부수

사람이 엎드려 절하는 모양에서
몸 기, 자기 기, 여섯째 천간 기

+ 옙 已(이미 이, 따름 이), 巳(뱀 사, 여섯째 지지 사),
  卩(무릎 꿇을 절, 병부 절, = 卪)

활용어휘 克己(극기), 知己(지기), 知彼知己(지피지기)

1

7획 / 부수 木

나무(木) 중 **몸 기**(己) 자처럼 구부러지며 자라는 구기자니
구기자 기

+ 구기자(枸杞子) - 구기자나무의 열매.
+ 구기자나무는 넝쿨처럼 구부러지며 자라지요.
+ 枸(구기자 구) - 제목번호 448 참고

활용어휘 枸杞子(구기자), 杞憂(기우)

1

4획 / 부수 己

뱀(巳)에 먹이가 내려가는 **볼록한(丨)** 모양을 본떠서 **뱀 파**

또 뱀 꼬리처럼 생긴 땅 이름이니 **꼬리 파, 땅 이름 파**

+ 뱀은 먹이를 통째로 삼켜, 그 먹이가 내려가는 부분이 볼록하게
  보이니 그런 모양을 본떠서 만든 한자.
+ 巳(뱀 사, 여섯째 지지 사), 丨('뚫을 곤'이지만 여기서는 볼록한
  모양)

활용어휘 三巴戰(삼파전), 淋巴腺(임파선), 巴人(파인)

1

8획 / 부수 爪

손톱(爪)으로 살갗이 **뱀(巴)** 비늘처럼 벗겨지도록 긁으니
긁을 파

또 **손톱(爪)** 같은 것으로 **뱀(巴)**은 기어다니니
기어다닐 파

+ 爪(손톱 조)

활용어휘 爬羅剔抉(파라척결), 爬痒(파양), 爬蟲類(파충류)

1

8획 / 부수 草(艹)

풀(艹)잎이 **뱀(巴)**처럼 긴 파초니 **파초 파**

+ 파초(芭蕉) - 관상용으로 정원에 심는 잎이 큰 열대 식물.
+ 蕉(파초 초)

활용어휘 芭蕉扇(파초선)

1

琵

12획 / 부수 玉(王)

옥(王)과 옥(王)이 부딪치듯 고운 소리가 나도록
줄을 뱀(巴)처럼 늘여 만든 비파니 <mark>비파 파</mark>

활용어휘 琵琶(비파), 唐琵琶(당비파)

7

邑

7획 / 제부수

일정한 **경계**(囗)의 **땅**(巴)에 사람이 사는 고을이니
<mark>고을 읍</mark>

+ 글자의 왼쪽에 붙는 阝는 언덕 부(阜)가 글자의 변으로 쓰이는
  경우로 '언덕 부 변', 글자의 오른쪽에 붙는 阝는 고을 읍(邑)이
  글자의 방으로 쓰이는 경우로 '고을 읍 방'이라 부릅니다.

활용어휘 邑內(읍내), 邑面(읍면), 邑長(읍장), 都邑(도읍)

---

1 II

邕

10획 / 부수 邑

내(巛)로 둘러싸인 **고을**(邑)에 살면 적의 침략을 받지 않아
마음이 화하니 <mark>화할 옹</mark>

또 **내**(巛)로 **고을**(邑)이 막히니 <mark>막힐 옹</mark>

+ 옛날 다리도 없고 배도 귀했던 시절, 내로 둘러싸인 곳에 살면
  적의 침략을 받지 않고, 물을 여러 가지로 이용할 수 있었으니
  마음에 여유가 있었겠지요.
+ 巛 – 내 천(川)이 부수로 쓰일 때의 모양으로 개미허리 같다 하여
  '개미허리 천'

활용어휘 邕睦(옹목), 邕邕(옹옹)

■ 한자암기박사1 ■

제목번호 148 참고
把 – 손(扌)으로 뱀(巴)을 잡으니 '잡을 파'
肥 – 몸(月)이 뱀(巴) 먹이 먹는 모양처럼 볼록하게 살쪄 기름지니 '살찔 비, 기름질 비'
　　또 식물을 살찌게 하는 거름이니 '거름 비'

3II

乙

1획 / 제부수

부리가 나오고 목과 가슴 사이가 굽은 새를 본떠서 **새 을**

또 새는 십간(十干)의 둘째 천간으로도 쓰여

둘째 천간 을, 둘째 을

또 새 모양처럼 굽으니 **굽을 을**

+ 부수로 쓰일 때는 변형된 모양(乚)으로도 쓰입니다.

활용어휘 怒甲移乙(노갑이을), 乙巳條約(을사조약)

- -

3

乞

3획 / 부수 乙

사람(𠂉)이 몸 **구부리고**(乙) 비니 **빌 걸**

+ 유 乏(가난할 핍, 모자랄 핍) - 제목번호 476 참고
+ 𠂉[사람 인(人)의 변형]

활용어휘 求乞(구걸), 伏乞(복걸), 乞神(걸신)

- -

4

孔

4획 / 부수 子

새끼(子) 새(乚)가 자라는 구멍이니 **구멍 공**

또 구멍으로도 세상의 이치를 꿰뚫어 보았던 공자니 **공자 공**

또 공자 후손의 성씨니 **성씨 공**

+ 새는 나무 구멍이나 둥근 둥우리에서 새끼를 낳아 기르지요.
+ 공자(孔子) - 중국 춘추 시대의 사상가·학자.
+ 子(아들 자, 첫째 지지 자, 자네 자, 접미사 자)

활용어휘 瞳孔(동공), 十九孔炭(십구공탄), 孔孟(공맹)

- -

1

吼

7획 / 부수 口

입(口)으로 새끼(子) 새(乚)가 울듯이 크게 울부짖으니
울부짖을 후

활용어휘 叫吼(규후), 獅子吼(사자후)

3

也

3획 / 부수 乙

힘껏(ナ) 새(乚)같은 힘이라도 또한 보태는 어조사니
또한 야, 어조사 야

+ 어조사(語助辭) - 뜻 없이 말에 힘만 더해 주는 말.
+ ナ[힘 력(力)의 변형], 乚[새 을, 둘째 천간 을, 둘째 을, 굽을 을
(乙)이 부수로 쓰일 때의 모양]

활용어휘 命也福也(명야복야), 某也誰也(모야수야)

1

馳

13획 / 부수 馬

말(馬)처럼 또한(也) 잘 달리니 **달릴 치**

+ 馬(말 마)

활용어휘 馳驅(치구), 馳突(치돌), 相馳(상치)

1

弛

6획 / 부수 弓

활(弓) 또한(也) 늘어나면 느슨하니 **느슨할 이**

+ 弓(활 궁)

활용어휘 弛緩(이완), 弛惰(이타), 解弛(해이)

■ 한자암기박사1 ■

제목번호 384 참고
地 - 흙(土) 또한(也) 온 누리에 깔린 땅이니 '땅 지'
또 어떤 땅 같은 처지니 '처지 지'
池 - 물(氵) 또한(也) 고여 있는 연못이니 '연못 지'
他 - 사람(亻) 또한(也) 모두 다르고 남이니 '다를 타, 남 타'

气
4획 / 부수자

사람(ノ) 입에서 **입김**(一)이 **나오는**(乀) 기운이니
기운 **기**

+ '구름이 피어오르는 모양을 본떠서, 또는 김이 곡선을 그으면서
  솟아오르는 모양을 본떠서 기운 기'라고도 합니다.
+ ノ[사람 인(人)의 변형]

5

汽
7획 / 부수 水(氵)

물(氵)이 끓으면서 **기운**(气)차게 올라가는 김이니 김 **기**
+ 氵(삼 수 변)

활용어휘 汽管(기관), 汽船(기선), 汽笛(기적), 汽車(기차)

7II

氣
10획 / 부수 气

기운(气)이 **쌀**(米)밥을 지을 때처럼 올라가는 기운이니
기운 **기**

또 이런 기운으로 이루어지는 대기니 대기 **기**

+ 면 気 – 기운(气)이 교차하는(乂) 모양에서 '기운 기'
              또 이런 기운으로 이루어지는 대기니 '대기 기'
+ 대기(大氣) – 공기를 달리 이르는 말.

활용어휘 氣高萬丈(기고만장), 客氣(객기), 氣稟(기품)

1

愾
13획 / 부수 心(忄)

마음(忄)을 **기운**(氣)으로 드러내 성내거나 한숨 쉬니
성낼 **개**, 한숨 쉴 **희**

+ 忄(마음 심 변)

활용어휘 愾憤(개분), 敵愾心(적개심)

참

卂

3획 / 부수 十

많은(十) 것을 재빨리 감고 **날아가는(乀)** 모양에서
빠를 신

+ 十(열 십, 많을 십), 乀(날아가는 모양)

1

訊

10획 / 부수 言

말(言)을 **빨리(卂)**하게 죄인을 다그쳐 물으니 **물을 신**

+ 言(말씀 언)

활용어휘 訊問(신문), 訊鞫(신국)

1

迅

7획 / 부수 辵(辶)

빨리(卂) 가니(辶) 빠를 신

활용어휘 迅擊(신격), 迅速(신속), 迅疾(신질), 迅風(신풍)

3Ⅱ

弓

3획 / 제부수

등이 굽은 활을 본떠서 **활 궁**

> 활용어휘 弓道(궁도), 洋弓(양궁), 傷弓之鳥(상궁지조)

1

躬

10획 / 부수 身

몸(身)을 활(弓)처럼 구부리고 몸소 일하니 **몸소 궁**

+ 🈳 窮 - 구멍(穴)에서 몸(身)을 활(弓)처럼 웅크리고 사는 모양이
　　　　 곤궁하니 '곤궁할 궁'
　　　　 또 곤궁함을 벗어나려고 최선을 다하니 '다할 궁'
+ 身(몸 신), 穴(구멍 혈, 굴 혈)

> 활용어휘 躬耕(궁경), 躬犯(궁범), 躬進(궁진)

1

穹

8획 / 부수 穴

구멍(穴)이나 활(弓)처럼 굽은 하늘이니
하늘 궁, 활꼴 궁

+ 지평선이나 수평선에서 하늘을 보면 활처럼 굽은 모양이지요.

> 활용어휘 穹蒼(궁창), 穹壤(궁양), 穹窿(궁륭)

■ 한자암기박사1 ■

제목번호 317 참고
弔 - (옛날 전쟁터에서 전우가 죽으면) 활(弓)을 막대(丨)에 걸고 조문했으니 '조문할 조'

4II

引

4획 / 부수 弓

활(弓)시위에 화살(|)을 걸고 잡아끄니 **끌 인**

+ | ('뚫을 곤'이지만 여기서는 화살로 봄)

활용어휘 引上(인상), 引率(인솔), 牽引(견인), 割引(할인)

1

蚓

10획 / 부수 虫

벌레(虫) 중 몸을 끌고(引) 기어가는 지렁이니
지렁이 인

활용어휘 蚯蚓(구인), 以蚓投魚(이인투어)

2

弗

5획 / 부수 弓

하나의 **활**(弓)로 동시에 **두 개의 화살**(||)은 쏘지 않으니
아닐 불

또 글자가 미국 돈 **달러**($)와 비슷하니 **달러 불**

+ 아닐 불, 아닐 부(不)와 아닐 불(弗)은 같은 뜻의 부정사지만, 습
관상 아닐 불, 아닐 부(不)를 많이 쓰지요.

활용어휘 中人弗勝(중인불승), 弗貨(불화), 歐洲弗(구주불)

1

彿

8획 / 부수 彳

조금씩 걷지도(彳) 않아(弗) 처음과 비슷하니
비슷할 불

활용어휘 彷彿(방불), 水天彷彿(수천방불)

1

沸

8획 / 부수 水(氵)

물(氵)이 **아닌**(弗) 듯 끓어 용솟음치니
끓을 비, 용솟음칠 불

활용어휘 沸騰(비등), 沸點(비점), 沸湯(비탕), 沸水(불수)

■ 한자암기박사1 ■

제목번호 319 참고
佛 – 사람(亻)이 아닌(弗) 도를 깨친 부처니 '부처 불'
　　　또 발음이 프랑스와 비슷하여 '프랑스 불'
拂 – 손(扌)으로 아니라며(弗) 떨치니 '떨칠 불'
費 – 귀하지 않게(弗) 재물(貝)을 쓰니 '쓸 비'
　　　또 쓰는 비용이니 '비용 비'

3

弘

5획 / 부수 弓

활(弓)시위를 내(厶) 앞으로 당기면 넓게 커지니

넓을 **홍**, 클 **홍**

+ 厶(사사로울 사, 나 사)

활용어휘 弘敎(홍교), 弘報(홍보), 弘益人間(홍익인간)

1II

泓

8획 / 부수 水(氵)

물(氵)이 넓게(弘) 자리 잡은 깊은 못이니

물 깊을 **홍**, 못 **홍**

활용어휘 深泓(심홍)

3

夷

6획 / 부수 大

크게(大) 활(弓)을 잘 쏘는 동쪽 민족이니 동쪽 민족 **이**

또 크게(大) 활(弓)을 들고 싸우려고만 하는 오랑캐니

오랑캐 **이**

+ 翻 胡(오랑캐 호) - 제목번호 266 참고

활용어휘 四夷(사이), 伯夷叔齊(백이숙제)

1

姨

9획 / 부수 女

여자(女) 중 오랑캐(夷) 같은 나쁜 것도 물리쳐주는

이모니 이모 **이**

+ 이모(姨母) - 어머니의 여자 형제.

활용어휘 姨從(이종), 姨姪女(이질녀)

1

痍

11획 / 부수 疒

병(疒) 중 오랑캐(夷) 같은 나쁜 것에 다친 상처니 상처 **이**

+ 疒(병들 녁)

활용어휘 傷痍(상이), 滿身瘡痍(만신창이)

6II

弱

10획 / 부수 弓

한 번에 **활 두 개**(弓弓)에다 **화살 두 개**(ノノ)씩을 끼워
쓰면 힘이 약하니 <mark>약할 약</mark>

+ ノ('삐침 별'이지만 여기서는 화살로 봄)

활용어휘 弱小(약소), 弱肉強食(약육강식), 弱冠(약관)

- -

2

溺

13획 / 부수 水(氵)

물(氵)에 **약하여**(弱) 빠지니 <mark>물에 빠질 닉(익)</mark>

+ 韓泳(헤엄칠 영)

활용어휘 溺死(익사), 溺愛(익애), 耽溺(탐닉)

■ 한자암기박사1 ■

제목번호 318 참고
強 − 큰(弘) 벌레(虫)는 강하니 '강할 강'
　　　또 강하게 밀어붙이는 억지니 '억지 강'

8

弟

7획 / 부수 弓

머리 땋고(丫) 활(弓)과 화살(丿)을 가지고 노는 아우나
제자니 **아우 제, 제자 제**

+ 丫 – 나뭇가지가 갈라진 부분(가장귀)을 본떠서 만든 상형 문자로
  '가장귀 아, 가장귀지게 묶은 머리 아'
+ 丿('삐침 별'이지만 여기서는 화살로 봄)

활용어휘 難兄難弟(난형난제), 呼兄呼弟(호형호제)

1

悌

10획 / 부수 心(忄)

마음(忄)씀이 아우(弟)처럼 공손하니 **공손할 제**

활용어휘 悌友(제우), 仁悌(인제), 孝悌(효제)

1

梯

11획 / 부수 木

나무(木)를 아우(弟)들처럼 차례로 엮어 만든 사다리니
사다리 제

+ 지금의 사다리는 쇠로 만들지만 옛날에는 대나 나무로 만들었어
  요. 긴 나무 둘을 세로로 하고 가로로 차례차례 일정한 간격마다
  나무를 묶어 만들었습니다.

활용어휘 梯子(제자), 梯子段(제자단), 梯形(제형)

1

涕

10획 / 부수 水(氵)

물(氵) 중 손아래 아우(弟)처럼 아래로 흐르는 눈물이니
눈물 체

+ 웹 涙(눈물 루), 泣(울 읍)

활용어휘 涕涙(체루), 涕泣(체읍)

■ 한자암기박사1 ■

제목번호 317 참고
第 – 대(竹)마디처럼 아우(弟)들에게 있는 차례니 '차례 제'

특

弋

3획 / 제부수

주살을 본떠서 **주살 익**

+ 주살 - 줄을 매어 쏘는 화살.

활용어휘 弋獵(익렵), 弋射(익사)

2

戈

4획 / 제부수

몸체가 구부러지고 손잡이 있는 창을 본떠서 **창 과**

활용어휘 戈甲(과갑), 戈劍(과검), 戈矛(과모), 干戈(간과)

1

戟

12획 / 부수 戈

해 돋는(卓) 것처럼 끝이 번쩍이는 **창**(戈)이니 **창 극**

+ 창 극(戟)은 끝이 두 가닥으로 갈라진 창, 창 과(戈)는 끝이 외가 닥인 창.

+ 卓('해 돋을 간'이지만 실제 쓰이는 한자는 아님)

활용어휘 戟盾(극순), 刺戟(자극), 戟塵(극진)

1

戎

6획 / 부수 戈

창(戈)을 많이(ナ) 들고 싸우는 오랑캐니 **오랑캐 융**

또 창(戈)을 많이(ナ) 들고 하는 전쟁이니 **전쟁 융**

+ ナ[열 십, 많을 십(十)의 변형]

활용어휘 戎狄(융적), 戎弓(융궁), 戎馬(융마)

1

絨

12획 / 부수 糸

실(糸)을 창(戈)처럼 많이(ナ) 찍어서 만든 융이니 **융 융**

+ 융(絨) - 면사를 사용하여 평직 또는 능직으로 짠 후 보풀이 일게 한 직물.

활용어휘 絨緞(융단), 絨緞爆擊(융단폭격)

6II
5획 / 부수 人(亻)

전쟁터에서 **사람(亻)**이 할 일을 **주살(弋)**이 대신하니 대신할 **대**

또 부모를 대신하여 이어가는 세대니 세대 **대**

또 물건을 대신하여 치르는 대금이니 대금 **대**

+ 화살이나 주살은 멀리 떨어져 있는 적을 향해 쏠 수도 있고, 글이나 불을 묶어 보낼 수도 있으니, 사람이 할 일을 대신한다고 한 것이지요.

활용어휘 代身(대신), 一生一代(일생일대), 代納(대납), 代金(대금)

2
8획 / 부수 土

농사짓는 **대신(代)** 집을 짓는 **땅(土)**이니 집터 **대**

활용어휘 垈田(대전), 垈地(대지), 裸垈地(나대지)

1
11획 / 부수 衣

보자기 **대신(代)** **옷(衣)**처럼 씌우는 자루니 자루 **대**

+ 衣(옷 의)

활용어휘 袋鼠(대서), 布袋(포대), 酒袋飯囊(주대반낭)

■ 한자암기박사1 ■

제목번호 362 참고
貸 – 사는 대신(代) 돈(貝) 주고 빌리니 '빌릴 대'

| 4Ⅱ
伐
6획 / 부수 人(亻) | **사람**(亻)이 **창**(戈) 들고 적을 치니 칠 벌

활용어휘 伐木(벌목), 伐草(벌초), 十伐之木(십벌지목) |

| 1Ⅱ
筏
12획 / 부수 竹(⺮) | **대**(⺮)를 **쳐서**(伐) 엮어 만든 뗏목이니 뗏목 벌

＋ 뗏목 – 통나무를 떼로 가지런히 엮어서 물에 띄워 사람이나 물건을
　운반할 수 있도록 만든 것.
＋ ⺮(대 죽)

활용어휘 筏橋(벌교), 筏流(벌류), 筏夫(벌부) |

| 2
閥
14획 / 부수 門 | **문**(門)까지 **사람**(亻)이 **창**(戈) 들고 지키는 집의 문벌이니
문벌 벌

＋ 문벌(門閥) – 대대로 내려오는 그 집안의 사회적 신분이나 지위.

활용어휘 財閥(재벌), 派閥(파벌), 學閥(학벌) |

6획 / 부수 弋

주살(弋)을 만들(工) 때 따르는 법과 의식이니
법 식, 의식 식

+ 의식(儀式) – 어떤 행사를 치르는 법식.
+ 弋(주살 익), 工(장인 공, 만들 공, 연장 공), 儀(거동 의, 법도 의)

활용어휘 **本式**(본식), **複式**(복식), **式日**(식일), **年式**(연식)

9획 / 부수 手(扌)

손(扌)을 법도(式)에 맞게 움직여 닦으니 **닦을 식**

활용어휘 **拭目**(식목), **拭淨**(식정), **拭淸**(식청), **拂拭**(불식)

13획 / 부수 車

수레(車)에서 법도(式)에 맞게 절할 때 손으로 잡는
수레 앞턱 가로 나무니 **수레 앞턱 가로 나무 식**

+ 인·지명용 한자.
+ 車(수레 거, 차 차)

활용어휘 **金富軾**(김부식)

12획 / 부수 弋

베고(乂) 나무(木)로 쳐서 법(式)에 어긋나게 죽이니
죽일 시

+ 주로 법을 어긴 높은 사람을 죽일 때 쓰는 말입니다.
+ 乂(벨 예, 다스릴 예, 어질 예)

활용어휘 **弒君**(시군), **弒殺**(시살), **弒害**(시해), **被弒**(피시)

■ 한자암기박사1 ■

제목번호 304 참고
試 – 말(言)이 법(式)에 맞는지 시험하니 '시험할 시'

1

鳶

14획 / 부수 鳥

주살(弋)처럼 줄을 매어 훈련시키는 새(鳥)가 솔개니
솔개 연

또 솔개처럼 띄우는 연이니 **연 연**

+ 솔개 - 매의 한 종류.
+ 옛날에는 매를 길들여 사냥에 이용했지요.

활용어휘 鳶飛魚躍(연비어약), 紙鳶(지연)

2

貳

12획 / 부수 貝

주살(弋) 두(二) 개를 돈(貝) 주고 사니 **둘 이**

+ 뺵 弍 - 주살(弋) 두(二) 개가 있으니 '둘 이'
　　弐 - 한(一) 번에 주살(弋) 두(二) 개씩 사니 '둘 이'
+ 둘의 뜻으로는 二를 쓰지만, 변조하면 안 되는 계약서 등에서는
　'둘 이(貳)'로 씁니다.
+ 貝(조개 패, 재물 패, 돈 패)

활용어휘 貳車(이거), 貳心(이심), 懷貳(회이)

1

曳

6획 / 부수 日

물건(曰)에 끈(乚)을 매어(丿) 끌어당기는 모양에서
끌 예, 당길 예

+ 曰('가로 왈'이지만 여기서는 물건의 모양)

활용어휘 曳履聲(예리성), 曳引船(예인선), 曳光彈(예광탄)

1

洩

9획 / 부수 水(氵)

물(氵)이 무엇에 끌리는(曳) 모양으로 새니 **샐 설**

활용어휘 洩漏(설루), 露洩(노설), 漏洩(누설)

참

8획 / 부수 戈

창(戈)을 두 개나 들고 해치니 해칠 **잔**

또 해치면 적어도 원망이 쌓이고 찌꺼기가 남으니
적을 **전**, 쌓일 **전**, 나머지 **잔**

+ 戈(창 과)

1

棧

12획 / 부수 木

나무(木)를 쌓아(戔) 만든 사다리나 잔교니
사다리 **잔**, 잔교 **잔**

+ 잔교(棧橋) - ㉠ 절벽과 절벽 사이에 높이 걸쳐 놓은 다리.
　㉡ 부두에서 선박에 닿을 수 있도록 해 놓은 다리 모양의 구조물.
+ 橋(다리 교)

활용어휘 棧道(잔도), 棧板(잔판)

1

餞

17획 / 부수 食(飠)

음식(飠)을 쌓아(戔) 놓고 대접하여 보내니 보낼 **전**

+ 飠(밥 식, 먹을 식 변)

활용어휘 餞別(전별), 餞春(전춘), 餞送(전송)

1

箋

14획 / 부수 竹(⺮)

대(⺮)쪽에 글을 적게(戔) 쓴 쪽지니 쪽지 **전**

또 이런 쪽지에 단 주석이니 주석 **전**

+ 宑 箋
+ 주석(註釋) - 낱말이나 문장의 뜻을 쉽게 풀이함.
+ 註(주낼 주), 釋(풀 석)

활용어휘 箋文(전문), 附箋(부전), 箋註(전주)

1

盞

13획 / 부수 皿

쌓아(戔) 놓고 쓰는 그릇(皿) 같은 잔이니 잔 **잔**

+ 잔은 많이 쌓아 놓고 쓰지요.
+ 皿(그릇 명)

활용어휘 燈盞(등잔), 添盞(첨잔), 退酒盞(퇴주잔)

■ 한자암기박사1 ■

제목번호 305 참고
踐 - 발(⻊)을 해치도록(戔) 많이 밟고 행하니 '밟을 천, 행할 천'
賤 - 재물(貝)을 해치도록(戔) 낭비하면 천하여 업신여기니 '천할 천, 업신여길 천'
淺 - 물(氵) 속에 돌이나 흙이 쌓여(戔) 얕으니 '얕을 천'

1

截

14획 / 부수 戈

꽁지 짧은 새(隹)처럼 짧게 끊으니(𢦏) 끊을 **절**

+ 隹 - 꽁지 짧은 새를 본떠서 '새 추'
+ 𢦏 - 많이(十) 창(戈)으로 찍어 끊으니 '끊을 재'
    (어원 해설을 위한 참고자로 실제 쓰이는 한자는 아님)

[활용어휘] 截斷(절단), 截頭(절두), 截長補短(절장보단)

2

戴

17획 / 부수 戈

끊어(𢦏) 버리고 다른(異) 사람을 추대하여 받드니
받들 **대**

또 받들듯 머리에 이니 일 **대**

+ 異(다를 이)

[활용어휘] 推戴(추대), 戴冠式(대관식), 男負女戴(남부여대)

1

幟

15획 / 부수 巾

수건(巾) 같은 천에 소리(音)를 써서 창(戈)에 달아
알리는 기나 표기니 기 **치**, 표기 **치**

+ 표기(標旗) - ㉠ 목표로 세운 기. ㉡ 조선 시대에 병조(兵曹)를
    상징하던 깃발.
+ 標(표할 표, 표 표), 旗(기 기), 兵(군사 병), 曹(무리 조, 관청
    조, 조나라 조)

[활용어휘] 旗幟(기치)

1

熾

16획 / 부수 火

불(火)타는 소리(音)가 창(戈) 부딪칠 때 나는 소리를 내며
성하게 활활 타니 성할 **치**, 불 활활 탈 **치**

+ 識(알 식, 기록할지)
+ 불타는 소리를 당시 늘 들고 다니던 창 소리로 나타냈네요. 싸움이
    잦았던 옛날에는 항상 무기를 들고 다녔으니까요.

[활용어휘] 熾憤(치분), 熾烈(치열)

■ 한자암기박사1 ■

제목번호 307 참고

栽 - 나무(木)를 끊어서(𢦏) 심고 기르니 '심을 재, 기를 재'

裁 - 옷(衣)감을 잘라(𢦏) 재단하려고 몸의 크기를 헤아리고 결단하니 '재단할 재, 헤아릴 재,
    결단할 재'

載 - 수레(車)에 자른(𢦏) 나무를 실으니 '실을 재'
    또 모든 것을 싣고 가는 해(年)의 뜻도 있어서 '해 재'

哉 - 끊어서(𢦏) 말할(口) 때 붙이는 어조사니 '어조사 재'
    또 끊어서(𢦏) 말하며(口) 결정하고 비로소 일을 시작하니 '비로소 재'

4॥

拜

9획 / 부수 手

손(扌)과 손(⺊)을 하나(一)로 모으고 하는 절이니 <mark>절 배</mark>

+ 扌, ⺊[손 수, 재주 수, 재주 있는 사람 수(手)의 변형]

활용어휘 百拜謝罪(백배사죄), 拜上(배상)

1

湃

12획 / 부수 水(氵)

물(氵)이 절(拜)하는 모양으로 구부렸다 폈다 하며 물결치니 <mark>물결칠 배</mark>

활용어휘 澎湃(팽배)

3

邦

7획 / 부수 邑(阝)

풀 무성하듯(丰) 고을(阝)이 번성하여 이루어지는 나라니 <mark>나라 방</mark>

+ 丰[풀 무성할 봉, 예쁠 봉, 풍성할 풍(豐)의 변형], 阝(고을 읍 방)

활용어휘 邦境(방경), 友邦(우방), 異邦人(이방인)

3II

我

7획 / 부수 戈

손(手)에 창(戈) 들고 지켜야 할 존재는 바로 나니 **나 아**

+ 조금만 방심하면 잡념이 생기고 남의 공격도 받게 됨을 생각하고 만든 한자.

활용어휘 唯我獨尊(유아독존), 自我陶醉(자아도취)

1

俄

9획 / 부수 人(亻)

사람(亻)은 내(我)가 누구이며 무엇을 해야 하는지를 갑자기 깨달으니 **갑자기 아**

또 음만 빌려서 러시아를 나타내어 **러시아 아**

+ 그저 보통으로 지내다가 어느 순간 갑자기 내가 누구이며 무엇을 해야 하는가를 깨닫게 되지요.

활용어휘 俄然(아연), 俄館(아관), 俄語(아어)

■ 한자암기박사1 ■

제목번호 377 참고
餓 - 밥(食)이 나(我)에게 제일 생각나도록 굶주리니 '굶주릴 아'
義 - 순한 양(羊)처럼 순하고 착하게 내(我)가 행동함이 옳고 의로우니 '옳을 의, 의로울 의'

4II

4획 / 제부수

짐승의 꼬리털 본떠서 **털 모**

활용어휘 毛髮(모발), 九牛一毛(구우일모), 羊毛(양모)

- -

1

耗

10획 / 부수 耒

쟁기(耒)로 밭 갈듯 기계로 **털**(毛)을 가공하면 줄어드니
줄어들 모

+ 쟁기 - 논밭을 가는 농기구.
+ 가공(加工) - 원자재나 반제품을 인공적으로 처리하여 새로운 제
  품을 만들거나 제품의 질을 높임.
+ 耒(가래 뢰, 쟁기 뢰)

활용어휘 耗減(모감), 減耗(감모), 磨耗(마모), 消耗(소모)

8

3획 / 제부수

손목(寸)에서 **맥박(丶)**이 뛰는 곳까지의 마디니 마디 촌

또 마디마디 살피는 법도니 법도 촌

+ 罓 才(재주 재, 바탕 재)
+ '법도 촌'으로는 주로 한자 어원에 사용됩니다.
+ 1촌은 손목에서 손가락 하나를 끼워 넣을 수 있는 거리에 있는 맥박이 뛰는 곳까지로, 손가락 하나의 폭인 약 3cm입니다.

활용어휘 寸刻(촌각), 寸志(촌지), 寸鐵殺人(촌철살인)

1

6획 / 부수 心(忄)

마음(忄)으로 마디마디(寸) 헤아리니 헤아릴 촌

활용어휘 忖度(촌탁)

1

9획 / 부수 糸

실(糸) 마디(寸)까지 따지며 사납게 다스렸던 주 임금이니 주 임금 주

+ 주(紂)임금 - 포악한 정치로 나라를 망친 중국 은(殷)나라의 마지막 임금.

활용어휘 桀紂(걸주)

■ 한자암기박사1 ■

제목번호 184 참고
村 - 나무(木)를 마디마디(寸) 이용하여 집을 지은 마을이니 '마을 촌'
討 - 말(言)로 마디마디(寸) 치며 토론하니 '칠 토, 토론할 토'

4II

守

6획 / 부수 宀

집(宀)에서도 법도(寸)는 지키니 **지킬 수**

+ 宀(집 면)

활용어휘 死守(사수), 守廳(수청), 獨守空房(독수공방)

1

狩

9획 / 부수 犬(犭)

개(犭)로 지키며(守) 사냥하니 **사냥할 수**

+ 犭(큰 개 견, 개 사슴 록 변)

활용어휘 狩犬(수견), 狩獵(수렵), 狩漁(수어), 狩人(수인)

4II

寺

6획 / 부수 寸

땅(土)에 법도(寸)를 지키며, 수도하거나 일하도록 지은 절이나 관청이니 **절 사, 관청 시**

+ 어느 사회에나 일정한 규칙이 있지만 절 같은 사원(寺院)이 더욱 엄격하지요.

활용어휘 寺院(사원), 寺刹(사찰), 山寺(산사), 寺正(시정)

1II

峙

9획 / 부수 山

산(山)에서 절(寺)이 있는 언덕이니 **언덕 치**

활용어휘 峙立(치립), 峙積(치적), 對峙(대치)

1

痔

11획 / 부수 疒

병(疒) 중 (앉아서 참선을 많이 하는) 절(寺)에서 잘 걸리는 치질이니 **치질 치**

+ 참선(參禪) – 자신이 본래 갖추고 있는 부처의 성품을 꿰뚫어 보기 위해 앉아 있는 수행.
+ 치질(痔疾) – 여러 가지 원인이 있겠지만 주로 딱딱한 곳에 오랫동안 앉아 있어서 항문 부위에 피가 돌지 않아 생기는 질병.
+ 疒(병들 녁), 禪(고요할 선), 疾(병 질, 빠를 질)

활용어휘 痔疾(치질), 痔漏(치루), 痔核(치핵), 痔血(치혈)

付

3Ⅱ
5획 / 부수 人(亻)

사람(亻)들은 촌(寸)수 가까운 친척끼리 서로 주기도 하고 부탁도 하니 **줄 부, 부탁할 부**

활용어휘 配付(배부), 送付(송부), 申申當付(신신당부)

咐

1
8획 / 부수 口

입(口)으로 **부탁하듯(付)** 분부하니 **분부할 부**

+ 분부(吩咐) - 윗사람이 아랫사람에게 명령이나 지시를 내림.
+ 吩(분부할 분)

활용어휘 咐囑(부촉), 嚴分咐(엄분부)

駙

1
15획 / 부수 馬

말(馬) 중 **부탁할(付)** 때 쓰려고 예비로 몰고 다니는 곁마니 **곁마 부**

+ 곁마 - 두 마리 이상의 말이 마차를 끌 때에, 옆에서 끌거나 따라 가는 말.

활용어휘 駙馬(부마)

府

4Ⅱ
8획 / 부수 广

집(广) 중 문서를 **주고(付)**받는 관청이 있는 마을이니 **관청 부, 마을 부**

또 집(广)에 **준(付)** 물건을 넣어 두는 창고니 **창고 부**

+ '마을 부'로는 옛날 행정 구역의 하나로 쓰였지요.
+ 广(집 엄)

활용어휘 政府(정부), 司法府(사법부), 府尹(부윤)

俯

1
10획 / 부수 人(亻)

(옛날에는) 사람(亻)이 **관청(府)**에 들어가면 몸을 구부렸으니 **구부릴 부**

+ 仰(우러를 앙)

활용어휘 俯瞰(부감), 俯視(부시), 俯仰(부앙), 俯察(부찰)

腑

1
12획 / 부수 肉(月)

몸(月)에서 **창고(府)** 같은 장부니 **장부 부**

+ 장부(臟腑) - 사람이나 짐승의 내장을 말함.

활용어휘 五臟六腑(오장육부)

4Ⅱ
將
11획 / 부수 寸

(전쟁터에 나가기 전에) **나무 조각**(爿)에 **고기**(夕)를 쌓아 놓고 **법도**(寸)에 따라 제사 지내는 장수니 장수 **장**
또 장수는 장차 전쟁이 나면 나가 싸워야 하니
장차 **장**, 나아갈 **장**

+ 얩 将 – 나무 조각(爿)이라도 들고 손톱(爫)도 마디마디(寸) 세우고 싸우는 장수니 '장수 장'
   또 장수는 장차 전쟁이 나면 나가 싸워야 하니 '장차 장, 나아갈 장'
+ 장차(將次) – 앞으로의 뜻으로, 미래의 어느 때를 나타내는 말.
+ 夕[달 월, 육 달 월(月)의 변형], 爿[나무 조각 장(爿)의 약자], 爫[손톱 조(爪)가 부수로 쓰일 때의 모양], 次(다음 차, 차례 차, 번 차)

활용어휘 獨不將軍(독불장군), 日就月將(일취월장)

1Ⅱ
蔣
15획 / 부수 草(艹)

풀(艹) 중 물 속에서도 **장수**(將)처럼 씩씩하게 자라는 줄이니 줄 **장**, 성씨 **장**

+ 얩 蒋
+ 줄 – 볏과의 여러해살이풀.

활용어휘 蔣茅(장모), 蔣英實(장영실), 蔣介石(장개석)

1
漿
15획 / 부수 水

장차(將) **물**(水)처럼 되도록 끓인 미음이니 미음 **장**

+ 미음(米飮) – 쌀이나 좁쌀을 푹 끓여 체에 걸러 낸 걸쭉한 음식.

활용어휘 漿果(장과), 漿液(장액), 血漿(혈장)

1
醬
18획 / 부수 酉

장차(將) **술**(酉)처럼 되도록 발효시킨 간장이나 젓갈이니
간장 **장**, 젓갈 **장**

+ '나무 조각(爿)에 고기(夕)를 마디마디(寸) 썰어서 술(酉)처럼 발효시킨 젓갈이니 젓갈 장'이라고도 합니다.
+ 장(醬) – ㉠ 간장. ㉡ 간장·된장·고추장을 통틀어 일컬음.
+ 酉(술 그릇 유, 술 유, 닭 유, 열째 지지 유)

활용어휘 醬味(장미), 醬油(장유), 淸麴醬(청국장)

■ 한자암기박사1 ■

제목번호 321 참고
獎 – 장차(將) 크게(大) 되도록 장려하니 '장려할 장'

3Ⅱ 壽
14획 / 부수 土

선비(士)도 하나(一)같이 장인(工)도 하나(一)같이
입(口)으로 먹으며 마디마디(寸) 이어가는 목숨이고
나이니 **목숨 수, 나이 수**

또 목숨을 이어 장수하니 **장수할 수**

+ 약 寿 - 예쁘게(尹) 법도(寸)를 지키며 이어가는 목숨이고 나이니
    '목숨 수, 나이 수'
    또 목숨을 이어 장수하니 '장수할 수'
+ 一[한 일(一)의 변형], 尹[풀 무성할 봉, 예쁠 봉, 풍성할 풍(丰)의
    변형]

활용어휘 萬壽無疆(만수무강), 無病長壽(무병장수)

---

1 躊
21획 / 부수 足(⻊)

발(⻊)이 오래(壽) 머물러 행하지 못하고 머뭇거리니
머뭇거릴 주

+ 약 踌
+ 참 躇(머뭇거릴 저, 건너뛸 착) - 제목번호 177 참고
+ ⻊[발 족, 넉넉할 족(足)의 변형], 壽('목숨 수, 나이 수, 장수할
    수'지만 여기서는 오래의 뜻)

활용어휘 躊躇躊躇(주저주저), 躊躇滿志(주저만지)

1Ⅱ 疇
19획 / 부수 田

밭(田)에 오래(壽) 가도록 만든 이랑이니 **이랑 주**

또 이랑처럼 모인 무리니 **무리 주**

+ 약 畴
+ 이랑 - 논이나 밭을 갈아 골을 타서 두두룩하게 흙을 쌓아 만든 곳.
+ 田(밭 전)

활용어휘 田疇(전주), 範疇(범주)

3Ⅱ 鑄
22획 / 부수 金

쇠(金)를 오래(壽) 녹여 부어 만드니
쇠 부어 만들 주

+ 약 铸
+ 金(쇠 금, 금 금, 돈 금, 성씨 김)

활용어휘 鑄物(주물), 鑄造(주조), 鑄鐵(주철), 鑄貨(주화)

濤

17획 / 부수 水(氵)

물(氵)에서 나무의 **나이**(壽)테처럼 밀려오는 물결이니

물결 **도**

✚ 나이테 – 나무의 줄기나 가지를 가로로 자른 면에 나타나는 둥근 테. 1년마다 하나씩 생기므로 그 나무의 나이를 알 수 있음.

활용어휘 濤雷(도뢰), 濤聲(도성), 怒濤(노도), 波濤(파도)

- -

禱

19획 / 부수 示

신(示)에게 **목숨**(壽)을 보호해 달라고 비니 빌 **도**

✚ 示(보일 시, 신 시)

활용어휘 禱堂(도당), 祈禱(기도), 默禱(묵도), 祝禱(축도)

- -

燾

18획 / 부수 火(灬)

오래(壽)동안 **불**(灬)로 덮어서 비추니

덮을 **도**, 비출 **도**

✚ 약 焘

✚ 灬(불 화 발)

활용어휘 燾育(도육)

3

戊

5획 / 부수 戈

초목(丿)이 창(戈)처럼 자라 무성하니
무성할 무, 다섯째 천간 무

+ 㓁 戉(도끼 월)
+ 戊는 주로 다섯째 천간으로 쓰이고, '무성하다'의 뜻으로는 위에 초 두(艹)를 붙인 '茂(무성할 무)'를 씁니다.
+ 丿('삐침 별'이지만 여기서는 초목으로 봄), 戈(창 과)

활용어휘 戊夜(무야), 戊午士禍(무오사화)

1

戍

6획 / 부수 戈

무성해도(戊) 점(丶)까지 따지며 지키니 지킬 수

+ 丶(점 주, 불똥 주)

활용어휘 戍樓(수루), 戍卒(수졸), 衛戍令(위수령)

3

戌

6획 / 부수 戈

무성하던(戊) 잎 하나(一)까지 떨어지는 구월이니 구월 술
또 무성하게(戊) 하나(一)같이 짖는 개니 개 술
또 개는 열한 번째 지지니 열한 번째 지지 술

+ 서리 내리는 9월이 되면 무성하던 초목도 잎이 떨어지지요. 여기서 9월은 음력 9월, 한자 어원에 나온 날짜는 모두 음력입니다.

활용어휘 庚戌國恥(경술국치), 戊戌政變(무술정변)

6II

成

7획 / 부수 戈

무성하게(戊) 장정(丁)처럼 일하여 이루니
이룰 성, 성씨 성

+ 丁[고무래 정, 못 정, 장정 정, 넷째 천간 정(丁)의 변형]

활용어휘 成就(성취), 完成(완성), 自手成家(자수성가)

1II

晟

11획 / 부수 日

해(日)처럼 이루어져(成) 밝고 성하니
밝을 성, 성할 성

활용어휘 大晟樂(대성악)

歲

5Ⅱ

13획 / 부수 止

크기를 **그치고**(止) **개**(戌)가 **작은**(少) 새끼를 낳으면
태어난 지 한 해가 된 세월이고 나이도 먹으니
해 세, 세월 세, 나이 세

+ 세월(歲月) - ㉠ 흘러가는 시간. ㉡ 지내는 형편이나 사정 또는
재미. ㉢ 살아가는 세상. 여기서는 ㉠의 뜻.
+ 개는 태어난 지 1년쯤 되면 크기를 그치고(다 커서) 새끼를 낳는다
는 데서 만들어진 한자.
+ 止(그칠 지), 少[적을 소, 젊을 소(少)의 획 줄임]

활용어휘 年年歲歲 (연년세세), 虛送歲月 (허송세월)

穢

1

18획 / 부수 禾

벼(禾)도 **세월**(歲)이 지나면 썩어 더러우니 **더러울 예**

+ 图 濊(더러울 예, 종족 이름 예)
+ 禾(벼 화)

활용어휘 穢心 (예심), 穢政 (예정), 汚穢 (오예), 醜穢 (추예)

濊

1Ⅱ

16획 / 부수 水(氵)

물(氵)이 오랜 **세월**(歲) 고여 더러우니
더러울 예, 종족 이름 예

+ 图 穢(더러울 예)

활용어휘 濊貊 (예맥)

■ 한자암기박사1 ■

제목번호 313 참고
茂 - 풀(艹)이 무성하니(戊) '무성할 무'
戚 - 무성한(戊) 콩(尗)이 한 줄기에 여러 개 열리듯이 같은 줄기에 태어난 여러 친척이니 '친척 척'

제목번호 314 참고
城 - 흙(土)을 쌓아 이룬(成) 성이니 '성 성'
誠 - 말씀(言)대로 이루려고(成) 들이는 정성이니 '정성 성'
盛 - 이루어진(成) 음식을 그릇(皿)에 많이 차려 성하니 '성할 성'

咸
9획 / 부수 口

개(戌)는 한 마리만 **짖어도**(口) 다 짖으니
다 함, 성씨 함

+ 戌(구월 술, 개 술, 열한 번째 지지 술), 口('입 구, 말할 구, 구멍 구'지만 여기서는 짖는 것으로 봄)

활용어휘 咸告(함고), 咸悅(함열), 咸興差使(함흥차사)

喊
12획 / 부수 口

입(口)을 다(咸) 벌려 고함지르니 **고함지를 함**

활용어휘 喊聲(함성), 高喊(고함)

緘
15획 / 부수 糸

실(糸)로 다(咸) 꿰매어 봉하니 **봉할 함**

+ 봉(封)하다 – 문·봉투·그릇 등을 열지 못하게 꼭 붙이거나 싸서 막다.

활용어휘 緘口令(함구령), 緘默(함묵), 封緘(봉함)

鹹
20획 / 부수 鹵

소금(鹵)을 다(咸) 넣은 듯 짜니 **짤 함**

+ 옙 醎 – 술(酉)도 다하면(咸) 짜니 '짤 함'
+ 鹵 – 소금밭을 본떠서 '소금 로(노), 소금밭 로(노)'
+ 酉(술 그릇 유, 술 유, 닭 유, 열째 지지 유)

활용어휘 鹹度(함도), 鹹味(함미), 鹹水(함수)

減
12획 / 부수 水(氵)
4Ⅱ

물(氵)기를 다(咸) 빼면 줄어드니 **줄어들 감**

+ 옙 减 – 얼음(冫)이 다(咸) 녹으면 줄어드니 '줄어들 감'
+ 氵(삼 수 변), 冫(이 수 변)

활용어휘 減少(감소), 減速(감속), 加減乘除(가감승제)

鍼
17획 / 부수 金

쇠(金)를 거의 다(咸) 갈아 만든 바늘이니 **바늘 침**

+ 옙 針 – 쇠(金)를 많이(十) 갈아 만든 바늘이니 '바늘 침'
+ 침(鍼) – 사람의 몸에 있는 혈(穴)을 찔러서 병을 다스리는 데에 쓰는 의료 기구.

활용어휘 鍼孔(침공), 鍼工(침공), 鍼灸(침구), 鍼術(침술)

---

1 箴 15획 / 부수 竹(⺮)

대(⺮)를 다(咸) 깎아서 만든 바늘이니 **바늘 잠**

또 바늘로 찌르듯 조심하라고 경계하니 **경계할 잠**

+ 쇠가 귀하던 옛날에는 대로 바늘을 만들기도 했지요.

활용어휘 箴石(잠석), 箴戒(잠계), 箴言(잠언), 箴諫(잠간)

---

6 感 13획 / 부수 心

정성을 다해(咸) 마음(心) 쓰면 느끼고 감동하니
느낄 감, 감동할 감

+ 정성을 다해 마음 쓰면 감동하고, 감동하면 영원히 잊지 못하지요.
그러니 영원하려면 감동을 주어야 하고 감동을 주려면 정성을 다
해야 합니다.

활용어휘 感動(감동), 生動感(생동감), 多情多感(다정다감)

---

2 憾 16획 / 부수 心(忄)

마음(忄)에 느낌(感)대로 하지 못함이 섭섭하니
섭섭할 감

+ 忄(마음 심 변)

활용어휘 憾恨(감한), 私憾(사감), 遺憾(유감), 含憾(함감)

3

矣

7획 / 부수 矢

내(厶)가 쏜 화살(矢)이 목표에 다다랐다는 데서,
문장의 끝에 쓰여 완료를 나타내는 어조사니 어조사 의

+ 厶(사사로울 사, 나 사), 矢(화살 시)

활용어휘 萬事休矣(만사휴의), 已矣勿論(이의물론)

1Ⅱ

埃

10획 / 부수 土

흙(土)으로 사사롭게(厶) 화살(矢)처럼 떨어지는 티끌이니
티끌 애

+ 공중으로 올라간 화살이 땅에 떨어지듯이 그렇게 떨어지는 것을
  티끌이라고 했네요.
+ 한자가 만들어지던 옛날에는 활과 칼을 항상 옆에 두었으니 쉽게
  보이는 것으로 한자를 만든 것이지요.

활용어휘 埃滅(애멸), 埃塵(애진), 塵埃(진애)

3

侯

9획 / 부수 人(亻)

사람(亻)이 만들어(그) 화살(矢)을 쏘는 과녁이니
과녁 후

또 과녁을 잘 맞히는 사람이 되었던 제후니 제후 후

+ 제후(諸侯) – 천자의 영토 일부를 맡아 다스리는 일종의 지방 관리.
+ 그[장인 공, 만들 공, 연장 공(工)의 변형]

활용어휘 侯鵠(후곡), 侯爵(후작), 王侯將相(왕후장상)

2

喉

12획 / 부수 口

입(口)안에 과녁(侯)처럼 둥근 목구멍이니 목구멍 후

+ 과녁의 둥근 원처럼 생긴 목구멍을 생각하고 만든 한자.

활용어휘 喉頭(후두), 咽喉(인후), 耳鼻咽喉科(이비인후과)

■ 한자암기박사1 ■

제목번호 320 참고
矢 – 화살을 본떠서 '화살 시'
候 – 바람에 날릴까봐 과녁(侯)에 화살(丨)을 쏠 때는 기후를 염탐하니 '기후 후, 염탐할 후'

失
5획 / 부수 大

화살 시(矢)의 위를 연장하여 쏘아버린 화살을 나타내어 (쏘아진 화살은 잃어버린 것이란 데서) **잃을 실**

+ 정지용의 〈향수〉라는 시에 "함부로 쏜 화살을 찾으러 풀섶 이슬에 함초롬 휘적시던 곳 — 그곳이 차마 꿈엔들 잊힐리야"라는 구절도 있지요.

활용어휘 失禮(실례), 紛失(분실), 失笑(실소), 失性(실성)

佚
7획 / 부수 人(亻)

사람(亻)이 이성을 잃은(失) 듯 숨거나 흐트러지니
숨을 일, 흐트러질 질

활용어휘 佚民(일민), 佚蕩(질탕)

帙
8획 / 부수 巾

책 여러 권을 **수건(巾)**으로 **잃어(失)**버리지 않도록 묶어놓은 질이나 책갑이니 **질 질, 책갑 질**

+ 질(帙) – 여러 권으로 된 책 한 벌을 세는 단위.
+ 책갑(冊匣) – 책을 넣어 둘 수 있게 책의 크기에 맞추어 만든 작은 상자나 집.
+ 巾(수건 건), 冊(책 책, 세울 책), 匣(갑 갑, 상자 갑)

활용어휘 帙冊(질책), 全帙(전질)

跌
12획 / 부수 足(⻊)

발(⻊)길을 **잃어(失)**, 즉 실족(失足)하여 넘어지고 지나치고 잘못되니 **넘어질 질, 지나칠 질, 잘못될 질**

+ ⻊[발 족, 넉넉할 족(足)의 변형]

활용어휘 折跌(절질), 跌宕(질탕), 蹉跌(차질)

迭
9획 / 부수 辵(辶)

실수(失)가 있으면 **가서(辶)** 바꾸니 **바꿀 질**

+ 辶(뛸 착, 갈 착, = 辵)

활용어휘 迭代(질대), 更迭(경질)

疾

10획 / 부수 疒

병(疒) 중 화살(矢)처럼 빨리 번지는 병이니
병 질, 빠를 질

＋ 病은 걸리기도 어렵고 낫기도 어려운 병이고, 疾은 걸리기도 쉽고
낫기도 쉬운 가벼운 병입니다.

＋ 疒(병들 녁)

활용어휘 終身之疾(종신지질), 疾風怒濤(질풍노도)

嫉

13획 / 부수 女

여자(女)가 병(疾)처럼 시기하니 시기할 질

＋ 女(여자 녀)

활용어휘 嫉妬(질투), 嫉視(질시), 嫉逐排斥(질축배척)

4

干

3획 / 제부수

손잡이 있는 방패를 본떠서 방패 **간**

또 방패로 무엇을 범하면 얼마간 정도 마르니

범할 **간**, 얼마 **간**, 마를 **간**

활용어휘 干戈(간과), 干涉(간섭), 若干(약간), 干潮(간조)

1

奻

6획 / 부수 女

힘이 약한 **여자(女)**는 **방패(干)**처럼 자신을 보호하기 위해 간사할 수도 있으니 간사할 **간**

+ 간사(奻邪) - 자기의 이익을 위하여 나쁜 꾀를 부리는 등 바르지 않음.
+ 邪(간사할 사)

활용어휘 奻巧(간교), 奻臣(간신), 奻惡(간악), 弄奻(농간)

1Ⅱ

杆

7획 / 부수 木

나무(木)를 **방패(干)**처럼 사용하는 지레나 몽둥이니 지레 **간**, 몽둥이 **간**

+ 지레 - 무거운 물건을 움직이는 데 쓰는 막대기. 지렛대.

활용어휘 杆棒(간봉), 槓杆(공간)

1

竿

9획 / 부수 竹(⺮)

대(⺮) 중에 **방패(干)**처럼 휘두를 수 있는 장대니 장대 **간**

+ ⺮(대 죽)

활용어휘 竿頭之勢(간두지세), 百尺竿頭(백척간두)

1

罕

7획 / 부수 网(⺫)

그물(⺫)처럼 구멍 난 것으로 **방패(干)**를 삼음은 드무니 드물 **한**

+ 방패는 무엇을 막기 위한 것인데 그물처럼 구멍 난 것으로 방패를 삼음은 드문 일이지요.
+ ⺫(그물 망, = ⺲, 网, ⺳)

활용어휘 罕見(한견), 罕例(한례), 罕言(한언), 稀罕(희한)

■ 한자암기박사1 ■

제목번호 032 참고

汗 - 물(氵)로 (체온을 지키려고) 방패(干) 역할을 하는 땀이니 '땀 한'

軒 - 수레(車) 위를 방패(干)처럼 덮어 처마 있게 만든 수레나 집이니 '처마 헌, 수레 헌, 집 헌'

3 **旱** 7획 / 부수 日	해(日)를 **방패(干)**로 막아야 할 정도로 가무니 가물 한 ✛ 圀 魃(가물 발) – 제목번호 446 참고 활용어휘 旱天慈雨(한천자우), 旱時太出(한시태출)
1 **悍** 10획 / 부수 心(忄)	마음(忄)에 정이 **가물어(旱)** 사납고 급하니 사나울 한, 급할 한 활용어휘 悍毒(한독), 悍吏(한리), 悍惡(한악), 慓悍(표한)
2 **盾** 9획 / 부수 目	방패(干)를 보완하여(丿) 눈(目)까지 보호하게 만든 방패니 방패 순 ✛ 방패 간(干)은 손잡이 있는 방패를 본떠 만든 한자고, 방패 순(盾)은 방패 간(干)을 더 좋게 개량한 것으로 구분하세요. 활용어휘 盾戈(순과), 矛盾(모순)
1 **遁** 13획 / 부수 辵(辶)	힘이 약하면 **방패(盾)** 들고 뛰어(辶) 달아나 숨으니 달아날 둔, 숨을 둔 ✛ 힘이 약하면 도망하여 숨는 것이 상책이지요. 활용어휘 隱遁(은둔), 遁甲(둔갑), 遁俗(둔속), 遁術(둔술)

■ 한자암기박사1 ■

> **제목번호 032 참고**
> 肝 – 몸(月)에서 방패(干) 구실을 하는 간이니 '간 간'
> 刊 – (옛날에는) 방패(干) 같은 널빤지에 칼(刂)로 글자를 새겨 책을 펴냈으니 '책 펴낼 간'
>
> **제목번호 033 참고**
> 岸 – 산(山)의 바위(厂)가 방패(干)처럼 깎인 언덕이니 '언덕 안'
> 循 – 조금씩 거닐며(彳) 방패(盾) 들고 돌거나 좇으니 '돌 순, 좇을 순'

7II

平

5획 / 부수 干

방패(干)의 나누어진(八) 면처럼 평평하니 <mark>평평할 평</mark>

또 평평하여 아무 일 없는 평화니 <mark>평화 평</mark>

+ 평화(平和) – 평온하고 화목함.
+ 八(여덟 팔, 나눌 팔), 和(화목할 화, 화할 화)

활용어휘 平均(평균), 平等(평등), 平穩(평온), 和平(화평)

2

坪

8획 / 부수 土

흙(土)을 평평하게(平) 고른 들이니 <mark>들 평</mark>

또 들의 면적을 재는 평이니 <mark>평 평</mark>

+ 땅 면적의 단위가 지금은 m^2, km^2 이지만 옛날에는 평(坪)과 정보(町步)였어요. 1평은 사방 여섯 자(1.818m×1.818m = 3.305124 m^2), 1정보는 3,000평이지요.

활용어휘 坪當(평당), 坪數(평수), 建坪(건평)

1

秤

10획 / 부수 禾

벼(禾) 같은 곡식을 들어 저울대가 평평하도록(平) 다는 저울이니 <mark>저울 칭</mark>

+ 옛날 저울은 한쪽에 물건을 달고 다른 쪽에 있는 저울대에 평평하게 추를 놓아서 무게를 달았지요.
+ 禾(벼 화)

활용어휘 秤錘(칭추), 秤板(칭판), 天平秤(천평칭)

1

萍

12획 / 부수 草(++)

풀(++) 중 물(氵)에 평평하게(平) 떠서 사는 부평초나 개구리밥이니 <mark>부평초 평, 개구리밥 평</mark>

+ 부평초(浮萍草) – 초록색의 작은 타원형의 모양으로, 연못이나 논의 물 위에 떠서 사는 풀. 올챙이가 먹는 풀이라고 개구리밥이라고도 함.
+ 浮(뜰 부), 草(풀 초)

활용어휘 萍水(평수), 萍草(평초), 水萍(수평)

■ 한자암기박사1 ■

제목번호 034 참고

評 – 말(言)로 공평하게(平) 평하니 '평할 평'

乎 – (평평하지 않도록) 평평할 평(平) 위에 변화를 주어서 '어조사 호'

참

幵

6획 / 부수 干

방패(干)와 **방패(干)**를 이은 듯 평평하니
평평할 견

1Ⅱ

姸

9획 / 부수 女

여자(女) 피부가 **평평하여(幵)** 고우니 고울 연
+ 옐 姸 – 여자(女)가 한(一)결같이 받쳐 들(廾) 정도로 고우니
  '고울 연'
+ 廾(받쳐 들 공)

활용어휘 姸麗(연려), 姸艶(연염), 姸容(연용), 姸醜(연추)

3

于

3획 / 부수 二

입술(二)에서 입김이 **나오도록(丨)** 말하는 어조사니
어조사 우
+ 어조사(語助辭) – 뜻 없이 말에 힘만 더해주는 말.
+ 二('둘 이'지만 여기서는 입술의 모양), 語(말씀 어), 助(도울 조),
  辭(말씀 사, 글 사, 물러날 사)

활용어휘 于今(우금), 于先(우선)

1

迂

7획 / 부수 辵(辶)

입술(二)에서 입김이 **나오도록(丨)** 멀리 돌아**가니(辶)**
멀 우, 돌아갈 우
+ 辶(뛸 착, 갈 착, = 辵)

활용어휘 迂路(우로), 迂廻(우회), 迂餘曲折(우여곡절)

巳

2획 / 부수자

사람이 무릎 꿇고 앉아 있는 모양을 본떠서 **무릎 꿇을 절**

또 부절이나 병부의 반쪽을 본떠서 **병부 절**

+ 图 卩(무릎 꿇을 절, 병부 절)

1

叩

5획 / 부수 口

말하면서(口) 무릎 꿇고(卩) 조아리며 두드리니
조아릴 고, 두드릴 고

+ 조아리다 - 상대편에게 존경의 뜻을 보이거나 애원하느라고 이마가
  바닥에 닿을 정도로 머리를 자꾸 숙이다.

[활용어휘] 叩頭謝罪(고두사죄), 叩門(고문)

1

氾

5획 / 부수 水(氵)

물(氵)이 무릎 꿇은(巳) 모양으로 굽어 넘치니
넘칠 범

+ 图 泛(뜰 범) - 제목번호 476 참고
  汎(뜰 범, 넓을 범, 넘칠 범) - 제목번호 504 참고

[활용어휘] 氾濫 · 汎濫(범람), 氾溢 · 汎溢(범일)

1Ⅱ

范

9획 / 부수 草(艹)

풀(艹) 중 물(氵)속에서 **무릎 꿇은(巳)** 모양으로 자라는
풀이름이니 **풀이름 범, 성씨 범**

+ 인 · 지명용 한자.

■ 한자암기박사1 ■

제목번호 149 참고
犯 - 개(犭)처럼 무릎 꿇어야(巳) 할 정도로 죄를 범하니 '범할 범'
範 - 대(艹)로 둘러친 수레(車)에 범인을 무릎 꿇려(巳) 압송하며 법의 엄중함을 본보기로 보이니
  '법 범, 본보기 범'

5Ⅱ

節

15획 / 부수 竹(⺮)

대(⺮)에 좋게(皀) 무릎 꿇은(卩) 모양으로 생기는 마디니
마디 절

또 마디마디 곧은 절개니 **절개 절**

또 마디처럼 나눠지는 계절이나 명절이니 **계절 절, 명절 절**

+ ⺮(대 죽), 皀[좋을 량, 어질 량(良)의 변형]

활용어휘 禮儀凡節(예의범절), 好時節(호시절)

1

櫛

19획 / 부수 木

나무(木)로 마디마디(節) 틈나게 만든 빗이니 **빗 즐**

활용어휘 櫛沐(즐목), 櫛比(즐비), 櫛風沐雨(즐풍목우)

참

夗

5획 / 부수 夕

저녁(夕)에 무릎 꿇듯(㔾) 몸 구부리고 뒹구니 **뒹굴 원**

+ 夕(저녁 석), 㔾(무릎 꿇을 절, 병부 절, =卩)

2

苑

9획 / 부수 草(⺿)

풀(⺿)밭에 뒹굴며(夗) 놀 수 있는 동산이니 **동산 원**

활용어휘 苑沼(원소), 苑花(원화), 鹿苑(녹원)

1

鴛

16획 / 부수 鳥

뒹굴며(夗) 사랑을 나누는 새(鳥)는 원앙새니
원앙새 원

+ 수 원앙새를 가리키며, 암 원앙새는 원앙새 앙(鴦)이지요.

+ 鳥(새 조)

활용어휘 鴛鴦衾(원앙금), 鴛鴦舞(원앙무), 鴛鴦枕(원앙침)

宛

8획 / 부수 宀

집(宀)에서 **뒹굴기만**(夗) 하면 허리가 굽으니 **굽을 완**

또 굽어서 분명한 모양으로 완연하니 **완연할 완**

+ 완연(宛然)하다 – 눈에 보이는 것처럼 아주 뚜렷하다.
+ 宀(집 면), 然(그러할 연)

활용어휘 宛轉(완전)

婉

11획 / 부수 女

여자(女)처럼 부드럽게 **굽히는**(宛) 모양이 아름답고 순하니
아름다울 완, 순할 완

활용어휘 婉曲(완곡), 婉媚(완미), 婉淑(완숙), 婉弱(완약)

腕

12획 / 부수 肉(月)

몸(月)에서 잘 **구부려지는**(宛) 팔이니 **팔 완**

+ 참 肱(팔뚝 굉) – 제목번호 153 참고
+ 月(달 월, 육 달 월)

활용어휘 腕骨(완골), 腕力(완력), 腕章(완장), 手腕(수완)

■ 한자암기박사1 ■

제목번호 150 참고
怨 – 뒹굴며(夗) 잠 못 이루고 마음(心)으로 원망하니 '원망할 원'

3

厄

4획 / 부수 厂

굴 바위(厂) 밑에 **무릎 꿇어야**(己) 할 정도의 재앙이니
재앙 액

+ 재앙(災殃) - 뜻하지 아니하게 갑작스럽게 생긴 불행한 재앙이나 사고. 또는 천재지변으로 인한 불행한 사고.
+ 厂(굴 바위 엄, 언덕 엄), 己 (무릎 꿇을 절, 병부 절, = 卩), 災(재앙 재), 殃(재앙 앙)

활용어휘 厄運(액운), 送厄迎福(송액영복), 橫厄(횡액)

1

扼

7획 / 부수 手(扌)

손(扌)으로 **재앙**(厄)을 움켜쥐고 누르니
움켜쥘 액, 누를 액

활용어휘 扼腕(액완), 扼喉(액후), 扼喉撫背(액후무배)

4

危

6획 / 부수 卩

사람(ク)에게 **재앙**(厄)이 닥치면 위험하니 **위험할 위**

+ ク[사람 인(人)의 변형]

활용어휘 危急(위급), 危篤(위독), 危殆(위태), 安危(안위)

1

詭

13획 / 부수 言

말(言)을 **위험하게**(危) 하며 속이니 **속일 궤**

+ 言(말씀 언)

활용어휘 詭計(궤계), 詭道(궤도), 詭謀(궤모), 詭辯(궤변)

1

脆

10획 / 부수 肉(月)

몸(月)이 **위험할**(危) 정도로 무르고 약하니
무를 취, 약할 취

활용어휘 脆弱(취약), 脆軟(취연)

3

卯

5획 / 부수 卩

(봄 기운이 왕성하여) 두 문짝을 활짝 열어 놓은 모양을 본떠서
왕성할 묘

또 귀를 쫑긋 세운 토끼로도 보아 <mark>토끼 묘</mark>

또 토끼는 넷째 지지니 <mark>넷째 지지 묘</mark>

+ 卬(높을 앙), 卵(알 란)

활용어휘 寅葬卯發(인장묘발), 卯飮(묘음)

1

聊

11획 / 부수 耳

귀(耳)를 토끼(卯)처럼 세움에 힘입어
겨우 들으며 즐거워하니
힘입을 료(요), 애오라지 료(요), 즐거워할 료(요)

+ 애오라지 - '겨우, 오로지'를 강조하여 이르는 말.
+ 耳(귀 이)

활용어휘 聊賴(요뢰), 無聊(무료)

1II

昴

9획 / 부수 日

해(日)처럼 왕성하게(卯) 빛나는 별 이름이니
별 이름 묘

활용어휘 昴星(묘성)

1II

劉

15획 / 부수 刀(刂)

왕성하게(卯) 쇠(金)로 칼(刂)을 만드는 사람의 성씨니
성씨 류(유), 묘금도 류(유)

+ '묘금도 류'는 뜻과 상관없이 글자가 [묘(卯)+금(金)+도(刂)]로
나눠짐을 일컫는 말로, 성씨에 버들 류(柳)와 묘금도 류(劉)가 있
어 구분하기 위한 것이지요.
+ 卯[왕성할 묘(卯)의 변형], 刂(칼 도 방)

■ 한자암기박사1 ■

제목번호 151 참고
卵 - 물고기에 두 개씩 있는 알주머니를 본떠서 '알 란(난)'
卿 - 의욕이 왕성하고(卯) 어진(皀) 사람이 하는 벼슬이니 '벼슬 경'
柳 - 나무(木) 중 왕성하게(卯) 자라 늘어지는 버들이니 '버들 류(유)'
　　또 버들처럼 왕성하게 사는 사람들의 성씨니 '성씨 류(유)'

4II

留

10획 / 부수 田

왕성하게(ᄽ) 일하려고 밭(田)에 머무르니
머무를 류(유)

+ 집에 갔다 오는 시간까지 아끼려고 머무른다는 말이네요.

활용어휘 留學(유학), 留級(유급), 人死留名(인사유명)

1

溜

13획 / 부수 水(氵)

물(氵)이 지붕에 **머물러**(留) 조금씩 떨어지는 낙숫물이니
낙숫물 류(유)

또 물(氵)기가 **머물러**(留) 김 서리니 **김 서릴 류(유)**

+ 낙숫물 – 처마 끝에서 떨어지는 물.

활용어휘 溜槽(유조), 蒸溜(증류), 蒸溜水(증류수)

1

15획 / 부수 疒

병(疒) 중 몸에 **머무르듯**(留) 나 있는 혹이니 **혹 류(유)**

+ 혹 – 병적으로 불거져 나온 살덩어리.
+ 疒(병들 녁)

활용어휘 瘤腫(유종), 靜脈瘤(정맥류), 脂瘤(지류)

특II

昂

9획 / 부수 日

해(日)처럼 높이(卬) 오르니 **오를 앙**

+ 圐 昻(오를 앙)
+ 卬 – 상자(匚)에 무릎 꿇고(卩) 높이 바라니 '높을 앙'
+ 匚[상자 방(匚)의 변형]

활용어휘 昂騰(앙등), 昂揚(앙양), 激昂(격앙)

■ 한자암기박사1 ■

제목번호 151 참고
貿 – 왕성하게(ᄽ) 재물(貝)을 무역하며 바꾸니 '무역할 무, 바꿀 무'

仔
5획 / 부수 人(亻)

사람(亻)이 아들(子)을 가르칠 때처럼 자세하니
자세할 자

또 사람(亻)의 아들(子)처럼 난 새끼니 **새끼 자**

+ 자세(仔細)하다 - ㉠ 사소한 부분까지 아주 구체적이고 분명하다.
　　　　　　　 ㉡ 성질 등이 꼼꼼하고 세심하다.
+ 細(가늘 세)

활용어휘 仔詳(자상), 仔豚(자돈), 仔畜(자축), 仔蟲(자충)

孕
5획 / 부수 子

이에(乃) 아이(子)를 배니 **아이 밸 잉**

+ 乃(이에 내, 곧 내)

활용어휘 孕母(잉모), 孕婦(잉부), 孕胎(잉태)

孫
10획 / 부수 子

아들(子)의 대를 이어주는(系) 손자니
손자 손, 성씨 손

+ 系(이을 계, 혈통 계)

활용어휘 孫子(손자), 代代孫孫(대대손손), 祖孫(조손)

遜
14획 / 부수 辶(辵)

손자(孫)처럼 따르며(辶) 겸손하니 **겸손할 손**

또 손자(孫)처럼 어린 사람이 따라가며(辶) 만들어 뒤떨어지니
뒤떨어질 손

+ 겸손(謙遜) - 남을 존중하고 자기를 내세우지 않는 태도가 있음.
+ 辶(뛸 착, 갈 착, = 辵), 謙(겸손할 겸)

활용어휘 遜避(손피), 恭遜(공손), 不遜(불손), 遜色(손색)

■ 한자암기박사1 ■

제목번호 146 참고
子 - 아들이 두 팔 벌린 모양을 본떠서 '아들 자'
　　 또 옛날에는 아들을 첫째로 여겼으니 '첫째 지지 자'
　　 또 아들처럼 편하게 부르는 2인칭 대명사 자네니 '자네 자'
　　 또 낳은 아들처럼 만든 물건의 뒤에 붙이는 접미사니 '접미사 자'
孟 - 자식(子) 중 첫째로 알고 그릇(皿)에 목욕시키며 기르는 맏이니 '맏 맹'
　　 또 공자의 제자 중 맏이는 맹자니 '맹자 맹'
猛 - 개(犭)를 고를 때 첫째(孟)로 꼽는 날램과 사나움이니 '날랠 맹, 사나울 맹'

6획 / 부수 一

학문을 **마친**(了) 사람을 **양쪽**(八)에서 **받들어**(一) 도우니
도울 승

또 이렇게 임금을 도왔던 정승이니 **정승 승**

+ 정승(政丞) – 고려와 조선 시대 문무백관의 가장 높은 수상급 관직.
+ 政(다스릴 정)

활용어휘 丞相(승상), 三政丞(삼정승)

- -

3II

蒸

14획 / 부수 草(艹)

풀(艹) 성분의 **도움**(丞)을 받으려고 **불**(灬)에 찌니
찔 증

+ 옐 荥 – 풀(艹) 성분의 도움(丞)을 받으려고 불에 찌니 '찔 증'
+ 풀을 쪄서 나온 즙이나 향기를 약으로 이용하지요.
+ 灬(불 화 발)

활용어휘 水蒸氣(수증기), 薰蒸(훈증)

■ 한자암기박사1 ■

제목번호 146 참고
承 – 아들(子) 둘(二)이 양쪽(八)에서 부모를 받들며 대를 이으니 '받들 승, 이을 승'

3
予
4획 / 부수 亅

좌우 손으로 주고받는 모양에서 **줄 여**(≒ **與**)

또 주는 나를 뜻하여 **나 여**(≒ **余**)

또 **미리 예(豫)**의 약자

+ 웹 豫 – 자기(予)가 할 일을 코끼리(象)는 미리 아니 '미리 예'
+ 图 與(줄 여, 더불 여, 참여할 여), 余[나 여, 남을 여(餘)의 속자]
+ 위 子(아들 자, 첫째 지지 자, 자네 자, 접미사 자), 矛(창 모)
+ 像(코끼리 상, 모양 상, 본뜰 상)

활용어휘 予奪(여탈)

1
抒
7획 / 부수 手(扌)

손(扌)으로 헤치듯 내(予) 마음을 풀어 펴니

풀 서, 펼 서

활용어휘 抒情(서정), 抒情味(서정미), 抒情詩(서정시)

1Ⅱ
舒
12획 / 부수 舌

집(舍)에서처럼 내(予)가 마음을 펴고 느긋하니

펼 서, 느긋할 서

+ 舍(집 사)

활용어휘 舒遲(서지), 舒川郡(서천군)

 한자암기박사1

제목번호 145 참고

野 – 마을(里)에서 내(予)가 먹을거리를 생산하는 들이니 '들 야'
　　　또 들에서 일한 듯 손발이 거치니 '거칠 야'
序 – 집(广)에서도 내(予)가 먼저 지켜야 하는 차례니 '먼저 서, 차례 서'

2

矛

5획 / 제부수

손잡이 있는 창을 본떠서 **창 모**

활용어휘 矛戈(모과), 矛盾(모순)

1Ⅱ

茅

9획 / 부수 草(艹)

풀(艹) 중 **창**(矛)처럼 길고 뾰족하게 자라는 띠니 **띠 모**

✛ 띠 – 마디 없이 곧고 길게 자라는 질긴 풀로, 지붕을 이거나 여러 생활 도구를 만듦.

활용어휘 茅舍(모사), 茅屋(모옥), 茅檐(모첨)

1

橘

16획 / 부수 木

나무(木)에 **창**(矛) 찔린 모양으로 열려 **성**(冂) 같은 껍질을 벗겨(八) 입(口)으로 먹는 귤이니 **귤 귤**

✛ 귤은 꼭지가 마치 창에 찔린 모양이지요.

✛ 冂(멀 경, 성 경), 八(여덟 팔, 나눌 팔)

활용어휘 橘顆(귤과), 橘皮(귤피), 柑橘(감귤)

3Ⅱ

柔

9획 / 부수 木

창(矛)에 쓰이는 **나무**(木)처럼 탄력있고 부드러우니 **부드러울 유**

활용어휘 柔軟性(유연성), 溫柔(온유), 外柔內剛(외유내강)

1

蹂

16획 / 부수 足(𧾷)

발(𧾷)로 부드럽게(柔) 밟으니 **밟을 유**

✛ 𧾷[발 족, 넉넉할 족(足)의 변형]

활용어휘 蹂躪(유린)

■ 한자암기박사1 ■

제목번호 145 참고
務 – 창(矛)으로 적을 치듯이(攵) 힘(力)을 다하여 일에 힘쓰니 '일 무, 힘쓸 무'
霧 – 비(雨)가 힘차게(務) 내릴 때 생기는 안개니 '안개 무'

3II

坐
7획 / 부수 土

두 사람(人人)이 흙(土) 위에 앉으니 **앉을 좌**

+ 土(흙 토), 人(사람 인)

활용어휘 坐不安席(좌불안석), 坐礁(좌초), 坐板(좌판)

1

挫
10획 / 부수 手(扌)

손(扌)으로 앉도록(坐) 꺾으니 **꺾을 좌**

활용어휘 挫骨(좌골), 挫氣(좌기), 挫折(좌절)

1

巫
7획 / 부수 工

하늘(一)처럼 모시는 신과 **연결하여(丨) 땅(一)**에 사는 사람들(人人)의 악귀를 쫓는 무당이니 **무당 무**

+ 一('한 일'이지만 여기서는 하늘과 땅으로 봄)

활용어휘 巫女(무녀), 巫堂(무당), 巫俗(무속)

1

誣
14획 / 부수 言

말(言)을 무당(巫)처럼 꾸며서 속이니 **속일 무**

+ 言(말씀 언)

활용어휘 誣告(무고), 誣欺(무기), 誣言(무언)

1

覡
14획 / 부수 見

무당(巫) 중 보기(見) 힘든 남자 무당이니 **남자 무당 격**

+ 무당은 대부분 여성이니 남자 무당은 보기 힘들지요.
+ 남자 무당을 우리말로 '박수(博數)'라고 합니다.
+ 見(볼 견, 뵐 현), 博(넓을 박), 數(셀 수, 두어 수, 자주 삭, 운수 수)

활용어휘 巫覡(무격), 巫覡信仰(무격신앙)

■ 한자암기박사1 ■

제목번호 093 참고
座 – 집(广)에서 앉는(坐) 자리나 위치니 '자리 좌, 위치 좌'

406 래래 색장장[來萊 嗇檣薔] - 來와 嗇으로 된 한자

7

來

8획 / 부수 人

나무(木) 밑으로 **두 사람(人人)**이 오니 **올 래(내)**

+ 약 来 - 한(一) 톨의 쌀(米)이라도 구하려고 오니 '올 래(내)'
+ 옛날에는 쌀이 귀했지요.
+ 木(나무 목), 米(쌀 미)

활용어휘 近來(근래), 來歷(내력), 苦盡甘來(고진감래)

1II

萊

12획 / 부수 草(艹)

풀(艹) 중 **오고(來)**갈 때 지팡이로 쓰는 명아주니 **명아주 래(내)**

또 **풀(艹)**이 **난(來)** 묵은밭이니 **묵은밭 래(내)**

+ 명아주 - 명아주과의 한해살이풀. 줄기는 1m 가량 자람.
+ 명아주의 줄기로 만든 지팡이가 청려장(青藜杖)이지요.
+ 青(푸를 청, 젊을 청), 藜(명아주 려), 杖(지팡이 장, 몽둥이 장)

활용어휘 東萊(동래), 萊蕪(내무)

1

嗇

13획 / 부수 口

재물이 **와서(巫)** **돌아(回)**가지 않게 아끼니 **아낄 색**

+ 巫[올 래(來)의 변형], 回(돌 회, 돌아올 회, 횟수 회)

활용어휘 吝嗇(인색), 吝嗇漢(인색한)

1

檣

17획 / 부수 木

나무(木)로 배를 **아끼며(嗇)** 꽂은 돛대니 **돛대 장**

활용어휘 檣竿(장간), 檣燈(장등), 檣樓(장루)

1

薔

17획 / 부수 草(艹)

풀(艹) 중에 꽃이 예뻐 **아끼는(嗇)** 장미니 **장미 장**

활용어휘 薔薇(장미), 薔薇酒(장미주)

■ 한자암기박사1 ■

제목번호 066 참고

墻 - 흙(土)으로 재물을 아끼는(嗇) 사람이 쌓은 담이니 '담 장'

특Ⅱ

7획 / 부수 大

크게(大) 두 사람(人人) 사이에 끼니 **낄 협**

+ 옙 夾 - 하나(一)처럼 양쪽(ヽノ)으로 크게(大) 끼니 '낄 협'

활용어휘 夾角(협각), 夾路(협로), 夾門(협문), 夾房(협방)

2

10획 / 부수 山

산(山)으로 끼인(夾) 골짜기니 **골짜기 협**

+ 옙 峽

활용어휘 峽谷(협곡), 峽路(협로), 峽流(협류), 山峽(산협)

1

俠

9획 / 부수 人(亻)

어려운 사람(亻)을 끼고(夾) 도우며 의로우니
의로울 협

+ 의(義)롭다 - 정의를 위한 의기가 있다.
+ 義(옳을 의, 의로울 의)

활용어휘 俠客(협객), 義俠心(의협심), 豪俠(호협)

1

挾

10획 / 부수 手(扌)

손(扌)으로 당겨 끼니(夾) **낄 협**

활용어휘 挾擊(협격), 挾軌(협궤), 挾攻(협공), 挾雜(협잡)

1

狹

10획 / 부수 犬(犭)

개(犭)도 끼일(夾) 정도로 좁으니 **좁을 협**

+ 동 陜(좁을 협, 땅 이름 합)
+ 반 廣(넓을 광) - 제목번호 317 참고
+ 犭(큰 개 견, 개 사슴 록 변)

활용어휘 狹量(협량), 狹路(협로), 狹小(협소), 狹義(협의)

陝

10획 / 부수 阜(阝)

1II

언덕(阝)에 끼여(夾) 좁으니
좁을 협, 땅 이름 합

+ 인·지명용 한자.
+ 狹(좁을 협)
+ 阝(언덕 부 변)

활용어휘 陝川(합천)

頰

16획 / 부수 頁

1

끼인(夾) 듯 양쪽 **머리(頁)**카락 사이에 있는 뺨이니 **뺨 협**

+ 뺨이 머리카락 사이에 끼인 것처럼 보임을 생각하고 만든 한자.
+ 頁(머리 혈)

활용어휘 頰骨(협골), 頰筋(협근), 紅頰(홍협)

麥

11획 / 제부수

3II

(봄이) **오면(夾)** 천천히(夊) 거두는 보리니 **보리 맥**

+ 麦 – 주인(主)이 천천히(夊) 거두는 보리니 '보리 맥'
+ 보리는 가을에 심어 여름이 오기 전 늦은 봄에 거두지요.
+ 夾['낄 협'이지만 여기서는 올 래(來)의 변형], 夊(천천히 걸을 쇠, 뒤져 올 치), 主[주인 주(主)의 변형]

활용어휘 麥糠(맥강), 麥類(맥류), 麥芽(맥아), 麥酒(맥주)

陝

10획 / 부수 阜(阝)

1II

언덕(阝) 아래로 **크게(大)** 들어가고(入) 들어가는(入)
땅 이름이니 **땅 이름 섬**

활용어휘 陝西省(섬서성)

4Ⅱ

兩

8획 / 부수 入

하나(一)의 성(冂)을 둘로 나누어(丨) 양쪽에 들어(入)
있는 둘이나 짝이니 **두 량(양), 짝 량(양)**

또 화폐 단위로도 쓰여 **냥 냥**

+ 옛 两 - 하나(一)의 성(冂)이 산(山) 때문에 나뉜 둘이나 짝이니
　　　　'두 량(양), 짝 량(양)'
　　　　또 화폐 단위로도 쓰여 '냥 냥'

+ 몝 雨(비 우)

+ 冂(멀 경, 성 경), 丨('뚫을 곤'이지만 여기서는 나뉜 모양), 入(들 입)

활용어휘 物心兩面(물심양면), 兩性(양성), 萬兩(만냥)

1

倆

10획 / 부수 人(亻)

사람(亻) 둘(兩)의 역할도 하는 재주니 **재주 량(양)**

활용어휘 技倆(기량)

2

輛

15획 / 부수 車

수레(車) 중 양(兩)쪽으로 바퀴 달린 수레니 **수레 량(양)**

+ 車(수레 거, 차 차)

활용어휘 車輛(차량)

4Ⅱ

滿

14획 / 부수 水(氵)

물(氵)이 여기저기 나는 잡초(艹)처럼 양(兩)쪽에 가득 차니
찰 만

+ 옛 満

+ 艹[초 두(艹)의 약자]

활용어휘 滿發(만발), 自滿(자만), 滿場一致(만장일치)

1

瞞

16획 / 부수 目

눈(目)을 그릇(凵)의 양(兩)면처럼 이중으로 뜨고 속이니
속일 만

+ 目(눈 목, 볼 목, 항목 목), 凵(입 벌릴 감, 그릇 감)

활용어휘 瞞過(만과), 瞞報(만보), 瞞着(만착), 欺瞞(기만)

3Ⅱ

介

4획 / 부수 人

사람(人) 사이(기)에 끼이니 끼일 개

활용어휘 介入(개입), 媒介(매개), 仲介人(중개인)

1Ⅱ

价

6획 / 부수 人(亻)

사람(亻)이 어디에 끼여도(介) 드러날 정도로 착하고 크니 착할 개, 클 개

+ 인·지명용 한자.

1

芥

8획 / 부수 草(艹)

나물(艹) 반찬을 만들 때 끼어(介) 들어가는 겨자나 갓이니 겨자 개, 갓 개

또 겨자처럼 작은 티끌이니 티끌 개

+ 艹('초 두'지만 여기서는 나물로 봄)

활용어휘 芥子(개자), 芥菜(개채), 草芥(초개)

■ 한자암기박사1 ■

제목번호 053 참고
界 – 밭(田) 사이에 끼어(介) 있는 경계니 '경계 계'
　　　또 여러 나라의 경계로 나누어진 세계니 '세계 계'

3

乃

2획 / 부수 ノ

(세월이 빨라) 사람은 **지팡이**(ノ)에 의지할

허리 굽은 사람(丿)으로 이에 곧 늙으니 이에 **내, 곧 내**

+ 이에 - 이리하여 곧.
+ 세월은 빠르고 인생은 짧으니 백 년을 살아도 삼만 육천오백 일밖에 안 되지요.
+ ノ('삐침 별'이지만 여기서는 지팡이로 봄)

활용어휘 乃至(내지), 終乃(종내), 人乃天(인내천)

3Ⅱ

及

4획 / 부수 又

곧(乃) 이르러 **미치니**(乀) 이를 **급, 미칠 급**

+ 乀('파임 불'이지만 여기서는 이르러 미치는 모양)

활용어휘 及第(급제), 及其也(급기야)

1

汲

7획 / 부수 水(氵)

물(氵)에 **이르러**(及) 물 길으니 물 길을 **급**

+ 수도 시설이 없었던 옛날에는 직접 물에 가서 물을 길었지요.

활용어휘 汲路(급로), 汲水(급수), 樵童汲婦(초동급부)

1

扱

7획 / 부수 手(扌)

손(扌)으로 **이르러**(及) 거두고 처리하니

거둘 **급**, 처리할 **급**

또 **손**(扌)으로 **이르러**(及) 꽂으니 꽂을 **삽**

활용어휘 稻扱機(도급기), 取扱(취급), 扱匙(삽시)

■ 한자암기박사1 ■

제목번호 074 참고

秀 - 벼(禾)를 곧(乃)바로 찧은 쌀이 빼어나니 '빼어날 수'

級 - 실(糸)을 이을(及) 때 따지는 등급이니 '등급 급'

吸 - 입(口)으로 숨을 폐까지 이르도록(及) 들이쉬어 마시니 '숨 들이쉴 흡, 마실 흡'

3Ⅱ

沒
7획 / 부수 水(氵)

물(氵)에 **사람**(⺈)이 **또**(又) 빠져 다하여 없으니
빠질 몰, 다할 몰, 없을 몰

+ ⺈[사람 인(人)의 변형], 又(오른손 우, 또 우)

[활용어휘] 沒頭(몰두), 沒落(몰락), 神出鬼沒(신출귀몰)

1

歿
8획 / 부수 歹

죽을(歹) 지경에 **사람**(⺈)이 **또**(又) 빠져 죽으며 생을
마치니 **죽을 몰, 마칠 몰**

+ 歹(뼈 부서질 알, 죽을 사 변)

[활용어휘] 戰歿(전몰), 歿後(몰후)

특Ⅱ

奐
9획 / 부수 大

성(冂)의 위아래에서 **사람들**(ク 儿)이 **크게**(大) 일하는
모양이 빛나고 크니 **빛날 환, 클 환**

+ [동] 煥(빛날 환, 클 환)
+ 冂(멀 경, 성 경), 儿(사람 인 발, 어진사람 인)

[활용어휘] 輪奐(윤환), 翬奐(휘환)

1

喚
12획 / 부수 口

입(口)으로 **크게**(奐) 부르니 **부를 환**

[활용어휘] 喚起(환기), 召喚(소환), 阿鼻叫喚(아비규환)

1Ⅱ

煥
13획 / 부수 火

불(火)이 **빛나고**(奐) 밝으니 **빛날 환, 밝을 환**

+ 인 · 지명용 한자.
+ [동] 奐(빛날 환, 클 환)

■ 한자암기박사1 ■

제목번호 129 참고
換 - 손(扌)으로 빛나도록(奐) 분명하게 바꾸니 '바꿀 환'

특II

詹
13획 / 부수 言

언덕(厂) 위아래에서 **사람들**(クル)이 **말하며**(言) 살피니
살필 **첨**

+ ク[사람 인(人)의 변형], 儿(사람 인 발, 어진사람 인)

1II

瞻
18획 / 부수 目

눈(目)으로 **살펴**(詹)보니 볼 **첨**

+ 目(눈 목, 볼 목, 항목 목)

활용어휘 瞻望(첨망), 瞻想(첨상), 瞻星臺(첨성대)

1II

蟾
19획 / 부수 虫

벌레(虫) 중 주위를 **살피며**(詹) 천천히 걷는 두꺼비니
두꺼비 **섬**

또 **벌레**(虫)들이 활동하는 밤에 **살펴**(詹) 보는 달이니
달 **섬**

+ 두꺼비는 천천히 엉금엉금 걸어가지요.
+ 虫(벌레 충)

활용어휘 蟾江(섬강), 蟾津江(섬진강), 蟾光(섬광)

2

膽
17획 / 부수 肉(月)

몸(月) 상태를 **살펴**(詹) 필요한 만큼의 쓸개즙을 내는
쓸개니 쓸개 **담**

또 쓸개와 관련 있는 담력이니 담력 **담**

+ 약 胆
+ 담력(膽力) - 겁이 없고 용감한 기운.

활용어휘 膽囊(담낭), 膽石(담석), 膽大(담대), 大膽(대담)

1

憺
16획 / 부수 心(忄)

마음(忄)을 가만히 **살펴**(詹)보면 편안하거나 불안하니
편안할 **담**, 불안할 **담**

활용어휘 憺畏(담외), 慘憺(참담)

澹

1

16획 / 부수 水(氵)

물(氵)이 밑바닥까지 **살필**(詹) 수 있도록 맑으니 **맑을 담**

또 맑아서 담박하니 담박할 담

+ 담박(澹泊)/담백(淡白)하다 – ㉠ 욕심이 없고 마음이 깨끗하다.
  ㉡ 아무 맛이 없이 싱겁다. ㉢ 음식이 느끼하지 않고 산뜻하다.
  ㉣ 빛깔이 진하지 않고 산뜻하다.
+ 泊(배 댈 박, 묵을 박, 산뜻할 박)

활용어휘 暗澹(암담), 澹艶(담염)

擔

4II

16획 / 부수 手(扌)

짐을 **손**(扌)으로 **살펴**(詹) 메거나 맡으니 **멜 담, 맡을 담**

+ 앱 担 – 손(扌)으로 아침(旦)마다 짐을 메거나 맡으니
  '멜 담, 맡을 담'
+ 扌(손 수 변), 旦(아침 단)

활용어휘 擔保(담보), 專擔(전담), 加擔(가담)

442

6II

4획 / 부수 人

사람(人)이 하나(一)같이 **모여드는(ㄱ)** 때가 바로
이제 오늘이니 이제 **금**, 오늘 **금**

＋ ㄱ[이를 급, 미칠 급(及)의 변형]

활용어휘 今時初聞(금시초문), 東西古今(동서고금)

1

矜

9획 / 부수 矛

창(矛)도 이제(今) 있음을 자랑하니 자랑할 **긍**

또 자랑만 일삼으면 모두 가엾이 여기니 가엾이 여길 **긍**

＋ 矛(창 모)

활용어휘 矜持(긍지), 自矜心(자긍심), 矜恤(긍휼)

1

衾

10획 / 부수 衣

지금(今) 옷(衣)처럼 덮는 이불이니 이불 **금**

＋ 衣(옷 의)

활용어휘 衾具(금구), 衾枕(금침), 鴛鴦衾(원앙금)

■ 한자암기박사1 ■

제목번호 114 참고
吟 – 입(口)으로 지금(今) 읊으니 '읊을 음'
琴 – 구슬(王)과 구슬(王)이 지금(今) 부딪친 듯 맑게 소리내는 거문고니 '거문고 금'
含 – 지금(今) 입(口)에 머금으니 '머금을 함'
念 – 지금(今) 마음(心)에 있는 생각이니 '생각 념(염)'

5

令

5획 / 부수 人

사람(人)으로 하여금 하나(一)같이 **무릎 꿇게**(卩)
명령하니 **하여금 령(영), 명령할 령(영)**

또 명령을 따르듯 착하고 아름다우니
착할 령, 아름다울 령

또 하늘의 명령을 따르듯 바뀌는 계절이니 **계절 령**

+ 令은 문서로 내리는 명령으로 쓰이고, 입으로 하는 명령은 令에
  입 구, 말할 구, 구멍 구(口)를 더한 명령할 명, 목숨 명, 운명
  명(命)을 씁니다.
+ 卩[무릎 꿇을 절, 병부 절(卩)의 변형]

활용어휘 設令(설령), 命令(명령), 巧言令色(교언영색)

1Ⅱ

玲

9획 / 부수 玉(王)

옥(王)이 **명령하듯**(令) 부딪쳐 내는 옥 소리가 고우니
옥 소리 령(영), 고울 령(영)

활용어휘 玲瓏(영롱), 五色玲瓏(오색영롱)

1

鈴

13획 / 부수 金

쇠(金)로 **명령하듯**(令) 무엇을 알리려고 만든 방울이니
방울 령(영)

활용어휘 啞鈴(아령), 耳懸鈴鼻懸鈴(이현령비현령)

1

齡

20획 / 부수 齒

(옛날에) **이**(齒)의 개수로 **하여금**(令) 알았던 나이니
나이 령(영)

+ 鈴 齢
+ 사랑니처럼 나이가 들어야 나는 이도 있으니 옛날에는 이(齒)의
  숫자로 사람의 나이를 짐작했답니다. 지금도 짐승의 나이는 이의
  숫자로 짐작하지요.
+ 齒(이 치, 나이 치), 歯[이 치, 나이 치(齒)의 약자]

활용어휘 年齡(연령), 高齡(고령), 老齡(노령), 適齡(적령)

1

囹

8획 / 부수 口

명령하여(令) 죄인을 **가둔**(口) 옥이니 **옥 령(영)**

+ 口(에운담)

활용어휘 囹圄(어령), 囹圉(영어)

6

6획 / 부수 口

사람(人)이 하나(一)같이 말할(口) 정도로 뜻이 서로 합하여 맞으니 **합할 합, 맞을 합**

또 곡식을 되는 홉으로도 쓰여 **홉 홉**

+ 홉 – 부피의 단위, 곡식, 가루, 액체 등의 부피를 잴 때 쓰며, 1홉은 1되의 10분의 1.

활용어휘 離合集散(이합집산), 意氣投合(의기투합)

1

蛤

12획 / 부수 虫

벌레(虫) 중 양쪽 껍데기를 **합하는**(슴) 조개니 조개 합

+ 虫(벌레 충)

활용어휘 蛤殼(합각), 蛤醢(합해), 大蛤(대합), 紅蛤(홍합)

1

恰

9획 / 부수 心(忄)

마음(忄)이 맞으면(슴) 보임도 흡사하니 **흡사할 흡**

+ 몸은 마음을 표현하는 현악기라 하니 마음이 같으면 표정도 비슷하겠지요.

활용어휘 恰似(흡사)

1

洽

9획 / 부수 水(氵)

물(氵)에 **합해지듯**(슴) 서로 화합이 되어 흡족하니 **흡족할 흡**

또 물(氵)에 **합해지듯**(슴) 젖으니 **젖을 흡**

+ 흡족(洽足) – 조금도 모자람이 없을 정도로 넉넉하여 만족함.
+ 足(발 족, 넉넉할 족)

활용어휘 洽滿(흡만), 洽合(흡합), 未洽(미흡), 洽汗(흡한)

1

盒

11획 / 부수 皿

서로 **합하게**(슴) 만든 **그릇**(皿)이 찬합이니 찬합 합

+ 찬합(饌盒) – 층층이 포갤 수 있는 서너 개의 그릇을 한 벌로 하여 만든 음식 그릇.
+ 皿(그릇 명), 饌(반찬 찬)

활용어휘 盒沙鉢(합사발)

3ΙΙ

塔

13획 / 부수 土

흙(土)에 풀(艹)을 합하여(合) 이겨 쌓은 탑이니 **탑 탑**

+ 옛날에는 더 견고하도록 황토 흙에 풀을 넣어 반죽하여 집을 짓거나 탑을 쌓았습니다.

+ 土(흙 토), 艹(초 두)

활용어휘 鐵塔(철탑), 象牙塔(상아탑)

- -

1

搭

13획 / 부수 手(扌)

손(扌)으로 풀(艹)을 합쳐(合) 놓고 올라타니 **탈 탑**

+ 딱딱하거나 거친 곳에 올라타야 할 때 부드러운 풀을 모아 깔아놓고 그 위에 올라탐을 생각하고 만든 한자.

활용어휘 搭乘(탑승), 搭載(탑재), 搭載量(탑재량)

■ 한자암기박사1 ■

제목번호 115 참고

拾 – 손(扌)을 합하여(合) 주우니 '주울 습'
　　또 두 손(扌)의 손가락을 합하면(合) 열이니 '열 십'
給 – 실(糸) 합치듯(合) 이어 주니 '줄 급'
荅 – 대(竹)에 글을 써 뜻에 맞게(合) 대답하고 갚으니 '대답할 답, 갚을 답'

僉
13획 / 부수 人

사람(人)이 하나(一)같이 **입들(口口)**을 다물고
둘(人人)씩 모두 다 모이니 모두 **첨**, 다 **첨**

+ 옙 佥 - 사람(人)들은 모두 다 하나(一)같이 입(口)으로 말하며
  사람(人)을 사귀니 '모두 첨, 다 첨'
+ 僉이 들어간 한자를 약자로 쓸 때는 '僉' 부분을 '佥'으로 씁니다.

활용어휘 僉位(첨위), 僉員(첨원), 僉意(첨의), 僉知(첨지)

殮
17획 / 부수 歹

죽으면(歹) 온몸을 다(僉) 염하니 염할 **렴(염)**

+ 염습(殮襲) - 시신을 씻긴 뒤에 수의를 갈아입히고 염포로 묶는
  일. 줄여서 '염(殮)'이라 함.
+ 歹(뼈 부서질 알, 죽을 사 변), 襲(습격할 습, 이어받을 습)

활용어휘 改殮(개렴), 棺殮(관렴)

斂
17획 / 부수 攵(攴)

다(僉) 쳐서(攵) 거두니 거둘 **렴(염)**

+ 攵(칠 복, = 攴)

활용어휘 收斂(수렴), 後斂(후렴), 出斂(출렴 → 추렴)

제목번호 116 참고
儉 - 사람(亻)들은 대부분 다(僉) 검소하니 '검소할 검'
檢 - (좋은 나무를 찾기 위해) 나무(木)를 모두(僉) 검사하니 '검사할 검'
險 - 언덕(阝)처럼 모두(僉) 험하니 '험할 험'
驗 - 말(馬)을 모두(僉) 타보며 시험하니 '시험할 험'
劍 - 양쪽 다(僉) 칼날이 있는 칼(刂)이니 '칼 검'

6॥
13획 / 부수 日

사람(人)이 하나(一)같이 마음의 창(罒)을 열고
말하기(曰) 위해 모이니 **모일 회**

+ 얜 会 – 사람(人)이 말하기(云) 위해 모이니 '모일 회'
+ 罒(창문 창)은 실제 쓰이는 한자는 아님, 云(말할 운)

활용어휘 總會(총회), 會議(회의), 會者定離(회자정리)

1॥
17획 / 부수 木

나무(木) 여러 그루가 모인(會) 것처럼 무성히 자라는
전나무나 노송나무니 **전나무 회, 노송나무 회**

+ 얜 桧
+ 전나무나 노송나무는 상록수로 무성히 우거져 자라지요.

활용어휘 檜皮(회피), 檜木(회목)

1
19획 / 부수 糸

여러 색실(糸)을 모아(會) 천에 수를 놓듯이 그린 그림이니
그림 회

+ 얜 絵

활용어휘 繪具(회구), 繪圖(회도), 繪筆(회필), 繪畫(회화)

1
17획 / 부수 肉(月)

고기(月)를 잘게 썰어 모아(會) 놓은 회니 **회 회**

+ 얜 脍
+ 회는 잘게 썰어 모아 쭉 늘어놓지요.

활용어휘 膾炙(회자), 生鮮膾(생선회), 肉膾(육회)

■ 한자암기박사1 ■

제목번호 355 참고
曾 – 열고(八) 창문(罒)사이로 말(曰)할 정도면 일찍부터 거듭 만나던 사이니 '일찍 증, 거듭 증'

특II

乂

2획 / 부수 ノ

이리저리 베어 다스리는 모양이 어지니
벨 예, 다스릴 예, 어질 예

+ 인·지명용 한자.

1II

艾

6획 / 부수 草(艹)

풀(艹) 중 베어(乂) 여러모로 쓰는 쑥이니 **쑥 애**

또 마른 쑥처럼 머리가 희도록 늙으니 **늙을 애**

+ 참 蒿(쑥 호) - 제목번호 235 참고
　蓬(쑥 봉) - 제목번호 312 참고
+ 쑥은 식용이나 약용으로 이용하지요.

활용어휘 艾葉(애엽), 艾湯(애탕), 艾年(애년)

8

父

4획 / 제부수

사람이 알아야 할 것을 조목조목 나누어(丷) 어질게(乂)
가르치는 아비니 **아비 부, 아버지 부**

+ 참 爻(점괘 효, 수효 효, 사귈 효, 본받을 효)
+ 父는 '남자 미칭 보'로도 쓰임.
+ 丷[여덟 팔, 나눌 팔(八)의 변형]

활용어휘 父傳子傳(부전자전), 早失父母(조실부모)

1

斧

8획 / 부수 斤

(너무 위험하여) 아버지(父)만 쓰는 도끼(斤)니 **도끼 부**

+ 斤(도끼 근, 저울 근)

활용어휘 斧柯(부가), 斧斤(부근), 斧鉞(부월)

1II

釜

10획 / 부수 金

아버지(父)처럼 크게 쇠(𠑒)로 만든 가마니 **가마 부**

+ 가마 - 가마솥. 아주 크고 우묵한 솥.
+ 𠑒[쇠 금, 금 금, 돈 금, 성씨 김(金)의 획 줄임]

활용어휘 釜中魚(부중어), 釜中生魚(부중생어), 釜山(부산)

7

文

4획 / 제부수

머릿(亠)속의 생각을 **다스려**(乂) 무늬처럼 써 놓은 글월이니 무늬 문, 글월 문

또 글을 좋아했던 사람들의 성씨니 성씨 문

+ 夊(칠 복, = 攴), 乂(사귈 교, 오고갈 교)
+ 글월 - ㉠ 글, 문장. ㉡ 편지. ㉢ 글자.
+ 亠(머리 부분 두), 乂(벨 예, 다스릴 예, 어질 예)

활용어휘 文匣(문갑), 文獻(문헌), 肉頭文字(육두문자)

1Ⅱ

汶

7획 / 부수 水(氵)

물(氵)이 글(文) 읽는 소리를 내며 흐르는 물 이름이니 물 이름 문

+ 인·지명용 한자.

활용어휘 汶山(문산)

1

蚊

10획 / 부수 虫

벌레(虫) 중 글(文) 읽는 소리를 내는 모기니 모기 문

+ 모기 소리를 글 읽는 소리로 보았네요.
+ 虫(벌레 충)

활용어휘 見蚊拔劍(견문발검), 聚蚊成雷(취문성뢰)

2

紊

10획 / 부수 糸

글(文)을 실(糸)처럼 어지럽게 쓰면 어지러우니 어지러울 문

활용어휘 紊亂(문란), 國憲紊亂(국헌문란)

■ 한자암기박사1 ■

제목번호 087 참고
紋 - 실(糸)로 글(文)처럼 수놓은 무늬니 '무늬 문'

1Ⅱ

玟

8획 / 부수 玉(王)

구슬(王)처럼 **무늬(文)** 있는 옥돌이니 옥돌 **민**

+ 인·지명용 한자.
+ 툉珉(옥돌 민) - 제목번호 479 참고
+ 王(임금 왕, 으뜸 왕, 구슬 옥 변)

1Ⅱ

旼

8획 / 부수 日

해(日)처럼 따뜻한 내용의 글(文)을 읽으면 온화하니
온화할 **민**

+ 인·지명용 한자.

1Ⅱ

旻

8획 / 부수 日

해(日)도 **무늬(文)**로 보이는 하늘이니 하늘 **민**

+ 참旻(하늘 호) - 제목번호 072 참고

활용어휘 旻天(민천), 蒼旻(창민)

1

虔

10획 / 부수 虍

범(虍)은 **무늬(文)**만 보여도 두려워 정성스럽게 공경하니
정성 **건**, 공경할 **건**

+ 虍(범 호 엄)

활용어휘 虔誠(건성), 敬虔(경건), 恭虔(공건), 不虔(불건)

+ '진지한 자세나 성의 없이 대충 하는 태도'라는 뜻으로 쓰이는 '건
성'은 한자어가 아니네요.

1

吝

7획 / 부수 口

글(文)로 쓰듯 필요한 말(口)만 하며 아끼니 아낄 **린(인)**

+ 말로 하면 장황하고 두서없는 말도 글로 쓰면 꼭 할 말만 짧게
아껴서 하지요.

활용어휘 改過不吝(개과불린), 吝嗇(인색)

絞

12획 / 부수 糸

실(糸)과 사귀듯이(交) 목매니 목맬 교

+ 참 縊(목맬 액) – 제목번호 356 참고
+ 交(사귈 교, 오고 갈 교)

활용어휘 絞戮(교륙), 絞殺(교살), 絞首刑(교수형)

咬

9획 / 부수 口

입(口)을 교차하여(交) 물거나 새가 지저귀니 물 교, 새 지저귈 교

활용어휘 咬傷(교상), 咬裂(교열), 咬咬(교교)

狡

9획 / 부수 犬(犭)

개(犭)를 사귄(交) 듯 교활하니 교활할 교

+ 교활(狡猾) – 간사하고 꾀가 많음.
+ 犭(큰 개 견, 개 사슴 록 변), 猾(교활할 활)

활용어휘 狡吏(교리), 狡詐(교사), 狡惡(교악), 狡智(교지)

皎

11획 / 부수 白

하얗게(白) 사귀듯이(交) 빛나는 흰 달빛이니 흴 교, 달빛 교

+ 달빛은 하얗지요. 달빛이 비친 운동장을 보면 마치 흰 눈이 가득 쌓인 것 같아요.

활용어휘 皎皎(교교), 皎潔(교결), 皎朗(교랑), 皎月(교월)

蛟

12획 / 부수 虫

일반 벌레(虫)와 섞여(交) 사는 교룡이니 교룡 교

+ 교룡(蛟龍) – ㉠ 모양이 뱀과 같고 넓적한 네 발이 있고 머리에 흰 혹이 있는 전설상의 용. ㉡ 때를 못 만나 뜻을 이루지 못하는 영웅호걸을 비유하여 이르는 말.
+ 虫(벌레 충), 龍(용 룡)

활용어휘 蛟龍得雲雨(교룡득운우)

■ 한자암기박사1 ■

제목번호 088 참고
較 – 차(車)를 오고 가며(交) 타 보고 다른 차와 비교하니 '비교할 교'
郊 – 사귀듯(交) 고을(阝)에 붙어 있는 들이나 교외니 '들 교, 교외 교'
效 – 좋은 분과 사귀어(交) 자신을 치며(攵) 본받으면 효험이 있으니 '본받을 효, 효험 효'

5II

4획 / 부수 凵

움푹 패이고(凵) 베인(乂) 모양이 흉하니 **흉할 흉**

또 먹을 것이 없어 흉하게 살아야 할 흉년이니 **흉년 흉**

+ 凵('입 벌릴 감, 그릇 감'이지만 여기서는 움푹 패인 모양), 乂(벨 예, 다스릴 예, 어질 예)

활용어휘 吉凶禍福(길흉화복), 凶惡無道(흉악무도)

1

兇

6획 / 부수 儿

흉하게(凶) 행동하는 사람(儿)은 흉악하니 **흉악할 흉**

+ 흉악(兇惡) - ㉠ 성질이 악하고 모짊. ㉡ 모습이 보기에 언짢을 만큼 고약함.

+ 儿(사람 인 발, 어진사람 인), 惡(악할 악, 미워할 오)

활용어휘 兇計(흉계), 兇物(흉물), 元兇(원흉)

1II

6획 / 부수 勹

싸듯(勹) 흉(凶)한 마음을 가진 오랑캐니 **오랑캐 흉**

+ 오랑캐 - ㉠ 예전에, 두만강 일대의 만주 지방에 살던 여진족을 멸시하여 이르는 말. ㉡ 언어·풍습 등이 다른 민족을 낮잡아 이르는 말.

활용어휘 匈奴(흉노)

1

洶

9획 / 부수 水(氵)

물(氵)이 싸여(勹) 흉한(凶) 모양으로 용솟음치니 **용솟음칠 흉**

+ 용솟음치다 - ㉠ 물 등이 매우 세찬 기세로 위로 나오다. ㉡ 힘이나 기세 등이 매우 세차게 북받쳐 오르거나 급히 솟아오르다.

활용어휘 洶洶(흉흉), 洶急(흉급), 洶湧(흉용)

■ 한자암기박사1 ■

제목번호 087 참고

胸 - 몸(月)의 흉(凶)한 것을 감싼(勹) 가슴이니 '가슴 흉'

4획 / 제부수

육효가 서로 엇갈린 점괘를 본떠서 점괘 **효**

또 엇갈리며 세는 수효니 수효 **효**

또 서로 교차하여 사귀며 좋은 점을 본받으니

사귈 **효**, 본받을 **효**

+ 㕣 父(아비 부, 아버지 부)
+ 육효(六爻) – 주역(周易)의 괘를 이루는 6개의 가로 그은 획.
+ 점괘(占卦) – 점을 쳐서 나오는 괘.
+ 주역(周易) – 중국의 점에 관한 책으로, 오경(五經)의 하나.

활용어휘 卦爻(괘효), 數爻(수효)

14획 / 부수 馬

말(馬) 중 점괘(爻) 같은 무늬가 있는 얼룩말이니
얼룩말 **박**

또 얼룩말처럼 보통 말과 다른 점을 논박하니 논박할 **박**

+ 논박(論駁) – 어떤 주장이나 의견에 대하여 그 잘못된 점을 조리 있게 공격하여 말함.
+ 馬(말 마), 論(논의할 론, 평할 론)

활용어휘 面駁(면박), 反駁(반박)

爽

11획 / 부수 爻

마음 큰(大) 사람과 **사귀고**(爻) **사귄**(爻) 듯 시원시원하니
시원할 **상**

활용어휘 爽達(상달), 爽明(상명), 爽秋(상추), 爽快(상쾌)

8

學

16획 / 부수 子

절구(臼) 같은 교실에서 친구도 **사귀며(爻) 덮인(冖)**
책을 펴놓고 **아들(子)**이 글을 배우니 배울 학

+ 약 学 – 점(丷)점(丿) 글자(字)를 배우니 '배울 학'
+ 臼[절구 구(臼)의 변형], 爻(점괘 효, 수효 효, 사귈 효, 본받을
  효), 冖(덮을 멱), 字(글자 자)

활용어휘 博學多識(박학다식), 形而上學(형이상학)

4

覺

20획 / 부수 見

배우고(學) 보면서(見) 이치를 깨달으니 깨달을 각

+ 약 覚 – 점(丷)점(丨)점(丿) 덮인(冖) 것을 보며(見) 깨달으니
  '깨달을 각'
+ 學[배울 학(學)의 획 줄임], 見(볼 견, 뵐 현), 冖(덮을 멱)

활용어휘 感覺(감각), 妄覺(망각), 視聽覺(시청각)

1

攪

23획 / 부수 手(扌)

손(扌)으로 깨닫도록(覺) 어지럽게 흔드니
어지러울 교, 흔들 교

활용어휘 攪亂(교란), 攪拌(교반), 攪土(교토)

■ 명언 ■

玉不琢(옥부탁)이면 不成器(불성기)하고,
人不學(인불학)이면 不知道(부지도)니라.

[옥은 다듬지 않으면 그릇을 이루지 못하고,
사람은 배우지 않으면 도를 알지 못하느니라.]

– 〈예기(禮記)〉

+ 玉(구슬 옥), 琢(쫄 탁, 다듬을 탁), 成(이룰 성), 器(그릇 기, 기구 기), 道(길 도, 도리 도, 말할 도, 행정 구역의 도)

爾

14획 / 부수 爻

한(一)결같이 **나누어(八) 성(冂)**이라도 **뚫고(l)** 들어가
사귀고(爻) 사귀고(爻) 싶은 사람은 바로 너니
너 이, 어조사 이

+ 八(여덟 팔, 나눌 팔), 冂(멀 경, 성 경), l (뚫을 곤)

활용어휘 爾汝(이여), 爾餘(이여)

彌

17획 / 부수 弓

활(弓)로 찢어진 곳을 **너(爾)**는 두루 꿰매 더욱 오래가게 하니
두루 미, 꿰맬 미, 더욱 미, 오랠 미

+ 역 弥 - 활(弓)처럼 둥글게 사람(丿)이 조금(小)씩 두루 꿰매 더욱
　　　오래가게 하니 '두루 미, 꿰맬 미, 더욱 미, 오랠 미'
+ 弓(활 궁), 丿[사람 인(人)의 변형], 小(작을 소)

활용어휘 彌滿(미만), 彌縫策(미봉책), 彌久(미구)

璽

19획 / 부수 玉(王)

너(爾)에게 징표를 찍어 주기 위하여 **옥(玉)**으로 만든
옥새나 도장이니 **옥새 새, 도장 새**

+ 옥새(玉璽) - 옥으로 만든 국권의 상징으로 국가적 문서에 사용
　하던 임금의 도장.

활용어휘 國璽(국새), 御璽(어새)

1

攀

19획 / 부수 手

나무(木)가 얽힌(爻) 나무(木) 사이를 크게(大) 손(手)으로 끌어 잡으니 **끌어 잡을 반**

+ 爻('점괘 효, 수효 효, 사귈 효, 본받을 효'지만 여기서는 이리저리 얽힌 모양), 手(손 수, 재주 수, 재주 있는 사람 수)

활용어휘 攀登(반등), 攀龍附鳳(반룡부봉), 登攀(등반)

1

礬

20획 / 부수 石

나무(木)와 얽힌(爻) 나무(木)처럼 많은 성분이 크게(大) 얽혀 돌(石)처럼 굳은 명반이니 **명반 반**

+ 명반(明礬) - 떫은 맛이 나는 무색투명한 정팔면체의 결정으로, 물에 녹으며 수용액은 산성을 나타냄.
+ 木(나무 목), 石(돌 석), 明(밝을 명)

활용어휘 礬水(반수), 白礬(백반)

2

鬱

29획 / 부수 鬯

나무(木)와 나무(木) 사이에 장군(缶)을 덮어(冖) 놓은 듯 좋은 술(鬯)의 향기(彡)도 맡을 수 없어 답답하니 **답답할 울**

또 답답할 정도로 울창하니 **울창할 울**

+ 㯮 鬱 - 나무(木)와 나무(木)들이 사귀듯(爻) 얽힌 그물(罒) 같은 곳에 멈춰(⻖) 한 마디(寸)도 움직일 수 없도록 답답하니 '답답할 울'
또 답답할 정도로 울창하니 '울창할 울'
+ 울창주(鬱鬯酒) - 튤립을 넣어서 빚은 향기 나는 술.
+ 울창(鬱蒼)하다 - 나무가 빽빽하게 우거지고 푸르다.
+ 鬯 - 그릇(凵)에 곡식의 낟알(米)이 담겨 술이 된 것을 숟가락(匕)으로 뜨는 울창주니 '울창주 창'
+ 缶(장군 부), 冖(덮을 멱), 彡('터럭 삼, 긴머리 삼'이지만 여기서는 향기 나는 모양), ⻖[멈출 간(艮)의 변형], 凵(입 벌릴 감, 그릇 감), 匕(비수 비, 숟가락 비), 蒼(푸를 창), 酒(술 주)

활용어휘 抑鬱(억울), 鬱寂(울적), 憂鬱(우울)

4획 / 부수자

이리(丿)저리(一) 엇갈리게(乂) 치며 쓰는 글월이니

칠 복, 글월 문

+ ⊞ 攴 - 점(卜)칠 때 오른손(又)에 회초리를 들고 툭툭 치니 '칠 복'
+ ⊞ 支(다룰 지, 가를 지, 지출할 지)
+ 卜(점 복), 又(오른손 우, 또 우)

3획 / 부수자

사람(夂)이 다리를 끌며(乀) 천천히 걸어 뒤져 오니

천천히 걸을 쇠, 뒤져 올 치

+ ⊞ 夕(저녁 석), 久(오랠 구)
+ 천천히 걸을 쇠(夊)와 뒤져 올 치(夂)는 다르지만 획수도 같고 모양과 뜻도 비슷하여 같이 취급하였어요.
+ 夂[사람 인(人)의 변형], 乀 ('파임 불'이지만 여기서는 다리를 끄는 모양)

7

5획 / 부수 水(氵)

계절 중 뒤에 와서(夂) 물이 어는(冫) 겨울이니

겨울 동

+ 冫['얼음 빙(氷)'이 부수로 쓰일 때의 모양인 '이 수 변(冫)'의 변형]

활용어휘 嚴冬雪寒(엄동설한), 異常暖冬(이상난동)

1

10획 / 부수 疒

병(疒)으로 겨울(冬) 추위처럼 떨리고 아프니 아플 동

활용어휘 疼痛(동통)

■ 한자암기박사1 ■

제목번호 370 참고

敗 - 재물(貝) 때문에 치고(攵) 싸워서 패하니 '패할 패'

敎 - 어질게(爻) 많이(尹) 자식(子)을 치며(攵) 가르치니 '가르칠 교'

牧 - 소(牛)를 치며(攵) 기르니 '기를 목'

제목번호 367 참고

夏 - (너무 더워서) 하나(一)같이 스스로(自) 천천히 걸으려고(夂) 하는 여름이니 '여름 하'

제목번호 231 참고

終 - (누에 같은 벌레가) 실(糸) 뽑아 집 짓는 일은 겨울(冬)이 되기 전에 다하여 마치니 '다할 종, 마칠 종'

攸

특II

7획 / 부수 攴(攵)

사람(亻)이 지팡이(丨)로 땅을 치면서(攵) 사라져 아득하니 아득할 유

+ 아득하다 - 여러 뜻이 있지만 여기서는 '보이는 것이나 들리는 것이 희미하고 매우 멀다'의 뜻.
+ 丨('뚫을 곤'이지만 여기서는 지팡이로 봄), 攵(칠 복, = 攴)

修

4II

10획 / 부수 人(亻)

아득히(攸) 흘러가는 물에 머리(彡) 감듯이 마음을 닦고 다스리니 닦을 수, 다스릴 수

+ 彡(터럭 삼, 긴머리 삼)

활용어휘 修身齊家(수신제가), 阿修羅場(아수라장)

條

4

11획 / 부수 木

아득히(攸) 나무(木)에서 뻗어 가는 가지니 가지 조

또 가지처럼 나눠진 조목이니 조목 조

+ 약 条 - (본줄기보다) 뒤져서(攵) 나무(木)에 돋는 가지니 '가지 조' 또 가지처럼 나누어진 조목이니 '조목 조'
+ 木(나무 목), 夊(천천히 걸을 쇠, 뒤져 올 치)

활용어휘 鐵條網(철조망), 條目(조목), 條件(조건)

滌

1

14획 / 부수 水(氵)

물(氵)로 조목조목(條) 깨끗하게 씻으니 씻을 척

활용어휘 滌去(척거), 滌暑(척서), 滌除(척제), 洗滌(세척)

■ 한자암기박사1 ■

제목번호 371 참고
悠 - 아득히(攸) 먼 옛날까지 마음(心)에 생각할 정도로 한가하니 '한가할 유'
또 아득하게(攸) 마음(心)에 느껴질 정도로 머니 '멀 유'

| 참 | 复 9획 / 夂 |

사람(亻)들은 해(日)가 지면 **천천히 걸어서(夂)** 거듭 돌아오니 **거듭 복, 돌아올 복**
+ 亻[사람 인(人)의 변형], 夂(천천히 걸을 쇠, 뒤져 올 치)

| 1Ⅱ | 馥 18획 / 부수 香 |

향기(香)가 **거듭**(复) 풍겨 향기로우니 **향기로울 복**
+ 香(향기 향)

활용어휘 馥馥(복복), 馥郁(복욱), 郁馥(욱복)

| 1 | 鰒 20획 / 부수 魚 |

물고기(魚)와 함께 바다에서 **거듭**(复) 엉겨 붙어 자라는 전복이니 **전복 복**
+ 전복은 무엇에 엉겨 붙어 자라지요.
+ 魚(물고기 어)

활용어휘 全鰒(전복), 鰒卵(복란), 乾鰒(건복)

| 1 | 愎 12획 / 부수 心(忄) |

마음(忄)이 **거듭**(复) 꼬여 괴팍하니 **괴팍할 퍅**
+ 괴팍(乖愎)하다 - 붙임성이 없어 까다롭고 별나다.
+ 乖(어긋날 괴)

활용어휘 愎性(퍅성)

■ 한자암기박사1 ■

제목번호 368 참고
腹 - 몸(月)에 거듭(复) 포개진 내장이 들어있는 배니 '배 복'
複 - 옷(衤)을 거듭(复) 입어 겹치니 '겹칠 복'
復 - 걸어서(彳) 다시 돌아오니(复) '다시 부, 돌아올 복'

7Ⅱ

安

6획 / 부수 宀

집(宀)에서 여자(女)가 살림하면 어찌 편안하지 아니할까에서
어찌 안, 편안할 안, 성씨 안

활용어휘 安堵(안도), 未安(미안), 坐不安席(좌불안석)

1

按

9획 / 부수 手(扌)

손(扌)으로 몸이 **편안하도록(安)** 어루만지니 **어루만질 안**

활용어휘 按摩(안마), 按脈(안맥), 按舞(안무), 按配(안배)

1

鞍

15획 / 부수 革

가죽(革)으로 **편안히(安)** 타도록 만든 안장이니
안장 안

+ 革(가죽 혁, 고칠 혁)

활용어휘 鞍裝(안장), 鞍具(안구), 鞍具馬(안구마)

5

案

10획 / 부수 木

편안하게(安) 공부하도록 **나무(木)**로 만든 책상이니
책상 안

또 책상에 앉아서 짠 생각이나 계획이니 **생각 안, 계획 안**

활용어휘 几案(궤안), 起案(기안), 方案(방안), 提案(제안)

1

晏

10획 / 부수 日

해(日)가 높이 떠오를 때까지 **편안히(安)** 자고 일어나
늦으니 **편안할 안, 늦을 안**

활용어휘 晏眠(안면), 晏寧(안녕), 晏然(안연)

3Ⅱ

宴

10획 / 부수 宀

좋은 날(日)을 맞아 **편안하게(安)** 여는 잔치니 **잔치 연**

활용어휘 宴會(연회), 祝賀宴(축하연), 披露宴(피로연)

461

8

母

5획 / 부수 母

여자(毋) 중 젖(一)을 드러낸 어미니

어미 모, 어머니 모

+ 금지의 가위표(一)가 있으면 '말 무, 없을 무(毋)', 젖을 드러낸(一) 모양이면 '어미 모, 어머니 모(母)'로 구분하세요.
+ 어미 – ㉠'어머니'의 낮춤말. ㉡ 결혼하여 자식을 둔 딸을 이르는 말.
+ 毋[여자 녀(女)의 변형]

활용어휘 母胎(모태), 繼母(계모), 偏母侍下(편모시하)

1

拇

8획 / 부수 手(扌)

손(扌)에서 어미(母) 역할을 하는 엄지손가락이니

엄지손가락 무

+ ㈜ 擘(엄지손가락 벽) – 제목번호 348 참고

활용어휘 拇印(무인), 拇指(무지)

7Ⅱ

每

7획 / 부수 母

사람(一)이 매양 어머니(母)를 생각하듯 매양(항상)이니

매양 매, 항상 매

+ 一[사람 인(人)의 변형]

활용어휘 每事盡善(매사진선), 每事可堪(매사가감)

1

晦

11획 / 부수 日

날(日)이 가며 항상(每) 반복되는 그믐이니 그믐 회

또 그믐밤은 달도 없어 어두우니 어두울 회

+ 세월이 빨라 자주 그믐이 돌아옴을, 또 그믐날 밤은 달도 없어 어두움을 생각하고 만든 한자.

활용어휘 晦朔(회삭), 晦日(회일), 晦盲(회맹), 晦冥(회명)

1

誨

14획 / 부수 言

말(言)을 항상(每) 하며 가르치니 가르칠 회

+ 말을 항상 하는 것은 무엇을 가르치려는 것이지요.

활용어휘 誨言(회언), 誨諭(회유), 誨化(회화), 敎誨(교회)

■ 한자암기박사1 ■

제목번호 143 참고

毋 – 여자 녀(母)에 금지와 부정을 나타내는 가위표(一)를 붙여 '말 무, 없을 무'

敏 – 항상(每) 치며(攵) 지도하면 행동이 민첩하니 '민첩할 민'

牲

9획 / 부수 牛(牜)

소(牛) 중 산(生) 채로 바쳐지는 희생이니 희생 생

+ '옛날에 소(牛)를 산(生) 채로 제사에 바친 데서 유래하여 희생 희'라고도 합니다.
+ 牜(소 우 변)

활용어휘 犧牲(희생), 牲犢(생독)

甥

12획 / 부수 生

실제로 낳은(生) 것처럼 대해야 할 사내(男)는 생질이나 사위니 생질 생, 사위 생

+ 생질(甥姪) - 누나나 누이의 아들.
+ 男(사내 남), 姪(조카 질)

활용어휘 甥姪婦(생질부), 外甥(외생)

甦

12획 / 부수 生

다시(更) 살아(生)나 소생하니 소생할 소

+ 통 蘇(깨어날 소, 소생할 소, 성씨 소)
+ 更(고칠 경, 다시 갱), 生(날 생, 살 생, 사람을 부를 때 쓰는 접사 생)

활용어휘 甦生(소생)

星

4Ⅱ

9획 / 부수 日

해(日)가 진 뒤에 빛나는(生) 별이니 별 성

활용어휘 人工衛星(인공위성), 星行夜歸(성행야귀)

醒

16획 / 부수 酉

술(酉) 취했다가 정신이 별(星)처럼 말똥말똥해지며 술 깨니 술 깰 성

또 술 깨듯 무엇을 깨달으니 깨달을 성

+ 酉(술그릇 유, 술 유, 닭 유, 열째 지지 유)

활용어휘 覺醒(각성), 大悟覺醒(대오각성), 醒酒湯(성주탕)

■ 한자암기박사1 ■

제목번호 097 참고
性 - 마음(忄)에 나면서(生)부터 생긴 성품이나 바탕이니 '성품 성, 바탕 성'
　　또 바탕이 다른 남녀의 성별이니 '성별 성'
姓 - 여자(女)가 자식을 낳아(生) 다른 사람과 구별하기 위하여 붙인 성씨니 '성씨 성'
　　또 나라의 여러 성씨들이 모인 백성이니 '백성 성'

| 특II 乍 5획 / 부수 丿 | 사람(⺅)이 하나(丨) 둘(二)을 세는 잠깐이니 **잠깐 사**
+ ⺅[사람 인(人)의 변형]
활용어휘 乍晴乍雨(사청사우) |

| 1 炸 9획 / 부수 火 | 폭탄에 불(火) 붙이면 **잠깐(乍)** 사이에 터지니 **터질 작**
활용어휘 炸裂(작렬), 炸發(작발), 炸藥(작약), 炸熱(작열) |

| 1II 祚 10획 / 부수 示 | 신(示)이 **잠깐(乍)** 주는 복이나 임금 자리니
복 조, 임금 자리 조
+ 示(보일 시, 신 시)
활용어휘 祚命(조명), 福祚(복조), 登祚(등조) |

| 1 窄 10획 / 부수 穴 | 구멍(穴)을 **잠깐(乍)**만 파서 좁으니 **좁을 착**
+ ㈜ 穿(뚫을 천, 구멍 천) − 제목번호 188 참고
+ 穴(구멍 혈, 굴 혈)
활용어휘 窄迫(착박), 窄小(착소), 窄袖(착수), 狹窄(협착) |

| 1 搾 13획 / 부수 手(扌) | 손(扌)으로 간격을 좁혀(窄) 짜니 **짤 착**
+ 扌(손 수 변)
활용어휘 搾乳(착유), 搾取(착취), 壓搾(압착) |

■ 한자암기박사1 ■

제목번호 120 참고
詐 − 말(言)을 잠깐(乍) 사이에 꾸며 대며 속이니 '속일 사'
作 − 사람(亻)이 잠깐(乍) 사이에 무엇을 지으니 '지을 작'
昨 − 하루 해(日)가 잠깐(乍) 사이에 넘어가고 되는 어제니 '어제 작'

1 欠
4획 / 제부수

기지개켜며(𠂉) 사람(人)이 하품하는 모양에서 하품 **흠**
또 하품하며 나태하면 능력이 모자라니 모자랄 **흠**
또 이지러질 **결**, 빠질 **결**(缺)의 약자

+ 흠(欠) - ㉠ 어떤 물건의 이지러지거나 깨어지거나 상한 자국.
　　　　 ㉡ 어떤 사물의 모자라거나 잘못된 부분.

활용어휘 欠伸(흠신), 欠缺(흠결), 欠席(흠석), 欠乏(흠핍)

1 歆
13획 / 부수 欠

마음껏 소리(音) 지르고 하품(欠)하며 행복을 누리면
부러워하니 누릴 **흠**, 부러워할 **흠**

활용어휘 歆感(흠감), 歆格(흠격), 歆饗(흠향)

1Ⅱ 欽
12획 / 부수 欠

금(金)덩이를 보고 하품(欠)하듯 입 벌려 부러워하고
공경하니 부러워할 **흠**, 공경할 **흠**

활용어휘 欽求(흠구), 欽慕(흠모), 欽敬(흠경), 欽羨(흠선)

2 炊
8획 / 부수 火

불(火)을 하품(欠)하듯 입 벌리고 입김을 불어 때니
불 땔 **취**

+ 불이 잘 타도록 하품하듯 입 벌리고 입김을 모아 불지요.

활용어휘 炊事(취사), 炊事兵(취사병), 自炊(자취)

1 欣
8획 / 부수 欠

도끼(斤)로 자기의 흠(欠)을 끊어 주면 기쁘고 좋아하니
기쁠 **흔**, 좋아할 **흔**

+ 斤(도끼 근, 저울 근)

활용어휘 欣感(흔감), 欣求(흔구), 欣快(흔쾌), 欣然(흔연)

2 款
12획 / 부수 欠

선비(士)는 보이는(示) 족족 자기의 흠(欠)을 고치려고
정성을 다하여 조목마다 기록하니
정성 **관**, 조목 **관**, 기록 **관**

활용어휘 款待(관대), 約款(약관), 定款(정관), 落款(낙관)

次

6획 / 부수 欠

4II

얼음(冫)처럼 차갑게 대하고 **하품(欠)**하며 미루는 다음이니
다음 **차**

또 다음으로 이어지는 차례와 번이니 차례 **차**, 번 **차**

+ 冫(이 수 변)

활용어휘 再次(재차), 行次(행차), 次例次例(차례차례)

瓷

11획 / 부수 瓦

1

지붕을 이는 기와 **다음(次)**으로 중요한 **질그릇(瓦)**은
생활에 쓰이는 도자기니 도자기 **자**

+ 瓦(기와 와, 질그릇 와, 실패 와)

활용어휘 瓷器(자기), 瓷燈(자등), 靑瓷(청자)

諮

16획 / 부수 言

2

말(言)을 **차례(次)**로 **말하여(口)** 물으니 물을 **자**

+ 图 咨 - 차례(次)로 말하여(口) 물으니 '물을 자'
+ 言(말씀 언), 口(입 구, 말할 구, 구멍 구)

활용어휘 諮問(자문), 諮詢(자순), 諮議(자의)

■ 한자암기박사1 ■

제목번호 130 참고

吹 - 입(口)으로 하품(欠)하듯 입벌리고 입김을 부니 '불 취'

軟 - 차(車)가 흠(欠)집이 잘 나도록 연약하고 연하니 '연약할 연, 연할 연'

恣 - 본심 다음(次) 가는 대충의 마음(心)으로 방자하게 마음대로니 '방자할 자, 마음대로 자'

姿 - 심성 다음(次)으로 여자(女)에게 중요한 것은 모습이니 '모습 자'

資 - 사업에서 사람 다음(次)으로 중요한 것은 재물(貝)이니 '재물 자'
또 재물의 정도로 따지는 신분이니 '신분 자'

참

10획 / 부수 欠

거꾸로 서(屰) 있으면 산소가 **모자라**(欠) 숨차니
숨찰 궐

+ 屰 – 사람이 거꾸로 선 모양에서 '거꾸로 설 역, 거스를 역'

2

18획 / 부수 門

문(門)에서도 **숨차게**(欮) 많이 가야 하는 대궐이니
대궐 궐

또 문(門)에 **숨차게**(欮) 뛰어옴은 늦어서 빠지게 생겨서니
빠질 궐

+ 대궐은 크고 넓어서 문에서도 숨차게 가야 하지요.

활용어휘 大闕(대궐), 補闕選擧(보궐선거)

3

厥

12획 / 부수 厂

언덕(厂)은 **거꾸로**(屰) 흠(欠)이 있게 파 보아도
역시 돌 그것이니 **그 궐**

+ 厂(굴 바위 엄, 언덕 엄)

활용어휘 厥公(궐공), 厥物(궐물), 厥初(궐초)

1

蹶

19획 / 부수 足(𧾷)

발(𧾷)로 언덕(厂)에서 **숨차도록**(欮) 버티며 일어나니
일어날 궐, 일어날 궤

또 발(𧾷)로 언덕(厂)에서 **숨차도록**(欮) 버티면 잘 넘어지니
넘어질 궐

+ 𧾷[발 족, 넉넉할 족(足)의 변형]

활용어휘 蹶起(궐기), 蹶然(궐연), 蹶蹶(궤궤), 蹶躓(궐지)

3

朔

10획 / 부수 月

(그믐달이 없어지고) **거꾸로 선(屰) 모양의 달(月)이 뜨는**
초하루니 초하루 **삭**

또 초하루부터 새로 시작하는 달이니 달 **삭**

✚ 달은 차서 보름달을 거쳐 그믐달이 되었다가 다시 거꾸로(반대의 모양으로) 초승달이 되지요.

활용어휘 朔望(삭망), 朔月貰(삭월세), 滿朔(만삭)

1

塑

13획 / 부수 土

초하루(朔), 즉 처음부터 흙(土)으로 빚어 만드니
흙 빚을 **소**

활용어휘 塑像(소상), 塑性(소성), 塑造(소조)

1

遡

14획 / 부수 辵(辶)

초하루(朔), 즉 처음으로 거슬러 올라가니(辶)
거슬러 올라갈 **소**

✚ 图 溯 – 물(氵)이 초하루(朔), 즉 처음으로 거슬러 올라가니
  '거슬러 올라갈 소'
  泝 – 물(氵)로 나쁜 것을 물리쳐(斥) 씻어 버리고 처음으로
  거슬러 올라가니 '거슬러 올라갈 소'

✚ 辶(뜀 착, 갈 착, = 辶), 斥(물리칠 척)

활용어휘 遡及(소급), 遡流(소류)

제목번호 131 참고
逆 – 거꾸로(屰) 가며(辶) 거스르고 배반하니 '거스를 역, 배반할 역'

7

夫
4획 / 부수 大

한(一) 가정을 거느릴 만큼 **큰(大)** 사내나 남편이니
사내 부, 남편 부

활용어휘 大丈夫(대장부), 望夫石(망부석), 令夫人(영부인)

1

芙
8획 / 부수 草(艹)

풀(艹)에 핀 **사내(夫)**처럼 큰 연꽃이니 **연꽃 부**

활용어휘 芙蓉(부용), 木芙蓉(목부용)

1

眷
11획 / 부수 目

팔(八)방을 **사내(夫)**가 두루 **살피며(目)** 돌보니
돌볼 권

+ 八(여덟 팔, 나눌 팔), 目(눈 목, 볼 목, 항목 목)

활용어휘 眷顧(권고), 眷顧之恩(권고지은), 眷屬(권속)

3

替
12획 / 부수 日

두 **사내(夫夫)**가 **말하며(曰)** 바꾸니 **바꿀 체**

+ 曰(가로 왈)

활용어휘 交替(교체), 代替(대체), 對替(대체), 移替(이체)

1

輦
15획 / 부수 車

사내(夫)와 **사내(夫)**들이 맞잡아 끄는 임금이 타는
수레(車)나 손수레니
임금 타는 수레 련(연), 손수레 련(연)

활용어휘 鳳輦(봉련), 輦轝(연여)

■ 한자암기박사1 ■

제목번호 106 참고
扶 – 손(扌)으로 남편(夫)을 도우니 '도울 부'

6

太

4획 / 부수 大

큰 대(大) 아래에 점(丶)을 찍어 더 큼을 나타내어
클 태, 성씨 태

+ 丶(점 주, 불똥 주)

활용어휘 泰山(태산), 太陽(태양), 太初(태초), 太平(태평)

1

汰

7획 / 부수 水(氵)

물(氵)로 큰(太) 것만 씻어 추리니 **씻을 태, 추릴 태**

활용어휘 沙汰(사태), 山沙汰(산사태), 淘汰(도태)

5

規

11획 / 부수 見

사내(夫)가 눈여겨보아야(見) 할 법이니 **법 규**

+ 혈기 왕성한 사내들은 자칫 법을 어기기 쉬우니 법을 눈여겨보아
야 하지요.
+ 見(볼 견, 뵐 현)

활용어휘 規律(규율), 大規模(대규모), 過失相規(과실상규)

1

窺

16획 / 부수 穴

구멍(穴)으로 사내(夫)가 엿보니(見) **엿볼 규**

+ 穴(구멍 혈, 굴 혈)

활용어휘 窺間(규간), 窺見(규견), 窺視(규시), 窺知(규지)

4

卷

8획 / 부수 𠃊(㔾)

허리 **구부리고(𠔁)** 무릎 꿇고(㔾) 앉아 읽는 책이니 책 권

+ 𠔁 – 팔(八)자 걸음으로 사내(夫)가 걸으며 구부정하게 구부리니 '구부릴 권'
  (어원 해설을 위한 참고자로 실제 쓰이는 한자는 아님)
+ 㔾(무릎 꿇을 절, 병부 절, = 卩)

활용어휘 卷頭言(권두언), 壓卷(압권), 手不釋卷(수불석권)

1

倦

10획 / 부수 人(亻)

사람(亻)이 **책(卷)** 읽는 데는 게으르니 게으를 권

활용어휘 倦憩(권게), 倦困(권곤), 倦勤(권근), 倦怠(권태)

1

捲

11획 / 부수 手(扌)

손(扌)으로 **책(卷)**처럼 말아 거두니 말 권, 거둘 권

활용어휘 捲歸(권귀), 捲線(권선), 捲土重來(권토중래)

2

圈

11획 / 부수 口

둘러싼(口) 책(卷)의 둘레니 둘레 권
또 둘레를 막아 만든 우리니 우리 권

+ 우리 – 짐승을 가두어 기르는 곳.
+ 口(에운담)

활용어휘 圈內(권내), 圈圜(권환), 圈牢(권뢰), 圈養(권양)

■ 도움말 ■

〈卷과 券의 구분〉
• 칼(刀)로 새겨 만든 문서면 '문서 권(券)'
• 무릎 꿇고(㔾) 앉아 읽는 책이면 '책 권(卷)'

6

勝

12획 / 부수 力

몸(月) 구부려(关) 힘(力)써서 이기니 **이길 승**

또 이기면 뭔가 나오니 **나을 승**

+ 力(힘 력)

활용어휘 勝算(승산), 連戰連勝(연전연승), 名勝(명승)

2

謄

17획 / 부수 言

몸(月) 구부리고(关) 앉아 말(言)을 베끼니 **베낄 등**

+ 月(달 월, 육 달 월), 言(말씀 언)

활용어휘 謄本(등본), 謄寫(등사), 戶籍謄本(호적등본)

3

騰

20획 / 부수 馬

몸(月)을 구부려(关) 말(馬)에 뛰어오르니 **오를 등**

+ 馬(말 마)

활용어휘 氣勢騰騰(기세등등), 沸騰(비등)

2

藤

19획 / 부수 草(艹)

풀(艹) 중 몸(月) 구부려(关) 물(水)줄기처럼 뻗어가는 등나무니 **등나무 등**

+ 등나무 – 콩과의 낙엽 덩굴성 식물. 줄기는 길이가 10미터 정도로 뻗고 마디가 있음.

+ 水(물 수 발)

활용어휘 藤架(등가), 葛藤(갈등)

■ 한자암기박사1 ■

제목번호 385 참고

券 – 구부리고(关) 앉아 칼(刀)로 새겨 만든 문서니 '문서 권'

拳 – 구부려(关) 손(手)가락을 말아 쥔 주먹이니 '주먹 권'

4

伏

6획 / 부수 人(亻)

사람(亻)이 개(犬)처럼 엎드리니 **엎드릴 복**

활용어휘 伏地不動(복지부동), 哀乞伏乞(애걸복걸)

1

洑

9획 / 부수 水(氵)

물(氵)을 막아 흐르지 못하게 **엎드린(伏)** 모양으로 쌓아 만든 저수지니 저수지 **보**

또 저수지처럼 물이 고이면 일부는 아래로 스며드니 스며들 **복**

+ 참 堰(둑 언) - 제목번호 445 참고
+ 보(洑) - 논에 물을 대기 위하여 자그마하게 둑을 쌓고, 흐르는 냇물을 막아 두는 곳.

활용어휘 洑稅(보세), 洑水稅(보수세), 洑主(보주)

1

尨

7획 / 부수 尢

개(尤) 중 털(彡)이 긴 삽살개니 삽살개 **방**

또 개(尤)가 털(彡)이 길면 크게 보이니 클 **방**

+ 尤['더욱 우, 허물 우'지만 여기서는 '개 견(犬)'의 변형], 彡(터럭 삼, 긴머리 삼)

활용어휘 尨大(방대), 尨然(방연)

■한자암기박사1 ■

제목번호 108 참고
犬 - (주인을) 크게(大) 점(丶)찍어 따르는 개니 '개 견'

2

厭

14획 / 부수 厂

바위(厂) 밑에서 해(日)와 달(月)도 보지 못하고
개(犬)처럼 사는 것을 싫어하니 **싫어할 염**

+ 月(달 월, 육 달 월)

활용어휘 厭世主義(염세주의), 厭症(염증)

4II

壓

17획 / 부수 土

싫은(厭) 것을 흙(土)으로 덮어 누르니 **누를 압**

+ 역 圧 - 굴 바위(厂)가 흙(土)으로 누르니 '누를 압'
+ 총 圧 - 굴 바위(厂)가 흙(土)을 점(丶)처럼 누르니 '누를 압'
+ 유 庄(전장 장) - 제목번호 037 참고
+ 참 押(누를 압, 압수할 압) - 제목번호 046 참고

활용어휘 壓倒(압도), 壓迫(압박), 壓縮(압축)

참

匽

9획 / 부수 匚

무엇을 덮을(匚) 듯이 해(日)와 여자(女)도 보지 않게
눕히니 **눕힐 언**

+ 匚(감출 혜, 덮을 혜 = ㄴ)

1

堰

12획 / 부수 土

흙(土)을 눕힌(匽) 모양으로 길게 쌓은 둑이니 **둑 언**

+ 참 洑(저수지 보, 스며들 복) - 제목번호 444 참고

활용어휘 堰堤(언제), 堰堤湖(언제호), 堰塞(언색)

■ 한자암기박사1 ■

제목번호 110 참고
厚 - 굴 바위(厂) 같은 집에서도 날(日)마다 자식(子)을 돌보는 부모의 정성이 두터우니 '두터울 후'

참

犮

5획 / 부수 犬

개(犬)가 발을 쭉(丿) 뽑아 달리니 뽑을 발, 달릴 발

＋ 犬(개 견)

- -

1

跋

12획 / 부수 足(⻊)

발(⻊)을 쭉 뽑아(犮) 밟으니 밟을 발

또 책의 밟는 부분(뒷부분)에 쓴 발문이니 **발문 발**

＋ 발문(跋文) − 책의 끝에 본문 내용의 대강(大綱)이나 간행 경위에 관한 사항을 간략하게 적은 글.

＋ ⻊[발 족, 넉넉할 족(足)의 변형], 文(무늬 문, 글월 문, 성씨 문), 綱(벼리 강, 대강 강)

활용어휘 跋涉(발섭), 跋文(발문), 跋辭(발사)

- -

1

魃

15획 / 부수 鬼

귀신(鬼)도 놀라 달려(犮) 갈 정도로 가무니 가물 발

＋ 旱(가물 한) − 제목번호 392 참고

＋ 가물다 − 땅의 물기가 바싹 마를 정도로 오랫동안 계속하여 비가 오지 않다.

＋ 鬼(귀신 귀)

활용어휘 旱魃(한발), 耐旱魃性(내한발성)

■ 한자암기박사1 ■

제목번호 341 참고
拔 − 손(扌)으로 가려 뽑으니(犮) '뽑을 발'
髮 − 긴(镸) 털(彡)도 뽑을(犮) 수 있는 머리털이니 '머리털 발'

尢

3획 / 부수자

[양팔 벌리고(一) 다리 벌린 사람(人)을 본떠서 만든]
큰 대(大)의 한 획을 구부려 절름발이를 나타내어
굽을 **왕**, 절름발이 **왕**

3

尤

4획 / 부수 尢

굽고(尢) 점(丶)까지 있어 더욱 허물이니
더욱 **우**, 허물 **우**

활용어휘 尤妙(우묘), 尤悔(우회), 誰怨孰尤(수원숙우)

4

就

12획 / 부수 尢

(벼슬자리가 많은) 서울(京)로 더욱(尤) 나아가 꿈을 이루니
나아갈 **취**, 이룰 **취**

+ 京(서울 경)

활용어휘 日就月將(일취월장), 所願成就(소원성취)

2

蹴

19획 / 부수 足(⻊)

발(⻊)을 앞으로 나아가게(就) 뻗어 차니 **찰 축**

+ ⻊ [발 족, 넉넉할 족(足)의 변형]

활용어휘 蹴球(축구), 蹴踏(축답), 蹴殺(축살), 一蹴(일축)

4Ⅱ

句

5획 / 부수 口

몇 단어씩 **싸서(勹) 입(口)**으로 읽기 좋게 나눠 놓은 글귀니
글귀 **구**

또 몸 **구부리고(勹) 구멍(口)**으로 들어가는 모양처럼
굽으니 굽을 **구**

+ 㓁 包(쌀 포), 旬(열흘 순), 勺(작은 그릇 작)
+ 勹(쌀 포), 口(입 구, 말할 구, 구멍 구)

활용어휘 句句節節(구구절절), 美辭麗句(미사여구)

1

枸

9획 / 부수 木

나무(木) 중 줄기가 **구부러(句)**지며 자라는 구기자니
구기자 **구**

+ 구기자(枸杞子) − 구기자나무의 열매.
+ 구기자나무는 넝쿨처럼 구부러지며 자라지요.
+ 杞(구기자 기) − 제목번호 363 참고

활용어휘 枸杞茶(구기차), 枸櫞酸(구연산)

1

鉤

13획 / 부수 金

쇠(金)를 **구부려(句)** 만든 갈고리니 갈고리 **구**

활용어휘 鉤曲(구곡), 鉤餌(구이), 單鉤(단구), 雙鉤(쌍구)

1

駒

15획 / 부수 馬

말(馬) 중 몸이 잘 **구부려(句)**지는 망아지니 망아지 **구**

+ '아지(兒枝)'는 '아이 가지'라는 뜻으로 소의 새끼는 송아지, 말의 새끼는 망아지처럼 '아지'가 들어가면 어린 새끼를 이르는 말입니다. '싸가지'라는 말도 풀잎의 어린 싹의 '싹 아지'에서 온 말이지요.
+ 馬(말 마), 兒(아이 아), 枝(가지 지)

활용어휘 駒馬(구마), 白駒過隙(백구과극)

3

苟

9획 / 부수 草(艹)

풀(艹)처럼 굽어(句) 사는 모양이 구차하니 **구차할 구**

또 구차하지만 마음만은 진실로 대하니 **진실로 구**

+ 구차(苟且) – ㉠ 살림이 몹시 가난함.
  　　　　　　 ㉡ 말이나 행동이 떳떳하거나 버젓하지 못함.
+ 艹(초 두), 且(또 차, 구차할 차)

활용어휘 苟艱(구간), 苟免(구면), 苟命圖生(구명도생)

- - -

5II

敬

13획 / 부수 攴(攵)

진실로(苟) 대하면 **채찍질(攵)**해도 공경하니
공경할 경

+ 공경(恭敬) – 공손히 받들어 모심.
+ 攵(칠 복, = 攴), 恭(공손할 공)

활용어휘 敬老孝親(경로효친), 敬天愛人(경천애인)

- - -

1II

儆

15획 / 부수 人(亻)

사람(亻)이 지나치게 **공경하면(敬)** 일단 경계하고 조심하니
경계할 경, 조심할 경

+ 인·지명용 한자.

활용어휘 儆誡(경계), 儆備(경비), 規儆(규경)

■ 한자암기박사1 ■

제목번호 135 참고
拘 – 손(扌)을 구부려(句) 잡으니 '잡을 구'
狗 – 개(犭) 중 몸이 잘 구부려지는(句) 강아지니 '강아지 구, 개 구'
極 – 나무(木) 옆에서 하나(一)의 글귀(句)를 또(又) 한(一) 번 끝까지 다하여 익히니 '끝 극, 다할 극'

제목번호 136 참고
警 – 진실한(苟) 마음으로 채찍질(攵)하며 말(言)로 경계하고 깨우치니 '경계할 경, 깨우칠 경'
驚 – 진실한(苟) 마음으로 채찍질(攵)해도 말(馬)은 놀랄 뿐이니 '놀랄 경'

3Ⅱ 旬

6획 / 부수 日

날(日)을 열흘씩 묶어 싼(勹) 단위인 열흘이니 **열흘 순**

+ ⊞ 句(글귀 구, 굽을 구), 包(쌀 포), 勺(작은 그릇 작)
+ 날을 열흘씩 묶어 셈함을 생각하고 만든 한자.

활용어휘 中旬(중순), 望九旬(망구순), 三旬九食(삼순구식)

1Ⅱ 洵

9획 / 부수 水(氵)

물(氵)이 **열흘(旬)**이 지나도 변치 않으면 참으로 믿으니
참으로 순, 믿을 순

+ 인·지명용 한자.

1Ⅱ 珣

10획 / 부수 玉(王)

옥(王) 중 **열흘(旬)**이 지나도 반짝이는 옥 이름이니
옥 이름 순

+ 인·지명용 한자.

---

1 絢

12획 / 부수 糸

실(糸)로 싸(勹) 햇(日)빛에 빛나도록 만든 무늬니
무늬 현

활용어휘 絢爛(현란), 絢采(현채)

1Ⅱ 荀

10획 / 부수 草(艹)

풀(艹) 중 **열흘(旬)** 정도 돋아난 것 같은 연한 풀이나
사람 이름이니 **풀 이름 순, 사람 이름 순**

활용어휘 松荀(송순), 松荀酒(송순주), 荀子(순자)

---

1 筍

12획 / 부수 竹(⺮)

대(⺮)에서 **열흘(旬)** 정도 돋아난 죽순이니 **죽순 순**

+ ⺮(대 죽)

활용어휘 竹筍(죽순), 雨後竹筍(우후죽순), 筍皮(순피)

包

4II
5획 / 부수 勹

싸고(勹) 또 뱀(巳)처럼 긴 실로 묶어 싸니 **쌀 포**

+ 圖 句(글귀 구, 굽을 구), 旬(열흘 순), 勺(작은 그릇 작)
+ 뱀은 길이가 길어 몸을 둥글게 사리거나 무엇을 감싸고 있지요.
+ 巳(뱀 사, 여섯째 지지 사)

활용어휘 小包(소포), 包容(포용), 包主(포주)

咆

1
8획 / 부수 口

입(口)을 싸(包)듯이 크게 벌리고 고함지르니
고함지를 포

활용어휘 咆號(포호), 咆哮(포효), 咆虎陷浦(포호함포)

泡

1
8획 / 부수 水(氵)

물(氵)로 싸인(包) 물거품이니 **물거품 포**

+ 圖 沫(물거품 말) - 제목번호 002 참고

활용어휘 泡沫(포말), 泡沫夢幻(포말몽환), 水泡(수포)

袍

1
10획 / 부수 衣(衤)

옷(衤) 중에 싸(包)듯이 둘러 입는 두루마기니
두루마기 포

+ 衤(옷 의 변)

활용어휘 袍帶(포대), 道袍(도포), 靑袍(청포)

鮑

1II
16획 / 부수 魚

물고기(魚)를 소금에 싸(包) 절인 물고기니
절인 물고기 포
또 물고기(魚)처럼 물에서 껍질에 싸여(包) 자라는 전복이니
전복 포

+ 魚(물고기 어)

활용어휘 鮑魚之肆(포어지사), 鮑尺(포척)

庖

8획 / 부수 广

집(广)에서 음식을 만들어 **싸는(包)** 부엌이니 **부엌 포**

+ 广(집 엄)

활용어휘 庖稅(포세), 庖丁(포정), 庖廚(포주), 庖漢(포한)

疱

10획 / 부수 疒

병(疒) 중 **싸인(包)** 듯 물집이 생기는 천연두니 **천연두 포**

+ 천연두(天然痘) - 열이 몹시 나고 온몸에 발진(發疹)이 생겨 딱지가 저절로 떨어지기 전에 긁으면 얽게 됨.

+ 痘(천연두 두), 疹(홍역 진, 열병 진)

활용어휘 疱瘡(포창)

■ 한자암기박사1 ■

제목번호 134 참고

抱 - 손(扌)으로 싸(包) 안으니 '안을 포'

胞 - 몸(月)을 싸고(包) 있는 세포니 '세포 포'

飽 - 밥(飠)으로 싸인(包) 듯 배부르니 '배부를 포'

砲 - 돌(石)을 싸서(包) 던지는 대포니 '대포 포'

勺

3획 / 부수 勺

싸인(勹) 하나의(一) 작은 그릇이니 작은 그릇 작

+ 图勺 – 싸인(勹) 하나의 점(丶) 같은 작은 그릇이니 '작은 그릇 작'
+ 用 句(글귀 구, 구절 구), 旬(열흘 순), 包(쌀 포)
+ 쌀 포(勹) 안에 점 주, 불똥 주(丶)를 쓰기도 하고 한 일(一)을 쓰기도 합니다.
+ 작(勺) – 액체나 씨앗 등의 양을 잴 때 쓰이는 부피의 단위로, 한 작은 한 홉의 10분의 1로 18mL에 해당.

활용어휘 勺水不入(작수불입), 勺藥之贈(작약지증)

灼

7획 / 부수 火

불(火)로 작은 그릇(勺)까지 불사르니 불사를 작

활용어휘 灼熱(작열), 灼鐵(작철)

杓

7획 / 부수 木

나무(木)로 작게(勺) 박은 자루니 자루 표

활용어휘 杓庭扇(표정선)

豹

10획 / 부수 豸

사납고(豸) 작은(勺) 무늬가 있는 표범이니 표범 표

+ 豸(사나운 짐승 치, 발 없는 벌레 치)

활용어휘 豹紋(표문), 豹變(표변), 豹皮(표피)

芍

7획 / 부수 草(艹)

풀(艹) 중 작은 그릇(勺) 같은 둥근 꽃이 피는 함박꽃이나 작약이니 함박꽃 작, 작약 작

활용어휘 芍藥(작약), 芍藥花(작약화)

5II

約
9획 / 부수 糸

실(糸)로 **작은(勺)** 매듭을 맺듯이, 맺고 약속하니
맺을 약, 약속할 약

활용어휘 約條(약조), 請約(청약), 百年佳約(백년가약)

1

蒻
13획 / 부수 草(艹)

풀(艹)꽃에서 **실(糸)** 같은 줄기에 매달린 **작은 그릇(勺)**
같은 꽃밥이니 **꽃밥 약**

+ 꽃밥 – 꽃을 이루는 기관인 수술의 한 부분으로, 꽃가루를 만드는
장소.

활용어휘 去蒻(거약)

2

釣
11획 / 부수 金

쇠(金)로 **작은(勺)** 갈고리처럼 만들어 고기를 낚는 낚시니
낚을 조, 낚시 조

활용어휘 釣竿(조간), 釣臺(조대), 釣船(조선), 釣叟(조수)

■ 한자암기박사1 ■

제목번호 133 참고
酌 – 술(酉)을 작은 그릇(勺) 따르니 '술 따를 작'
　　　또 술 따를 때는 상대의 술 실력을 참작하니 '참작할 작'
的 – 하얗게(白) 싼(勹) 판에 점(丶) 찍어 맞히는 과녁이니 '맞힐 적, 과녁 적'
　　　또 과녁은 잘 보이도록 만들어 밝으니 '밝을 적'
　　　또 '그 성격을 띠는, 그에 관계된, 그 상태로 된'의 뜻을 갖는 접미사니 '접미사 적'

勿

3II
4획 / 부수 勹

싸(勹) 놓은 것을 **털어 버리면**(丿丿) 없으니 없을 물

또 이처럼 털어 버리지 말라는 데서 말 물

+ 勹(쌀 포), 丿('삐침 별'이지만 여기서는 털어 버리는 모양)

활용어휘 勿失好機(물실호기), 非禮勿動(비례물동)

笏

1
10획 / 부수 竹(⺮)

대(⺮)쪽에 실수가 **없도록**(勿) 적어 놓은 홀이니
홀 홀

+ 홀(笏) – 조선 시대에 벼슬아치가 임금을 만날 때에 손에 쥐던 물건. 일품부터 사품까지는 상아홀, 오품 이하는 목홀(木笏)을 사용했음.

활용어휘 笏記(홀기), 投笏(투홀)

忽

3II
8획 / 부수 心

없던(勿) 마음(心)이 문득 떠오르니 문득 홀

또 계획 **없는**(勿) 마음(心)으로 대함이 소홀하니
소홀할 홀

+ 문득 – 생각이나 느낌 등이 갑자기 떠오르는 모양.

활용어휘 忽變(홀변), 忽然(홀연), 疏忽(소홀), 忽待(홀대)

惚

1
11획 / 부수 心(忄)

마음(忄)에 **문득**(忽) 느껴지며 황홀하니 황홀할 홀

활용어휘 恍惚(황홀), 恍惚境(황홀경), 自惚(자홀)

易

4
8획 / 부수 日

해(日)가 **없어**(勿)졌다 나타났다 하듯 쉽게 바꾸니
쉬울 이, 바꿀 역

또 사서삼경의 하나로, 점치는 주역(周易)도 나타내어
주역 역, 점칠 역

+ 昜(볕 양, 햇살 양) – 제목번호 454 참고
+ 주역(周易) – 중국의 점에 관한 책으로, 오경(五經)의 하나.

활용어휘 易地皆然(역지개연), 易地思之(역지사지)

錫

1II
16획 / 부수 金

쇠(金) 중에 가벼워 **쉽게**(易) 들 수 있는 주석이니
주석 석

+ 주석(朱錫) – 은백색의 광택이 있는 금속 원소.
+ '주석'은 쇠지만 가벼워서 지팡이 같은 데에 사용하지요.

활용어휘 錫鑛(석광), 錫杖(석장), 錫婚式(석혼식)

특

昜

9획 / 부수 日

아침(旦)마다 **없던(勿)** 해가 떠서 비치는 볕과 햇살이니
볕 양, 햇살 양

+ 㕱 易(쉬울 이, 바꿀 역, 주역 역, 점칠 역)
+ 볕의 뜻으로는 언덕 부 변(阝)을 붙인 '陽(볕 양, 드러날 양)'으로
많이 씁니다.
+ 旦(아침 단), 勿(없을 물, 말 물)

1

瘍

14획 / 부수 疒

병(疒)이 **햇살(昜)**처럼 퍼지는 종기나 상처니
종기 양, 상처 양

+ 종기(腫氣) - 피부가 곪으면서 생기는 큰 부스럼.
+ 疒(병들 녁), 腫(부스럼 종), 氣(기운 기, 대기 기)

활용어휘 潰瘍(궤양), 腫瘍(종양), 腦腫瘍(뇌종양)

1

觴

18획 / 부수 角

뿔(角)로 만들어 **사람(ㅅ)**이 **햇살(昜)**처럼 따뜻한 마음으로
술을 따라 마시는 술잔이니 **술잔 상**

활용어휘 觴詠(상영), 濫觴(남상)

1

蕩

16획 / 부수 草(艹)

초(艹)원에서 **끓도록(湯)** 놀며 방탕하니 **방탕할 탕**
또 초(艹)원이 **끓도록(湯)** 타면서 모든 생명을 쓸어버려
넓으니 **쓸어버릴 탕, 넓을 탕**

+ 방탕(放蕩) - 주색잡기(酒色雜技)에 빠져서 행실이 좋지 못함.
+ 放(놓을 방), 酒(술 주), 色(빛 색), 雜(섞일 잡), 技(재주 기)

활용어휘 蕩兒(탕아), 蕩減(탕감), 掃蕩(소탕), 浩蕩(호탕)

■ 한자암기박사1 ■

제목번호 138 참고
陽 – 언덕(阝)을 비추는 볕(昜)이니 '볕 양'
　　 또 볕이 비추면 드러나니 '드러날 양'
揚 – 손(扌)으로 햇살(昜)처럼 빛나게 날리고 높이니 '날릴 양, 높일 양'
楊 – 나뭇(木)가지가 햇살(昜)처럼 퍼져 늘어지는 버들이니 '버들 양'
場 – 흙(土)이 햇살(昜)처럼 넓게 퍼진 마당이니 '마당 장'
　　 또 마당에서 벌어지는 상황이니 '상황 장'
腸 – 몸(月) 속에 햇살(昜)처럼 넓게 퍼진 창자니 '창자 장'
暢 – 넓게 펴지는(申) 햇살(昜)로 화창하니 '화창할 창'
湯 – 물(氵)을 햇살(昜) 같은 불로 끓인 국이니 '끓일 탕, 국 탕'
傷 – 사람(亻)과 사람(ㅅ)은 햇살(昜)에 피부가 상하니 '상할 상'

특II

曷
9획 / 부수 日

해(日)를 피해 둘러싸인(勹) 곳에 **사람**(人)이 **숨으면**(乚) 어찌 더위가 그쳐 다하지 않겠는가에서
어찌 갈, 그칠 갈, 다할 갈

+ 日(해 일, 날 일), 勹(쌀 포), 乚(감출 혜, 덮을 혜, = 匸)

1

喝
12획 / 부수 口

입(口)을 **다하여**(曷) 꾸짖거나 부르니
꾸짖을 갈, 부를 갈

+ 図 渴 - 물(氵)이 다하여(曷) 마르니 '마를 갈'

활용어휘 喝取(갈취), 恐喝(공갈), 拍手喝采(박수갈채)

1

竭
14획 / 부수 立

서(立)서 정성을 **다하니**(曷) **정성 다할 갈**

+ 立(설 립)

활용어휘 竭力(갈력), 竭盡(갈진), 竭忠報國(갈충보국)

1

褐
14획 / 부수 衣(衤)

옷(衤)의 수명이 **다한**(曷) 듯 변한 갈색이니 **갈색 갈**
또 갈색의 베옷이니 **베옷 갈**

+ 옷을 오래 입으면 색도 바래지요.
+ 衤(옷 의 변)

활용어휘 褐色(갈색), 灰褐色(회갈색), 被褐懷玉(피갈회옥)

1II

鞨
18획 / 부수 革

가죽(革)으로 **다(曷)** 옷을 만들어 입는 오랑캐 이름이니
오랑캐 이름 갈

활용어휘 鞦鞨(말갈)

1

偈
11획 / 부수 人(亻)

사람(亻)이 정성을 **다하여**(曷) 읊는 불교 시니
불교 시 게

활용어휘 偈句(게구), 偈頌(게송)

2

揭

12획 / 부수 手(扌)

손(扌)으로 힘을 다하여(曷) 높이 거니 **걸 게**

활용어휘 揭記(게기), 揭示(게시), 揭揚(게양), 揭載(게재)

---

456 헐갈 알애[歇葛 謁靄] - 曷과 謁로 된 한자

1

歇

13획 / 부수 欠

일을 다하고(曷) 하품(欠)하며 쉬니 **쉴 헐**

또 빨리 팔고 쉬려고 값싸게 파니 **값쌀 헐**

+ 欠(하품 흠, 모자랄 흠, 이지러질 결, 빠질 결)

활용어휘 歇脚(헐각), 間歇(간헐), 歇價(헐가)

2

葛

13획 / 부수 草(艹)

풀(艹) 중 힘을 다하듯(曷) 뻗어가는 칡이니 **칡 갈**

+ 칡은 어딘가로 계속 뻗어가며 자라지요.

활용어휘 葛巾(갈건), 葛根(갈근), 葛藤(갈등), 葛粉(갈분)

3

謁

16획 / 부수 言

말(言)을 다하려고(曷) 뵙고 아뢰니 **뵐 알, 아뢸 알**

활용어휘 謁告(알고), 謁見(알현), 拜謁(배알)

1

靄

24획 / 부수 雨

비(雨)올 때 잘 뵈지(謁) 않게 끼는 이내니 **이내 애**

또 이내처럼 흐릿하게 올라가는 아지랑이니 **아지랑이 애**

+ 이내 - 해 질 무렵 멀리 보이는 푸르스름하고 흐릿한 기운.

+ 아지랑이 - 주로 봄날 햇빛이 강하게 쬘 때 공기가 공중에서 아른아른 움직이는 현상.

활용어휘 靄靄(애애), 和氣靄靄(화기애애), 朝靄(조애)

方

7II
4획 / 제부수

(쟁기로 갈아지는 흙이 모나고 일정한 방향으로 넘어가니)
쟁기로 밭 가는 모양을 본떠서 모 **방**, 방향 **방**
또 쟁기질은 밭을 가는 중요한 방법이니 방법 **방**, 성씨 **방**

+ 지금은 논밭을 트랙터로 갈지만 옛날에는 쟁기로 갈았지요.

활용어휘 一方通行(일방통행), 天方地軸(천방지축)

坊

1
7획 / 부수 土

흙(土)으로 사방(方)에 집을 짓고 사는 동네니 동네 **방**

활용어휘 洞內坊內(동내방내), 坊坊曲曲(방방곡곡)

彷

1
7획 / 부수 彳

조금씩 걸으며(彳) 방향(方) 없이 방황하니 방황할 **방**
또 방황하면 발전하지 못하고 그대로 비슷하니 비슷할 **방**

활용어휘 彷徨(방황), 彷佛(방불)

枋

1
8획 / 부수 木

나무(木) 중 사방(方)으로 쓰이는 다목이니 다목 **방**
또 다목은 중방이나 뗏목에도 쓰였으니
중방 **방**, 뗏목 **방**

+ 다목 – 활엽 교목의 하나. 따뜻한 곳에서 재배하는데, 목재는 활을
만드는 데 쓰고, 속의 붉은 부분은 염료 및 약재로 씀.
+ 중방(中枋) – 벽의 중간 높이에 가로지르는 나무.

활용어휘 枋底(방저)

昉

1
8획 / 부수 日

해(日)가 사방(方)을 비춰 밝으니 밝을 **방**

+ 인·지명용 한자.

1

肪

8획 / 부수 肉(月)

몸(月)을 사방(方)으로 늘어나게 하는 기름이니

기름 방

+ 기름, 즉 지방이 몸을 살찌게 하지요.

활용어휘 脂肪(지방), 脂肪分(지방분), 脂肪油(지방유)

- -

2

紡

10획 / 부수 糸

실(糸)을 일정한 방향(方)으로 뽑으며 하는 길쌈이니

실 뽑을 방, 길쌈 방

+ 길쌈 – 실을 내어 옷감을 짜는 모든 일을 통틀어 이르는 말.

활용어휘 紡絲(방사), 紡績(방적), 紡織(방직), 混紡(혼방)

■ 한자암기박사1 ■

제목번호 330 참고
訪 – 좋은 말씀(言)을 듣기 위해 어느 방향(方)으로 찾아 방문하니 '찾을 방, 방문할 방'
防 – 언덕(阝)처럼 어느 방향(方)에 쌓은 둑이니 '둑 방'
　　또 둑을 쌓아 막으니 '막을 방'
妨 – 어떤 여자(女)가 여러 방법(方)으로 유혹하며 방해하니 '방해할 방'
芳 – 풀(++) 향기가 사방(方)으로 퍼져 꽃답다니 '꽃다울 방'
房 – 집(戶)의 어떤 방향(方)에 설치한 방이니 '방 방'

6 **族** 11획 / 부수 方	사방(方)에서 **사람**(𠂉)과 **사람**(𠂉)들이 **크게**(大) 모여 이룬 겨레니 겨레 족 + 𠂉[사람 인(人)의 변형], 大(큰 대) 활용어휘 族譜(족보), 氏族(씨족), 同族相殘(동족상잔)
1 **嗾** 14획 / 부수 口	입(口)으로 **겨레**(族)를 부추기니 부추길 주 활용어휘 嗾囑(주촉), 使嗾(사주)
1 **簇** 17획 / 부수 竹(⺮)	대(⺮) 중 **겨레**(族)처럼 한곳에 모여 사는 조릿대니 조릿대 족, 모일 족 또 조릿대로 만든 화살촉이니 화살촉 족 + 조릿대 - 조리를 만들 때 쓰는 가늘고 연한 대로 한곳에 모여 삶. 활용어휘 簇生(족생), 簇子(족자), 簇出(족출)
1 **游** 12획 / 부수 水(氵)	물(氵)에서 **사방**(方)으로 **사람**(𠂉)이 **아들**(子)을 데리고 헤엄치며 노니 헤엄칠 유, 놀 유 활용어휘 游泳(유영), 浮游(부유), 回游(회유), 游魚(유어)
1Ⅱ **旌** 11획 / 부수 方	사방(方)에서 **사람**(𠂉)들이 알아보도록 **살아**(生) 나부끼게 끝을 꾸민 기니 기 정 + 정(旌) - 깃대 끝에 새의 깃으로 꾸민 장목을 늘어뜨린 의장기. 활용어휘 旌旗(정기), 旌閭(정려), 旌銘(정명), 旌門(정문)

■ 한자암기박사1 ■

제목번호 330 참고
遊 - 사방(方)으로 사람(𠂉)이 아들(子)을 데리고 다니며(辶) 놀고 여행하니 '놀 유, 여행할 유'

6II

放
8획 / 부수 攴(攵)

어떤 **방향**(方)으로 가도록 **쳐**(攵) 놓으니 놓을 **방**

+ 攵(칠 복, = 攴)

활용어휘 放牧(방목), 放置(방치), 放學(방학), 釋放(석방)

3

傲
13획 / 부수 人(亻)

사람(亻)을 흙(土)바닥에 **놓고**(放) 대함이 거만하니
거만할 **오**

활용어휘 傲氣(오기), 傲慢(오만), 傲霜孤節(오상고절)

1

贅
18획 / 부수 貝

선비(士)가 **놓아**(放) 둔 재물(貝)처럼 별로 중요하지 않은
혹이나 군것이니 혹 **췌**, 군것 **췌**

또 혹처럼 별로 중요하지 않게 취급하는 데릴사위니
데릴사위 **췌**

+ 군것 - 없어도 좋을 쓸데없는 것.
+ 데릴사위 - 아내의 집에서 아내의 부모와 함께 사는 사위.
+ 처가에서 데리고 사니 별로 중요하지 않게 취급했겠지요.
+ 貝(조개 패, 재물 패, 돈 패)

활용어휘 贅論(췌론), 贅辭(췌사), 贅言(췌언), 贅壻(췌서)

1

檄
17획 / 부수 木

나무(木)를 하얗게(白) 깎아 사방(方)을 치듯이(攵)
격하게 글을 써 알리는 격문이니 격문 **격**

+ 격문(檄文) - ㉠ 어떤 일을 여러 사람에게 알리어 부추기는 글.
　　　　　　㉡ 급히 사람들에게 알리려고 각처로 보내는 글.
+ 격(檄)하다 - 격문 등을 보내어 분발하여 일어날 것을 호소하다.
+ 종이가 귀하던 옛날에는 나무판에 글을 썼으니 이런 한자가 되었
　네요.

활용어휘 檄書(격서), 檄召(격소)

1

邀

17획 / 부수 辶(辶)

하얀(白) 먼지가 **사방**(方)에 요동**치도록**(攵) **뛰어가**(辶)
맞으니 **맞을 요**

활용어휘 邀擊(요격), 邀來(요래), 邀招(요초)

3

於

8획 / 부수 方

사방(方)으로 **사람**(人) **둘**(冫)씩 인연 맺어 주듯
말과 말을 연결시켜 주는 어조사니 어조사 어
또 어조사처럼 소리 내며 탄식하니 탄식할 오

활용어휘 於中間(어중간), 於間(어간), 青出於藍(청출어람)

1

瘀

13획 / 부수 疒

병(疒)이 뜻 없는 **어조사**(於)처럼 피는 나지 않고 멍만 드니
멍들 어

활용어휘 瘀血(어혈)

■ 한자암기박사1 ■

제목번호 332 참고
倣 − 사람(亻)이 주체성을 놓아(放)버리고 남만 모방하니 '모방할 방'
激 − 물(氵)결이 하얗게(白) 일도록 격하게 놓아(放) 부딪치니 '격할 격, 부딪칠 격'

3

卜

2획 / 제부수

점치던 거북이 등껍데기가 갈라진 모양을 본떠서
점 복, 성씨 복
+ 옛날에는 거북이 등을 태워 갈라진 부위를 보고 점쳤답니다.

활용어휘 卜居(복거), 卜吉(복길), 卜年(복년), 卜債(복채)

1

訃

9획 / 부수 言

말(言)로 살아생전에 알았던 사람을 점(卜)치듯 가려서
알리는 부고니 부고 부
+ 부고(訃告) – 사람이 죽은 것을 알리는 통지.
+ 누가 죽으면 살아생전에 누구를 알았던가를 점치듯 가려서 알리지요.
+ 告(알릴 고, 뵙고 청할 곡)

활용어휘 訃聞(부문), 訃報(부보), 訃信(부신), 訃音(부음)

3

赴

9획 / 부수 走

달려(走) 목적지에 다다라 점(卜)친 것을 알리니
다다를 부, 알릴 부
+ 㐃 起(일어날 기, 시작할 기)
+ 走(달릴 주, 도망갈 주)

활용어휘 赴任(부임), 赴援(부원)

1

捷

11획 / 부수 手(扌)

(상대의) 손(扌)을 하나(一)씩 손(彐)에 잡고 점(卜)치듯
헤아리면 그 사람(人)의 마음을 빨리 알아 이기니
빠를 첩, 이길 첩
+ 彐(고슴도치 머리 계, 오른손 우), 卜('점 복, 성씨 복'이지만 여기서는 헤아리다의 뜻)

활용어휘 捷徑(첩경), 捷速(첩속), 敏捷(민첩), 大捷(대첩)

■ 한자암기박사1 ■

제목번호 234 참고
外 – 저녁(夕)에 점(卜)치러 나가는 밖이니 '밖 외'
朴 – 나무(木) 껍질이나 점(卜)칠 때 쓰는 거북 등껍데기처럼 갈라져 투박하고 순박하니 '순박할 박'
    또 순박한 사람들의 성씨니 '성씨 박'

占
5획 / 부수 卜

점(卜)쟁이에게 **말하며**(口) 점치니 점칠 **점**
또 **표지판**(卜)을 **땅**(口)에 세우고 점령하니 점령할 **점**

+ 점령(占領) - 어떤 장소를 차지하여 자리를 잡음.
+ 卜(점 복, 성씨 복), 領(거느릴 령, 우두머리 령)

활용어휘 占卦(점괘), 占術(점술), 占有(점유), 占居(점거)

粘
11획 / 부수 米

쌀(米)밥이 **점령하듯**(占) 달라붙게 끈끈하니 끈끈할 **점**

+ 米(쌀 미)

활용어휘 粘膜(점막), 粘液(점액), 粘土(점토)

帖
8획 / 부수 巾

수건(巾) 같은 천에 **점령하듯**(占) 글을 적은 문서니
문서 **첩**

+ 巾(수건 건)

활용어휘 書帖(서첩), 手帖(수첩), 畫帖(화첩)

貼
12획 / 부수 貝

조개(貝)처럼 불룩하게 **점령하여**(占) 싸 붙인 약첩이니
붙일 **첩**, 약첩 **첩**

+ 첩(貼) - 약봉지에 싼 약의 뭉치를 세는 단위.
+ 貝(조개 패, 재물 패, 돈 패)

활용어휘 貼付(첩부), 貼用(첩용), 貼藥(첩약)

砧
10획 / 부수 石

돌(石) 중 옷을 **점령하듯**(占) 놓고 치는 다듬잇돌이니
다듬잇돌 **침**

+ 다듬잇돌 - 다듬이질을 할 때 밑에 받치는 돌.

활용어휘 砧石(침석), 砧聲(침성), 砧杵(침저)

霑
16획 / 부수 雨

비(雨)와 **물**(氵)이 **점령하듯**(占) 젖으니 젖을 **점**

+ 雨(비 우)

활용어휘 霑濕(점습), 霑潤(점윤), 霑汗(점한), 均霑(균점)

3II

貞

9획 / 부수 貝

점(卜)치듯 요모조모 따져 재물(貝)을 씀이 곧으니
곧을 정

+ 卜(점 복, 성씨 복), 貝(조개 패, 재물 패, 돈 패)

활용어휘 貞潔(정결), 貞烈(정렬), 貞淑(정숙), 貞操(정조)

2

偵

11획 / 부수 人(亻)

사람(亻)들이 곧게(貞) 일하는지 엿보며 염탐하니
엿볼 정, 염탐할 정

활용어휘 偵察(정찰), 偵探(정탐), 探偵(탐정)

1II

楨

13획 / 부수 木

나무(木) 중 담을 곧게(貞) 잡아 주는 담 기둥이니
담 기둥 정

활용어휘 楨幹(정간)

1II

禎

14획 / 부수 示

신(示)이 곧게(貞) 마음쓴 듯 상서로우니
상서로울 정

+ 상서(祥瑞)롭다 – 복되고 좋은 일이 있을 듯하다.
+ 示(보일 시, 신 시), 祥(상서로울 상, 조짐 상), 瑞(상서로울 서)

활용어휘 禎祥(정상)

1

幀

12획 / 부수 巾

수건(巾) 같은 천에 글씨나 그림을 그려서 곧게(貞) 걸어
놓는 족자니 **족자 정, 그림 족자 탱**

+ 족자(簇子) – 글씨나 그림 등을 벽에 걸거나 말아 둘 수 있도록
  양 끝에 가름대를 대고 표구한 물건.
+ 巾(수건 건), 簇(조릿대 족, 모일 족, 화살촉 족)

활용어휘 影幀(영정), 裝幀(장정), 幀畫(탱화)

4

從

11획 / 부수 彳

걸어서(彳) 두 사람(人人) 중 점(卜)쳐 고른 사람(人)을
좇아 따르니 **좇을 종, 따를 종**

+ 웹 从 - 사람(人)이 사람(人)을 좇아 따르니 '좇을 종, 따를 종'
    從 - 걸어서(彳) 이쪽저쪽(丷)으로 아래(下)까지 사람(人)을
    좇아 따르니 '좇을 종, 따를 종'
+ 옛날에는 점을 많이 쳐서 점과 관련된 한자도 많답니다.
+ 彳(조금 걸을 척), 卜(점 복, 성씨 복)

활용어휘 從事(종사), 從多數(종다수), 類類相從(유유상종)

1

慫

15획 / 부수 心

따를(從) 마음(心)이 들도록 권하니 **권할 종**
또 갑자기 따를(從) 마음(心)이 들 정도로 놀랍고 두려우니
놀랄 종, 두려울 종

+ 웹 㣚, 𢟙

활용어휘 慫慂(종용), 慫兢(종긍)

1Ⅱ

睿

14획 / 부수 目

점(卜) 같은 미신을 덮어(冖) 버리고 하나(一)같이
파고(𠂆) 파(乂) 눈(目)으로 직접 보는 밝은 슬기니
밝을 예, 슬기 예

+ 图 叡(밝을 예, 슬기 예)
+ 𠂆, 乂[여덟 팔, 나눌 팔(八)의 변형]

활용어휘 睿德(예덕), 睿智(예지)

1Ⅱ

濬

17획 / 부수 水(氵)

물(氵)이 맑아 속까지 들여다보이게 **밝고(睿) 깊으니**
깊을 준

활용어휘 濬潭(준담), 濬源(준원), 濬哲(준철)

1Ⅱ

璿

18획 / 부수 玉(王)

옥(王)빛이 **밝은(睿) 구슬이니 구슬 선**

활용어휘 璿源大鄕(선원대향)

특II

粲

13획 / 부수 米

몸에 좋고 나쁨을 **가려(卜) 저녁(夕)**마다 **또(又)** 먹게 **쌀(米)**을 정미하니 정미 **찬**

또 방금 정미한 듯 색이 선명하니 선명할 **찬**

+ 정미(精米) – 수확한 쌀을 기계 등으로 찧음.
+ 쌀은 겉 부분에 영양소가 많으니 너무 찧으면 건강에 좋지 않고 덜 찧으면 먹기에 거치니 잘 가려 찧어야 하지요.
+ 米(쌀 미), 精(정밀할 정, 찧을 정)

활용어휘 粲然(찬연), 粲粲(찬찬), 粲粲玉食(찬찬옥식)

1II

燦

17획 / 부수 火

불(火)이 **선명하게(粲)** 빛나니 빛날 **찬**

활용어휘 燦爛(찬란), 燦然(찬연), 豪華燦爛(호화찬란)

1II

璨

17획 / 부수 玉(王)

옥(王)에서 **선명하게(粲)** 빛나는 옥빛이니 옥빛 **찬**

+ 인·지명용 한자.
+ 王(임금 왕, 으뜸 왕, 구슬 옥 변)

2

餐

16획 / 부수 食

몸에 좋고 나쁨을 **가려(卜) 저녁(夕)**마다 **또(又) 먹는(食)** 밥이니 먹을 **찬**, 밥 **찬**

+ 图 飱 – 물(氵)과 함께 먹는(食) 밥이니 '먹을 찬, 밥 찬'
+ 卜('점 복, 성씨 복'이지만 여기서는 점쳐 가린다는 뜻), 夕(저녁 석), 又(오른손 우, 또 우), 食(밥 식, 먹을 식, 밥 사)

활용어휘 晚餐(만찬), 午餐(오찬), 朝餐(조찬)

疋
5획 / 제부수

하나(一)씩 점(卜)치듯 가늠하여 사람(人)이 일정하게
묶어 천을 세는 단위인 필이니 **필 필**
또 무릎부터 발까지의 모양으로도 보아 **발 소**

+ 필(疋) – 일정한 길이로 말아 놓은 천을 세는 단위.
+ 一[한 일(一)의 변형], 卜(점 복, 성씨 복), 천 – 실로 짠, 옷이나
  이부자리 따위의 감이 되는 물건.

활용어휘 疋緞(필단), 疋木(필목)

蛋
11획 / 부수 虫

발(疋) 없는 벌레(虫)는 새알이니 **새알 단**

+ 备 蛋(누에 잠), 蚤(벼룩 조)
+ 새알은 살아 있지만 발은 없지요.

활용어휘 蛋白質(단백질), 蛋黃(단황), 鷄蛋(계단)

胥
9획 / 부수 肉(月)

발(疋)이 몸(月)에서 짝을 이루듯 짝을 이루는 서로니
서로 서
또 발(疋)이 몸(月)에서 낮은 곳에 있는 것처럼
낮은 벼슬아치니 **낮은 벼슬아치 서**

활용어휘 胥失(서실), 胥吏(서리)

壻
12획 / 부수 士

선비(士)처럼 서로(胥) 예를 갖춰 대해야 하는 사위니
사위 서

+ 통 婿 – 딸(女)이 서로(胥) 상대하며 사는 사위니 '사위 서'

활용어휘 壻郎(서랑), 翁壻(옹서), 姪壻(질서)

旋
11획 / 부수 方

사방(方)으로 사람(𠂉)들이 발(疋)을 움직여 도니
돌 선

+ 方(모 방, 방향 방, 방법 방), 𠂉[사람 인(人)의 변형]

활용어휘 旋風(선풍), 螺旋形(나선형), 斡旋(알선)

璇
15획 / 부수 玉(王)

옥(王) 중 도는(旋) 모양의 무늬가 있는 아름다운 옥이니
아름다운 옥 선, 별 이름 선

+ 선(璇) – 북두칠성의 머리 쪽에 있는 네 개의 별 가운데 둘째 별.

활용어휘 璇室(선실), 璇璣玉衡(선기옥형)

4

疑

14획 / 부수 疋

비수(匕)와 화살(矢)과 창(マ)으로 무장하고 점(卜)치며
사람(人)이 의심하니 **의심할 의**

➕ 匕(비수 비, 숟가락 비), 矢(화살 시), マ[창 모(矛)의 획 줄임],
卜(점 복, 성씨 복)

활용어휘 疑懼(의구), 被疑(피의), 半信半疑(반신반의)

1

擬

17획 / 부수 手(扌)

손(扌)으로 진짜인가 **의심할**(疑) 정도로 헤아려 흉내내니
헤아릴 의, 흉내낼 의

활용어휘 擬古(의고), 模擬(모의), 擬似(의사)

2

礙

19획 / 부수 石

돌(石)로 **의심나게**(疑) 막아 거리끼니
막을 애, 거리낄 애

➕ 宮 碍 - 돌(石)로 아침(旦)부터 마디마디(寸) 막아 거리끼니
'막을 애, 거리낄 애'

➕ 石(돌 석), 旦(아침 단), 寸(마디 촌, 법도 촌)

활용어휘 礙子(애자), 礙滯(애체), 拘礙(구애)

3

凝

16획 / 부수 氷(冫)

얼음(冫)인가 **의심할**(疑) 정도로 엉기니 **엉길 응**

➕ 冫(이 수 변)

활용어휘 凝結(응결), 凝縮(응축), 凝粧盛飾(응장성식)

1

癡

19획 / 부수 疒

병(疒)인가 **의심할**(疑) 정도로 어리석으니
어리석을 치

➕ 宮 痴 - 병(疒)으로 아는(知) 것이 없어진 듯 어리석으니
'어리석을 치'

활용어휘 癡呆(치매), 癡漢(치한), 音癡(음치)

卓
5
8획 / 부수 十

점(卜)치듯 미리 생각하여 일찍(早)부터 일하면 높고 뛰어나니 **높을 탁, 뛰어날 탁**

또 높게 만든 탁자나 성씨니 **탁자 탁, 성씨 탁**

＋ 卜(점 복, 성씨 복), 早(일찍 조)

활용어휘 卓效(탁효), 卓上空論(탁상공론), 食卓(식탁)

悼
2
11획 / 부수 心(忄)

마음(忄)에 높아진(卓) 감정으로 슬퍼하니 **슬퍼할 도**

활용어휘 悼歌(도가), 悼詞(도사), 哀悼(애도), 追悼(추도)

掉
1
11획 / 부수 手(扌)

손(扌)을 높이(卓) 들어 흔드니 **흔들 도**

활용어휘 掉頭(도두), 掉尾(도미)

綽
1
14획 / 부수 糸

실(糸)이 높이(卓) 드러나도록 여유 있으니
여유 있을 작

활용어휘 綽綽(작작), 綽態(작태), 綽約(작약)

5

止

4획 / 제부수

두 발이 그쳐 있는 모양에서 **그칠 지**

활용어휘 中止(중지), 解止(해지), 行動擧止(행동거지)

1II

址

7획 / 부수 土

땅(土) 중 건물이 **머무른**(止) 터니 **터 지**

활용어휘 寺址(사지), 址臺(지대), 住居址(주거지)

1

祉

9획 / 부수 示

신(示)이 **머물러**(止) 위해 주는 복이니 **복 지**

+ 示(보일 시, 신 시)

활용어휘 福祉(복지), 祥祉(상지)

1

澁

15획 / 부수 水(氵)

물(氵)처럼 마시다 **그치고**(止) **그치고**(止) **그쳐야**(止) 할 듯 맛이 떫고 껄끄러우니 **떫을 삽, 껄끄러울 삽**

활용어휘 澁味(삽미), 澁滯(삽체), 難澁(난삽)

1

徙

11획 / 부수 彳

가서(彳) **멈추어**(止) 살 곳을 **점쳐**(卜) **사람**(人)이 옮기니 **옮길 사**

+ 彳(조금 걸을 척), 止(그칠 지), 卜(점 복, 성씨 복)

활용어휘 徙居(사거), 移徙(이사), 徙家忘妻(사가망처)

■ 한자암기박사1 ■

제목번호 237 참고

企 – 사람(人)이 하던 일을 그치고(止) 무엇을 바라고 꾀하니 '바랄 기, 꾀할 기'

肯 – 일을 그치고(止) 몸(月)을 쉬며 즐기니 '즐길 긍'
 또 즐기며 그러하다고 긍정하니 '긍정할 긍'

齒– 씹기를 그치고(止) 윗니(人人)와 나란히(一) 아랫니(人人)가 입 벌린(凵) 속에 있는 모양에서 '이 치'
 또 (옛날에) 이의 숫자로 알았던 나이니 '나이 치'

4

延

7획 / 부수 廴

삐뚤어져(丿) 하던 일을 그치고(止) 길게 걸으면서(廴)
시간을 끌고 늘이니 **끌 연, 늘일 연, 성씨 연**

+ 廷 廷(조정 정, 관청 정) – 제목번호 304 참고
+ 丿(삐침 별), 止[그칠 지(止)의 변형], 廴(길게 걸을 인)

활용어휘 息災延命(식재연명), 延頸鶴望(연경학망)

3

誕

14획 / 부수 言

말(言)을 늘이(延)듯 길게 울면서 태어나니 **태어날 탄**

활용어휘 誕降(탄강), 誕生(탄생), 聖誕(성탄)

1

筵

13획 / 부수 竹(⺮)

대(⺮)를 넓게 늘여(延) 엮어 만든 대자리니
대자리 연, 자리 연

활용어휘 筵席(연석), 經筵(경연), 舞筵(무연)

3II

御

11획 / 부수 彳

가다가(彳) 정오(午)쯤 그쳐(止) 무릎 꿇고(卩)

쉬게 하며 말을 몰고 다스리니 **말 몰 어, 다스릴 어**

또 백성을 다스리는 임금이니 **임금 어**

+ 彳(조금 걸을 척), 午(말 오, 일곱째 지지 오, 낮 오), 卩(무릎 꿇
을 절, 병부 절, = 㔾)

활용어휘 暗行御史(암행어사), 御人如馬(어인여마)

- -

1

禦

16획 / 부수 示

다스려(御) 보이지(示) 않게 막으니 **막을 어**

+ 示(보일 시, 신 시)

활용어휘 禦敵(어적), 防禦(방어), 禦冬(어동)

4II **步** 7획 / 부수 止	한 발은 **멈추고**(止) 다른 발은 **조금씩**(少) 옮기는 것을 반복하며 걷는 걸음이니 걸음 **보** + 한 발 한 발 걷는 모양을 생각하고 만든 한자. + 止(그칠 지), 少[적을 소, 젊을 소(少)의 획 줄임] 활용어휘 競步(경보), 散步(산보), 步幅(보폭)
1II **陟** 10획 / 부수 阜(阝)	언덕(阝)을 걸어(步) 오르니 오를 **척** + 阝(언덕 부 변) 활용어휘 陟降(척강), 三陟(삼척), 進陟(진척)
3 **頻** 16획 / 부수 頁	걸을(步) 때도 머리(頁)에 자주 생각나니 자주 **빈** + 頁(머리 혈) 활용어휘 頻起(빈기), 頻度(빈도), 頻發(빈발), 頻繁(빈번)
1 **嚬** 19획 / 부수 口	(말하거나 먹을 때 찡그려지는) 입(口) 주위처럼 자주(頻) 얼굴을 찡그리니 찡그릴 **빈** 활용어휘 嚬笑(빈소), 嚬呻(빈신), 嚬蹙(빈축)
1 **瀕** 19획 / 부수 水(氵)	물(氵)이 자주(頻) 다가오는 물가니 다가올 **빈**, 물가 **빈** + 동 濱(다가올 빈, 물가 빈) - 제목번호 293 참고 활용어휘 瀕死·濱死(빈사), 瀕海(빈해)

■ 한자암기박사1 ■

제목번호 238 참고
涉 - 물(氵)길을 걸어(步) 건너니 '건널 섭'

6

定

8획 / 부수 宀

집(宀) 아래(下) 사람(人)이 잘 곳을 정하니 <mark>정할 정</mark>

+ '집(宀)안의 물건도 바르게(疋) 자리를 정하니 정할 정'이라고도 합니다.
+ ᠍之 – 집(宀)에서 갈(之) 곳을 정하니 '정할 정'
+ 宀(집 면), 疋[바를 정(正)의 변형], 之(갈 지, ~의 지, 이 지)

<mark>활용어휘</mark> 豫定(예정), 定石(정석), 摘載定量(적재정량)

1

碇

13획 / 부수 石

돌(石)처럼 무거운 것을 묶어 배가 자리를 **정(定)**하게 하는 닻이니 <mark>닻 정</mark>

+ 닻 – 배를 한 곳에 멈추어 있게 하기 위하여 줄에 매어 물 밑바다으로 가라앉히는, 갈고리가 달린 기구.

<mark>활용어휘</mark> 碇泊(정박), 碇泊燈(정박등)

1

錠

16획 / 부수 金

쇠(金)로 규칙을 **정하여(定)** 자른 덩어리니 <mark>덩어리 정</mark>

<mark>활용어휘</mark> 錠劑(정제), 糖衣錠(당의정)

1

綻

14획 / 부수 糸

실(糸)로 **정하여(定)** 꿰매야 할 정도로 옷이 터지니 <mark>터질 탄</mark>

또 옷이 터지면 속살이 드러나니 <mark>드러날 탄</mark>

<mark>활용어휘</mark> 破綻(파탄), 綻露(탄로)

4II **是** 9획 / 부수 日	해(日)처럼 밝고 **바르면**(疋) 옳으니 **옳을 시** 또 해(日)처럼 밝게 **바로**(疋) 이것이라며 가리키니 **이 시, ~이다 시** + '해(日) 아래(下)에서 사람(人)이 옳게 사니 옳을 시'라고도 합니다. + 疋[바를 정(正)의 변형] 활용어휘 **是正**(시정), **實事求是**(실사구시)
1II **湜** 12획 / 부수 水(氵)	물(氵)의 원래 **옳은**(是) 모양은 맑으니 **물 맑을 식** + 인·지명용 한자. + 오염되지 않은 원래 물은 맑지요.
1 **匙** 11획 / 부수 匕	**옳게**(是) **비수**(匕)처럼 찔러 먹는 숟가락이니 **숟가락 시** + 비수는 무엇을 찌르는 것으로 주로 나쁜 곳에 쓰이지만 숟가락은 입을 찌르는 모양으로 밥을 먹는 좋은 것이니 옳게 찌른다고 한 것이지요. + 匕(비수 비, 숟가락 비) 활용어휘 **匙箸**(시저), **十匙一飯**(십시일반)

 한자암기박사1 ▪

제목번호 242 참고
提 – 손(扌)으로 옳게(是) 끌어 내놓으니 '끌 제, 내놓을 제'
堤 – 흙(土)으로 물이 옳게(是) 흐르도록 쌓은 제방이니 '제방 제'
題 – 내용을 옳게(是) 알 수 있는 글의 머리(頁)는 제목이니 '제목 제'
　　　 또 먼저 쓰는 제목처럼 먼저 내는 문제니 '문제 제'

7II

下

3획 / 부수 一

일정한 **기준**(一)보다 아래로 내리니 아래 **하**, 내릴 **하**

+ 뗸 上(위 상, 오를 상)

활용어휘 莫上莫下(막상막하), 眼下無人(안하무인)

1II

卜

4획 / 부수 卜

위(丶)를 **아래**(下)에서 뚫을 정도로 조급하니 조급할 **변**, 성씨 **변**

활용어휘 卞急(변급)

참

丏

4획 / 부수 一

아래(下)를 길게(丿) 가리니(乚) 가릴 **면**

+ 乚(감출 혜, 덮을 혜, = 匚)

1II

沔

7획 / 부수 水(氵)

물(氵)은 아무리 **가려도**(丏) 어디론가 흐르니 물 흐를 **면**, 물 이름 **면**

활용어휘 沔沔(면면), 沔川(면천)

1

眄

9획 / 부수 目

눈(目)을 **가리고**(丏) 애꾸눈처럼 곁눈질하니 애꾸눈 **면**, 곁눈질할 **면**

+ 애꾸눈 - 한쪽이 먼 눈.

활용어휘 眄視(면시), 顧眄(고면), 左顧右眄(좌고우면)

1

麪

15획 / 부수 麥

보리(麥)나 밀의 **가린**(丏) 껍질을 깨고 빻아 만든 밀가루니 밀가루 **면**

또 밀가루로 만든 국수니 국수 **면**

+ 뗴 麵(밀가루 면, 국수 면) - 제목번호 199 참고

활용어휘 冷麪(냉면) ↔ 溫麪(온면), 素麪(소면)

6 **行** 6획 / 제부수	사람이 다니며 일을 행하는 사거리를 본떠서 **다닐 행, 행할 행** 또 (친척의 이름에서 돌려) 다니며 쓰는 항렬이니 **항렬 항** + 항렬(行列) – ㉠ 같은 혈족에서 갈라져 나간 계통 사이의 대수 관계. 　　　　　㉡ 형제 관계를 같은 항렬이라 함. **활용어휘** 知行合一(지행합일), 行方不明(행방불명)
1Ⅱ **衍** 9획 / 부수 行	물(氵)이 물건 속으로 스미어 가면(行) 불어나 퍼지고 넓으니 **퍼질 연, 넓을 연** **활용어휘** 衍文(연문), 衍義(연의), 敷衍(부연)
1 **銜** 14획 / 부수 金	말을 부릴(行) 때 쇠(金)로 만들어 물리는 재갈이니 **재갈 함** 또 일을 행할(行) 때 쇠(金)로 새겨 주는 직함이니 **직함 함** + 재갈 – ㉠ 말을 부리기 위하여 입에 가로로 물리는 가느다란 막대. 　　　　㉡ 소리를 내거나 말을 하지 못하도록 사람의 입에 물리는 　　　　　물건. + 직함(職銜) – 벼슬이나 직책, 직무 등의 이름. + 職(벼슬 직, 맡을 직) **활용어휘** 銜勒(함륵), 銜泣(함읍), 銜字(함자), 名銜(명함)
1 **衢** 24획 / 부수 行	두 눈(目目)을 새(隹)처럼 크게 뜨고 조심히 가야(行) 할 사거리니 **사거리 구** + 隹(새 추) **활용어휘** 衢街(구가), 衢路(구로), 康衢煙月(강구연월)

■ 한자암기박사1 ■

제목번호 197 참고
衝 – 무거운(重) 것을 들고 가면(行) 잘 볼 수 없어 부딪치고 찌르니 '부딪칠 충, 찌를 충'
衛 – 서로 어긋나게(韋) 바꿔 다니며(行) 지키니 '지킬 위'
衡 – 물고기(魚)처럼 떠서 움직이는(行) 저울대니 '저울대 형'

3II
4획 / 부수 丿

초목의 싹이 움터서 자라 나가는 모양을 본떠서 **갈 지**

또 가듯이 무엇에 속하는 '~의'니 **~의 지**

또 향하여 가듯이 향하여 가리키는 이것이니 **이 지**

활용어휘 感之德之(감지덕지), 左之右之(좌지우지)

1II
8획 / 부수 草(艹)

풀(艹)처럼 번져 **가며**(之) 자라는 지초나 버섯이니
지초 지, 버섯 지

+ 지초(芝草) - ㉠ 지치. 우리나라 각처의 산과 들의 풀밭에서 나는
다년생 풀.
㉡ 영지(靈芝). 활엽수의 그루터기에 나는 버섯.

+ 草(풀 초), 靈(신령스러울 령, 신령 령)

활용어휘 芝蘭(지란), 芝蘭之交(지란지교)

1
5획 / 부수 丿

(바르지 못하고) **비뚤어지게**(丿) 살아**가면**(之) 가난하고
모자라니 **가난할 핍, 모자랄 핍**

+ 乞(빌 걸) - 제목번호 364 참고
+ 丿(삐침 별)

활용어휘 乏盡(핍진), 窮乏(궁핍), 耐乏(내핍), 缺乏(결핍)

1
12획 / 부수 貝

재물(貝)을 모자라게(乏) 깎아내리니 **깎아내릴 폄**

+ 貝(조개 패, 재물 패, 돈 패)

활용어휘 貶降(폄강), 貶論(폄론), 貶下(폄하), 襃貶(포폄)

1
8획 / 부수 水(氵)

물(氵)에 **비뚤어지게**(丿) 떠**가는**(之) 모양처럼 뜨니
뜰 범

+ 氾(넘칠 범) - 제목번호 395 참고
汎(뜰 범, 넓을 범, 넘칠 범) - 제목번호 504 참고
+ 물건이 물에 뜨면 약간 비뚤어짐을 생각하고 만든 한자.

활용어휘 泛舟(범주), 泛聽(범청)

冥

10획 / 부수 冖

덮이듯(冖) 넘어가는 해(日) 때문에
오후 여섯(六) 시 정도면 어두우니 **어두울 명**
또 어두우면 저승 같고 아득하니 **저승 명, 아득할 명**

+ 계절에 따라 다르지만 평균 여섯 시 정도면 어두워지지요.

활용어휘 冥冥之志(명명지지), 幽冥(유명)

溟

13획 / 부수 水(氵)

물(氵)이 어둡도록(冥) 짙푸른 바다니 **바다 명**

활용어휘 溟海(명해), 北溟(북명), 鴻溟(홍명)

瞑

14획 / 부수 目

해(日)가 져 어두우니(冥) **어두울 명**

+ 目 瞑 - 눈(目)을 어둡게(冥) 감으니 '눈 감을 명'

활용어휘 瞑想(명상), 瞑目(명목)

螟

16획 / 부수 虫

벌레(虫) 중 어두운(冥) 곳에 사는 명충이니 **명충 명**

+ 명충(螟蟲) - 식물의 줄기 속을 파먹는 곤충의 총칭. 마디충.
+ 虫(벌레 충)

활용어휘 螟蛾(명아), 二化螟蟲(이화명충)

4

氏

4획 / 제부수

(사람의 씨족도 나무뿌리 뻗어가듯 번지니)
나무뿌리가 지상으로 나온 모양을 본떠서 **성 씨, 뿌리 씨**
또 **사람을 부를 때 붙이는 씨**

+ 氏는 사람의 성(姓)이나 이름 밑에 붙여 상대방을 존대하는 말로
도 쓰입니다. 남을 보통으로 부르거나 낮추어 부를 때는 '성씨 가
(哥)'를 붙여서 씁니다.

> **활용어휘** 氏族(씨족), 姓氏(성씨), 創氏改名(창씨개명)

특

氐

5획 / 부수 氏

나무는 **뿌리(氏)**가 있는 **밑(一)**이 근본이니
밑 저, 근본 저

+ 나무는 뿌리가 성해야 잘 자라니 뿌리가 있는 밑이 근본이지요.

1

觝

12획 / 부수 角

뿔(角)을 **밑(氐)**으로 하여 닥뜨리니 **닥뜨릴 저**

+ 닥뜨리다 - 닥쳐 오는 일에 마주 서다. 부닥뜨리다. 직면하다.
+ 뿔 가진 짐승들이 싸울 때는 뿔 있는 머리를 밑으로 대고 대항하
는 모양을 보고 만든 한자.
+ 角(뿔 각, 모날 각, 겨룰 각)

> **활용어휘** 角觝(각저), 蝸角觝(와각저)

1

邸

8획 / 부수 邑(阝)

밑(氐)부터 튼튼히 **고을(阝)**에 드러나도록 지은 큰 집이니
큰 집 저

+ 阝(고을 읍 방)

> **활용어휘** 官邸(관저) ↔ 私邸(사저), 邸宅(저택)

■ 한자암기박사1 ■

제목번호 069 참고
紙 - 나무의 섬유질 실(糸)이 나무뿌리(氏)처럼 엉겨서 만들어지는 종이니 '종이 지'
昏 - 나무뿌리(氏) 아래로 해(日)가 지면 저물고 어두우니 '저물 혼, 어두울 혼'
婚 - 여자(女)와 저문(昏) 저녁에 결혼했으니 '결혼할 혼'

제목번호 070 참고
低 - 사람(亻)이 밑(氐)에 있어 낮으니 '낮을 저'
抵 - 손(扌)으로 밑(氐)바닥까지 밀어 막으니 '막을 저'
底 - 집(广)의 밑(氐)부분이니 '밑 저'

8

民

5획 / 부수 氏

모인(宀) 여러 **씨(氏)**족들로 이루어진 백성이니 백성 **민**

+ 宀('덮을 멱'이지만 여기서는 모여있는 모양), 氏(성 씨, 뿌리 씨, 사람을 부를 때 붙이는 씨)

활용어휘 富國安民(부국안민), 以民爲天(이민위천)

1Ⅱ

珉

9획 / 부수 玉(王)

구슬(玉)처럼 **백성(民)**들이 좋아하는 옥돌이니 옥돌 **민**

+ 동 玟(옥돌 민) – 제목번호 422 참고
+ 인·지명용 한자.

3Ⅱ

眠

10획 / 부수 目

눈(目) 감고 **백성(民)**들은 자니 잘 **면**

+ 目(눈 목, 볼 목, 항목 목)

활용어휘 不眠症(불면증), 睡眠(수면), 休眠(휴면)

■한자암기박사1■

제목번호 071 참고
眠 – 눈(目)동자를 멈추고(艮) 바라보는 눈이니 '눈 안'

7

同

6획 / 부수 口

성(冂)에서 하나(一)의 출입구(口)로 같이 다니니
같을 **동**

+ 冂(멀 경, 성 경), 口(입 구, 말할 구, 구멍 구)

활용어휘 同苦同樂(동고동락), 表裏不同(표리부동)

2

桐

10획 / 부수 木

나뭇(木)결이 한결같은(同) 오동나무니 오동나무 **동**

+ 오동나무 - 가볍고 부드러우며 휘거나 트지 않아 거문고, 장롱, 나막신을 만들고 정원수를 재배함.

활용어휘 桐梓(동재), 梧桐(오동), 碧梧桐(벽오동)

1

胴

10획 / 부수 肉(月)

몸(月)에 먹은 음식물이 소화되면서 같이(同) 모이는
큰창자나 몸통이니 큰창자 **동**, 몸통 **동**

+ 동(胴) - ㉠ 검도 경기에서 가슴을 보호하기 위하여 대는 물건.
　　　　　㉡ 사람이나 동물의 몸에서 가슴과 배를 합한 부분.

활용어휘 胴體(동체), 胴衣(동의), 救命胴衣(구명동의)

1

筒

12획 / 부수 竹(竹)

대(竹)와 같이(同) 구멍 뚫린 통이니 통 **통**

+ 竹(대 죽)

활용어휘 算筒(산통), 郵遞筒(우체통), 筆筒(필통)

1Ⅱ

炯

9획 / 부수 火

불(火)빛이 성(冂)에 뚫린 구멍(口)으로 빛나니
빛날 **형**

활용어휘 炯炯(형형), 炯心(형심), 炯眼(형안), 炯然(형연)

■ 한자암기박사1 ■

> 제목번호 244 참고
> 銅 - 금(金)과 같은(同) 색의 구리니 '구리 동'
> 洞 - 물(氵)을 같이(同) 쓰는 마을이나 동굴이니 '마을 동, 동굴 동'
> 　　또 물(氵)같이(同) 맑아 사리에 밝으니 '밝을 통'

7II

4획 / 부수 入

성(冂)으로 들어(入)간 안이니 안 내

또 궁궐 안에서 임금을 모시는 나인이니 나인 나

+ 图 內 – 성(冂)으로 사람(人)이 들어간 안이니 '안 내'
　　　또 궁궐 안에서 임금을 모시는 나인이니 '나인 나'
+ 나인(內人) – 궁궐 안에서 윗분을 모시는 내명부를 통틀어 말함.

활용어휘 內心(내심), 內在(내재), 外柔內剛(외유내강)

1

衲

9획 / 부수 衣

옷(衤)은 대부분 안(內)쪽을 기우니 기울 납

또 (헝겊을 모아) 기워서 만든 승복이니 승복 납

+ 헝겊 – 천의 조각.
+ 승복(僧服) – 승려의 옷.
+ 기울 때는 밖에 드러나지 않게 옷의 안쪽을 기우지요.
+ 衤(옷 의 변), 僧(중 승)

활용어휘 衲僧(납승), 衲衣(납의), 衲子(납자), 靑衲(청납)

1

訥

11획 / 부수 言

말(言)이 입 안(內)에서만 맴돌아 더듬으니
말 더듬을 눌

+ 言(말씀 언)

활용어휘 訥辯(눌변), 訥言(눌언), 語訥(어눌)

1II

芮

8획 / 부수 草(艹)

풀(艹)이 땅 속(內)에서 뾰족뾰족 나오니
풀 뾰족뾰족 날 예, 성씨 예

활용어휘 芮芮(예예)

■ 한자암기박사1 ■

제목번호 245 참고
納 – 실(糸)을 안(內)으로 들여 바치니 '들일 납, 바칠 납'

3II

丙

5획 / 부수 一

(북반구의) 하늘(一)에서는 안(內)이 남쪽이고 밝으니

남쪽 **병**, 밝을 **병**, 셋째 천간 **병**

+ 一('한 일'이지만 여기서는 하늘로 봄), 內[안 내, 나인 나(內)의 속자]

활용어휘 丙種(병종), 丙子胡亂(병자호란)

1II

柄

9획 / 부수 木

나무(木)로 밝게(丙), 즉 분명히 박은 자루니 자루 **병**

또 자루처럼 잡고 휘두르는 권세니 권세 **병**

+ 동 棅 – 나무(木)로 잡게(秉) 만든 자루니 '자루 병'
      또 자루처럼 잡고 휘두르는 권세니 '권세 병'
+ 木(나무 목), 秉(잡을 병)

활용어휘 柄部(병부), 斗柄(두병), 權柄(권병)

1II

炳

9획 / 부수 火

불(火)처럼 밝은(丙) 불꽃이니 불꽃 **병**

활용어휘 炳然(병연), 炳映(병영), 炳燿(병요), 炳煜(병욱)

1II

晒

9획 / 부수 日

해(日)처럼 밝으니(丙) 밝을 **병**

+ 인·지명용 한자.
+ 동 昺(밝을 병)

1II

昺

9획 / 부수 日

해(日)처럼 밝으니(丙) 밝을 **병**

+ 인·지명용 한자.
+ 동 晒(밝을 병)

1

陋

9획 / 부수 阜(阝)

언덕(阝)이 남쪽(丙)의 햇볕을 가려(乚) 좁고 더러우니

좁을 **루(누)**, 더러울 **루(누)**

+ 阝(언덕 부 변), 乚(감출 혜, 덮을 혜, = 匸)

활용어휘 固陋(고루), 陋名(누명), 陋醜(누추)

| 특II | 甬 7획 / 부수 用 | 꽃봉오리가 부풀어 솟아오르는 모양을 본떠서
솟을 용
활용어휘 甬筒(용통) |

꽃봉오리가 부풀어 솟아오르는 모양을 본떠서
솟을 용

활용어휘 甬筒(용통)

---

1 踊 14획 / 부수 足(⻊)

발(⻊)을 **솟게**(甬) 뛰니 **뛸 용**

+ ⻊[발 족, 넉넉할 족(足)의 변형]

활용어휘 踊躍(용약), 舞踊(무용)

---

1 涌 10획 / 부수 水(氵)

물(氵)이 **솟아**(甬)오르니 샘솟을 용, 끓어오를 용

+ 图 湧(샘 솟을 용)

활용어휘 涌起(용기), 涌沫(용말), 涌溢(용일)

---

1 桶 11획 / 부수 木

나무(木) 둘레가 **솟게**(甬) 가운데를 파서 만든 통이니
통 통

활용어휘 洋鐵桶(양철통), 休紙桶(휴지통)

■ 한자암기박사1 ■

제목번호 274 참고
誦 – (마음 속에) 말(言)이 솟아(甬)오르도록 외우니 '외울 송'
勇 – 솟는(甬) 힘(力)이 있어 날래니 '날랠 용'
通 – 무슨 일이나 솟을(甬) 정도로 뛰며(辶) 열심히 하면 통하니 '통할 통'

3Ⅱ

8획 / 부수 小

(말도 실수하지 않으려고) 작은(小) 일이라도 성(冂)처럼 입(口) 지킴을 오히려 높이 숭상하니

오히려 **상**, 높을 **상**, 숭상할 **상**

활용어휘 口尙乳臭(구상유취), 嘉尙(가상)

1

12획 / 부수 木

숭상하여(尙) 기르는 나무(木)는 아가위나 해당화니

아가위 **당**, 해당화 **당**

+ 아가위 – 산사나무 열매로, 한방에서는 산사자(山査子)라고 함.
+ 해당화(海棠花) – 장미과의 낙엽 활엽 교목. 바닷가의 모래땅이나 산기슭에 남.
+ 尙[오히려 상, 높을 상, 숭상할 상(尙)의 변형]

활용어휘 秋海棠(추해당), 甘棠之愛(감당지애)

6Ⅱ

堂

11획 / 부수 土

높이(尙) 흙(土)을 다져 세운 집이니 집 **당**

또 집에서처럼 당당하니 당당할 **당**

활용어휘 堂狗風月(당구풍월), 威風堂堂(위풍당당)

1

螳

17획 / 부수 虫

벌레(虫) 중 당당한(堂) 모양인 버마재비니

버마재비 **당**

+ 버마재비 – 사마귀.
+ 虫(벌레 충)

활용어휘 螳螂拒轍(당랑거철), 螳螂窺蟬(당랑규선)

■ 한자암기박사1 ■

제목번호 246 참고
常 – 숭상하듯(尙) 수건(巾) 같은 천으로 옷을 만들어 입음은 항상 보통의 일이니 '항상 상, 보통 상'
裳 – 허리에 높이(尙) 묶어 입는 옷(衣)이 치마니 '치마 상'
嘗 – 숭상하는(尙) 맛(旨)을 내려고 맛보니 '맛볼 상'
　　또 맛은 먹기 전에 일찍 보니 '일찍 상'
賞 – 숭상하여(尙) 재물(貝)로 상도 주고 구경도 보내니 '상줄 상, 구경할 상'

제목번호 247 참고
當 – 숭상하여(尙) 먹을거리를 생산하는 전답(田)을 잘 가꾸는 일처럼 마땅하니 '마땅할 당'
　　또 마땅하게 어떤 일을 당하니 '당할 당'
黨 – 높은(尙) 뜻을 품고 어두운(黑) 현실을 밝히려고 모인 무리니 '무리 당'
掌 – 숭상하듯(尙) 손(扌)에서 쥐어지는 손바닥이니 '손바닥 장'

3II

央

5획 / 부수 大

성(冂)처럼 큰(大) 둘레의 가운데니 가운데 앙

+ 冂(멀 경, 성 경)

활용어휘 中央(중앙), 中央廳(중앙청), 中央暖房(중앙난방)

1

快

8획 / 부수 心(忄)

(잊지 못하고) 마음(忄) 가운데(央) 두고 원망하니 원망할 앙

+ 원망(怨望) – 못마땅하게 여기어 탓하거나 불평을 품고 미워함.
+ 怨(원망할 원), 望(바랄 망, 보름 망)

활용어휘 快忿(앙분), 快宿(앙숙), 快心(앙심)

1

秧

10획 / 부수 禾

벼(禾)씨(볍씨)를 논 가운데(央)에 심어 기르는 모니 모 앙

+ 모 – 옮겨 심기 위하여 기른 벼의 싹. 주로 논 가운데에 못자리를 만듦.

활용어휘 秧歌(앙가), 秧苗(앙묘), 秧板(앙판), 移秧(이앙)

1

鴦

16획 / 부수 鳥

사랑 가운데(央) 사는 새(鳥)는 원앙새니 원앙새 앙

+ 암 원앙새를 가리키며, 수 원앙새는 원앙새 원(鴛).
+ 원앙새는 암수 금슬이 좋아 부부 금슬에 많이 비유되지요.

활용어휘 鴛鴦(원앙), 鴦衾(앙금)

■ 한자암기박사1 ■

제목번호 248 참고

殃 – 죽음(歹) 가운데(央) 빠지는 재앙이니 '재앙 앙'

映 – 해(日)처럼 가운데(央)서 비치니 '비칠 영'

6

英

9획 / 부수 草(艹)

풀(艹)의 **가운데**(央), 즉 주요 부분에서 핀 꽃부리니 꽃부리 **영**

또 꽃부리처럼 빛나는 업적을 쌓은 영웅이니 영웅 **영**

+ 꽃부리 - 꽃잎 전체를 이르는 말.

활용어휘 英靈(영령), 英雄(영웅), 育英(육영)

1Ⅱ

暎

13획 / 부수 日

해(日)가 **꽃부리**(英)처럼 비치니 비칠 **영**

+ 웹 映(비칠 영)

활용어휘 暎發(영발)

1Ⅱ

瑛

13획 / 부수 玉(王)

옥(王)에서 **꽃부리**(英)처럼 빛나는 옥빛이니 옥빛 **영**

+ 인·지명용 한자.

+ 王(임금 왕, 으뜸 왕, 구슬 옥 변)

특

夬

4획 / 부수 大

가운데 앙(央)의 앞쪽이 터지니 터질 **쾌**

1

袂

9획 / 부수 衣(衤)

웃옷(衤)의 **터진**(夬) 구멍이 있는 소매니 소매 **메**

+ 衤(옷 의 변), 衣(옷 의)는 윗옷을 본떠 만든 한자로 옷을 대표하거나 윗옷을 뜻하는 말로 쓰이지요.

활용어휘 袂別(메별), 短袂(단메), 衣袂(의메)

■ 한자남기믹사! ■

제목번호 249 참고

快 - 막혔던 마음(忄)이 터진(夬) 듯 상쾌하니 '상쾌할 쾌'

決 - 물(氵)이 한쪽으로 터지니(夬) '터질 결'
　　또 물(氵)이 한쪽으로 터지듯(夬) 무엇을 한쪽으로 정하니 '정할 결'

缺 - 장군(缶)이 터지면(夬) 이지러지고 내용물이 빠지니 '이지러질 결, 빠질 결'

訣 - 말(言)을 터놓고(夬) 다 하며 이별하니 '이별할 결'
　　또 꽉 막혔던 말(言)을 비로소 터지게(夬) 하는 비결이니 '비결 결'

4

周

8획 / 부수 口

성(冂) 안의 **영토(土)**를 **입(口)**으로 잘 설명하여 두루 둘레까지 알게 하니 두루 **주**, 둘레 **주**, 성씨 **주**

활용어휘 周到綿密(주도면밀), 用意周到(용의주도)

1

凋

10획 / 부수 氷(冫)

얼음(冫)처럼 찬 기운이 **두루(周)** 퍼지면 풀이 시드니 시들 **조**

+ 冫(이 수 변)

활용어휘 凋枯(조고), 凋落(조락), 凋萎(조위), 凋盡(조진)

1

稠

13획 / 부수 禾

벼(禾)처럼 연약한 식물은 **두루(周)** 빽빽하게 많이 심으니 빽빽할 **조**, 많을 **조**

+ 벼는 연약하여 서로 기대고 자라도록 빽빽하게 심지요.

활용어휘 稠林(조림), 稠密(조밀), 奧密稠密(오밀조밀)

2

彫

11획 / 부수 彡

두루(周) 털(彡)까지 조각하여 새기니 새길 **조**

+ 彡(터럭 삼, 긴머리 삼)

활용어휘 彫刻(조각), 彫塑(조소), 浮彫(부조)

■ 한자암기박사1 ■

> 제목번호 271 참고
> 調 - 말(言)을 두루(周) 듣고 고르게 잘 어울리니 '고를 조, 어울릴 조'
>   또 높낮음이 고르게 어울린 노래 가락이니 '가락 조'
> 週 - 각 요일을 두루(周) 뛰어(辶) 돌 듯 도는 주일이니 '돌 주, 주일 주'

3

庸

11획 / 부수 广

자기 **집**(广)에서는 **손**(彐)에 **송곳**(丨)을 들고 **써도**(用) 떳떳하니 떳떳할 **용**

또 떳떳해도 사랑이 없으면 어리석으니 어리석을 **용**

+ 用(쓸 용), 广(집 엄), 丨('뚫을 곤'이지만 여기서는 송곳으로 봄), 彐(고슴도치 머리 계, 오른손 우)

활용어휘 庸拙(용졸), 庸人(용인), 昏庸無道(혼용무도)

2

傭

13획 / 부수 人(亻)

사람(亻)이 **떳떳이**(庸) 일하고 품삯을 받는 품팔이니 품팔이 **용**

+ 품팔이 - 품삯을 받고 남의 일을 해 주는 일. 또는 그런 사람.

활용어휘 傭兵(용병), 傭船(용선), 傭人(용인), 雇傭(고용)

1Ⅱ

鏞

19획 / 부수 金

쇠(金)가 **떳떳하듯**(庸) 크게 소리 내는 쇠북이니 쇠북 **용**

활용어휘 鏞鼓(용고), 丁若鏞(정약용)

4Ⅱ

備

12획 / 부수 人(亻)

짐승 기르는 **사람**(亻)은 **풀**(艹)을 **굴 바위**(厂) 위에 말려 겨울에 **쓸**(用) 것을 갖추니 갖출 **비**

+ 그냥 흙에 말리는 것보다 바위 같은 곳에 말려야 잘 마르지요.
+ 艹[풀 초(艹)의 약자], 厂(굴 바위 엄, 언덕 엄)

활용어휘 備忘錄(비망록), 常備(상비), 有備無患(유비무환)

1

憊

16획 / 부수 心

무엇을 **갖추고**(備) 대기해야 하는 **마음**(心)처럼 고달프니 고달플 **비**

+ 心(마음 심, 중심 심)

활용어휘 憊困(비곤), 憊色(비색), 憊衰(비쇠), 憊臥(비와)

■ 한자암기박사1 ■

제목번호 271 참고
用 - (옛날에는 거북 등껍데기를 도구로 썼으니) 거북 등껍데기 모양을 본떠서 '쓸 용'

1II

甫

7획 / 부수 用

많이(十) 쓰이도록(用) 점(丶)까지 찍어가며 만들어 크고 넓으니 **클 보, 넓을 보**

+ 술보, 졸보, 울음보처럼 사람의 별명에 쓰이기도 합니다.

활용어휘 甫田(보전), 酒甫(주보), 拙甫(졸보)

1II

輔

14획 / 부수 車

차(車)로 널리(甫) 도우니 **도울 보**

+ 수레나 차는 생활에 많은 도움이 되지요.

활용어휘 輔國(보국), 輔導(보도), 輔弼(보필), 輔佐(보좌)

2

鋪

15획 / 부수 金

쇠(金)를 넓게(甫) 펴니 **펼 포**

또 쇠(金)로 넓게(甫) 펴서 만든 가게니 **가게 포**

활용어휘 鋪裝道路(포장도로), 店鋪(점포), 典當鋪(전당포)

1

哺

10획 / 부수 口

입(口)에 크게(甫), 즉 많이 먹여 기르니 **먹일 포, 기를 포**

활용어휘 哺乳動物(포유동물), 反哺之孝(반포지효)

1

脯

11획 / 부수 肉(月)

고기(月)를 넓게(甫) 펴 말린 포니 **포 포**

+ 포(脯) – 얇게 저미어서 양념하여 말린 고기.

활용어휘 脯肉(포육), 脯醯(포혜), 肉脯(육포)

1

11획 / 부수 辵(辶)

크게(甫) 뛰어(辶) 달아나니 **달아날 포**

➕ 辶(뛸 착, 갈 착, = 辶)

활용어휘 逋逃(포도), 逋稅(포세), 逋脫(포탈)

2

15획 / 부수 攴(攵)

크게(甫) 어떤 **방향(方)**으로 **쳐서(攵)** 펴고 베푸니
펼 부, 베풀 부

➕ 앺 尃

➕ 方(모 방, 방향 방, 방법 방), 攵(칠 복, = 攴)

활용어휘 敷設(부설), 敷衍(부연), 高水敷地(고수부지)

1

圃

10획 / 부수 囗

에워싸듯(囗) 울타리를 친 **넓은(甫)** 채마밭이니
채마밭 포

➕ 채마(菜麻) – 먹을거리나 입을 거리로 심어서 가꾸는 식물.

➕ 囗(에운담), 菜(나물 채), 麻(삼 마, 마약 마)

활용어휘 圃田(포전), 蔘圃(삼포), 藥圃(약포)

■ 한자암기박사1 ■

제목번호 272 참고
補 – 옷(衤)에 큰(甫) 구멍을 기우니 '기울 보'
捕 – 손(扌)을 크게(甫) 벌려 잡으니 '잡을 포'

3II

浦
10획 / 부수 水(氵)

물(氵)이 넓게(甫) 퍼진 물가니 **물가 포**

✚ 옛날 배는 작아서 물이 넓게 펴지고 얕은 곳에 댔지요.

활용어휘 浦口(포구), 浦落(포락), 浦村(포촌), 南浦(남포)

1

蒲
14획 / 부수 草(艹)

풀(艹) 중 물가(浦)에서 잘 자라는 부들이나 창포니 **부들 포, 창포 포**

✚ 부들 - 부들과의 여러해살이풀. 늪이나 연못가에 저절로 나는데, 잎과 줄기로는 돗자리나 방석, 부채를 만드는 재료로 씀.

활용어휘 蒲團(포단), 蒲柳(포류), 菖蒲(창포)

1

匍
9획 / 부수 勹

흙을 싸듯(勹) 넓게(甫) 벌려 기니 **길 포**

✚ 勹(쌀 포)

활용어휘 匍球(포구), 匍匐(포복)

1II

葡
13획 / 부수 草(艹)

풀(艹)잎 아래 싸여(勹) 크는(甫) 포도니 **포도 포**

✚ 포도는 위로 줄기와 잎이 자라고 그 아래에 포도 열매가 자람을 생각하고 만든 한자.

활용어휘 葡萄(포도), 乾葡萄(건포도), 靑葡萄(청포도)

傅 12획 / 부수 人(亻)	사람(亻) 중 두루 펴(尃) 가르치는 스승이니 **스승 부** + 閻 師(스승 사, 전문가 사, 군사 사) – 제목번호 342 참고 + 閻 傳(전할 전, 이야기 전) + 尃 – 널리(甫) 법도(寸)에 맞게 펴니 '펼 부, 펼 포' **활용어휘** 傅育(부육), 師傅(사부)

賻 17획 / 부수 貝	상가에 돈(貝)을 펴(尃) 주는 부의니 **부의 부** + 부의(賻儀) – 초상집에 부조로 내는 돈이나 물품. 또는 그 일. + 貝(조개 패, 재물 패, 돈 패), 儀(거동 의, 법도 의) **활용어휘** 賜賻(사부), 弔賻(조부)

搏 13획 / 부수 手(扌)	손(扌)을 펴(尃) 치니 **칠 박** **활용어휘** 搏動(박동), 搏殺(박살), 脈搏(맥박)

縛 16획 / 부수 糸	실(糸)을 펴(尃) 묶으니 **묶을 박** **활용어휘** 結縛(결박), 束縛(속박), 捕縛(포박)

膊 14획 / 부수 肉(月)	몸(月)에서 잘 펴지는(尃) 팔뚝이니 **팔뚝 박** 또 고기(月)를 펴(尃) 말린 포니 **포 박** + 포(脯) – 얇게 저미어서 양념하여 말린 고기. + 脯(포 포) – 제목번호 489 참고 **활용어휘** 上膊(상박), 下膊(하박), 上膊筋(상박근)

■ 한자암기박사1 ■

제목번호 273 참고
尃 – 널리(甫) 법도(寸)에 맞게 펴니 '펼 부, 펼 포'
博 – 여러(十) 방면에 두루 펴(尃) 넓으니 '넓을 박'
薄 – 풀(艹)이 물(氵) 위에 퍼져(尃) 엷으니 '엷을 박'
簿 – 대(竹)를 물(氵)처럼 넓게 퍼지도록(尃) 깎아 글을 적은 장부니 '장부 부'

閃
10획 / 부수 門

문(門)틈으로 불이 **번쩍이니**(人) **번쩍일 섬**

+ 人('사람 인'이지만 여기서는 불이 번쩍이는 모양)

활용어휘 閃光(섬광), 閃光燈(섬광등), 天閃(천섬)

悶
12획 / 부수 心

문(門)에서 들어갈까 말까 **마음**(心)으로 번민하니
번민할 민

+ 번민(煩悶) – 마음이 번거롭고 답답하여 괴로워함.
+ 心(마음 심, 중심 심), 煩(번거로울 번)

활용어휘 悶死(민사), 苦悶(고민)

閔
12획 / 부수 門

초상집 **대문**(門)에 붙은 **조문**(文)을 보면 가엽게 여기며
위문하니 **가엽게 여길 민, 위문할 민, 성씨 민**

+ 민망(憫惘)하다 – 보기에 답답하고 딱하여 안타깝다.
+ 민망함은 마음으로 느끼는 것이니 주로 '마음 심 변(忄)'을 붙여씀.
+ 惘(멍할 망)

활용어휘 閔覆(민부), 閔然(민연), 惜閔(석민), 閔妃(민비)

誾
15획 / 부수 言

문(門) 안에서 정답게 주고받는 **말**(言)처럼
온화하게 풍기는 향기니 **온화할 은, 향기 은**

+ 인·지명용 한자.

閼
16획 / 부수 門

문(門)의 **사방**(方)에 **사람**(人) 둘(ソ)씩 세워 막으니
막을 알

활용어휘 閼塞(알색), 閼英(알영)

闊
17획 / 부수 門

문(門) 안에서 여러 식구들과 같이 **살면**(活)
마음이 넓게 트이니 **넓을 활, 트일 활**
또 문(門) 안에서만 **살아**(活) 우둔하니 **우둔할 활**

+ 㑒 濶(넓을 활)
+ 여럿이 살다보면 양보와 타협도 알게 되지요.

활용어휘 闊達(활달), 闊步(활보), 廣闊(광활), 迂闊(우활)

7II **間** 12획 / 부수 門	문(門) 안으로 햇(日)빛이 들어오는 사이니 **사이 간** + 門(문 문), 日(해 일, 날 일) **활용어휘** 外間男子(외간남자), 草家三間(초가삼간)
1 **澗** 15획 / 부수 水(氵)	물(氵) 중 산 **사이**(間)를 흐르는 산골 물이니 **산골 물 간** + 氵(삼 수 변) **활용어휘** 澗畔(간반), 石澗(석간)
1 **癎** 17획 / 부수 疒	병(疒) 중 생활하는 **사이**(間)에 갑자기 발작하는 간질이니 **간질 간** + 발작 - 병세가 갑자기 일어났다가 비교적 짧은 시간 안에 사라지는 것. + 간질(癎疾) - 경련을 일으키고 의식 장애를 일으키는 발작 증상이 되풀이하여 나타나는 병. + 疒(병들 녁), 疾(병 질, 빠를 질) **활용어휘** 癎氣(간기), 癎癖(간벽), 癎症(간증)

■ 한자암기박사1 ■

제목번호 263 참고

門 - 좌우 두 개의 문짝이 있는 문을 본떠서 '문 문'

問 - 문(門) 앞에서 말하여(口) 물으니 '물을 문'

聞 - 문(門)에 귀(耳) 대고 들으니 '들을 문'

閑 - 문(門) 안에서 나무(木)를 가꿀 정도로 한가하니 '한가할 한'

開 - 문(門)의 빗장(一)을 받쳐 들듯(廾) 잡아 여니 '열 개'

閉 - 문(門)에 빗장(才)을 끼워 닫으니 '닫을 폐'

關 - 문(門)의 작고(幺) 작게(幺) 이쪽(丷)저쪽(卩)을 이어 닫는 빗장이니 '빗장 관'
　　또 빗장처럼 이어지는 관계니 '관계 관'

제목번호 264 참고

簡 - 종이가 없던 옛날에 대(竹) 조각 사이(間)에 적은 편지니 '편지 간'
　　또 편지처럼 필요한 말만 써 간단하니 '간단할 간'

특 **鬲** 10획 / 제부수	하나(一)의 **구멍**(口)이 **성**(冂)처럼 **패이고**(八) 아래를 **막은**(丁) 솥의 모양에서 **솥 력(역)**, **막을 격** + 口(입 구, 말할 구, 구멍 구), 冂(멀 경, 성 경), 八(여덟 팔, 나눌 팔) 활용어휘 鬲鼎(역정)
1 **膈** 14획 / 부수 肉(月)	몸(月)에서 중요한 장기를 **막아**(鬲) 보호하는 가슴이니 **가슴 격** 또 가슴 역할을 하는 종각의 종틀이니 **종틀 격** + 가슴뼈는 간, 심장, 허파 등 중요한 장기를 보호하지요. + 종틀 - 종을 걸어놓는 나무로 만든 틀. 활용어휘 膈痰(격담), 膈膜(격막)
2 **融** 16획 / 부수 虫	솥(鬲)에 들어간 **벌레**(虫)처럼 녹아 물과 화하니 **녹을 융, 화할 융** + 화(和)하다 - ㉠ (무엇을) 타거나 섞다. ㉡ (날씨나 바람·마음 등이) 따뜻하고 부드럽다. 활용어휘 融合(융합), 融資(융자), 融和(융화), 融通(융통)
1Ⅱ **鼎** 13획 / 제부수	아궁이에 걸어 놓은 솥을 본떠서 **솥 정** 활용어휘 鼎談(정담), 鼎立(정립), 鼎足之勢(정족지세)

■ 한자암기박사1 ■

제목번호 259 참고
隔 - 언덕(阝)처럼 막으니(鬲) '막을 격'
　　　또 막으면 사이가 뜨니 '사이 뜰 격'
獻 - 범(虍) 대신 솥(鬲)에 개(犬)를 삶아 바치니 '바칠 헌'

참 **禺** 9획 / 부수 内	밭(田)에 기른 농작물을 **발자국**(内) 남기며 훔쳐 먹는 원숭이니 <mark>원숭이 **우**</mark> + 内 - 성(冂)처럼 사사로이(厶) 남긴 발자국이니 '발자국 유' + 田(밭 전)
1 **嵎** 12획 / 부수 山	산(山)이 **원숭이**(禺)나 오를 정도로 가파른 산모퉁이니 <mark>가파를 **우**, 산모퉁이 **우**</mark> 활용어휘 嵎夷(우이), 嵎嵎(우우)
1 **隅** 12획 / 부수 阜(阝)	언덕(阝)이 **원숭이**(禺)나 살 정도로 모퉁이고 구석이니 <mark>모퉁이 **우**, 구석 **우**</mark> + 阝(언덕 부 변) 활용어휘 隅角(우각), 一隅(일우)
1 **寓** 12획 / 부수 宀	집(宀)에 **원숭이**(禺)처럼 붙어사니 <mark>붙어살 **우**</mark> + 宀(집 면) 활용어휘 寓居(우거), 寓意(우의), 寓話(우화)
1Ⅱ **禹** 9획 / 부수 内	비뚤어진(丿) 일도 항상 **중심**(中)을 잡고 **발자국**(内)처럼 큰 흔적을 남기게 일했던 우임금이니 <mark>우임금 **우**, 성씨 **우**</mark> + 우(禹) - ㉠ 중국의 전설상의 임금. ㉡ 우리나라 성(姓)씨의 하나. 활용어휘 田禹治傳(전우치전), 禹行舜趨(우행순추)

■ 한자암기박사1 ■

제목번호 399 참고
偶 - 사람(亻)이 원숭이(禺)를 닮음은 우연이니 '우연 우'
　　　또 우연히 서로 닮은 짝이나 허수아비니 '짝 우, 허수아비 우'
遇 - 원숭이(禺)처럼 뛰어가(辶) 만나서 대접하니 '만날 우, 대접할 우'
愚 - 원숭이(禺)의 마음(心) 정도로 어리석으니 '어리석을 우'

萬

8

13획 / 부수 草(艹)

풀(艹)밭에는 **원숭이**(禺)도 많으니 **많을 만**

또 많은 숫자인 일만이니 **일만 만**

+ 약 万 – 하늘(一) 아래 싸여(勹)있는 물건도 많으니 '많을 만'
  또 많은 숫자인 일만이니 '일만 만'
+ 한자가 만들어진 중국에는 원숭이가 많습니다.

활용어휘 氣高萬丈(기고만장), 千辛萬苦(천신만고)

- -

邁

1

17획 / 부수 辵(辶)

많이(萬) **뛰며**(辶) 힘쓰는 모양이 고매하니

힘쓸 매, 고매할 매

+ 고매(高邁)하다 – 인격이나 품성, 학식, 재질 등이 높고 빼어나다.
+ 辶(뛸 착, 갈 착, = 辶), 高(높을 고, 성씨 고)

활용어휘 邁進(매진), 一路邁進(일로매진)

- -

礪

1II

20획 / 부수 石

돌(石) 중 **굴 바위**(厂)처럼 걸어놓고 칼을 **많이**(萬) 가는

숫돌이니 **숫돌 려(여), 갈 려(여)**

+ 숫돌 – 칼이나 낫 등의 연장을 갈아 날을 세우는 데 쓰는 돌.
+ 갈다 – 날카롭게 날을 세우거나 표면을 매끄럽게 하기 위하여 다
  른 물건에 대고 문지르다.

활용어휘 礪石(여석), 礪行(여행)

- -

勵

3II

17획 / 부수 力

굴 바위(厂) 밑에서도 **많은**(萬) 사람들이 **힘**(力)쓰니

힘쓸 려(여)

+ 약 励
+ 번 勸(권할 권)
+ 厂(굴 바위 엄, 언덕 엄), 力(힘 력)

활용어휘 刻苦勉勵(각고면려), 鼓舞激勵(고무격려)

| 참 **屮**
3획 / 제부수 | 풀의 싹이 돋아나는 모양을 본떠서 **싹 날 철, 풀 초**
또 왼손의 모양으로도 보아 **왼손 좌**
+ 풀 초(艸)의 고자(古字). |

| 3 **屯**
4획 / 부수 屮 | 땅(一)에 싹(屮)이 묻혀 있는 모양에서 **묻힐 둔**
또 묻히듯이 숨어 병사들이 진 치니 **진 칠 둔**
+ 留 陣(진 칠 진, 줄 진)
+ 진(陣) - 군사들을 배치한 것. 또는 그 군사가 있는 곳.
+ 一('한 일'이지만 여기서는 땅의 모양), 屮[싹 날 철, 풀 초, 왼손 좌(屮)의 변형]
활용어휘 屯防(둔방), 屯營(둔영), 駐屯(주둔), 退屯(퇴둔) |

| 1 **沌**
7획 / 부수 水(氵) | 물(氵)에 묻힌(屯) 듯 서로 엉기니 **엉길 돈**
활용어휘 混沌(혼돈), 混沌酒(혼돈주) |

| 1Ⅱ **頓**
13획 / 부수 頁 | 묻히도록(屯) 머리(頁) 숙여 조아리니 **조아릴 돈**
또 조아리며 잘 정돈하니 **정돈할 돈**
+ 조아리다 - 상대편에게 존경의 뜻을 보이거나 애원하느라고 이마가 바닥에 닿을 정도로 머리를 자꾸 숙이다.
+ 頁(머리 혈)
활용어휘 頓首再拜(돈수재배), 査頓(사돈), 整頓(정돈) |

■한자암기박사1■

제목번호 260 참고
鈍 - 무거운 쇠(金)에 묻힌(屯) 것처럼 둔하니 '둔할 둔'
純 - 깨끗한 흰 실(糸)과 아직 땅에 묻혀(屯) 올라오는 새싹처럼 순수하니 '순수할 순'

1

芻

10획 / 부수 草(艹)

베어 싸(勹) 놓은 풀(屮)과 싸(勹) 놓은 풀(屮)을 합쳐서 꼴 추

+ 꼴 - ㉠ 사물의 생김새나 됨됨이. ㉡ 말이나 소에게 먹이는 풀. 여기서는 ㉡의 뜻.
+ 勹(쌀 포), 屮[싹 날 철, 풀 초, 왼손 좌(屮)의 변형]

활용어휘 芻狗(추구), 芻糧(추량), 芻言(추언), 反芻(반추)

2

趨

17획 / 부수 走

달려(走)가 꼴(芻)을 먹으려고 달리니 달릴 추

+ 走(달릴 주, 도망갈 주)

활용어휘 趨步(추보), 趨附(추부), 趨勢(추세), 歸趨(귀추)

1Ⅱ

鄒

13획 / 부수 邑(阝)

꼴(芻)이 많은 고을(阝)에 세운 추나라니 추나라 추

+ 阝(고을 읍 방)

활용어휘 鄒魯之鄉(추로지향), 鄒魯學(추로학)

4

革

9획 / 제부수

걸어 놓은 짐승 가죽의 머리(廿)와 몸통(口)과 다리(一)와 꼬리(丨)를 본떠서 가죽 혁

또 가죽으로 무엇을 만들려고 고치니(가공하니) 고칠 혁

+ 가죽은 고치고 가공해야 무엇을 만들 수 있지요.

활용어휘 貫革(관혁), 馬革(마혁), 沿革(연혁), 變革(변혁)

1Ⅱ

鞠

17획 / 부수 革

가죽(革)으로 싸(勹)듯 잘 보호하고 쌀(米) 같은 곡식을 먹여 기르니 기를 국

또 가죽(革)으로 싸(勹) 쌀(米)자루처럼 만든 가죽 공이니 가죽 공 국

또 가죽 공처럼 차며 국문하니 국문할 국, 성씨 국

+ 圖鞫 - 가죽(革)처럼 둘러싸고(勹) 말하며(言) 기르니 '기를 국' 또 가죽(革)처럼 둘러싸고(勹) 말하도록(言) 국문하니 '국문할 국'
+ 국문(鞫問) - 중죄인을 신문하던 일.

활용어휘 鞠育(국육), 鞠問(국문), 鞠正(국정)

<table>
<tr>
<td>1
15획 / 부수 革</td>
<td></td>
<td>(중요한 것은) 장인(工)처럼 무릇(凡) 가죽(革)으로 굳게
묶으니 굳을 공, 묶을 공

활용어휘 鞏固(공고), 鞏膜炎(공막염), 鞏膜(공막)</td>
</tr>
</table>

霸
21획 / 부수 雨

(온 세상을 적시는) 비(雨)처럼 혁명(革)을 달(月)빛을
이용하여 일으켜 으뜸가는 두목이 되니 **으뜸 패**, **두목 패**

+ ⓒ霸 – (남이 눈치 채지 않게) 덮어(襾) 숨겨 혁명(革)을 달(月)
　　　빛을 이용하여 일으켜 으뜸가는 두목이 되니
　　　'으뜸 패, 두목 패'
+ 적이 예상하지 못할 때를 이용하여 일으킴을 생각하고 만든 한자.
+ 혁명(革命) – 여러 뜻이 있지만 여기서는 '헌법의 범위를 벗어나
　　　국가 기초, 사회 제도, 경제 제도, 조직 등을 근본적
　　　으로 고치는 일'이라는 뜻.
+ 雨(비 우), 襾(덮을 아), 命(명령할 명, 목숨 명, 운명 명)

활용어휘 霸者(패자), 霸功(패공), 霸業(패업)

韋
9획 / 제부수

잘 다듬어진 가죽을 본떠서 **가죽 위**

또 서로 반대 방향으로 어기는 모양에서 **어길 위**

+ '皮(가죽 피)'는 벗긴 채의 털이 있는 가죽, '韋(가죽 위)'는 잘 다
　듬은 가죽, '革(가죽 혁)'은 무두질한 가죽.
+ 무두질 – 모피에서 털과 기름을 뽑고 매만져서 부드럽게 만드는 일.

활용어휘 韋編三絶(위편삼절)

諱
16획 / 부수 言

말(言)을 어긋나게(韋) 하면 꺼리니 **꺼릴 휘**

또 꺼리며 함부로 부르지 않는 휘자니 **휘자 휘**

+ 휘자(諱字) – 돌아가신 어른이나 높은 어른의 이름자.

활용어휘 諱忌(휘기), 諱談(휘담), 諱疾(휘질)

제목번호 196 참고
偉 – 보통 사람(亻)과 달리(韋) 크고 훌륭하니 '클 위, 훌륭할 위'
緯 – 실(糸) 중 날실과 어긋나게(韋) 짜는 씨실이니 '씨실 위'
違 – 어긋나게(韋) 가며(辶) 어기고 잘못하니 '어길 위, 잘못 위'
圍 – 가죽(韋)으로 둘레를 둘러싸니(囗) '둘레 위, 둘러쌀 위'

① **凹** 5획 / 부수 凵	오목하게 패인 모양을 본떠서 **오목할 요** **활용어휘** 凹面鏡(요면경), 凹凸(요철), 凹版(요판)

① **凸** 5획 / 부수 凵	볼록 나온 모양을 본떠서 **볼록할 철** **활용어휘** 凸角(철각), 凸版(철판), 凸面鏡(철면경)

① **卍** 6획 / 부수 十	부처의 가슴에 있었다는 **만(卍)** 자를 본떠서 **만자 만** **+** 만(卍) – ㉠ 불교나 절의 표지. ㉡ 인도에 전하여 오는 운수가 좋은 조짐을 나타내는 징표. **활용어휘** 卍字(만자), 卍海(만해)

2획 / 제부수

안석이나 책상의 모양을 본떠서 **안석 궤, 책상 궤**

＋ 안석(案席) – 벽에 세워 놓고 앉을 때 몸을 기대는 방석.
＋ 案(책상 안, 생각 안, 계획 안), 席(자리 석)

활용어휘 几席(궤석), 几案(궤안)

6획 / 부수 木

나무(木)로 **안석**(几)처럼 만든 책상이니 **책상 궤**
또 **나무**(木)를 패거나 자를 때 **안석**(几)처럼 받치는 모탕이니
모탕 예

＋ 모탕 – ㉠ 나무를 패거나 자를 때에 받쳐 놓는 나무토막.
　　　　ⓛ 곡식이나 물건을 땅바닥에 놓거나 쌓을 때 밑에 괴는
　　　　　나무토막.

활용어휘 机上肉(궤상육), 机下(궤하)

6획 / 부수 肉(月)

몸(月) 중 **안석**(几)에 닿는 살이나 살갗이니
살 기, 살갗 기

활용어휘 肌骨(기골), 肌膚(기부), 肌痺(기비)

1II **亢** 4획 / 부수 亠	머리(亠) 아래 **안석**(几)처럼 이어진 목이니 **목 항** 또 목처럼 높으니 **높을 항** + 亠(머리 부분 두) 활용어휘 亢龍(항룡), 亢鼻(항비), 亢龍有悔(항룡유회)
1II **沆** 7획 / 부수 水(氵)	물(氵)이 **높은**(亢) 곳까지 차 넓으니 **넓을 항** + 인·지명용 한자.
2 **坑** 7획 / 부수 土	흙(土)이 **목**(亢)구멍처럼 움푹 패인 구덩이니 **구덩이 갱** 활용어휘 坑內(갱내), 坑道(갱도), 坑木(갱목), 坑夫(갱부)

■ 한자암기박사1 ■

제목번호 258 참고

抗 – 손(扌)으로 높은(亢) 자에 대항하니 '대항할 항'

航 – (옛날 돛단배로 건너던 시절에는) 배(舟)에 높은(亢) 돛을 세우고 건넜으니 '건널 항'

3II

微

13획 / 부수 彳

걸어(彳) 산(山)에 가서 한(一) 개의 **안석**(几)을 만들기 위해 나무를 **치고**(攵) 보니 작다는 데서 작을 미

또 작으면 잘 숨으니 숨을 미

+ 彳(조금 걸을 척), 攵(칠 복, = 攴)

활용어휘 微熱(미열), 稀微(희미), 微妙複雜(미묘복잡)

1

薇

17획 / 부수 草(艹)

풀(艹) 속에 **숨어**(微) 피는 장미나 고비니

장미 미, 고비 미

+ 고비 – 고사리 같은 나물의 일종으로, 줄기는 식용하고, 뿌리는 약용함.

활용어휘 薔薇(장미), 薇菜(미채), 薇湯(미탕)

1II

徽

17획 / 부수 彳

작은(微) 부분까지 **실**(糸)로 꾸며 아름다우니

아름다울 휘

또 아름답게 만든 표기니 표기 휘

+ 표기(標旗) – ㉠ 목표로 세운 기. ㉡ 조선 시대에, 병조(兵曹)를 상징하던 깃발.

+ 微[작을 미(微)의 획 줄임], 標(표시할 표, 표 표), 旗(기 기), 兵(군사 병), 曹(무리 조, 관청 조)

활용어휘 徽音(휘음), 徽章(휘장), 徽旨(휘지)

■ 한자암기박사1 ■

제목번호 252 참고

徵 – 작아도(微) 실력만 있으면 왕(王)이 부르니 '부를 징'
　　 또 부르듯 소리 내는 음률 이름이니 '음률 이름 치'
懲 – 불러서(徵) 뉘우치는 마음(心)이 들도록 징계하니 '징계할 징'

3II

凡

3획 / 부수 几

공부하는 **책상**(几)에 **점**(丶)이 찍힘은 무릇 보통이니
무릇 **범**, 보통 **범**

+ 무릇 – 종합하여 살펴보건대.
+ 几(안석 궤, 책상 궤), 丶(점 주, 불똥 주)

활용어휘 禮儀凡節(예의범절), 日用凡百(일용범백)

2

汎

6획 / 부수 水(氵)

물(氵)에는 **무릇**(凡) 물건이 뜨니 뜰 **범**
또 물(氵)은 **무릇**(凡) 넓게 퍼지고 넘치니
넓을 **범**, 넘칠 **범**

+ 동 氾(넘칠 범) – 제목번호 395 참고
  泛(뜰 범) – 제목번호 476 참고

활용어휘 汎舟·泛舟(범주), 汎愛(범애), 汎濫·氾濫(범람)

1

帆

6획 / 부수 巾

수건(巾) 같은 천을 **무릇**(凡) 이어 단 돛이니 돛 **범**

+ 巾(수건 건)

활용어휘 帆船(범선), 帆影(범영), 出帆(출범)

1

梵

11획 / 부수 木

수풀(林)처럼 **무릇**(凡) 고요한 글을 적은 불경이니
불경 **범**

또 불경을 기록한 범어니 범어 **범**

+ 불경(佛經) – 불교의 가르침을 담은 책의 총칭.
+ 범어(梵語) – 고대 인도의 표준 문장어.
+ 불교에 대한 사물에 붙여 씁니다.

활용어휘 梵鐘(범종), 梵唄(범패)

夙

6획 / 부수 夕

무릇(凡) **저녁**(夕)처럼 어두운 이른 새벽은 일찍이니

<mark>일찍 숙</mark>

활용어휘 夙起(숙기), 夙成(숙성), 夙興夜寐(숙흥야매)

佩

8획 / 부수 人(亻)

사람(亻)이 **무릇**(凡) **수건**(巾)처럼 차니 <mark>찰 패</mark>

활용어휘 佩物(패물), 佩用(패용)

■한자암기박사1 ■

제목번호 252 참고

築 – 대(竹)로도 장인(工)은 무릇(凡) 나무(木)처럼 쌓고 지으니 '쌓을 축, 지을 축'

6Ⅱ

9획 / 제부수

무릇(凡) 벌레(虫)를 옮기는 바람이니 바람 **풍**
또 어떤 바람으로 말미암은
풍속 **풍**, 경치 **풍**, 모습 **풍**, 기질 **풍**, 병 이름 **풍**
+ 작은 벌레는 바람을 타고 옮겨 가지요.

활용어휘 颱風(태풍), 美風良俗(미풍양속), 風景(풍경),
風采(풍채), 威風堂堂(위풍당당), 中風(중풍)

3Ⅱ

13획 / 부수 木

나뭇(木)잎이 찬**바람(風)**에 물든 단풍이니 단풍 **풍**

활용어휘 丹楓(단풍), 楓菊(풍국), 楓嶽山(풍악산)

1

16획 / 부수 言

말(言)을 **바람(風)**에 날리듯이 빗대어 말하거나 외니
빗대어 말할 **풍**, 욀 **풍**

활용어휘 諷諫(풍간), 諷諭(풍유), 諷刺(풍자), 諷讀(풍독)

특

殳

4획 / 제부수

안석(几) 같은 것을 손(又)에 들고 치니 **칠 수**

또 들고 치는 창이나 몽둥이니 **창 수, 몽둥이 수**

+ 几(안석 궤, 책상 궤), 又(오른손 우, 또 우)

1

股

8획 / 부수 肉(月)

몸(月)에서 치기(殳) 좋은 넓적다리니 **넓적다리 고**

+ 넓적다리는 살이 많아 치기에 좋다는 데서 만들어진 한자.

활용어휘 股關節(고관절), 股肱之臣(고굉지신)

1

毅

15획 / 부수 殳

꼿꼿이 선(효) 돼지(豕) 털처럼 머리털을 세우고 창(殳) 들고 일어섬이 굳세니 **굳셀 의**

+ 立(설 립), 豕(돼지 시)

활용어휘 毅然(의연), 忠毅(충의)

1Ⅱ

殷

10획 / 부수 殳

밝게(白) 힘껏(𠂤) 치며(殳) 일하면 성하니 **성할 은**

또 밝게(白) 힘껏(𠂤) 쳐서(殳) 세운 은나라니 **은나라 은, 성씨 은**

+ 은(殷)나라 - 중국 고대의 왕조로, 하(夏)나라 다음의 왕조.
+ 白(흰 백, 밝을 백, 깨끗할 백, 아뢸 백), 𠂤[힘 력(力)의 변형]

활용어휘 殷殷(은은), 殷鑑不遠(은감불원)

1

殼

12획 / 부수 殳

군사(士)들이 덮어(冖) 지키고 하나(一)의 안석(几)처럼 편안히 감싸, 쳐도(殳) 끄떡없는 껍질이니 **껍질 각**

+ 𡉻 殼(곡식 곡)
+ 士(선비 사, 군사 사, 칭호나 직업 이름에 붙이는 말 사), 冖(덮을 멱)

활용어휘 殼果(각과), 舊殼(구각), 脫殼(탈각)

■ 한자암기박사1 ■

제목번호 256 참고
毀 - 절구(臼)처럼 만들어(工) 곡식을 넣고 치면(殳) 허니 '헐 훼'

제목번호 323 참고
疫 - 병(疒) 중 창(殳) 들고 쳐들어오듯 빨리 전염되는 염병이나 전염병이니 '염병 역, 전염병 역'

4

段

9획 / 부수 殳

언덕(乛)을 **치고**(殳) 깎아서 차례로 만든 계단이니
차례 단, 계단 단

+ 乛[언덕 애(厓)의 변형]

활용어휘 一段落(일단락), 外交手段(외교수단)

2

鍛

17획 / 부수 金

쇠(金)를 **차례**(段)로 불에 달구어 두드리며 쇠 불리니
쇠 불릴 단

또 쇠 불리듯 단련하니 **단련할 단**

+ 쇠 불리다 - 쇠를 불에 달구어 단단하게 하다.

활용어휘 鍛鋼(단강), 鍛工(단공), 鍛金(단금), 鍛鍊(단련)

1

緞

15획 / 부수 糸

실(糸)을 **차례**(段)로 짠 비단이니 **비단 단**

활용어휘 緞屬(단속), 緞子(단자), 綢緞(주단), 紬緞(주단)

3II

般

10획 / 부수 舟

옛날 배(舟)는 **창**(殳) 같은 노를 저어 옮겨감이 일반이었으니
옮길 반, 일반 반

+ 주로 '일반 반'으로 쓰이고 '옮기다'의 뜻으로는 '옮길 반, 나를 반 (搬)'을 씁니다.
+ 일반(一般) - 전체에 두루 해당되는 것.

활용어휘 般若心經(반야심경), 彼此一般(피차일반)

2

搬

13획 / 부수 手(扌)

손(扌)으로 **옮겨**(般) 나르니 **옮길 반, 나를 반**

활용어휘 搬送(반송), 搬入(반입), 搬出(반출), 運搬(운반)

1

槃

14획 / 부수 木

옮기기(般) 편하게 나무(木)로 만든 쟁반이니 **쟁반 반**

또 쟁반처럼 넓은 곳에서 즐기니 **즐길 반**

+ 盤 - 물건을 옮길(般) 때 쓰는 그릇(皿)이 쟁반이니 '쟁반 반'

활용어휘 涅槃(열반), 無上涅槃(무상열반)

1

磬

16획 / 부수 石

선비(士)가 몸(尸)을 묶어(丨) 치면(殳) 소리 나도록 돌(石)로 만든 경쇠니 **경쇠 경**

+ 경쇠 – 틀에 옥돌을 달아, 뿔 망치로 쳐 소리를 내는 아악기.
+ 士(선비 사, 군사 사, 칭호나 직업에 붙이는 말 사), 尸(주검 시, 몸 시), 丨('뚫을 곤'이지만 여기서는 묶은 모양)

활용어휘 磬石(경석), 磬聲(경성), 風磬(풍경)

1II

馨

20획 / 부수 香

경쇠(殸) 소리처럼 향기(香)가 뻗어와 향기로우니 **향기로울 형**

+ 殸[경쇠 경(磬)의 획 줄임], 香(향기 향)

활용어휘 馨氣(형기), 馨香(형향)

4II

殺

11획 / 부수 殳

베고(乂) 나무(木)로 찍고(丶) 쳐서(殳) 죽여 빨리 감하니 **죽일 살, 빠를 쇄, 감할 쇄**

+ 통 煞(죽일 살, 악귀 짓 살) – 제목번호 131 참고
+ 감(減)하다 – 일정한 양이나 정도에서 일부를 떼어 줄이거나 적게 하다.
+ 乂(벨 예, 다스릴 예, 어질 예), 丶('점 주, 불똥 주'지만 여기서는 찍는 모양)

활용어휘 焚身自殺(분신자살), 殺身成仁(살신성인)

2

刹

8획 / 부수 刀(刂)

벤(乂) 나무(木)를 칼(刂)질하여 짧은 시간에 지은 절이니 **짧은 시간 찰, 절 찰**

+ 木(나무 목), 刂(칼 도 방)

활용어휘 刹那(찰나), 古刹(고찰), 寺刹(사찰)

■ 한자암기박사1 ■

제목번호 308 참고
聲 – 선비(士)가 놀라 뱀(尸)을 칠(殳) 때 지르는 소리처럼 귀(耳)에 들려오는 소리니 '소리 성'

3II

栗

10획 / 부수 木

가시로 덮인(覀) 나무(木) 열매는 밤이니 **밤 률(율)**

+ 뗨 粟(벼 속, 조 속)
+ 覀[덮을 아(襾)의 변형]

활용어휘 栗木(율목), 棗栗梨柿(조율이시)

1

慄

13획 / 부수 心(忄)

마음(忄)에 밤(栗)송이처럼 가시 돋치며 두려우니 **두려울 률(율)**

활용어휘 慄然(율연), 戰慄(전율)

4II

票

11획 / 부수 示

덮인(覀) 것이 잘 **보이게**(示) 표시한 표니 **표시할 표, 표 표**

+ 윤 標 - 나무(木)에 알리려고 표시한(票) 표니 '표시할 표, 표 표'

활용어휘 保證手票(보증수표), 集票(집표), 傳票(전표)

1

慓

14획 / 부수 心(忄)

마음(忄)까지 표(票)나게 날래고 급하니 **날랠 표, 급할 표**

+ 날래다 - 사람이나 동물의 움직임이 나는 듯이 빠르다.

활용어휘 慓毒(표독), 慓悍(표한)

1

剽

13획 / 부수 刀(刂)

표시(票)를 칼(刂)로 잘라 버리고 빼앗으니 **빼앗을 표**

+ 刂(칼 도 방)

활용어휘 剽盜(표도), 剽掠(표략), 剽竊(표절)

1

飄

20획 / 부수 風

표(票)가 바람(風)에 나부끼니 **나부낄 표**

+ 나부끼다 - 천, 종이, 머리카락 등의 가벼운 물체가 바람을 받아서 가볍게 흔들리다.

활용어휘 飄然(표연), 飄零(표령), 飄風(표풍)

1II

賈

13획 / 부수 貝

덮어(覀) 쌓아 놓고 **재물**(貝)을 파는 장사니

장사 고, 성씨 가

+ 賈는 가게를 가지고 하는 장사.
+ 장사(事) - 물건 파는 일. 장수(手) - 물건 파는 사람.
+ 장사와 장수는 事(일 사, 섬길 사)와 手(손 수, 재주 수, 재주 있는 사람 수)로 구분하세요.
+ 貝(조개 패, 재물 패, 돈 패)

활용어휘 多錢善賈(다전선고), 商賈(상고)

5II

價

15획 / 부수 人(亻)

사람(亻)이 **장사**(賈)할 때 부르는 값이니 값 가

또 값을 매기는 가치니 가치 가

+ 얩 価 - 사람(亻)이 물건을 덮어(覀) 놓고 파는 값이니 '값 가' 또 값을 매기는 가치 '가치 가'

활용어휘 單價(단가), 原價(원가), 過大評價(과대평가)

특II

覃

12획 / 부수 襾(覀)

덮여(覀) 일찍(早)부터 생겨 깊고 넓게 미치니

깊을 담, 넓을 담, 미칠 담

+ 早(일찍 조)

활용어휘 覃恩(담은), 寶覃(보담), 覃慶(담경)

1

譚

19획 / 부수 言

말(言)로 깊은(覃) 속마음을 털어놓는 이야기니

이야기 담

+ 똠 談(말씀 담)

활용어휘 後日譚(후일담), 譚詩(담시), 民譚(민담)

2

潭

15획 / 부수 水(氵)

물(氵)이 **깊은**(覃) 못이니 못 담

활용어휘 潭水(담수), 潭深(담심), 白鹿潭(백록담)

5

賣

15획 / 부수 貝

선비(士)가 사(買) 놓은 물건을 다시 파니 **팔 매**

+ 앮売 – 선비(士)가 덮어(冖) 놓고 사람(儿)에게 물건을 파니 '팔 매'
+ 앫買 – 그물(罒)을 돈(貝)주고 사니 '살 매'
+ 士(선비 사, 군사 사, 칭호나 직업에 붙이는 말 사), 冖(덮을 멱), 儿(사람 인 발, 어진사람 인)

활용어휘 賣買(매매), 强賣(강매), 買占賣惜(매점매석)

- -

1

瀆

18획 / 부수 水(氵)

물(氵)이 팔리듯(賣) 조금씩 흐르는 도랑이니 **도랑 독**

또 도랑은 잘 오염되어 더러우니 **더러울 독**

활용어휘 溝瀆(구독), 瀆汚(독오), 瀆職(독직), 冒瀆(모독)

- -

1

贖

22획 / 부수 貝

재물(貝)이라도 팔아(賣) 죄를 갚으니 **죄 갚을 속**

+ 貝(조개 패, 재물 패, 돈 패)

활용어휘 贖錢(속전), 贖罪(속죄), 贖刑(속형), 代贖(대속)

■ 한자암기박사1 ■

제목번호 351 참고

讀 – 말(言)하여 물건을 팔(賣) 듯 글을 소리 내어 읽으니 '읽을 독'
   또 띄어 읽는 구절이니 '구절 두'
續 – 실(糹)을 팔려고(賣) 이으니 '이을 속'

참

垔

9획 / 부수 土

서쪽(西)을 흙(土)으로 막으니 **막을 인**

+ 글자의 구조를 襾[덮을 아(襾)의 변형]과 흙 토(土)로 보아, '덮어
  (襾) 흙(土)으로 막으니 막을 인'이라고도 합니다.
+ 西 – 지평선(一) 아래(口)로 해가 들어가는(儿) 서쪽이니 '서쪽 서'

1

湮

12획 / 부수 水(氵)

물(氵)이 길을 **막아(垔)** 막히니 **막힐 인**

또 물(氵)을 막으면(垔) 차올라 잠기니 **잠길 인**

활용어휘 湮滅(인멸), 湮沒(인몰), 湮沈(인침)

1Ⅱ

甄

14획 / 부수 瓦

불길을 **막고(垔)** 살펴 **기와(瓦)**처럼 구워 만든 질그릇이니
살필 견, 질그릇 견, 성씨 견

+ 瓦(기와 와, 질그릇 와, 실패 와)

활용어휘 甄拔(견발), 甄別(견별), 甄表(견표), 甄萱(견훤)

■ 한자암기박사1 ■

제목번호 260 참고

煙 – 불(火)을 잘 타지 못하게 막으면(垔) 나는 연기니 '연기 연'
　　또 연기 내며 피우는 담배니 '담배 연'

3

酉

7획 / 제부수

술 담는 그릇을 본떠서 술그릇 유, 술 유

또 술 마시듯 고개 들고 물을 마시는 닭이니 닭 유

또 닭은 열째 지지니 열째 지지 유

+ 술과 관련된 한자에 부수로 많이 쓰입니다.

활용어휘 酉時(유시)

1

酩

13획 / 부수 酉

술(酉)에 이름날(名) 정도로 취하니 술 취할 명

+ 유 酩(진한 유즙 락) – 제목번호 098 참고

활용어휘 酩酊(명정)

1

酬

13획 / 부수 酉

술(酉)잔 돌리며 고을(州) 친구들에게 은혜를 갚으니
잔 돌릴 수, 갚을 수

활용어휘 酬恩(수은), 報酬(보수), 應酬(응수), 酬酌(수작)

1ǁ

醴

20획 / 부수 酉

술(酉)처럼 많이(豊) 발효시켜 만든 단술이니 단술 례(예)

+ 단술 – 엿기름을 우린 물에 밥알을 넣어 식혜(食醯)처럼 삭혀서 끓인 음식. 감주(甘酒).
+ 豊(풍성할 풍), 甘(달 감, 기쁠 감), 酒(술 주), 食(밥 식, 먹을 식, 먹이 사), 醯(초 혜)

활용어휘 醴酒(예주), 醴泉(예천)

1

艶

19획 / 부수 色

풍성한(豊) 색(色)으로 이루어져 고우니 고울 염

+ 몸의 각 부분 색이 분명할수록 곱고 건강하다지요. 또 풍성한 색으로 꾸미면 더 곱고요.

활용어휘 艶文(염문), 艶聞(염문), 艶福(염복), 妖艶(요염)

■ 한자암기박사1 ■

제목번호 261 참고

酒 – 물(氵)처럼 술 그릇(酉)에 있는 술이니 '술 주'

醜 – 술(酉)을 많이 마신 귀신(鬼)처럼 용모가 추하니 '추할 추'

醫 – 상자(匚)처럼 패이고 화살(矢)과 창(殳)에 찔린 곳을 약술(酉)로 소독하고 치료하는 의원이니 '의원 의'

1

酋

9획 / 부수 酉

나누어(八) 술(酉)까지 주는 우두머리니 우두머리 추

+ 八(여덟 팔, 나눌 팔)

활용어휘 酋長(추장), 群酋(군추)

4II

尊

12획 / 부수 寸

우두머리(酋)에게처럼 말 한 마디(寸)라도 높이니 높일 존

+ 寸(마디 촌, 법도 촌)

활용어휘 尊重(존중), 自尊心(자존심), 唯我獨尊(유아독존)

1

樽

16획 / 부수 木

나무(木)로 만들어 술의 맛과 향을 높이는(尊) 술통이니 술통 준

+ 와인처럼 좋은 술은 나무로 만든 통에 보관해야 숨을 쉬며 잘 발효된다지요.

활용어휘 樽酒(준주), 金樽(금준)

■ 한자암기박사1 ■

제목번호 262 참고
猶 – 개(犭)같이 행동하면 우두머리(酋)라도 오히려 머뭇거리니 '같을 유, 오히려 유, 머뭇거릴 유'
遵 – 존경하는(尊) 사람을 따라 가며(辶) 법도를 지키니 '따라갈 준, 지킬 준'

1

奠

12획 / 부수 大

우두머리(酋)가 크게(大) 자리를 정하고 제사 지내니
정할 전, 제사 지낼 전

+ 大(큰 대)

활용어휘 奠居(전거), 奠都(전도), 釋奠(석전)

1Ⅱ

鄭

15획 / 부수 邑(阝)

미리 **정한**(奠) **고을**(阝)에 세운 정나라니
정나라 정, 성씨 정

또 **정해진**(奠) **고을**(阝)에 살면 정중하니 **정중할 정**

+ 정(鄭)나라 – 중국 춘추 시대의 나라로, 주(周)나라 선왕(宣王)의
아우인 환공 우(友)가 세운 나라.
+ 阝(고을 읍 방)

활용어휘 鄭重(정중)

擲

18획 / 부수 手(扌)

손(扌)으로 **정한**(奠) **고을**(阝)에 던지니 **던질 척**

활용어휘 擲柶(척사), 擲彈(척탄), 投擲(투척)

참 **咼** 9획 / 부수 口	입(口)이 비뚤어진 모양을 본떠서 **입 비뚤어질 괘, 입 비뚤어질 와**

1 **渦** 12획 / 부수 水(氵)	물(氵)이 **비뚤어지게**(咼) 돌며 흐르는 소용돌이니 **소용돌이 와** + 소용돌이 - ㉠ 바닥이 팬 자리에서 물이 빙빙 돌면서 흐르는 현상. ㉡ 힘이나 사상, 감정 등이 서로 뒤엉켜 요란스러운 상태를 나타냄. 활용어휘 渦流(와류), 渦狀(와상), 渦中(와중), 渦形(와형)

1 **蝸** 15획 / 부수 虫	벌레(虫) 중 **비뚤어진**(咼) 껍데기 속에 사는 달팽이니 **달팽이 와** + 좝 螺(소라 라) - 제목번호 290 참고 + 虫(벌레 충) 활용어휘 蝸室(와실), 蝸屋(와옥), 蝸角之爭(와각지쟁)

1Ⅱ **卨** 11획 / 부수 卜	점(卜)치듯 진단하여 **입 비뚤어진**(咼) 것도 고친 사람 이름이니 **사람 이름 설** + 설(卨 · 契) - 중국의 고대 왕조 상(商)나라의 시조로 전해지는 전설상의 인물. + 卜(점 복, 성씨 복)

■ 한자암기박사1 ■

제목번호 254 참고
禍 - 신(示)이 비뚤어진(咼) 사람에게 주는 재앙이니 '재앙 화'
過 - 비뚤어지게(咼) 지나가(辶) 지나치니 '지날 과, 지나칠 과'
또 지나쳐서 생기는 허물이니 '허물 과'

4

骨
10획 / 제부수

살 속의 뼈를 본떠서 **뼈 골**

+ 图 骸(뼈 해) – 제목번호 528 참고

활용어휘 皮骨相接(피골상접), 換骨奪胎(환골탈태)

1

猾
13획 / 부수 犬(犭)

반갑게 꼬리치던 **개(犭)**가 갑자기 **뼈(骨)**를 물어뜯듯이 교활하니 **교활할 활**

+ 교활(狡猾) – 간사하고 꾀가 많음.
+ 犭(큰 개 견, 개 사슴 록 변), 狡(교활할 교)

활용어휘 猾吏(활리), 猾智(활지), 猾賊(활적)

2

滑
13획 / 부수 水(氵)

물(氵)이 **뼈(骨)**처럼 딱딱한 것에 묻으면 미끄러우니 **미끄러울 활**

또 미끄러우면 어지러우니 **어지러울 골**

활용어휘 滑走路(활주로), 圓滑(원활), 潤滑油(윤활유)

■ 한자암기박사1 ■

> 제목번호 169 참고
> 體 – 뼈(骨)마디로 풍성하게(豊) 이루어진 몸이니 '몸 체'

5 牛

4획 / 제부수

뿔 있는 소를 본떠서 **소 우**

+ 留 午(말 오, 일곱째 지지 오, 낮 오), 半(반 반)

활용어휘 牛馬車(우마차), 牛乳(우유), 矯角殺牛(교각살우)

---

1 牡

7획 / 부수 牛(牜)

소(牜)가 흙(土)을 힘차게 갈 정도로 힘센 수컷이니 **수컷 모**

+ 반 牝(암컷 빈)

+ 留 牧(기를 목)

+ 牜(소 우 변), 土(흙 토)

활용어휘 牡牛(모우), 牡瓦(모와), 牡丹(모란)

1Ⅱ 牟

6획 / 부수 牛

사사로이(厶) 소(牛)가 보리를 탐내니
보리 모, 탐낼 모, 성씨 모

+ 보리 같은 곡식을 소가 좋아하지요.

+ 厶(사사로울 사, 나 사)

활용어휘 牟麥(모맥), 牟利(모리), 釋迦牟尼(석가모니)

---

1 牢

7획 / 부수 牛

집(宀) 중 소(牛)를 굳게 가두는 우리니
우리 뢰(뇌), 굳을 뢰(뇌)

또 우리처럼 가두는 감옥이니 **감옥 뢰(뇌)**

+ 우리 – 짐승을 가두어 기르는 곳.

+ 宀(집 면)

활용어휘 亡羊補牢(망양보뢰), 牢却(뇌각), 牢獄(뇌옥)

■ 한자암기박사1 ■

제목번호 230 참고
牽 – 검은(玄) 고삐로 묶어(冖) 소(牛)를 끄니 '끌 견'

5Ⅱ

告

7획 / 부수 口

소(牛)를 잡아 차려 놓고 입(口)으로 알리거나 뵙고 청하니
알릴 고, 뵙고 청할 곡

+ 뮖 誥(알릴 조) - 제목번호 331 참고
+ 牛[소 우(牛)의 변형], 口(입 구, 말할 구, 구멍 구)

활용어휘 告白(고백), 報告(보고), 出必告(출필곡)

1

梏

11획 / 부수 木

나무(木)로 만들어 죄를 알리며(告) 채우는 수갑이니
수갑 곡

+ 수갑을 지금은 쇠로 만들지만 쇠가 귀하던 옛날에는 나무로 만들었답니다.

활용어휘 桎梏(질곡)

2

酷

14획 / 부수 酉

술(酉)까지 바치며 알려도(告) 뜻대로 안 되면 심하고
독하니 **심할 혹, 독할 혹**

+ 제대로 안 되는 일도 술로는 되는 경우가 있는데, 술로도 안 되니 심하다는 데서 만들어진 한자.
+ 酉(술 유, 술그릇 유, 닭 유, 열째 지지 유)

활용어휘 酷毒(혹독), 酷暑(혹서), 酷評(혹평), 酷寒(혹한)

1

鵠

18획 / 부수 鳥

무엇을 알리려는(告) 듯 목과 부리가 긴 새(鳥)는 고니니
고니 곡

또 고니의 부리처럼 뾰족한 화살로 맞추는 과녁이니 **과녁 곡**

+ 고니 - 우리나라 천연기념물 201호로, 우리나라에는 겨울 철새로 10월 하순에 왔다가 이듬해 4월에 북쪽으로 되돌아가지요.
+ 鳥(새 조)

활용어휘 鵠志(곡지), 鴻鵠之志(홍곡지지), 正鵠(정곡)

1Ⅱ

晧

11획 / 부수 日

해(日)처럼 밝게 알려(告) 분명하고 밝으니 **밝을 호**

활용어휘 晧晧白髮(호호백발)

皓

1Ⅱ

12획 / 부수 白

희다(白)고 알리는(告) 것처럼 희니 **흴 호**

+ 白(흰 백, 밝을 백, 깨끗할 백, 아뢸 백)

활용어휘 皓皓(호호), 皓齒(호치), 丹脣皓齒(단순호치)

澔

1Ⅱ

15획 / 부수 水(氵)

물(氵)결이 **하얗게**(皓) 보일 정도로 크고 넓으니
클 호, 넓을 호

+ 동 浩(클 호, 넓을 호)

제목번호 036 참고

浩 – 물(氵)이 알리듯이(告) 소리 내어 크고 넓게 흐르니 '클 호, 넓을 호'

造 – 계획을 알리고(告) 가서(辶) 지으니 '지을 조'

4Ⅱ

解

13획 / 부수 角

뿔(角)부터 칼(刀)로 소(牛)를 갈라 해부하니 해부할 해

또 해부하듯 문제를 푸니 풀 해

+ 역 解 - 뿔(角)부터 양(羊)을 갈라 해부하니 '해부할 해'
　　　　또 해부하듯 문제를 푸니 '풀 해'
+ 角(뿔 각, 모날 각, 겨룰 각), 刀(칼 도)

활용어휘 解剖(해부), 解約金(해약금), 結者解之(결자해지)

1

懈

16획 / 부수 心(忄)

마음(忄)이 풀어져(解) 게으르니 게으를 해

활용어휘 懈慢(해만), 懈惰(해타)

1

邂

17획 / 부수 辵(辶)

해(解)어져 살아가다(辶) 우연히 만나니
우연히 만날 해

+ 辶(뛸 착, 갈 착, = 辶)

활용어휘 邂逅(해후), 邂逅相逢(해후상봉)

8

先

6획 / 부수 儿

(소를 부릴 때) 소(⺧)가 사람(儿) 앞에 서서 먼저 가듯 먼저니 먼저 **선**

+ 소를 몰 때는 소를 앞에 세우지요.
+ ⺧[소 우(牛)의 변형], 儿(사람 인 발, 어진사람 인)

활용어휘 先輩(선배), 先拂(선불), 率先垂範(솔선수범)

1

銑

14획 / 부수 金

쇠(金) 하면 먼저(先) 생각나는 무쇠니 무쇠 **선**

+ 옛날에는 무쇠로 된 물건이 많았으니 쇠하면 무쇠가 생각났겠지요.

활용어휘 銑鐵(선철), 鎔銑爐(용선로)

3II

贊

19획 / 부수 貝

먼저(先) 먼저(先) 재물(貝)로 돕고 찬성하니 도울 **찬**, 찬성할 **찬**

+ 貝(조개 패, 재물 패, 돈 패)

활용어휘 贊助(찬조), 協贊(협찬), 贊成(찬성), 贊反(찬반)

1II

瓚

23획 / 부수 玉(王)

옥(王)으로 만든 술 마심을 돕는(贊) 잔이니 옥잔 **찬**

+ 王(임금 왕, 으뜸 왕, 구슬 옥 변)

활용어휘 圭瓚(규찬)

1II

鑽

27획 / 부수 金

쇠(金)의 도움(贊)을 받아 뚫으니 뚫을 **찬**

또 뚫는 도구인 끌이나 송곳이니 끌 **찬**, 송곳 **찬**

+ 끌 – 망치로 한쪽 끝을 때려서 나무에 구멍을 뚫거나 겉면을 깎고 다듬는 데 쓰는 연장.

활용어휘 研鑽(연찬), 鑽石(찬석)

■ 한자암기박사1 ■

제목번호 036 참고
洗 – 물(氵)로 먼저(先) 씻으니 '씻을 세'
讚 – 말(言)로 도우며(贊) 칭찬하여 기리니 '칭찬할 찬, 기릴 찬'

4Ⅱ
羊
6획 / 제부수

앞에서 바라본 양을 본떠서 양 **양**

+ 양은 성질이 온순하여 방목하거나 길들이기도 좋으며, 부드럽고
질긴 털과 가죽과 고기를 주는 이로운 짐승이니, 양(羊)이 부수로
쓰이면 대부분 좋은 의미의 한자입니다.

> 활용어휘 九折羊腸(구절양장), 多岐亡羊(다기망양)

- -

3
祥
11획 / 부수 示

보임(示)이 양(羊)처럼 좋아 상서로운 조짐이니
상서로울 **상**, 조짐 **상**

+ 상서(祥瑞)롭다 - 복되고 좋은 일이 있을 듯 하다.
+ 조짐(兆朕) - 좋거나 나쁜 일이 생길 기미가 보이는 현상.
+ 示(보일 시, 신 시), 瑞(상서로울 서), 兆(조짐 조, 조 조), 朕(나 짐,
조짐 짐)

> 활용어휘 發祥地(발상지), 不祥事(불상사), 吉祥(길상)

- -

1Ⅱ
庠
9획 / 부수 广

집(广) 안에서 양(羊) 떼처럼 많은 아이들을 가르치는 학교니
학교 **상**

+ 📦 痒(가려울 양)
+ 상(庠) - 중국 주나라 때의 학교.

> 활용어휘 庠校(상교), 庠謝禮(상사례), 庠序(상서)

- -

1
恙
10획 / 부수 心

양(羊)처럼 약해지는 마음(心)이면 근심이나 병이니
근심 **양**, 병 **양**

+ 羊[양 양(羊)의 변형]

> 활용어휘 恙憂(양우), 無恙(무양)

■ 한자암기박사1 ■

제목번호 375 참고
洋 - 물(氵)결이 수만 양(羊) 떼처럼 출렁이는 큰 바다니 '큰 바다 양'
　　또 큰 바다 건너편에 있는 서양이니 '서양 양'
詳 - 말(言)을 양(羊)처럼 순하고 좋게 하며 자세하니 '자세할 상'

5II **養** 15획 / 부수 食	양(羊)처럼 **먹여**(食) 기르니 **기를 양** + 食(밥 식, 먹을 식, 밥 사) 활용어휘 供養(공양), 養性(양성), 養虎遺患(양호유환)
1 **癢** 20획 / 부수 疒	병(疒)이 **기른**(養) 것처럼 여기저기 퍼지며 가려우니 **가려울 양** + 疒(병들 녁) 활용어휘 搔癢(소양), 隔靴搔癢(격화소양)
5 **善** 12획 / 부수 口	양(羊)처럼 풀(丷)만 **입**(口)으로 먹는 짐승은 착하니 **착할 선** 또 착하면 좋고 시키는 일도 잘하니 **좋을 선, 잘할 선** + 참 喜(기쁠 희) – 제목번호 271 참고 + 초식 동물은 대부분 순하지요. + 초 두(艹)는 원래 4획이나 여기서는 3획 약자(艹)의 변형(丷)으로 보았네요. 활용어휘 改過遷善(개과천선), 勸善懲惡(권선징악)
2 **繕** 18획 / 부수 糸	실(糸)로 **좋게**(善) 기우니 **기울 선** 활용어휘 繕補(선보), 繕寫(선사), 修繕(수선), 營繕(영선)
1 **膳** 16획 / 부수 肉(月)	고기(月)로 먹기 **좋게**(善) 만든 반찬이니 **반찬 선** 또 반찬처럼 관계를 좋게 해주는 선물이니 **선물 선** 활용어휘 膳物(선물), 膳賜(선사)

■ 한자암기박사1 ■

제목번호 376 참고
美 – 양(羊)이 커(大)가는 모양처럼 아름다우니 '아름다울 미'

姜

9획 / 부수 女

양(⺷) 치는 여자(女)처럼 강한 성질의 성씨니 성씨 **강**

+ 치다 - 여러 뜻이 있지만 여기서는 '가축 등을 기르다'의 뜻.
+ 중국 북부의 초원지대에서는 양을 방목하여 기릅니다.

활용어휘 姜太公(강태공)

羞

11획 / 부수 羊

양(⺷)과 소(丑)를 잡아서(丿) 만든 맛있는 음식이니 맛있는 음식 **수**

또 (큰 잔치에) 양(⺷)을 대신 잡고 비싼 소(丑)는 숨기면(丿) 부끄러우니 부끄러울 **수**

+ 丑(소 축), 丿('삐침 별'이지만 여기서는 잡는 모양이나 숨기는 모양)

활용어휘 珍羞盛饌(진수성찬), 羞恥(수치), 羞惡(수오)

羨

13획 / 부수 羊

양(⺷)처럼 침(氵) 흘리며 하품(欠)하듯 입 벌리고 부러워하니 부러워할 **선**

+ 欠(하품 흠, 모자랄 흠, 이지러질 결, 빠질 결)

활용어휘 羨望(선망), 羨慕(선모), 欽羨(흠선)

窯

15획 / 부수 穴

구멍(穴)에 양(⺷)도 통째로 넣어 불(灬)로 굽도록 만든 가마니 가마 **요**

또 이런 가마에 구워 만든 질그릇이니 질그릇 **요**

+ 가마 - 여러 뜻이 있지만 여기서는 '숯이나 질그릇·기와·벽돌 등을 구워내는 시설'의 뜻.
+ 요(窯) - 질그릇·사기그릇·벽돌 등을 굽는 가마.
+ 穴(구멍 혈, 굴 혈), 灬(불 화 발)

활용어휘 窯法(요법), 窯業(요업), 窯址(요지)

羹

19획 / 부수 羊

양(⺷)고기를 불(灬)로 맛나게(美) 끓인 국이니 국 **갱**

+ 灬(불 화 발), 美('아름다울 미'지만 여기서는 '맛나다'의 뜻)

활용어휘 羹粥(갱죽), 羹汁(갱즙), 羊羹(양갱)

4

差

10획 / 부수 工

양(羊)처럼 **붙어(丿)** 서서 같이 **만들어도(工)** 다르고
어긋나니 **다를 차, 어긋날 차**

또 어긋난 곳을 다스리도록 보내니 **보낼 차**

+ 丿('삐침 별'이지만 여기서는 붙은 모양), 工(장인 공, 만들 공, 연장 공)

활용어휘 差別(차별), 差異(차이), 天壤之差(천양지차)

1

嗟

13획 / 부수 口

입(口)이 **어긋날(差)** 정도로 탄식하거나 감탄하니
탄식할 차, 감탄할 차

활용어휘 嗟惜(차석), 嗟歎(차탄), 嗟稱(차칭)

1

蹉

17획 / 부수 足(𧾷)

발(𧾷)이 **어긋나(差)** 넘어지니 **넘어질 차**

+ 𧾷[발 족, 넉넉할 족(足)의 변형]

활용어휘 蹉跌(차질), 蹉跎(차타)

■ 한자암기박사1 ■

제목번호 376 참고
着 – 털에 가린 양(羊)의 붙은(丿) 눈(目)처럼 붙으니 '붙을 착'

4Ⅱ

達
13획 / 부수 辵(辶)

흙(土)에만 살던 양(羊)도 뛰어(辶) 풀밭에 잘도 이르니
이를 달

또 이르도록 익혀 통달하니 **통달할 달**

+ 통달(通達) - 막힘없이 환히 통함.
+ 辶(뛸 착, 갈 착, = 辶), 通(통할 통)

활용어휘 調達(조달), 傳達(전달), 達觀(달관)

1

撻
16획 / 부수 手(扌)

손(扌)으로 빨리 **이르도록**(達) 매질하니 **매질할 달**

활용어휘 撻楚(달초), 鞭撻(편달), 指導鞭撻(지도편달)

1Ⅱ

羲
16획 / 부수 羊

양(羊)이 벼(禾)를 많이(丂) 먹고 창(戈)처럼 길게 쉬는
숨이니 **숨 희**

또 중국 전설상의 제왕 중 복희니 **복희 희**

+ 복희씨(伏羲氏·伏犧氏) - 중국 고대 전설상의 제왕. 삼황오제
의 우두머리이며, 팔괘를 처음으로 만들고 그물을 발명하여 고기
잡이의 방법을 가르쳤다고 함.
+ 禾(벼 화), 丂['공교할 교, 교묘할 교'지만 여기서는 큰 대(大)의
변형], 戈(창 과)

활용어휘 羲皇上人(희황상인), 羲皇世界(희황세계)

1

犧
20획 / 부수 牛(牛)

소(牛) 중 살아 **숨**(羲)쉬는 채로 바쳐지는 희생이니
희생 희

+ 㸸 犠 - 소(牛) 중 의로운(義) 일에 바쳐지는 희생이니 '희생 희'
+ 희생(犧牲) - ㉠ 제물로 쓰는 짐승. ㉡ 목숨·재물·명예·이익
등을 버리거나 바침. ㉢ 사고나 자연재해 등으로 애석하게 목숨을
잃음.
+ 牛(소 우 변), 義(옳을 의, 의로울 의)

활용어휘 犧牲物(희생물), 犧牲心(희생심), 犧牲打(희생타)

3

亥

6획 / 부수 ㅗ

돼지 머리와 뼈대 모양을 본떠서 **돼지 해**

또 돼지는 열두째 지지니 **열두째 지지 해**

+ ㅗ(머리 부분 두)

활용어휘 亥時(해시), 亥月(해월)

1

咳

9획 / 부수 口

입(口)을 돼지(亥)처럼 벌리고 하는 기침이니 **기침 해**

또 입(口)을 돼지(亥)처럼 벌리고 어린아이가 웃으니

어린아이 웃을 해

활용어휘 咳病(해병), 咳喘(해천), 鎭咳劑(진해제)

1

駭

16획 / 부수 馬

말(馬)은 돼지(亥)에도 놀라니 **놀랄 해**

활용어휘 駭怪(해괴), 駭怪罔測(해괴망측), 駭慙(해참)

1

骸

16획 / 부수 骨

뼈(骨) 중 돼지(亥) 같은 동물의 뼈니 **뼈 해**

+ 骨(뼈 골) – 제목번호 518 참고
+ 처음에는 돼지 뼈를 뜻했으나 요즘은 모든 동물의 뼈에 사용되지요.

활용어휘 骸骨(해골), 遺骸(유해), 殘骸(잔해)

1

劾

8획 / 부수 力

돼지(亥)가 힘(力)으로 밀고 들어가듯 죄상을 파고들어

캐물으니 **캐물을 핵**

+ 죄상(罪狀) – 범죄의 구체적인 사실.
+ 돼지는 주둥이나 머리로 밀고 들어가는 힘이 아주 셉니다.

활용어휘 劾論(핵론), 劾狀(핵장), 劾情(핵정), 彈劾(탄핵)

■ 한자암기박사1 ■

제목번호 173 참고

該 – 말(言)을 살찐 돼지(亥)처럼 넓게 갖추어 바로 그것이라 하니 '넓을 해, 갖출 해, 그 해'

核 – 나무(木) 열매에서 돼지(亥)가죽처럼 단단한 껍질로 둘러싸인 씨나 알맹이니 '씨 핵, 알맹이 핵'

刻 – 돼지(亥) 뼈에 칼(刂)로 새기니 '새길 각'

또 숫자를 새겨 나타내는 시각이니 '시각 각'

특II
7획 / 제부수

서 있는 돼지를 본떠서 돼지 시

활용어휘 豕突(시돌), 豕牢(시뢰), 豕心(시심)

1
16획 / 부수 豕

돼지(豕) 같은 것(者)이니 돼지 저

+ 圖 猪 - 짐승(犭) 중 사람(者)이 많이 키우는 돼지니 '돼지 저'
+ 者(놈 자, 것 자), 犭(큰 개 견, 개 사슴 록 변)

활용어휘 豬肉(저육), 豬突(저돌)

2
12획 / 부수 玉(王)

구슬(王)을 다듬으려고 돼지(豕) 발로 땅을 찍듯이(丶)
정으로 쪼며 다듬으니 쫄 탁, 다듬을 탁

+ 쪼다 - ㉠ 뾰족한 끝으로 쳐서 찍다. ㉡ 조금 어리석고 모자라
제구실을 못하는 사람 또는 그런 태도나 행동을 속되게 이르는
말. 여기서는 ㉠의 뜻.

활용어휘 琢器(탁기), 琢磨(탁마), 切磋琢磨(절차탁마)

1
13획 / 부수 土

흙(土)으로 덮어(冖) 돼지(豕) 발로 찍듯이(丶) 다져 쌓은
무덤이니 무덤 총

+ 圖 冢 - 덮어(冖) 돼지(豕)처럼 크게 쌓은 무덤이니 '무덤 총'
+ 土(흙 토), 冖(덮을 멱)

활용어휘 義塚(의총), 疑塚(의총), 貝塚(패총)

■ 한자암기박사1 ■

제목번호 378 참고
豚 - (다른 짐승에 비해) 살(月)이 많은 돼지(豕)니 '돼지 돈'
蒙 - 풀(艹)에 덮인(冖) 한(一) 마리의 돼지(豕)처럼 어리석고 어리니 '어리석을 몽, 어릴 몽'

7II

家

10획 / 부수 宀

지붕(宀) 아래 돼지(豕)처럼 먹고 자는 집이니 집 가

또 하나의 집처럼 어느 분야에 일가를 이룬 전문가도 뜻하여
전문가 가

+ 일가(一家) - ㉠ 성(姓)과 본(本)이 같은 거레붙이. ㉡ 어느 분야
에서 독자적인 경지나 체계를 이룬 상태. 여기서는 ㉡의 뜻.
+ 뱀이 많아 집안에도 들어왔던 옛날에는 집에 꼭 돼지를 키웠답니
다. 뱀은 돼지를 아주 무서워하여 냄새만 나도 도망가지요.
+ 宀(집 면)

활용어휘 一家見(일가견), 敗家亡身(패가망신)

- -

1

嫁

13획 / 부수 女

여자(女)가 남편 집(家)으로 시집가니 시집갈 가

활용어휘 改嫁(개가), 再嫁(재가), 轉嫁(전가), 出嫁(출가)

- -

1

稼

15획 / 부수 禾

(옛날에) 벼(禾)는 집(家)집마다 심었으니 심을 가

+ 한자가 만들어지던 옛날에는 대부분 벼농사를 지었지요.
+ 禾('벼 화'로 곡식의 대표)

활용어휘 稼動(가동), 稼得(가득), 稼事(가사)

4ll

隊

12획 / 부수 阜(阝)

언덕(阝)에 **여덟**(八) 마리의 **돼지**(豕)가 모인 무리니
무리 **대**

또 무리를 이루는 군대도 뜻하여 **군대 대**

+ 阝(언덕 부 변), 八(여덟 팔, 나눌 팔)

활용어휘 隊列(대열), 遠征隊(원정대), 部隊(부대)

1

墜

15획 / 부수 土

무리(隊)가 **흙**(土)으로 떨어지니 **떨어질 추**

+ 인격 등 정신적인 것이 떨어지면 '墮(떨어질 타)', 명예나 지위를 포함한 물질적인 것이 떨어지면 '墜(떨어질 추)'.

활용어휘 墜落(추락), 擊墜(격추), 失墜(실추)

3

逐

11획 / 부수 辵(辶)

돼지(豕)를 뛰어가(辶) 쫓으니 **쫓을 축**

+ 지금도 농촌에는 멧돼지의 피해가 심하지요.
+ 辶(뛸 착, 갈 착, = 辶)

활용어휘 驅逐(구축), 逐語譯(축어역)

3

遂

13획 / 부수 辵(辶)

팔(八)방으로 **쫓아**(逐) 다니며 정성들여 드디어 이루니
드디어 **수**, 이룰 **수**

활용어휘 半身不遂(반신불수), 殺人未遂(살인미수)

7획 / 부수자

먹이를 잡기 위해 몸을 웅크린 사나운 짐승을 본떠서
사나운 짐승 치

또 지렁이 같은 발 없는 벌레로도 보아 **발 없는 벌레 치**

1

10획 / 부수 豸

사나운 짐승(豸)처럼 먹이를 잡아먹는 재주(才)가 있는
승냥이니 **승냥이 시**

+ 승냥이 – 개과에 속하는 야생 육식 동물. 이리와 비슷하나 좀 작
  고 꼬리는 길고 온몸에 황갈색의 긴 털이 나 있으며 무리지어 삶.
+ 才(재주 재, 바탕 재)

활용어휘 豺狼(시랑), 豺虎(시호), 豺狐(시호)

1Ⅱ

貊

13획 / 부수 豸

발 없는 벌레(豸)처럼 한 곳에 많이(百) 머물러 사는
종족 이름이니 **종족 이름 맥**

+ 百(일백 백, 많을 백)

활용어휘 濊貊(예맥)

1

16획 / 부수 土

발 없는 벌레(豸)처럼 머물러(艮) 흙(土)을 파 개간하니
개간할 간

+ 개간(開墾) – 거친 땅이나 버려 둔 땅을 일구어 논밭이나 쓸모
  있는 땅으로 만듦.
+ 土(흙 토), 開(열 개)

활용어휘 墾田(간전)

■ 한자암기박사1 ■

제목번호 379 참고
懇 – 발 없는 벌레(豸)처럼 머물러(艮) 먹이를 구하는 마음(心)이 간절하니 '간절할 간'
貌 – 발 없는 벌레(豸)처럼 흰(白) 탈을 쓴 사람(儿) 모양이니 '모양 모'

虍

6획 / 부수자

범의 머리를 본떠서 **범 호 엄**

+ 범 – 호랑이.
+ '엄'은 부수 이름이고, 虍가 '범 호'의 뜻이니 제목을 '호'로 했어요.

3Ⅱ

虎

8획 / 부수 虍

범(庄)은 사람처럼 영리하니 **사람 인 발**(儿)을 붙여서
범 호

+ 儿(사람 인 발, 어진사람 인)

활용어휘 虎死留皮(호사유피), 騎虎之勢(기호지세)

1

琥

12획 / 부수 玉(王)

구슬(王)이나 범(虎)의 눈처럼 빛나는 호박이니 **호박 호**

활용어휘 琥珀(호박)

3

遞

14획 / 부수 辵(辶)

언덕(厂)을 범(虎)이 왔다갔다(辶) 하듯 이리저리 다니며
전하니 **전할 체**

+ 옛 遞 – 언덕(厂)을 두(二) 번이나 수건(巾) 두르고 왔다갔다(辶)
  하며 전하니 '전할 체'
+ 厂(굴 바위 엄, 언덕 엄), 巾(수건 건)

활용어휘 遞信(체신), 遞信廳(체신청), 郵遞局(우체국)

■ 한자암기박사1 ■

제목번호 382 참고
號 – 입(口)을 크게(丂) 벌리고 범(虎)처럼 부르짖으니 '부르짖을 호'
또 부르는 이름이나 부호니 '이름 호, 부를 호'

제목번호 383 참고
處 – 범(庄)처럼 천천히 걸으며(夂) 안석(几)같이 편한 곳에 사니 '곳 처, 살 처'
또 살면서 많은 일을 처리하니 '처리할 처'

4II

虛

12획 / 부수 虍

범(虍)이 이쪽(ㅐ)저쪽(ㅏ)으로 다니는 땅(一)은 다른
동물이 모두 도망가 비니 **빌 허**

또 비어 아무것도 못 잡아 헛되니 **헛될 허**

+ 얜 虚 – 범(虍) 같이(ㅣㅣ) 어울려 이쪽(ㆍ)저쪽(ㆍ)으로 다니는
　　 땅(一)은 다른 동물이 모두 도망가 비니 '빌 허'
　　 또 비어 아무것도 못 잡아 헛되니 '헛될 허'

활용어휘 虛禮虛飾(허례허식), 虛心坦懷(허심탄회)

1

噓

15획 / 부수 口

입(口)으로 헛되게(虛) 불며 거짓말하니
불 허, 거짓말 허

+ 얜 嘘

활용어휘 吹噓(취허)

1

墟

15획 / 부수 土

땅(土) 중 건물이 없는 빈(虛) 터니 **터 허**

활용어휘 墟墓(허묘), 廢墟(폐허)

■ 한자암기박사1 ■

제목번호 382 참고
戱 – 범(虍) 무늬를 제기(豆) 위에 놓고 창(戈)으로 찌르는 시늉을 하며 놀고 희롱하니
　　'놀 희, 희롱할 희'

16획 / 부수 手(扌)

손(扌)으로 범(虍)이나 돼지(豕)를 잡으려고 무엇에 의지하니 <mark>의지할 거</mark>

+ ⊕ 拠 - 손(扌)으로 어느 곳(処)을 잡고 의지하니 '의지할 거'
+ 扌(손 수 변), 豕(돼지 시), 処[곳 처, 살 처, 처리할 처(處)의 약자]

활용어휘 據執(거집), 準據(준거), 證據湮滅(증거인멸)

酉+豦

20획 / 부수 酉

술(酉)도 빚고 범(虍)이나 돼지(豕)도 잡아 잔치하기 위하여 추렴하니 <mark>추렴할 갹, 추렴할 거</mark>

+ 출렴·추렴(出斂) - 모임이나 놀이 또는 잔치 등의 비용으로 여럿이 각각 얼마씩의 돈을 내어 거둠.
+ 酉(술 그릇 유, 술 유, 닭 유, 열째 지지 유), 出(나올 출, 나갈 출), 斂(거둘 렴)

활용어휘 醵出(갹출·거출)

15획 / 부수 刀(刂)

범(虍)과 돼지(豕)를 잡으려고 칼(刂)로 찌르는 것이 심하니 <mark>심할 극</mark>

또 심하게 실제와 똑같이 하는 연극이니 <mark>연극 극</mark>

+ 刂(칼 도 방)

활용어휘 劇寒(극한), 劇團(극단), 劇作(극작)

특II

9획 / 부수 크

엇갈려(彑) 돼지(豕)가 여기저기를 물어 끊으니 **끊을 단**

+ 彔 彔(나무 깎을 록) – 제목번호 537 참고
+ 원래는 彑(고슴도치 머리 계)와 豕(돼지 시)로 나누어 부수가 크이네요. 크(고슴도치 머리 계, 오른손 우)는 변형하여 彑로도 쓰이는데, 여기서는 彑모양으로 썼네요.
+ 彑(엇갈리는 모양)

1

13획 / 부수 木

나무(木) 중 집의 **끊어진(彖)** 곳을 이어 주는 서까래니 **서까래 연**

+ 서까래 – 지붕판을 만들고 추녀를 구성하는 가늘고 긴 각재.
+ 추녀 – 처마와 처마가 일정한 각도로 만나는 부분에 경계를 이루 듯이 걸치는 건축재.

활용어휘 椽蓋板(연개판), 椽木(연목)

1

喙

12획 / 부수 口

입(口)에서 **끊어(彖)** 쪼아 먹는 부리나 주둥이니 **부리 훼, 주둥이 훼**

활용어휘 喙息(훼식), 喙長三尺(훼장삼척), 容喙(용훼)

1

篆

15획 / 부수 竹(⺮)

대(⺮)를 **끊어(彖)** 써 놓은 것 같은 글자가 전자니 **전자 전**

+ 전자(篆字) – 한자의 서체(書體)의 하나로, 대전(大篆)과 소전(小篆)의 두 가지가 있음.
+ 字(글자 자), 書(쓸 서, 글 서, 책 서), 體(몸 체)

활용어휘 篆刻(전각), 篆文(전문), 篆書(전서)

■ 한자암기박사1 ■

제목번호 289 참고
緣 – 실(糸)로 끊어진(彖) 곳을 잇듯이 서로를 이어주는 인연이니 '인연 연'

특

彔

8획 / 부수 彐

엇갈리게(彑) 한(一) 곳으로 물(氺) 같은 진액이 나오도록 나무를 깎아 새기니 깎을 록(녹), 새길 록(녹)

+ 㬰 彖(끊을 단) - 제목번호 536 참고
+ 원래는 彑로 나누어 부수가 彐이지요.
+ 彑(엇갈리는 모양), 氺(물 수 발)

1

碌

13획 / 부수 石

돌(石)은 깎아도(彔) 돌 모양이니 돌 모양 록(녹)
또 돌 모양처럼 무능하니 **무능할 록(녹)**

+ 石(돌 석)

활용어휘 勞碌(노록), 碌碌(녹록)

1

剝

10획 / 부수 刀(刂)

나무 깎듯이(彔) 칼(刂)로 껍질을 벗기니 벗길 박

활용어휘 剝製(박제), 剝脫(박탈), 剝奪(박탈), 剝皮(박피)

■ 한자암기박사1 ■

제목번호 289 참고
錄 - 쇠(金)로 깎아(彔) 기록하니 '기록할 록(녹)'
祿 - 신(示)께 나무 깎아(彔) 만든 위패를 모시고 제사 지내면 복을 주듯 일하면 주는 봉급이니
  '봉급 록(녹)'
綠 - 실(糸)이 나무 깎을(彔) 때 나오면 푸르니 '푸를 록(녹)'

3Ⅱ

兎

8획 / 부수 儿

귀가 긴 토끼가 꼬리 내밀고 앉아 있는 모양을 본떠서
토끼 **토**

+ 兎에서 丶이 빠지면 '면할 면(免)'이 되네요.
+ 丶('점 주, 불똥 주'지만 여기서는 꼬리로 봄)

활용어휘 兎死狗烹(토사구팽), 守株待兎(수주대토)

1

冤

10획 / 부수 冖

덮은(冖) 집 안에 **토끼**(兎)처럼 갇히면 원통하니
원통할 **원**

+ 圐 寃(원통할 원)
+ 원통(冤痛) – 분하고 억울함.
+ 冖(덮을 멱), 痛(아플 통)

활용어휘 冤業(원업), 冤罪(원죄), 冤魂(원혼)

3Ⅱ

逸

12획 / 부수 辵(辶)

토끼(兎)처럼 약한 짐승은 도망가(辶) 숨는 것이 뛰어난 꾀며 그래야 편안하니
숨을 **일**, 뛰어날 **일**, 편안할 **일**

+ 辶(뛸 착, 갈 착)

활용어휘 無事安逸(무사안일), 論點逸脫(논점일탈)

1

讒

24획 / 부수 言

말(言)을 **교활한 토끼**(毚)처럼 헐뜯으며 참소하니
참소할 **참**

+ 참소(讒訴) – 남을 헐뜯어서 죄가 있는 것처럼 꾸며 윗사람에게 고하여 바침.
+ 毚 – 토끼 토(兎)의 윗부분(⺈) 아래에 나란할 비, 견줄 비(比)와 토끼 토(兎)를 붙여서 '교활한 토끼 참'
+ 訴(소송할 소)

활용어휘 讒譏(참기), 讒謗(참방), 讒言(참언), 讒毁(참훼)

3Ⅱ

免

7획 / 부수 儿

덫에 걸린 **토끼(免)**가 **꼬리(丶)**만 잘리고 죽음을 면하니
면할 면

+ 면(免)하다 - 어떤 상태나 처지에서 벗어나다.
+ 免(토끼 토), 丶('점 주, 불똥 주'지만 여기서는 꼬리로 봄)

활용어휘 謀免(모면), 免責(면책), 免許(면허)

1Ⅱ

俛

9획 / 부수 人(亻)

사람(亻)이 책임을 **면하려고(免)** 힘쓰거나 고개 숙이니
힘쓸 면, 고개 숙일 면

+ 圀 勉 - (책임을) 면하려고(免) 힘(力)쓰니 '힘쓸 면'

활용어휘 俛首(면수), 俛仰(면앙), 俛仰亭歌(면앙정가)

2

娩

10획 / 부수 女

(아이 밴) 여자(女)가 고생을 **면하고(免)** 아이를 낳으니
낳을 만

활용어휘 分娩(분만), 婉娩(완만)

1

挽

10획 / 부수 手(扌)

손(扌)으로 위험을 **면하게(免)** 당기니 **당길 만**

활용어휘 挽歌(만가), 挽留(만류), 挽回(만회)

1

輓

14획 / 부수 車

수레(車)로 고통을 **면하게(免)** 끄니 **끌 만**

+ 車(수레 거, 차 차)

활용어휘 輓歌(만가), 輓具(만구), 輓馬(만마), 輓推(만추)

1Ⅱ

冕

11획 / 부수 冂

성(冂)에 **두(二)** 줄 빙 두른 모양으로 만들어 큰일을
마친(免) 분에게 씌우는 면류관이니 **면류관 면**

+ 글자의 위가 日(가로 왈)이지만 부수가 冂(멀 경, 성 경)이라 이것에
맞추어 풀었어요.

활용어휘 冕旒冠(면류관), 袞冕(곤면)

5

魚

11획 / 제부수

물고기 모양을 본떠서 **물고기 어, 성씨 어**

+ ⺈는 머리, 田은 몸통, 灬는 지느러미와 꼬리.

활용어휘 魚東肉西(어동육서), 魚頭肉尾(어두육미)

1

鰥

21획 / 부수 魚

물고기(魚)가 그물(罒)에 걸려 좌우로 **꿈틀거리는 모양(氺)** 처럼 외로운 홀아비니 **홀아비 환**

+ 圀 遝(몰릴 답) – 제목번호 360 참고, 還(돌아올 환)
+ 罒(그물 망, = 网, 㓁)

활용어휘 鰥居(환거), 鰥寡孤獨(환과고독), 鰥夫(환부)

1Ⅱ

魯

15획 / 부수 魚

물고기(魚)가 해(日)를 따라 나와 말라 죽듯이 자기 죽는 줄도 모르게 어리석으니 **어리석을 로(노), 노나라 노**

활용어휘 魚魯不辨(어로불변), 愚魯(우로)

3Ⅱ

蘇

20획 / 부수 草(艹)

(못 먹어 영양실조에 걸린 사람은) **채소(艹)**와 **물고기(魚)**와 **벼(禾)** 같은 곡식을 먹으면 깨어나 소생하니 **깨어날 소, 소생할 소, 성씨 소**

+ 艹(초 두), 禾(벼 화)

활용어휘 蘇鐵(소철), 蘇聯(소련)

■한자암기박사1 ■

제목번호 380 참고
漁 – 물(氵)에서 물고기(魚)를 잡으니 '고기 잡을 어'
鮮 – 물고기(魚)가 양(羊)처럼 고와 깨끗하고 싱싱하니 '고울 선, 깨끗할 선, 싱싱할 선'

5 **馬** 10획 / 제부수	옆에서 바라본 말을 본떠서 **말 마, 성씨 마** 활용어휘 走馬看山(주마간산), 千軍萬馬(천군만마)

1II **馮** 12획 / 부수 馬	얼음(冫)이나 말(馬) 위에 올라타 의지하니 **올라탈 빙, 의지할 빙, 성씨 풍** 활용어휘 暴虎馮河(포호빙하)

1 **憑** 16획 / 부수 心	의지하는(馮) 마음(心)이니 **의지할 빙** 또 의지하는 자료는 증거니 **증거 빙** ✚ 사건 처리에서 의지하는 최고의 자료는 증거지요. 활용어휘 憑藉(빙자), 信憑(신빙), 證憑(증빙)

■ 한자암기박사1 ■

제목번호 380 참고
篤 – 대(竹)로 말(馬)을 타던 어린 시절 친구처럼 정이 두터우니 '두터울 독'

5

島

10획 / 부수 山

바다에 **새(鳥)**가 앉을 수 있는 **산(山)**같은 섬이니

섬 도

+ 🔲 嶋 - 바다에 산(山)이 있어 새(鳥)들이 사는 섬이니 '섬 도'
+ 🔲 嶼(섬 서) - 제목번호 088 참고
+ 鸟[새 조(鳥)의 획 줄임], 山(산 산)

활용어휘 群島(군도), 獨島(독도), 無人孤島(무인고도)

1

搗

13획 / 부수 手(扌)

손(扌)으로 물결이 **섬(島)**을 때리듯 곡식을 찧거나
빨래를 두드리니 **찧을 도, 두드릴 도**

활용어휘 搗精(도정), 七分搗(칠분도), 搗砧(도침)

참

隹

8획 / 제부수

꽁지 짧은 새를 본떠서 **새 추**

+ 閒 佳(아름다울 가), 住(살 주, 사는 곳 주)
+ '새 추(隹)'는 작은 새란 뜻으로 주로 글자 성분에 쓰이고, '새 조(鳥)'는 큰 새나 보통의 새를 말할 때 쓰이며, '새 을, 둘째 천간 을, 둘째 을, 굽을 을(乙)'은 주로 천간이나 글자 성분에 쓰입니다.

1

椎

12획 / 부수 木

나무(木)로 만든 새(隹)꼬리처럼 짧은 몽치니 **몽치 추**

또 몽치처럼 이어진 등뼈니 **등뼈 추**

+ 몽치 – 짧고 단단한 몽둥이. 옛날에는 무기로 사용했음.

활용어휘 椎骨(추골), 脊椎(척추)

1

錐

16획 / 부수 金

쇠(金)로 새(隹)의 부리처럼 뾰족하게 만든 송곳이니 **송곳 추**

+ 金(쇠 금, 금 금, 돈 금, 성씨 김)

활용어휘 錐孔(추공), 囊中之錐(낭중지추), 試錐(시추)

1Ⅱ

雉

13획 / 부수 隹

(걷다가) 화살(矢)처럼 갑자기 날아오르는 새(隹)는 꿩이니 **꿩 치**

+ 꿩은 주로 걷다가 급하면 갑자기 화살처럼 공중으로 날아오름을 생각하고 만든 한자.
+ 矢(화살 시)

활용어휘 雉湯(치탕), 雉兔(치토), 春雉自鳴(춘치자명)

1

堆

11획 / 부수 土

흙(土)이 작은 새(隹)만큼 조금씩 쌓이듯 쌓으니 **쌓일 퇴, 쌓을 퇴**

또 쌓여서 이루어진 언덕이니 **언덕 퇴**

활용어휘 堆肥(퇴비), 堆積(퇴적)

2

准

10획 / 부수 水(氵)

얼음(冫)처럼 냉정하고 **새(隹)**처럼 높이 살펴 비준하니

비준할 **준**

+ 冫(이 수 변)

^{활용어휘} 准尉(준위), 准將(준장), 批准(비준), 認准(인준)

1Ⅱ

淮

11획 / 부수 水(氵)

물(氵) 중 **새(隹)**들이 많이 사는 곳의 물 이름이니

물 이름 **회**

^{활용어휘} 淮水(회수), 淮南子(회남자), 淮陽郡(회양군)

1

讎

23획 / 부수 言

새들(隹隹)이 지저귀듯 헐뜯어 **말(言)**하는 원수니

원수 **수**

+ 圐 讐(원수 수)

+ 言(말씀 언)

^{활용어휘} 怨讎(원수), 讎家(수가), 讎人(수인), 復讎(복수)

■ 한자암기박사1 ■

제목번호 389 참고

進 – (앞으로만 나아가는) 새(隹)처럼 나아가니(辶) '나아갈 진'

維 – 실(糸)로 엮어 새(隹)를 잡는 그물의 벼리니 '벼리 유'
   또 벼리처럼 튼튼한 끈으로 묶으니 '끈 유, 묶을 유'

惟 – 마음(忄)이 앞으로만 가는 새(隹)처럼 오직 한 방향으로만 생각하니 '생각할 유, 오직 유'

唯 – 입(口)으로 새(隹)가 지저귐은 뜻을 알 수 없는 오직 소리뿐이니 '오직 유'
   또 입(口)으로 새(隹) 지저귀듯 대답하니 '대답할 유'

제목번호 390 참고

推 – (놓아 주려고) 손(扌)으로 새(隹)를 미니 '밀 추, 밀 퇴'

稚 – 벼(禾)가 작은 새(隹)만큼 겨우 자라 어리니 '어릴 치'

誰 – 말(言)을 새(隹)처럼 하니 누가 알아들을까에서 '누구 수'

雖 – 입(口)에 벌레(虫)를 문 새(隹)는 비록 작아도 새끼를 기르니 '비록 수'

雄 – 열(ナ) 마리를 사사로이(厶) 거느린 새(隹)는 수컷이며 크니 '수컷 웅, 클 웅'

2 **隻** 10획 / 부수 隹	새(隹) 한 마리만 또(又) 날아가는 홀로니 **홀로 척** 또 홀로 한 척씩 배를 세는 단위인 외짝이니 **외짝 척** + 척(隻) - 배를 세는 단위. + 又(오른손 우, 또 우) 활용어휘 孤身隻影(고신척영), 隻手空拳(척수공권)
3II **雙** 18획 / 부수 隹	새 두 마리(隹隹)가 손(又) 위에 있는 쌍이니 **둘 쌍** + 역 双 – 손(又)과 손(又)이 둘씩 쌍이니 '둘 쌍' 활용어휘 雙雙(쌍쌍), 雙方(쌍방), 變化無雙(변화무쌍)
1II **崔** 11획 / 부수 山	산(山)에 새(隹)가 나는 것처럼 높으니 **높을 최, 성씨 최** + 평지에 날 때보다 산에서 새가 날면 높지요. 활용어휘 崔崔(최최), 崔致遠(최치원)
3II **催** 13획 / 부수 人(亻)	사람(亻)에게 높이(崔) 오르라고 재촉하며 열고 베푸니 **재촉할 최, 열 최, 베풀 최** 활용어휘 催告(최고), 催淚彈(최루탄), 開催(개최)

■ 한자암기박사1 ■

제목번호 392 참고
集 – 새(隹)들이 나무(木) 위에 모이듯 모으니 '모일 집, 모을 집'
　　또 여러 내용을 모아 놓은 책도 나타내어 '책 집'

제목번호 393 참고
懼 – 마음(忄)이 두 눈(目目) 두리번거리는 새(隹)처럼 두려워하니 '두려워할 구'

2

雇

12획 / 부수 隹

집(戶)에 갇힌 새(隹)처럼 남의 집에서 품 파는 머슴이니
품 팔 고, 머슴 고

또 남의 집(戶)에 알 낳는 새(隹)는 뻐꾸기니 **뻐꾸기 호**

+ 戶(문 호, 집 호)

활용어휘 雇價(고가), 雇傭(고용), 雇用(고용), 解雇(해고)

3

顧

21획 / 부수 頁

(주인에게 묻기 위하여 자주 돌아보는)
머슴(雇)의 머리(頁)처럼 자주 돌아보니 **돌아볼 고**

+ '뻐꾸기(雇)가 남의 둥지에 알을 낳아 놓고 잘 자라나 자꾸만 머리(頁)로 돌아본다는 데서 돌아볼 고'라고도 합니다.

활용어휘 回顧錄(회고록), 三顧草廬(삼고초려)

1

雀

11획 / 부수 隹

작은(小) 새(隹)는 주로 참새니 **참새 작**

+ 小(작을 소)

활용어휘 雀羅(작라), 燕雀(연작), 朱雀(주작), 黃雀(황작)

1

藿

20획 / 부수 草(艹)

풀(艹) 중 비(雨) 맞은 새(隹)처럼 볼품없이 자라는
콩잎이나 미역이니 **콩잎 곽, 미역 곽**

+ 艹(초 두), 雨(비 우)

활용어휘 藿羹(곽갱), 藿湯(곽탕), 藿耳(곽이)

1Ⅱ

暹

16획 / 부수 日

해(日)가 작은 새(隹)꼬리만큼 조금씩 올라오며(辶)
돋으니 **해 돋을 섬, 나라 이름 섬**

+ 인·지명용 한자.

활용어휘 暹羅(섬라)

2

焦
12획 / 부수 火(灬)

새(隹)의 깃처럼 불(灬)에 잘 타니 **탈 초**

+ 灬(불 화 발)

활용어휘 焦眉(초미), 焦思(초사), 焦燥(초조), 焦土(초토)

1

憔
15획 / 부수 心(忄)

마음(忄)을 태우면(焦) 몸도 수척하니 **수척할 초**

+ 忄(마음 심 변)

활용어휘 憔容(초용), 憔悴(초췌)

1

樵
16획 / 부수 木

나무(木) 중 태우기(焦) 위한 땔나무니 **땔나무 초**

+ 木(나무 목)

활용어휘 樵童(초동), 樵童汲婦(초동급부), 樵牧(초목)

1

礁
17획 / 부수 石

바위(石) 중 뱃사람의 속을 태우는(焦) 암초니 **암초 초**

+ 암초(暗礁) – ㉠ 물속에 잠겨 보이지 아니하는 바위나 산호.
㉡ 어떤 일을 하는데 보이지 아니하는 장애를 말함.
+ 石(돌 석), 暗(어두울 암, 몰래 암)

활용어휘 礁標(초표), 礁湖(초호)

1

蕉
16획 / 부수 草(艹)

풀(艹) 중 타는(焦) 듯한 더위를 좋아하는 파초니
파초 초

+ 파초(芭蕉) – 관상용으로 정원에 심는 잎이 큰 열대 식물.
+ 芭(파초 파)

활용어휘 芭蕉扇(파초선), 蕉葉(초엽), 蕉布(초포)

3

雁

12획 / 부수 隹

바위(厂) 틈에 살며 **사람**(亻)처럼 예의 바른 **새**(隹)는 기러기니 기러기 **안**

+ 图 鴈(기러기 안)
+ 厂(굴 바위 엄, 언덕 엄)

활용어휘 燕雁代飛(연안대비), 平沙落雁(평사낙안)

4II

應

17획 / 부수 心

집(广)에서 **사람**(亻)이 키운 **새**(隹)처럼 주인의 **마음**(心)에 응하니 응할 **응**

+ 약 応 – 집(广)에 있는 마음(心)처럼 편안하게 응하니 '응할 응'
+ 대답하는 소리 '응'도 이 한자에서 유래되었습니다.
+ 广(집 엄), 心(마음 심, 중심 심)

활용어휘 因果應報(인과응보), 臨機應變(임기응변)

1

膺

17획 / 부수 肉(月)

집(广)에서 **사람**(亻)이 **새**(隹) **몸**(月)의 가슴 부분을 안아 받으니 가슴 **응**, 받을 **응**

활용어휘 膺懲(응징), 膺受(응수)

1II

鷹

24획 / 부수 鳥

집(广)에서 **사람**(亻)이 기르는 **새**(隹) 중 다른 **새**(鳥)를 잡는 매니 매 **응**

+ 옛날에는 집에서 매를 길러 짐승을 잡는 매사냥이 많았다지요.

활용어휘 鷹犬(응견), 鷹視(응시)

3Ⅱ

禽

13획 / 부수 内

그물(人)로 씌워 잡는 **짐승**(离)은 날짐승이니
날짐승 금

＋ 날짐승 – 날아다니는 짐승을 통틀어 이르는 말.
＋ 人('사람 인'이지만 여기서는 그물로 봄)

활용어휘 禽獸魚蟲(금수어충), 禽獸行(금수행)

1

擒

16획 / 부수 手(扌)

손(扌)으로 날짐승(禽)을 사로잡으니 **사로잡을 금**

활용어휘 擒生(금생), 擒縱(금종), 擒捉(금착), 擒獲(금획)

4

離

19획 / 부수 隹

짐승(离)이나 새(隹)처럼 기약 없이 헤어지니 **헤어질 리(이)**

＋ 离 – 머리 부분(亠)에 베인(乂) 듯 입 벌리고(凵) 성(冂) 같은
 발자국을 남기고 사사로이(厶) 떠나는 짐승이니
 '떠날 리(이), 짐승 리(이)'
＋ 亠(머리 부분 두), 乂(벨 예, 다스릴 예, 어질 예), 凵(입 벌릴 감,
 그릇 감), 厶(사사로울 사, 나 사), 冂(멀 경, 성 경)

활용어휘 離別(이별), 離散(이산), 會者定離(회자정리)

1

籬

25획 / 부수 竹(⺮)

대(⺮)로 집과 **떨어지게**(離) 둘러친 울타리니
울타리 리(이)

또 **대**(⺮)로 만들어 좋은 것과 나쁜 것을 **헤어지게**(離)
걸러내는 조리니 **조리 리(이)**

활용어휘 籬菊(이국), 籬窺(이규), 笊籬(조리)

1

鸞

30획 / 부수 鳥

실(絲)처럼 계속 **말**(言)소리가 이어지는 **난새**(鳥)니
난새 **란(난)**
또 난새처럼 소리 나도록 수레에 단 방울이니
수레 방울 **란(난)**

+ 난새 – 중국 전설에 나오는 상상의 새.
+ 이 한자는 임금의 수레에 달았던 방울이나 지붕의 무게를 버티도록
  기둥 위에 설치한 구조를 뜻하기도 합니다.
+ 絲(실 사)

> **활용어휘** 鸞鳳(난봉), 鸞刀(난도), 鸞駕(난가)

2

蠻

25획 / 부수 虫

실(絲)처럼 **말**(言)이 길고 **벌레**(虫)처럼 행동하는 오랑캐니
오랑캐 **만**

+ 冏 蛮 – 또(亦) 벌레(虫)처럼 행동하는 오랑캐니 '오랑캐 만'
+ 오랑캐 – ㉠ 예전에, 두만강 일대의 만주 지방에 살던 여진족을
  멸시하여 이르던 말. ㉡ 언어·풍습 등이 다른 민족을 낮잡아 이
  르는 말.
+ 言(말씀 언), 虫(벌레 충), 亦(또 역)

> **활용어휘** 蠻勇(만용), 蠻行(만행), 野蠻(야만)

1

彎

22획 / 부수 弓

실(絲)처럼 **말**(言)이 길고 행동은 **활**(弓)처럼 굽으니
굽을 **만**

+ 冏 弯 – 또(亦) 활(弓)처럼 굽으니 '굽을 만'
+ 弓(활 궁)

> **활용어휘** 彎曲(만곡), 彎弓(만궁), 彎月(만월)

2

灣

25획 / 부수 水(氵)

물(氵)이 육지로 **굽어**(彎) 들어온 물굽이니 물굽이 **만**

+ 冏 湾
+ 물굽이 – 강물이나 바닷물이 굽이지어 흐르는 곳.
+ 육지가 바다 쪽으로 조금 뻗으면 '곶(串)', 많이 뻗어 나가면 '반도
  (半島)', 굽어 들어오면 '만(灣)'입니다.

> **활용어휘** 迎日灣(영일만), 港灣(항만), 臺灣(대만)

■ 한자암기박사1 ■

> 제목번호 232 참고
> 戀 – 실(糸)처럼 계속 말(言)과 마음(心)이 이어가며 사모하니 '사모할 련(연)'
> 變 – 실(絲)처럼 길게 말하며(言) 치면(攵) 변하니 '변할 변'

참

雚

18획 / 부수 隹

풀(艹) 속에 입(口)과 입(口)을 넣어 먹이를 찾는
새(隹)는 황새니 <mark>황새 관</mark>

+ 황새는 물가에서 고기나 여러 생물을 잡아먹고 사니 다리도 길고
목과 부리도 길지요.

1

灌

21획 / 부수 水(氵)

물(氵)을 황새(雚) 목처럼 길게 대어 씻으니
<mark>물댈 관, 씻을 관</mark>

또 물(氵)가에 황새(雚) 목처럼 구부러지게 자라는
떨기나무니 <mark>떨기나무 관</mark>

+ 떨기나무 – 키가 작고 원줄기와 가지의 구별이 분명하지 않으며
밑동에서 가지를 많이 치는 나무. 무궁화, 진달래 등.

활용어휘 灌漑(관개), 灌水(관수), 灌腸(관장), 灌木(관목)

1

驩

28획 / 부수 馬

말(馬) 타고 황새(雚)가 날듯이 달리면 기쁘니 <mark>기쁠 환</mark>

활용어휘 驩然(환연), 交驩(교환)

1

顴

27획 / 부수 頁

황새(雚) 머리(頁)처럼 얼굴에서 드러난 광대뼈니
<mark>광대뼈 관, 광대뼈 권</mark>

+ 광대뼈 – 뺨의 튀어나온 부분을 이루는 네모꼴의 뼈.

활용어휘 顴骨(관골), 顴骨筋(관골근)

■ 한자암기박사1 ■

제목번호 397 참고
權 – 나무(木)에 앉은 황새(雚)처럼 의젓해 보이는 권세니 '권세 권'
勸 – 황새(雚)처럼 의젓하도록 힘써(力) 권하니 '권할 권'
觀 – 황새(雚)처럼 목을 늘이고 보니(見) '볼 관'
歡 – 황새(雚)가 하품(欠)하듯 입 벌려 기뻐하니 '기뻐할 환'

수고하셨습니다. 여러분은 고급 수준의 한자를 모두 다 익히셨습니다.

찾아보기

▶ 각 페이지에 뒤의 숫자는 **제목번호**입니다.
▶ 두음법칙을 고려하여 달리 발음될 수 있는
  한자들도 찾기 쉽도록 반영하였습니다.
※ 학습한 모든 한자를 한눈에 훑어보고 밑줄에 훈·음을
  써보세요.

(뒤의 번호는 제목번호)

찾아보기

（뒤의 번호는 제목번호）

찾아보기

(뒤의 번호는 제목번호)
찾아보기

(뒤의 번호는 제목번호)
찾아보기

601

〈뒤의 번호는 제목번호〉 찾아보기

(뒤의 번호는 제목번호)

찾아보기

〈뒤의 번호는 제목번호〉
찾아보기

619

(뒤의 번호는 제목번호)
찾아보기

621

(뒤의 번호는 제목번호)

찾아보기

(뒤의 번호는 제목번호)
찾아보기

(뒤의 번호는 제목번호)
찾아보기

한자암기박사2 - 읽으면 저절로 외워지는 기적의 암기공식

개정1판2쇄 발행	2024년 09월 20일 (인쇄 2024년 07월 26일)
초 판 발 행	2016년 05월 10일 (인쇄 2~~~~~~8일 28일)
발 행 인	박영일
책 임 편 집	이해욱
저 자	박원길 · 박정서
편 집 진 행	SD어학연구소
표지디자인	김지수
편집디자인	장하늬 · 장성복
발 행 처	(주)시대고시기획
출 판 등 록	제 10-1521호
주 소	서울시 마포구 큰우물로 75 [도화동 538 성지 B/D] 9F
전 화	1600-3600
팩 스	02-701-8823
홈 페 이 지	www.sdedu.co.kr
I S B N	979-11-383-2987-3 (13710)
정 가	20,000원